Zur Verwertbarkeit von Selbstkommunikation im deutschen Strafprozess

Europäische Hochschulschriften

European University Studies

Publications Universitaires Européennes

Reihe II **Rechtswissenschaft**

Series II Law

Série II Droit

Band/Volume **5837**

Susanne Renka

Zur Verwertbarkeit von Selbstkommunikation im deutschen Strafprozess

PL ACADEMIC RESEARCH

Bibliografische Information der Deutschen Nationalbibliothek
Die Deutsche Nationalbibliothek verzeichnet diese Publikation in der Deutschen Nationalbibliografie; detaillierte bibliografische Daten sind im Internet über http://dnb.d-nb.de abrufbar.

Zugl.: Augsburg, Univ., Diss., 2015

D 384
ISSN 0531-7312
ISBN 978-3-631-67073-6 (Print)
E-ISBN 978-3-653-06311-0 (E-Book)
DOI 10.3726/978-3-653-06311-0

PL Academic Research ist ein Imprint der Peter Lang GmbH.
Peter Lang – Frankfurt am Main · Bern · Bruxelles · New York · Oxford · Warszawa · Wien

Diese Publikation wurde begutachtet.

www.peterlang.com

Meinen Eltern

Vorwort

Die vorliegende Arbeit wurde im Wintersemester 2014/2015 von der juristischen Fakultät der Universität Augsburg als Dissertation angenommen. Das Manuskript wurde im November 2014 abgeschlossen; Rechtsprechung und Literatur wurden bis Anfang 2014 berücksichtigt; spätere Veröffentlichungen wurden punktuell einbezogen.

Mein Dank gilt all jenen, die mich bei der Ausarbeitung dieser Dissertation insbesondere durch ihre Anregungen, Ratschläge und Kritik unterstützt haben. Folgende Personen möchte ich ausdrücklich hervorheben:

Mein besonderer Dank gilt meinem Doktorvater Herrn Prof. Dr. Johannes Kaspar, der mich bei dieser Arbeit stets unterstützt und gefördert hat und als Ansprechpartner jederzeit zur Verfügung stand. In diesem Zusammenhang möchte ich auch Herrn Prof. Dr. Arnd Koch für den Vorschlag des zu bearbeitenden Themas und die zahlreichen hierzu geführten Diskussionen herzlich danken. Zu Dank verpflichtet bin ich darüber hinaus Herrn Priv.-Doz. Dr. Tobias Reinbacher für die rasche Erstellung des Zweitgutachtens sowie Herrn Prof. Dr. Christoph Becker für die freundliche Führung des Vorsitzes bei meiner Disputation.

Ein Dankeschön geht auch an alle meine Freunde für die moralische Unterstützung und willkommene Ablenkung während der Ausarbeitung dieser Dissertation. Meiner Freundin Dr. Petra Steinheber möchte ich darüber hinaus herzlich für ihre Hilfe beim Korrekturlesen der Arbeit danken.

Ganz herzlicher Dank geht auch an Herrn Dr. Adrian Birnbach von der Kanzlei Taylor Wessing in München, der mir in der Endphase der Dissertation stets mit Rat und Tat zur Seite stand und mich in jeglicher Hinsicht unterstützt hat.

Mein größter Dank gilt schließlich meinen Eltern Joachim und Christina Renka, die diese Dissertation durch ihre langjährige ideelle und finanzielle Unterstützung und ihren unermesslich liebevollen Rückhalt erst ermöglicht haben. Ihnen sei diese Arbeit gewidmet.

München, Januar 2016 *Susanne Renka*

Inhaltsverzeichnis

Inhaltsverzeichnis

Abkürzungsverzeichnis

Auf die Erstellung eines Abkürzungsverzeichnisses wurde verzichtet, es wird verwiesen auf:

Kirchner, Hildebert: Abkürzungsverzeichnis der Rechtssprache, 8. Auflage, de Gruyter Verlag, Berlin 2015.

1. Teil Einleitung

§1 Einführung in die Problematik

Selbstkommunikative Phänomene beschäftigen die deutsche Rechtswissenschaft bereits seit vielen Jahrzehnten. So sind seit den sechziger Jahren des vorherigen Jahrhunderts einige höchstrichterliche Entscheidungen ergangen, die sich mit unterschiedlichen Erscheinungsformen von Selbstgesprächen befasst haben.[1] Gegenstand dieser Entscheidungen waren in erster Linie perpetuierte Niederschriften von Selbstgesprächen, mithin Tagebücher. Aber auch die Verwertbarkeit von verbalen, lauten Selbstgesprächen wurde von der höchstrichterlichen Rechtsprechung bereits erörtert.[2]

Diese Urteile zogen eine Flutwelle juristischer Kritik nach sich.[3] Insbesondere die Entscheidungen des Bundesverfassungsgerichts zur Verwertbarkeit tagebuchartiger Aufzeichnungen eines wegen Mordes Beschuldigten aus dem Jahre 1989[4] sowie zum sogenannten „großen Lauschangriff“ im Jahre 2004[5] hatten eine kontroverse Diskussion innerhalb der juristischen Literatur zur Folge. Vor allem die letztgenannte Entscheidung erteilte einem beunruhigenden Trend der heutigen Zeit eine Absage: Jenem, „[...] der durch immer mehr Überwachung, Freiheitsbeschränkung und Strafe, Sicherheit auf Kosten von Freiheit gewährleisten will.“[6]

Auch heute hat diese Thematik immer noch eine große Relevanz. Dies ist insbesondere auf aktuelle Diskussionen zu Abhörmaßnahmen zurückzuführen, die durch die immer wiederkehrenden Argumente der Bedrohung durch den internationalen Terrorismus und der vermeintlich angespannten Sicherheitslage gerechtfertigt werden sollen.[7]

---

1 So z. B. *BVerfGE* 80, 367; 109, 279; *BGHSt* 50, 206; 57, 71; vgl. hierzu ausführlich unter 3. Teil § 2 I. 2. ff.

2 *BGHSt* 50, 206; *BGHSt* 57, 71.

3 Vgl. z. B. *Sax*, JZ 1965, 1; *Händel*, NJW 1964, 1139; *Nüse*, JR 1966, 281 (286); *Heinitz*, JR 1964, 441; *Spendel*, NJW 1966, 1102 (1107) u. a.; vgl. hierzu auch die Literaturnachweise in den Fn. der jeweiligen Rechtsprechungskritik.

4 *BVerfGE* 80, 367.

5 *BVerfGE* 109, 279.

6 So *Roxin*, FS Böttcher 2007, S. 159 (164).

7 Vgl. hierzu eingehend *Poscher*, JZ 2009, 269 f.; auch *Reinbacher*, RW 2013, 468 thematisiert die vermeintlichen neuen Gefahren unserer globalisierten Welt und spricht von einer „[...] Verteidigung der Freiheit gegenüber staatlichen Eingriffen [...]“, S. 469.

Die Frage der Verwertbarkeit von Selbstkommunikation hängt – wie zu zeigen sein wird[8] – mit dem Kernbereich der persönlichen Lebensentfaltung, der Bestandteil des allgemeinen Persönlichkeitsrechts gemäß Art. 2 Abs. 1 i. V. m. Art. 1 GG ist, eng zusammen. Dieses ist nicht nur bei der Frage der Verwertbarkeit von Selbstkommunikation relevant – welche sich naturgemäß erst nach der Erlangung des „selbstkommunikativen Beweismittels" (in der Regel durch eine Abhörmaßnahme) – stellt, sondern auch bei anderen Eingriffen in die Intimsphäre des Individuums, die nicht mit Selbstkommunikation in Zusammenhang stehen. Letztlich können die für selbstkommunikative Phänomene gewonnenen Erkenntnisse, die den Kernbereich der Persönlichkeitsentfaltung betreffen, aber unter Umständen darüber hinaus zur Bestimmung desselben bei anderen Kommunikationsformen – wie beispielsweise bei Gesprächen mit engen Verwandten oder Vertrauten – oder bei sonstigen Handlungen, die den Kernbereich der privaten Lebensgestaltung betreffen, herangezogen werden. Bereits hier sei jedoch darauf hingewiesen, dass die Kommunikationsform des Selbstgesprächs im Vergleich zu anderen Ausdrucksformen einige zu beachtende Besonderheiten aufweist, auf die noch im Einzelnen einzugehen sein wird.[9]

Konkreter Anlass für die Aufarbeitung der nach wie vor hochaktuellen Thematik der Selbstkommunikation war das am 22. Dezember 2011 ergangene Urteil des Bundesgerichtshofs im sogenannten „Pkw-Selbstgespräch-Fall"[10], welches „[…] die Diskussion um die Verwertbarkeit von Beweisen im Strafprozess, welche bei Gelegenheit heimlicher Ermittlungsmaßnahmen erhoben wurden, auf ein neues Gleis stellt[e]."[11]

Hierbei entschied der BGH, dass ein in einem Kraftfahrzeug geführtes Selbstgespräch eines sich alleine wähnenden Beschuldigten, welches mittels akustischer Überwachung aufgezeichnet worden war, nicht verwertet werden dürfe. Dies führte das Gericht darauf zurück, dass ein solches Selbstgespräch dem absolut geschützten Kernbereich der Persönlichkeit gemäß Art. 2 Abs. 1 i. V. m. Art. 1 Abs. 1 GG zuzurechnen sei.[12]

Diesem Urteil lag ein Aufsehen erregender Fall zugrunde: Der des Mordes an seiner Ehefrau Beschuldigte Siegfried K. sowie dessen mutmaßliche Komplizen – die Zwillingsschwester des Beschuldigten und deren Ehemann – waren in erster Instanz vom Landgericht Köln zu lebenslanger Freiheitsstrafe verurteilt worden.

---

8 Vgl. hierzu unter 3. Teil § 2 I.

9 Vgl. hierzu z. B. unter 2. Teil II. 1. c).

10 *BGHSt* 57, 71.

11 *Jahn/Geck*, JZ 2012, 561.

12 *BGHSt* 57, 71 (71 f.).

Den Angeklagten wurde vorgeworfen, die philippinische Ehefrau des Siegfried K., Lotis K., welche seit dem Jahre 2001 mit den drei Angeklagten in einem Haus lebte, ermordet zu haben.

Mangels auffindbarer Spuren konnten die Einzelheiten der Tatausführung nicht aufgeklärt werden. Auch nach einer umfangreichen Suche seitens der Strafverfolgungsbehörden blieb die Leiche der Lotis K. unauffindbar.[13]

Das Landgericht Köln verurteilte die Angeklagten wegen Mordes in Mittäterschaft aus niedrigen Beweggründen. Sein Urteil stützte das Gericht neben weiteren Hinweisen auf eine Äußerung des Siegfried K., die dieser während einer Autofahrt im Alleinsein zu sich selbst getätigt hatte. Der Pkw des Beschuldigten Siegfried K. war im Rahmen einer Maßnahme nach § 100 f StPO abgehört worden. Die hierdurch gewonnene Tonbandaufnahme verwertete das Landgericht Köln im Rahmen seiner Beweiswürdigung als Augenscheinsbeweis durch Vorspielen der Äußerungen in der Hauptverhandlung. Es führte hierzu in seinen Urteilsgründen aus, der unantastbare Kernbereich der privaten Lebensgestaltung werde durch die Verwertung der Tonbandaufnahme nicht tangiert, da inhaltlich ein Bezug der Äußerungen zu dem Tötungsdelikt vorliege. Daher sei das Selbstgespräch nicht dem Bereich des Höchstpersönlichen zuzuordnen und demnach unter Abwägung der Belange der Funktionsfähigkeit der Strafrechtspflege und der Interessen der Beschuldigten verwertbar.[14] Folglich wertete das Landgericht das Selbstgespräch des Angeklagten Siegfried K. als geständnisgleiches Indiz für die Tötung der Lotis K. und verwertete es auch zu Lasten der Mitangeklagten.

Die insbesondere gegen die Verwertung des Selbstgesprächs gerichtete Verfahrensrüge der Angeklagten wurde mit der Entscheidung des BGH über die eingelegte Revision für begründet erachtet. Der BGH stützte die Annahme der Unverwertbarkeit des Selbstgesprächs auf einen Eingriff in den durch Art. 2 Abs. 1 i. V. m. Art. 1 Abs. 1 GG geschützten, unantastbaren Kernbereich der Persönlichkeit. Er führte hierzu insbesondere aus, dass der Schutzbereich der Intimsphäre durch die heimliche Aufzeichnung des nicht öffentlich geführten Selbstgesprächs berührt werde und dass nur durch eine Gesamtbewertung aller Umstände im Einzelfall festgestellt werden könne, ob dieses dem absolut geschützten Kernbereich oder nur dem relativ geschützten Bereich des allgemeinen Persönlichkeitsrechts zuzuordnen sei. Aufgrund einer Kumulation der Umstände befand das Gericht letztlich, dass das Selbstgespräch in diesem Fall

13 *BGHSt* 57, 71 (72 ff.).

14 LG Köln, Az. 1451 E – 493.

dem absolut geschützten Kernbereich unterfallen müsse. Als hierfür herangezogene Kriterien benannte der BGH „[...] die Eindimensionalität der Selbstkommunikation, die Nichtöffentlichkeit der Äußerungssituation, die mögliche Unbewusstheit der Äußerungen im Selbstgespräch, die Identität der Äußerung mit den inneren Gedanken beim Selbstgespräch und die Flüchtigkeit des gesprochenen Wortes".[15]

Diese Kriterien des BGH sollen in dieser Arbeit – insbesondere in Verbindung mit einer psychologischen Sichtweise – eine eingehende Betrachtung erfahren. So sind vor allem die Fragen zu klären, in welchen Situationen tatsächlich von einer Eindimensionalität der Selbstkommunikation gesprochen werden kann, ob diese wirklich unbewusst erfolgt und ob von einer Identität der Selbstgespräche und inneren Gedanken auszugehen ist.

Der BGH führte in seiner Entscheidung überdies umfassend aus, dass der Schutz der Kernbereichsentfaltung den Menschen dazu diene, „[...] sich in einem letzten Rückzugsraum mit dem eigenen Ich befassen zu können, ohne Angst davor haben zu müssen, dass staatliche Stellen dies überwachen."[16] Er betonte darüber hinaus, dass die Gedanken grundsätzlich frei seien, „[...] weil Denken für Menschen eine Existenzbedingung darstellt." Den Gedanken fehle bereits „[...] aus sich heraus die Gemeinschaftsbezogenheit, die jenseits des Kernbereichs der Persönlichkeitsentfaltung liegt." Gleiches müsse für die Gedankenäußerung im nicht öffentlich geführten Selbstgespräch gelten, zumal Gedanken in der Regel in Form eines „inneren Sprechens" entwickelt würden und Denken und Sprache untrennbar miteinander verbunden seien. Aus diesen Gründen nehme das unter Umständen unbewusste „laute Denken" an der Gedankenfreiheit teil.[17]

Der Begriff der Gedankenfreiheit[18] wird häufig mit demjenigen der Meinungsfreiheit gleichgesetzt, mithin im Sinne einer politischen und weltanschaulichen Äußerungsfreiheit verstanden. Während die Meinungsfreiheit als unabdingbares Grund- und Menschenrecht hier keinesfalls in Frage gestellt werden soll, ist jedoch zu betonen, dass die Gedankenfreiheit genau genommen bereits eine Stufe früher ansetzt. Die Gedanken des Menschen sind naturgemäß frei, mithin keinen Regeln oder Tabus unterworfen.[19] Sie können grundsätzlich, da sie meist innerlich

15 *BGHSt* 57, 71 (73 f.).

16 *BGHSt* 57, 71 (74 f.).

17 *BGHSt* 57, 71 (75).

18 Siehe auch Art. 9 Abs. 1 EMRK.

19 Dennoch folgen auch die Gedanken in der Regel bestimmten natürlichen Grundsätzen, beispielsweise sind sie überwiegend an die Sprache gebunden, vgl. hierzu unter 2. Teil § 1 I. 1. Zudem können gesellschaftliche Tabus oder psychische Störungen sowie selbst

ablaufen, auch von niemandem wahrgenommen werden und weisen häufig einen sehr intimen Inhalt auf, der nicht für die Öffentlichkeit bestimmt ist.[20]

Die Bedeutung und die Besonderheiten der Gedankenfreiheit wurden bereits im vormärzlichen Freiheitspathos von Edgar von Fallersleben, an dessen Wortlaut die Ausführungen des Urteils des BGH erinnern,[21] deutlich: „Die Gedanken sind frei / Wer kann sie erraten? / Sie fliegen vorbei / Wie nächtliche Schatten / Kein Mensch kann sie wissen / Kein Jäger sie schießen / Es bleibet dabei / Die Gedanken sind frei."[22] Auch in der Volksliedersammlung „Des Knaben Wunderhorn" von Achim von Arnim und Clemens Brentano singt der Gefangene von der Gedankenfreiheit. Diese Volkslieder waren im 19. Jahrhundert Ausdruck einer neuen, freiheitlichen Denkweise und Vorreiter der vormärzlichen Revolution. An ihrer Aussagekraft und der grundlegenden Bedeutung der Gedankenfreiheit für die menschliche Existenz hat sich bis heute nichts geändert.

§2 Gang der Untersuchung

Trotz der zahlreichen Diskussionen über die Verwertbarkeit selbstkommunikativer Phänomene sowohl seitens der juristischen Literatur als auch innerhalb der Rechtsprechung, sind ihre unterschiedlichen Erscheinungsformen weiterhin überwiegend ungeklärt und lassen insbesondere eine systematische Aufarbeitung vermissen. Auf die Tagebuchentscheidung des Bundesverfassungsgerichts aus dem Jahre 1989 folgten zwar einige Abhandlungen zur Verwertbarkeit tagebuchartiger Aufzeichnungen. Einen umfassenden Beitrag, der eine Verknüpfung derselben mit lauten, verbalen Selbstgesprächen herstellt, sucht man jedoch vergebens. Nach wie vor fehlt es an einer solchen methodischen, umfassenden Betrachtung der Selbstkommunikation in Literatur und Rechtsprechung und insbesondere auch an einer eingehenden psychologischen Untersuchung selbstkommunikativer Phänomene seitens der juristischen Literatur.

Das erklärte Ziel dieser Arbeit ist es, diese Lücke zu schließen und die Problematik der Selbstgespräche in ihren unterschiedlichen Facetten zu beleuchten.

Hierbei soll der Leser innerhalb des Gliederungspunktes „Problemkreis der Selbstkommunikation" unter dem Unterpunkt „Der Begriff der Selbstkommunikation und dessen Bedeutung" zunächst für die Thematik der Selbstkommunikation

---

oder gesellschaftlich auferlegte Regeln die Gedankenfreiheit beeinflussen, siehe z. B. unter 2. Teil § 1 II. 3.

20 Vgl. hierzu unter 2. Teil § 1 II. 2.

21 So auch *Jahn/Geck*, JZ 2011, 561.

22 *Hoffmann von Fallersleben/Richter*, Schlesische Volkslieder 1842, Fassung von 1865.

sensibilisiert werden, indem in einem ersten Schritt die Sichtweise der Allgemeinheit in Bezug auf dieses Phänomen dargestellt wird.[23] Bereits hier soll verdeutlicht werden, welche besondere Rolle die Selbstkommunikation im Leben eines jeden Menschen spielt. Auch die im Anschluss darauf folgende Betrachtung durch die Literaturwissenschaften soll den umfassenden Blick auf alle denkbaren selbstkommunikativen Phänomene lenken und aufzeigen, welche unterschiedlichen Funktionen letztere einzunehmen vermag.[24]

Im darauf folgenden Unterpunkt soll im Rahmen der psychologischen Betrachtung der Selbstkommunikation dem Leser verdeutlicht werden, dass letztere vor allem auch aus psychologischer Sicht zahlreiche sinnvolle Funktionen inne hat und im Alltag eines jeden Individuums tagtäglich eine bedeutende Rolle spielt.[25] Beinahe alle Denkvorgänge wären ohne sie unmöglich. Innerhalb dieser Betrachtung soll dem Juristen, dem während seiner Ausbildung in der Regel keinerlei psychologischen Inhalte vermittelt werden[26], unter anderem veranschaulicht werden, was Selbstkommunikation aus psychologischer Sicht überhaupt bedeutet[27], ob und warum sie trotz einer lauten verbalen oder perpetuierten Entäußerung Gedanken sehr ähnlich ist[28], welche Formen – sowohl gesunder als auch pathologischer Art – denkbar sind[29] und ob Gebete ebenfalls als Selbstgespräche aufgefasst werden können[30].

Eine eingehende Betrachtung selbstkommunikativer Phänomene ist ohne ein fundiertes Verständnis der diesen zugrundeliegenden psychologischen Vorgänge und Funktionen undenkbar. Es ist unmöglich, die Verwertbarkeit eines Selbstgesprächs zu beurteilen, ohne sich zuvor damit auseinanderzusetzen,

---

23 Vgl. unter 2. Teil § 1 I. 1.

24 Vgl. unter 2. Teil § 1 I. 2.

25 Vgl. unter 2. Teil § 1 II.

26 *Gostomzyk*, JuS 2001, 829 (830). Auch der ehemalige Justizminister *Bamberger* des Landes Rheinland-Pfalz betonte schon 2007, dass während der Ausbildung zum Volljuristen nicht nur rechtliche Inhalte, sondern auch Kenntnisse auf den Gebieten der Ökonomie, der Kommunikation, sowie der Psychologie und Berufsethik vermittelt werden müssten, vgl. Pressemitteilung Beck-Aktuell vom 24. Mai 2007 (becklink 225496). Ähnlich *Krekeler*, NJW 1981, 1633 (1636), der die fehlenden psychologischen Fähigkeiten und Kenntnisse der Richterschaft bemängelt. Auch *Renzikowski*, NJW 1990, 2905, betont: „Missverständnisse lassen sich nur vermeiden, wenn die Juristen Erkenntnismöglichkeiten und -grenzen der Psychowissenschaften kennen."

27 Vgl. unter 2. Teil § 1 II. 1. a).

28 Vgl. unter 2. Teil § 1 II. 2. b).

29 Vgl. unter 2. Teil § 1 II. 1. c).

30 Vgl. unter 2. Teil § 1 II. 4.

welche Funktionen dieses aufweist und wie es im Allgemeinen einzuordnen ist. Daher liegt ein wesentlicher Schwerpunkt dieser Arbeit darin, dem Leser die psychologischen Aspekte der Selbstkommunikation und anhand dessen ihre besondere Bedeutung für den Menschen aufzuzeigen.[31] Dabei ist neben einer kurzen Veranschaulichung der hirnbiologischen Verarbeitungsvorgänge bei der Selbstkommunikation[32] auch die Darstellung der frühkindlichen Entwicklung derselben[33] sowie eine Abgrenzung zur zwischenmenschlichen Kommunikation[34] notwendig. Diese Ausführungen dienen insbesondere als Vorarbeiten für die im darauf folgenden Gliederungspunkt zu untersuchende Frage, ob Selbstkommunikation – wie es der BGH beurteilt – tatsächlich unwillkürlich auftritt[35] und ob sie mit (leisem) Denken gleichzusetzen ist[36]. Schließlich werden der Vollständigkeit wegen auch pathologische Formen selbstkommunikativer Phänomene dargestellt[37] und untersucht, ob auch Gebete als Formen der Selbstkommunikation aufzufassen sind[38]. Auch diese Untersuchungen werden später im Rahmen der Verwertbarkeit der Selbstkommunikation[39] relevant werden und die Argumentation stützen.

In einem weiteren Gliederungspunkt im Rahmen des Problemkreises der Selbstkommunikation wird sodann die strafrechtliche Relevanz derselben diskutiert.[40] Hier wird zu klären sein, ob Selbstgespräche eine Strafbarkeit nach § 185 StGB begründen können[41] und ob ihnen ein Schutz durch § 201 StGB zuteil wird[42].

Innerhalb des folgenden Kapitels wird sodann die strafprozessuale Relevanz der Selbstkommunikation eingehend betrachtet, um den Leser auf die Verwertungsproblematik derselben einzustimmen[43]. Dieser Abschnitt dient der systematischen Einordnung der verschiedenen strafprozessrechtlich relevanten Formen

31 Vgl. unter 2. Teil § 1 II. 1. e).
32 Vgl. unter 2. Teil § 1 II. 1. b).
33 Vgl. unter 2. Teil § 1 II. 1. d).
34 Vgl. unter 2. Teil § 1 II. 1. f).
35 Vgl. unter 2. Teil § 1 II. 2. a).
36 Vgl. unter 2. Teil § 1 II. 2. b).
37 Vgl. unter 2. Teil § 1 II. 3.
38 Vgl. unter 2. Teil § 1 II. 4.
39 Vgl. unter 3. Teil § 2.
40 Vgl. unter 2. Teil § 2.
41 Vgl. unter 2. Teil § 2 I.
42 Vgl. unter 2. Teil § 2 II.
43 Vgl. unter 2. Teil § 3.

der Selbstkommunikation[44] und ihrer Differenzierung anhand unterschiedlicher Ermittlungsmaßnahmen[45], wobei die jeweiligen Anordnungsvoraussetzungen und bereits überblicksartig die hierbei zu beachtenden Verwertbarkeitsaspekte dargestellt werden.

Der dritte Teil der Arbeit stellt dessen „Herzstück" dar. Hier wird die Verwertbarkeit der Selbstkommunikation aus diversen unterschiedlichen Blickwinkeln untersucht[46].

Zunächst werden dem Leser im Rahmen einer kurzen Einführung in die Beweisverbotslehre die Grundlagen des Beweisrechts sowie die Eigenschaften und die Bedeutung der Beweiserhebungs- und -verwertungsverbote verdeutlicht.[47] Dies dient auch der Erläuterung von möglicherweise unklaren Begrifflichkeiten und der Sensibilisierung des Lesers für die Besonderheiten der Beweisverbotslehre.

Im darauf folgenden Gliederungspunkt werden die bisher diskutierten Verwertungsverbote – jeweils anhand ihrer (Eingriffs-) Grundlage – dargestellt.[48] Die überwiegende Literatur und Rechtsprechung sieht bei der Verwertung von Selbstkommunikation das allgemeine Persönlichkeitsrecht als tangiert an. Daher wird diesem besonders viel Aufmerksamkeit gewidmet, wobei zunächst der Begriff des Kernbereichs der privaten Lebensgestaltung untersucht[49] und sodann die Entwicklung der Rechtsprechung hierzu ausführlich dargestellt und diskutiert wird[50]. In einem weiteren Punkt folgt die Erörterung weiterer bisher in der juristischen Literatur im Zusammenhang mit Selbstkommunikation thematisierter Verwertungsverbote.[51]

Schließlich wird im letzten Gliederungspunkt dieses Kapitels die Notwendigkeit eines übergeordneten Verwertungsverbots dargestellt und dessen Kriterien im Einzelnen herausgearbeitet[52].

---

44 Vgl. unter 2. Teil § 3 I.
45 Vgl. unter 2. Teil § 3 II.
46 Vgl. unter 3. Teil.
47 Vgl. unter 3. Teil § 1.
48 Vgl. unter 3. Teil § 2.
49 Vgl. unter 3. Teil § 2 I. 1.
50 Vgl. unter 3. Teil § 2 I. 2., 3., 4.
51 Vgl. unter 3. Teil § 2 II.
52 Vgl. unter 3. Teil § 2 III.

Am Ende des dritten Teils der Arbeit wirft diese einzelne Fragen der Verwertbarkeit von Selbstkommunikation auf, die innerhalb der juristischen Literatur in diesem Zusammenhang immer wieder diskutiert wurden[53].

Im vierten und letzten Teil der Arbeit wird die praktische Bedeutung der Unverwertbarkeit der Selbstkommunikation erwogen[54] und schließlich eine kurze Einschätzung der Tendenzen in der Entwicklung der Rechtsprechung zu dieser Thematik abgegeben[55].

---

53 Vgl. unter 3. Teil § 3.

54 Vgl. unter 4. Teil § 1.

55 Vgl. unter 4. Teil § 2.

2. Teil Problemkreis „Selbstkommunikation“

Die Selbstkommunikation ist ein alltägliches Phänomen, dessen Bedeutung oft unterschätzt wird. Die meisten Menschen sind sich weder über ihren Sinn und Zweck im Klaren noch ihrer Existenz bewusst.

Um ihren Stellenwert für jeden Einzelnen zu verdeutlichen und ein grundlegendes Verständnis für die Problematik der Selbstkommunikation zu schaffen, beschäftigt sich diese Arbeit umfassend mit ihren Formen, ihrem Vorkommen, ihren Eigenschaften und Besonderheiten. Ohne eine umfangreiche Darstellung des Gegenstandes der Selbstkommunikation, ist es für den psychologisch nur gering geschulten Leser äußerst schwierig, die später im Rahmen der Verwertbarkeit der Selbstkommunikation zu erörternden Argumente nachzuvollziehen.

Daher erläutert der zweite Teil dieser Arbeit den Begriff der Selbstkommunikation zunächst aus allgemeiner sprachlicher sowie anschließend eingehend aus psychologischer Sicht.

In einem weiteren Schritt beschäftigt sich die Arbeit in diesem Kapitel mit der straf- und strafprozessrechtlichen Relevanz von Selbstäußerungen – zunächst außerhalb der Frage ihrer Verwertbarkeit – und nimmt sodann eine Einteilung der Beweiserhebungsmöglichkeiten in unterschiedlichen Äußerungssituationen vor.

§1 Der Begriff der „Selbstkommunikation“ und seine Bedeutung

In diesem Abschnitt werden insbesondere der Sinn und Zweck sowie die Eigenarten und Formen der Selbstkommunikation dargestellt, um die Bedeutung der sehr uneinheitlichen[56] Begrifflichkeiten zu klären und den Leser auf die Problematik der Verwertbarkeit der Selbstkommunikation hinzuführen.

Hierbei wird zunächst der allgemeine Sprachgebrauch des Begriffs der Selbstkommunikation dargestellt. Diese Betrachtung erläutert die Rolle der Selbstkommunikation in der Literaturwissenschaft und erörtert linguistische Ansätze zum besseren Verständnis der Sprachanwendung, die im Rahmen der Selbstkommunikation naturgemäß eine große Rolle spielt.

Im Rahmen der psychologischen Betrachtung werden die zahlreichen Begriffsdefinitionen vorweg dargestellt. Sodann folgen Darlegungen zu den unterschiedlichen Formen der Selbstkommunikation, ihrer frühkindlichen Entwicklung und ihrer besonderen Bedeutung für den Menschen. Hierbei wird auch kurz aufgezeigt, wie die Verarbeitung von Informationen im menschlichen Gehirn erfolgt und inwiefern sich die Selbstkommunikation von zwischenmenschlicher Kommunikation unterscheidet.

Darüber hinaus erörtert dieses Kapitel die Problematik der Unbewusstheit von Selbstkommunikation, ihrer Ähnlichkeit zu Gedanken und Gebeten sowie ihre pathologischen Formen.

I. Allgemeiner Sprachgebrauch

Der Terminus der „Selbstkommunikation“ findet im allgemeinen Sprachgebrauch nur selten Anwendung und ist weitgehend unbekannt.[57] Er wird häufig mit dem Begriff des „Selbstgesprächs“ gleichgesetzt.[58] Letzteren definiert der Duden als

> *„jemandes Sprechen, das nicht an einen Adressaten, an eine Adressatin gerichtet ist; Gespräch, das jemand mit sich selbst führt“.*[59]

Er kann im allgemeinen Sprachgebrauch auch als Synonym für den Begriff „Monolog“ verstanden werden. Jedoch lässt sich aufgrund der sehr geringen Verwendung keine allgemeingültige Definition herleiten. Festzuhalten ist bereits hier, dass „Selbstkommunikation“ nicht nur ein verbal geäußertes Selbstgespräch

---

56 *Tönnies* 1994, S. 14; *Engeli* 1982, S. 13; s. a. Fn. 103 ff. sowie ausführlich unter 2. Teil § 1 II. 1. a).

57 *Tönnies* 1994, S. 14; *Schorno* 2004, S. 17; *Engeli* 1982, S. 13.

58 *Tönnies* 1994, S. 14.

59 *Duden* 2009, Online-Publikation, Stichwort „Selbstgespräch“.

bezeichnet. Vielmehr ist darunter auch das innere Selbstgespräch, welches nur in Gedanken abläuft, zu verstehen. Auch das schriftliche Selbstgespräch, welches beispielsweise in einem Tagebuch niedergelegt wird, kann unter den Begriff der „Selbstkommunikation" gefasst werden.

Im Rahmen der Selbstkommunikation setzt sich das Individuum mit seiner eigenen Person, seiner Umwelt, seinen Hoffnungen und Erwartungen auseinander. Dies kann in Tagträumen erfolgen, in Selbstgesprächen, in Wachphantasien, Denkvorgängen und verschiedenen weiteren internen Prozessen, bei welchen sich eine innere Kommunikation ereignet.[60]

Im allgemeinen Sprachgebrauch wird das Selbstgespräch überwiegend als eine laute Äußerung verstanden. Gewöhnlich assoziiert man damit ein befremdlich anmutendes Verhalten, insbesondere wenn das Selbstgespräch öffentlich geführt wird. Ein solches Benehmen gilt in unserer Gesellschaft als Tabu. Dies verwundert jedoch angesichts der Tatsache, dass fast alle Menschen hin und wieder – häufig ohne sich dessen bewusst zu sein – ihre Gedanken laut darlegen.[61] Nach allgemeiner Ansicht führen vor allem einsame Menschen Selbstgespräche, da sie niemanden haben, mit dem sie sprechen können.[62] Auch Kinder im Alter zwischen etwa vier und acht Jahren reden, insbesondere beim Spielen und wenn sie sich alleine beschäftigen, häufig mit sich selbst. Dieses Phänomen wiederum ist weit verbreitet und im Gegensatz zu lauten Selbstgesprächen von Erwachsenen gesellschaftlich akzeptiert.[63]

---

60 *Kaufmann* 1993, S. 2; ähnlich auch *Schorno* 2004, S. 18 f.

61 *Tönnies* 1994, S. 7, 14, 31; *Tönnies/Böttcher/Schildt* 1999, S. 107 f.; *Kronbeck* 2002, S. 45 f.; *Nienkamp* 2001, Preface S. ix; *Duncan/Tarulli* 2009, S. 176; *Engeli* 1982, S. 54 ff.; *Fiehler* 1994, S. 179, 181; *Schorno* 2004, S. 43 ff.; *Goffmann* 1978, S. 787 ff., der laute, öffentliche Selbstäußerungen als Tabu schildert und die Norm aufstellt "No talking to oneself in public", S. 793. Darüber hinaus spricht er davon, dass man Selbstgespräche auch als Selbst-Missbrauch und sogar als Perversion auffassen könnte, S. 788. Laut *Winsler* 2009, S. 9 m. w. N., wurde in zahlreichen Untersuchungen festgestellt, dass 98–100 % der Erwachsenen Probanden bei unterschiedlichen Aktivitäten (Papier-Falten, Computerdaten eingeben u. a.) laut mit sich selbst sprechen, während ein bis zwei Drittel dies im Nachhinein abstreiten bzw. sich nicht daran erinnern können, siehe hierzu des Weiteren unter 2. Teil § 1 II. 2. a); *Engeli* 1982, S. 5, hingegen bezeichnet das laute Selbstgespräch als ein für den Menschen typisches Verhalten, merkt jedoch an, dass es von der Gesellschaft als „ungehörige Handlung" oder gar als „verbale Halluzination" (vgl. z. B. Fn. Nr. 63, S. 13) aufgefasst werden kann, S. 57.

62 So auch *Tönnies* 1994, S. 23; dies wird belegt durch die Studie von *Reichl/Schneider/Spinath* 2013, S. 241 ff.; *Jemmer* 2009a, S. 39 f.

63 *Kaufmann* 1993, S. 11; siehe unter 2. Teil § 1 II. 1. d).

Der Grund für die Tabuisierung von lauten Selbstgesprächen ist überwiegend darin zu sehen, dass diese mangelnde Kompetenz und Kontrolle signalisieren. Ein mit sich selbst sprechender Mensch wirkt auf seine Mitmenschen verwirrt und desorientiert. Zudem haften laute Selbstgespräche eigentlich einer frühen, kindlichen entwicklungspsychologischen Phase an[64] und entsprechen nicht dem in unserer Kultur fest verankerten Prinzip der Einheit der Person und der Idee der Privatheit.[65]

1. *Die Sprache als Medium der (Selbst-)Kommunikation*

Die (Selbst-)Kommunikation und das Sprechen (mit sich selbst) setzen nach überwiegender Auffassung in der psychologischen Literatur ein Medium, namentlich die Sprache, voraus. Zwar ist auch eine Selbstkommunikation „in Bildern" denkbar, diese spielt jedoch – zumindest im Hinblick auf die Frage der Verwertbarkeit – tatsächlich eine sehr geringe Rolle und soll daher hier außer Betracht bleiben.[66]

Die Sprache ist als „System von Zeichen mit Bedeutung zur Übermittlung von Informationen" zu verstehen. Sie kann in Form der Gebärden-, der Laut- und der Schriftsprache auftreten.[67] Mit Hilfe des Redens und Schreibens (sowie der Verständigung durch Handzeichen) sind Menschen in der Lage, durch die Sprache Empfindungen, Wahrnehmungen, Gedanken, Ideen und Gefühle auszudrücken und mitzuteilen sowie das Denken selbst zu entwickeln und zu gestalten.[68]

Sprachliche Phänomene können nach *Ferdinand De Saussure*, dem „Vater der modernen Linguistik"[69], aus einer semantischen und einer phonetischen

---

64 Siehe hierzu die Darstellung der Selbstkommunikation im Kindesalter unter 2. Teil § 1 II. 1. d).

65 *Fiehler* 1994, S. 195 f.; ähnlich auch *Schorno* 2004, S. 47, 93; *Duncan/Tarulli* 2009, S. 176 f., sprechen von einem Stigma, das häufig mit Selbstkommunikation assoziiert wird; ähnlich *Engeli* 1982, S. 53 ff.

66 *Tönnies* 1994, S. 31 f.; *Schwartz* 2008, S. 29; *Scobel* 1983, S. 81; ebenso *Fleischer* 2008, S. 211 ff.; im Rahmen der Verwertbarkeit von Tagebüchern erfolgt eine kurze Erläuterung der bildlichen Darstellung von Selbstkommunikation, siehe unter 2. Teil § 3 II. 3 b).

67 Vgl. *Fleischer* 2008, S. 88; die Tatsache, dass die Sprache nicht nur zur Übermittlung von Informationen eingesetzt werden kann, sondern auch zu deren Vergegenwärtigung, Umformulierung etc. wird unter 2. Teil § 1 II. 1. f), erörtert. Nach *Fleischer* kann die Übermittlung bzw. Kundgabe der Sprache jedoch darüber hinaus als Selbstgespräch an die eigene Person als Gesprächspartner gerichtet sein, S. 91.

68 *Fleischer* 2008, S. 248, der zwischen Denken und Sprechen eine enge Verknüpfung sieht. Näher hierzu unter 2. Teil § 1 II. 2. b).

69 So *Kaufmann* 1993, S. 11.

Perspektive betrachtet werden. Bei der Semantik handelt es sich um ein Teilgebiet der Linguistik, welches sich mit den Bedeutungsinhalten sprachlicher Zeichen und Zeichenfolgen beschäftigt.[70] Die Phonetik hingegen befasst sich mit sprachlichen Lauten, deren Eigenart, Erzeugung und Gebrauch in der Kommunikation.[71] Die phonetische Seite einer Zeichenfolge unterscheidet sich grundsätzlich stark von ihrer Wortbedeutung und ist maßgeblich von sozialen und kulturellen Faktoren abhängig.[72] So kann man etwa anhand unterschiedlicher Sprachen erkennen, dass sich ein Wort mit gänzlich identischer Bedeutung in der Phonetik sehr stark unterscheiden kann. Beispielhaft sei hier das Wort „Hund" genannt. Dieser wird im Englischen als „dog" bezeichnet und im Französischen als „chien". Gemeinsamkeiten in der Phonetik sind insoweit nicht feststellbar. Andererseits lassen sich bei ähnlicher kulturhistorischer Entwicklung häufig auch Ähnlichkeiten in der Phonetik erkennen, beispielsweise innerhalb der romanischen Sprachen, welche auf das Lateinische zurückgehen[73]: Exemplarisch lässt sich hier das Wort „Blume" anführen, welches auf Französisch „fleur", auf Italienisch „fiore" und auf Spanisch „flora" lautet.[74]

Nach Auffassung führender Psycholinguisten[75] verfügt das menschliche Gehirn über eine besondere, genetisch festgelegte, synaptische Struktur, welche dazu befähigt, eine Sprache zu erlernen. Trotz der hohen Komplexität der Sprache, sind Kinder grundsätzlich unabhängig von ihrer Intelligenz oder einer vorliegenden Behinderung in der Lage, das Sprechen zu erlernen. Das Sprachenlernen erfolgt bei Kindern in der Regel scheinbar mühelos und ohne eine spezielle Instruktion zu erfordern. Das Kind erlernt die Sprache meist lediglich dadurch, dass es einer sprechenden Umgebung ausgesetzt ist.[76] *Chomsky* bezeichnet diese angeborene Fähigkeit, das Sprechen zu erlernen, als „Sprachkompetenz" und spricht von einer „Universalgrammatik", die es dem Kind ermöglicht, die Muttersprache bei häufigem Kontakt zu anderen Menschen intuitiv zu verstehen und innerhalb kürzester Zeit selbst korrekt auszusprechen.[77]

---

70 *Duden* 2009, Online-Publikation, Stichwort „Semantik".
71 *Duden* 2009, Online-Publikation, Stichwort „Phonetik".
72 *Kaufmann* 1993, S. 11.
73 *Schlösser* 2005, S. 17.
74 Diese Ausführungen werden später bei der Frage der Geeignetheit des Selbstgesprächs als Beweismittel herangezogen, siehe unter 3. Teil § 3 V.
75 So *Chomsky* 1970, der diesen angeborenen Sprachapparat als „Sprachkompetenz" bezeichnet, S. 44, 50 ff.
76 *Kaufmann* 1993, S. 14.
77 *Chomsky* 1970, S. 44, 50 ff.

Demnach ist davon auszugehen, dass dem Menschen die Kenntnis über sprachliche Zusammenhänge gewissermaßen angeboren ist und „die Sprache [...] in ihrer Struktur als ein Apriori im Menschen [...]“[78] angelegt ist.

2. *Selbstkommunikation in der Literaturwissenschaft*

Auch die Literaturwissenschaft beschäftigte sich bereits häufig mit dem Phänomen der Selbstkommunikation. Hierbei wurden insbesondere verschiedene Formen des literarischen Selbstgesprächs untersucht.

Die Literaturwissenschaft verwendet als Synonyme für den Terminus des Selbstgesprächs vor allem die Begriffe „Monolog“ und „Soliloquium“. Während das Soliloquium den lateinischen Begriff für Selbstgespräch bezeichnet, wobei es sich um eine Form der antiken Bekenntnisliteratur handelt[79], wird der Monolog in Abgrenzung zum Dialog als „Rede einer einzelnen Person“[80] definiert. Literaturwissenschaftler unterscheiden hiervon den „Monolog im engeren Sinne“. Dieser wird als künstlerische Ausprägung des Selbstgesprächs verstanden, das bestimmte lyrische Formen annehmen oder in Tagebüchern vorkommen kann. Es wird aus der Ich-Perspektive dargestellt und kann sowohl gefühlsorientierte Aussagen als auch gedankliche Auseinandersetzungen enthalten. Die Literaturwissenschaft differenziert hiervon darüber hinaus den „inneren Monolog“, der eine Wiedergabe des Unterbewussten beinhaltet, sowie den „Monolog im weiteren Sinne“, welcher beispielsweise auch bei Predigten und Vorträgen vorliegen soll.[81] Aus diesem Verständnis der Literaturwissenschaft wird deutlich, dass der literarische Monolog im Gegensatz zur Selbstkommunikation in dem hier verstandenen Sinne, als Kunstform überwiegend auch an andere Personen gerichtet ist, sei es in schriftlicher oder verbaler Form.

Literarische Monologe stellen demnach meist überlieferte Aufzeichnungen schriftlicher Selbstkommunikation sowie bewusst verfasste Niederschriften dar, die zur Publikation bestimmt sind. Hierbei erfolgt das Selbstgespräch sowohl in spontaner Rede als auch in einem arrangierten Gespräch, wobei auch personifizierte, nicht menschliche Gesprächspartner in Erscheinung treten können.[82] Auch in diesem Rahmen kann das Selbstgespräch dennoch als „intime

78 *Kaufmann* 1993, S. 16.

79 *Die Zeit* 2008, S. 308; so auch *Schweikle/Schweikle* 1990, S. 432.

80 *Die Zeit* 2008, S. 89; *Schweikle/Schweikle* 1990, S. 309 f.; dieses nimmt überdies eine besondere Stellung in der Theaterliteratur ein, vgl. *Engeli* 1982, S. 10.

81 *Die Zeit* 2008, S. 89 f.

82 *Butzer* 2008, S. 20; ähnlich *Brinkmann* 1980, S. 63 ff., der von einem „Streitgespräch zwischen Leib und Seele“ spricht.

Form der Kommunikation" verstanden werden, welche mündlich und schriftlich erfolgen und sogar auf Tonband aufgezeichnet werden kann.[83]

Beispiele berühmter monologischer Schriften sind die literarischen Selbstgespräche *Marc Aurels*[84], *Jean Pauls*[85] und *Aurelius Augustinus'*[86], um nur einige wenige zu nennen.

II. Psychologische Betrachtung

Im Folgenden soll das Phänomen der Selbstkommunikation einer psychologischen Betrachtung unterzogen werden, um ihre herausragende Bedeutung für den Menschen hervorzuheben und hierdurch für die juristische Beurteilung praktikable Schlüsse ziehen zu können.

1. Begriffsbestimmung und Bedeutung

Auch in der psychologischen Literatur existiert keine allgemein anerkannte Definition des Begriffs der Selbstkommunikation.[87] Vielmehr finden sich bereits zahlreiche unterschiedliche Bezeichnungen des Begriffs, beispielsweise Selbstgespräch[88], intrapersonelle Kommunikation[89], Autokommunikation[90], Selbstäußerung[91], nicht partnergerichtete Äußerung[92], Selbstinteraktion[93], innerpsychischer kommunikativer Prozess[94] und inneres Sprechen[95]. Diese Begrifflichkeiten

83 *Butzer* 2008, S. 20. Trotz seiner Publikationsbestimmung ist der literarische Monolog eine Kunstform, welche insbesondere zum Ausdruck „intimer" (Gedanken-) Inhalte verwendet wird.

84 *Aurel* 1988 und 1866.

85 *Paul* 1963, S. 1037 bis 1103.

86 *Augustinus* 1986, S. 7 ff.

87 *Tönnies* 1994, S. 14; *Engeli* 1982, S. 13.

88 *Kaufmann* 1993, S. 5.

89 *Tönnies* 1994, S. 14; dieser Begriff wurde eingeführt von *Tausch/Tausch* 1974, S. 154 ff., und weiterentwickelt von *Tönnies/Tausch* 1981, S. 51 ff.

90 *Schorno* 2004, S. 2.

91 *Tönnies* 1994, S. 15.

92 *Fiehler* 1994, S. 179; *Reichert* 1999, S. 107.

93 *Schorno* 2004, S. 17.

94 *Kaufmann* 1993, S. 3.

95 *Tönnies* 1994, S. 14; dieser Begriff wurde bereits von *Sokolov* 1972, S. 1 ff., geprägt, der die besondere Rolle der Selbstkommunikation hervorhob, indem er betonte, das innere Sprechen sei ein „sehr bedeutender und universeller Mechanismus in Bewußtseinsprozessen und in der psychischen Aktivität von Menschen." (zitiert nach *Meichenbaum* 1979, S. 10).

werden innerhalb der psychologischen Literatur jedoch weitgehend synonym verwendet.[96] Dies soll auch im Rahmen dieser Arbeit erfolgen, wobei überwiegend der Terminus der „Selbstkommunikation" Anwendung finden soll.

a) Definitionsversuche

Sowohl in der psychologischen als auch in der philosophischen Literatur wurde bereits mehrfach der Versuch unternommen, den Begriff der Selbstkommunikation zu definieren.

So definiert beispielsweise *Kaufmann* den Begriff des „inneren Dialogs" als „[...] ein verbales oder präverbales Zwiegespräch in einem Menschen, in dem sich eine Ich-Instanz in ihm unmittelbar mit seiner Erfahrungswelt auseinandersetzt; in dem er sich bewusst oder vorbewusst zu sich als erfahrenem Wesen beziehen kann."[97]

Nach *Lotman* geht es bei der Selbstkommunikation „[...] um eine Zunahme der Information, ihre Transformation und Umformulierung in andere Kategorien, wobei nicht neue Mitteilungen, sondern neue Codes eingeführt werden, und der Rezipient und der Adressat in einer Person zusammenfallen."[98]

Schorno schlägt wiederum folgende Definition vor: „Die Kategorien ‚Autokommunikation' bzw. ‚Selbstkommunikation' bezeichnen Phänomene, von denen gilt, dass sie individuell vollzogen werden und in irgend einer Weise kommunikativ bestimmbar sind."[99]

Tönnies hingegen erarbeitete folgende Definition: „Als Selbstkommunikation (intrapersonelle Kommunikation) bezeichnet man zumeist unwillkürlich auftretende Bewusstseinsinhalte, die Erwachsene überwiegend nicht laut denken und Kinder häufiger laut zu sich selbst äußern. Sie betreffen vor allem die eigene Person oder andere Menschen, die zur eigenen Person in bedeutungsvoller Beziehung stehen, und haben persönliche Erwartungen, Befürchtungen, Selbstanweisungen sowie seelisch-körperliche Gefühle bzw. Befindlichkeit zum Inhalt."[100] Nach *Tönnies* besitzt die Selbstkommunikation demnach folgende

---

96 *Tönnies* 1994, S. 15.

97 *Kaufmann* 1993, S. 5.

98 *Lotman* 1986, S. 920 f., der die Richtung des Ablaufs der Selbstkommunikation als „Ich – Ich" charakterisiert. Näheres zur Informationsverarbeitung siehe unter 2. Teil § 1 II. 1. b).

99 *Schorno* 2004, S. 3 f.

100 *Tönnies* 1994, S. 24.

Kennzeichen: Sie erfolgt unwillkürlich bzw. spontan, ist überwiegend verdeckt bzw. „an der Schwelle des Bewusstseins angesiedelt"[101]. Außerdem besteht sie aus verbalen Gedanken, die teilweise hörbar werden können. Inhaltlich ist sie durch eine Selbstthematisierung charakterisiert.[102]

Zahlreiche weitere Autoren[103] untersuchten den Begriff der Selbstkommunikation und bemühten sich hierbei eine allgemeingültige Definition zu finden. Obwohl sich alle insoweit gefundenen Definitionen voneinander unterscheiden, lassen sich jedoch auch einige Gemeinsamkeiten feststellen. So gehen die meisten Autoren davon aus, die Selbstkommunikation sei an die Sprache gebunden und werde in verbaler Form ausgedrückt.[104] Teilweise wird darauf hingewiesen, dass die Selbstkommunikation überwiegend in einer Art Kurzschrift erfolge, also gewissermaßen in einem Telegrammstil[105], während andere Autoren[106] die inneren Gespräche als intern ablaufenden Dialog verstehen. Gemeinsam ist den Ansichten auch, dass Sender und Empfänger bei der Autokommunikation identisch sind, die Äußerung nicht an einen anderen, sondern an sich selbst gerichtet ist, es (möglicherweise vermeintlich) keinen tatsächlichen Empfänger gibt (diesen stellt sich das Individuum gegebenenfalls vor) und ein kognitiv-interner bzw. persönlich-privater Kontext gegeben ist.[107]

Anhand dieser Befunde und insbesondere in Anlehnung an die Definition von *Tönnies* ergibt sich nunmehr eine eigenständige Definition des Begriffs der Selbstkommunikation:

Selbstkommunikation stellt einen überwiegend innerlich bzw. in Gedanken, oft an der Schwelle des Bewusstseins ablaufenden Vorgang dar, welcher insbesondere in Stresssituationen auch laut geäußert wird. Dabei nimmt der Mensch neue Reize auf und verarbeitet sie

---

101 *Schorno* 2004, S. 67, der weiter ausführt, dass es sich daher um eine „endogene Leistung des Bewusstseins" zu handeln scheint, welche zwar mit wenig Aufmerksamkeit einhergeht, aber im Prinzip bewusstseinsfähig ist.

102 Vgl. *Schorno* 2004, S. 67.

103 Beispielhaft seien aufgeführt: *Thier* 1974, S. 5; *Diekstra/Dassen* 1982, S. 31, verwenden den Begriff „self-talk"; *Hautzinger/Stark/Treiber* 1989 definieren den Begriff der „Automatischen Gedanken", S. 87; *Lauth* 1984, S. 22, spricht von einem „Internen Dialog".

104 *Tönnies* 1994, S. 21.

105 *Beck* 1976, S. 36 f.; s. a. *Meichenbaum* 1979, S. 208 f.; *Tönnies* 1994, S. 21 f.

106 *Lauth* 1984, S. 18 ff.; *Meichenbaum* 1979, S. 200 ff.; *Bise* 2008, S. 32 ff.; *Fiehler* 1994, S. 190; *Kaufmann* 1993, S. 39 ff.; *Fernyhough* 2009, S. 42; *Jemmer* 2009a, S. 37 ff.

107 *Morris* 1947, S. 213, der Selbstkommunikation folgendermaßen beschreibt: „The self of one moment communicates with the self of another moment."; *Vygotskij* 1991, S. 340 ff.; vgl. *Schorno* 2004, S. 74 f.

oder reflektiert über bereits zuvor gemachte Erfahrungen und Eindrücke. Die hierbei auftretenden Bewusstseinsinhalte haben vornehmlich eine Selbstthematisierung zum Inhalt und können sowohl eine sprachliche als auch bildhafte Ausprägung haben.

Die hier gefundene Definition findet im Rahmen der psychologischen Betrachtung Anwendung. Es sei jedoch darauf hingewiesen, dass sich die noch zu thematisierende Verwertbarkeit der Selbstkommunikation naturgemäß nur auf diejenigen Formen derselben beziehen kann, die auf irgendeine Art und Weise nach Außen in Erscheinung treten, wie die Eintragungen in Tagebüchern und laut geäußerte Selbstgespräche.[108]

b) Informationsverarbeitung (hirnbiologische Grundlagen)

Was genau geht aber in einem Menschen vor, der mit sich selbst kommuniziert? Die kognitiven Informationsverarbeitungsprozesse, die im menschlichen Gehirn bei Kommunikationsvorgängen ablaufen, sind äußerst komplex und bisher nur unzureichend erforscht.

Vereinfacht dargestellt verarbeitet das Individuum Informationen, die auf unterschiedliche Weise auf es einwirken. Dies können beispielsweise visuelle, akustische oder gustatorische Stimuli (Reize) sein. Diese Informationen müssen gesucht, wahrgenommen, ausgewählt, kategorisiert und aufgenommen werden.[109] Bei den auf den Menschen einwirkenden Reizen kann es sich sowohl um äußere, die der Umwelt bzw. dem Umfeld des Individuums entspringen, als auch um innere Reize handeln, die von den Organen des Menschen ausgehen.

Durch seine Sinne nimmt das Individuum diese Reize bewusst oder auch unbewusst wahr, indem die Nerven diese von den Sinnesorganen zum Zentralnervensystem weiterleiten und Sinnesempfindungen auslösen.[110] Bereits mit der bewussten oder unbewussten Wahrnehmung bestimmter Reize bzw. deren Ignorieren, erfolgt eine Art Selektionsprozess, dessen Bewertung und Interpretation mit den früheren Erfahrungen des Einzelnen zusammenhängt und daher sehr individuell ist. Schon mit diesem Selektionsprozess beginnt der „innerpsychische kommunikative Prozess".[111]

---

108 Siehe hierzu 2. Teil § 3.

109 Vgl. *Engeli* 1982, S. 74.

110 Siehe *Fleischer* 2008, S. 56 ff.; die hier erfolgte Darstellung ist zur besseren Verständlichkeit stark vereinfacht.

111 *Kaufmann* 1993, S. 3; *Schwartz* 2008, S. 82 f.; zum Prozess der Informationsverarbeitung: *Blinkert* 1982, S. 163, 164 f.; aufschlussreich für das Verständnis der hirnbiologischen Grundlagen der Selbstkommunikation sowie ihrer phylogenetischen Entwicklung: *Riccillo* 1994, S. 33 ff.; *Jones* 2009, S. 69 ff.; *Ramsberger* 1994, S. 33 ff.

In einem weiteren Schritt tritt das Individuum mit sich selbst in eine Art inneren Dialog, indem es beginnt, über sich selbst und seine Umwelt zu reflektieren. Dabei werden auch bereits vorhandene Informationen in einem Kommunikationsprozess umformuliert und erlangen hierdurch einen neuen Sinn. Insoweit handelt es sich um eine „qualitative Transformation“ der Information.[112]

c) *Formen der Selbstkommunikation*

Selbstkommunikation kann in zahlreichen unterschiedlichen Formen auftreten. Diese haben gemeinsam, dass eine Person, jeweils ohne die Beteiligung einer weiteren Person, in einen kommunikativen Prozess mit sich selbst tritt, der sich weitgehend im Rahmen einer Selbstreflexion bzw. Selbstkontrolle abspielt.[113]

Die psychologische Literatur gruppiert die Formen der Selbstkommunikation nur uneinheitlich. Während beispielsweise *Kaufmann* ebenso wie *Goffmann* von drei unterschiedlichen Formen der Selbstkommunikation spricht[114] und *Fiehler* sieben Klassen unterscheidet[115], teilt *Schorno* die Selbstkommunikation in zwölf verschiedene Arten[116] ein. Angelehnt an die Einteilung von *Schorno* wird anschließend eine Auflistung und Kategorisierung verschiedener selbstkommunikativer Phänomene vorgenommen.

Folgende Formen der Selbstkommunikation können in Erscheinung treten:

(1) Das Niederschreiben von Gedankenvorgängen in Tagebüchern, welche nicht für die Öffentlichkeit bestimmt sind, sondern vielmehr intimen Charakter haben. Sie dienen dem Einzelnen dazu, seine Gedanken und Erinnerungen aufzuzeichnen, sich selbst zu erziehen oder zu beruhigen und seine Empfindungen auszudrücken.[117]

---

112 *Lotman* 1986, S. 911.

113 *Schorno* 2004, S. 19; *Morris* 1947, S. 213 ff.; *Lotman* 1986, S. 909 ff.; *Ludwig* 1980, S. 74 ff.; *Cardona* 1988, S. 54.

114 *Kaufmann* 1993, S. 4 f.; *Goffmann* 1978, S. 787, spricht von den Formen „solitary“, „single“ und „with“; diese seien nur beispielhaft aufgezählt.

115 *Fiehler* 1994, S. 182 ff.

116 *Schorno* 2004, S. 19 f.

117 *Schorno* 2004, S. 19; auch *Morris* 1947 erwähnt diese Form der Selbstkommunikation, S. 213; hierzu näher im 3. Teil § 2 I. 3.; s. a. *Lotman* 1986, S. 910; *John-Steiner* 1992, S. 286, 292 ff., bezeichnet diese Form der Selbstkommunikation als “Inner Speech Writing”.

(2) Die Anfertigung von Notizen jeglicher Art (Einkaufs-, Aufgaben-, Adress-, Übersichtslisten etc.) zur Unterstützung des Gedächtnisses.[118] Hierbei tritt das Individuum in der Regel nicht in intimer Weise mit seinen Gedanken und Empfindungen in einen Diskurs, sondern verfolgt mit der Niederschrift meist einen praktischen Zweck.

(3) Selbstgespräche, mit welchen der Sprechende seine eigenen Verhaltensweisen kommentiert. Die psychologische Literatur bezeichnet derartige Phänomene als „self-monitoring" (Selbstüberwachung) oder „handlungsbegleitende Verbalisierungen". Dieser Prozess findet in der Regel im Stillen bzw. in Gedanken statt. Insbesondere in Stresssituationen kann es jedoch zu einer spontanen lauten Äußerung des gedanklich geführten Selbstgesprächs kommen. Vor allem beim Autofahren erfolgt häufig eine laute, nicht partnergerichtete Kommentierung der Verhaltensweisen anderer Verkehrsteilnehmer.[119] Während die Äußerungen sich hierbei überwiegend fiktiv an andere – meistens nicht in Hörweite befindliche – Personen richten, werden im Rahmen der handlungsbegleitenden, selbstüberwachenden Verbalisierungen überwiegend Selbstbeurteilungen geäußert. Typische Beispiele sind Aussprüche wie „Oh nein!", „Wie konnte mir das nur passieren?" oder auch „Gut gemacht!" und „Super!". Bei handlungsbegleitenden Verbalisierungen erfolgen auch häufig Selbstanweisungen wie beispielweise „Jetzt ganz ruhig..." oder bei praktischen und handwerklichen Tätigkeiten „Ok, zuerst das hintere Kabel...". Unter diese Kategorie fallen auch körperliche bzw. psychisch-emotionale Äußerungen, die Befindlichkeiten ausdrücken, z. B. Schmerz („Autsch!"), sowie Flüche, z. B. bei Ärger („Verdammt!"). Diese fallen in der Psychologie unter die Kategorie der „Triebabfuhr".[120]

(4) Das erdachte Stimmenhören bzw. das fiktive Interagieren mit vorgestellten Personen, höheren Mächten, Gottheiten, Autoritäten oder Vorbildern. Hierzu zählt auch das Führen von inneren Dialogen mit anderen – unter Umständen auch fiktiven – Personen.[121] Diese Form der Selbstkommunikation ist also überwiegend an andere Instanzen, teilweise auch an Gegenstände (z. B. das Auto, den Computer oder das Handy) sowie Tiere gerichtet, wird

118 *Schorno* 2004, S. 19; *Morris* 1947, S. 213 ff.; *Lotman*, S. 909 ff.

119 *Schorno* 2004, S. 19; *Fiehler* 1994, S. 179, 182; *Vygotskij* 1991, S. 340; *Beck* 1976, S. 38; *Grumet* 1985, S. 180 ff.; *Goffmann* 1978, S. 795 f.

120 *Schorno* 2004, S. 45; ähnlich *Fiehler* 1994, S. 182, der diese Äußerungen als „Befindlichkeitsäußerungen" versteht und sie unter die Kategorie der „körperlichen bzw. psychisch-emotionalen Prozesse" fasst.

121 *Kaufmann* 1993, S. 5.

aber aufgrund der Art der Instanz zu einer nicht partnergerichteten Kommunikation.[122] Auch das Gebet kann dieser Kategorie zugeordnet werden. Im Folgenden wird noch genauer betrachtet, ob und inwiefern letzteres als Selbstgespräch einzuordnen ist.[123]

(5) Das Lernen in Form eines „inneren Sprechens“ sowie die Aneignung von Wissensinhalten in Form des Sich-selbst-Erklärens.[124] In diese Kategorie fällt auch das laute Vorlesen von Texten für sich selbst sowie beispielsweise das laute Wiederholen von Vokabeln beim Erlernen einer Fremdsprache.[125]

(6) Das Führen eines inneren Beratungsgesprächs bei schwierigen Entscheidungen in Form von Argumenten Für und Wider den zu treffenden Entschluss. Hierunter können auch mentale Planungsprozesse gefasst werden, welche die Lösung praktischer und kognitiver Belastungen bezwecken. Vor allem bei schwierigen Problemen kommt es des Öfteren zu einer lauten Äußerung, welche auch als „Exothese“[126] bezeichnet wird. Auch die Selbstexploration und Selbstreflexion, insbesondere zu therapeutischen Zwecken, kann hier verortet werden. Gerade die explizite laute Äußerung von problematischen Gedankeninhalten wird häufig im Rahmen von kognitiven Verhaltenstherapien angewandt. Dabei analysiert der Therapeut mit seinem Patienten dessen bisherige Selbstaussagen und hilft ihm dabei, die problematische Selbstkommunikation zu erkennen, zu verändern und sich stattdessen eine gesunde Selbstkommunikation anzueignen.[127]

(7) Pathologische Formen von Selbstgesprächen, die Symptome psychischer Erkrankungen darstellen können.[128] Bei schizophrenen Personen kann beispielsweise eine innere Kommunikation mit zwei unterschiedlichen Persönlichkeiten oder auch eine sogenannte „desorganisierte Sprechweise“ auftreten.[129] Auch bei Autisten sowie am Tourette-Syndrom erkrankten Personen treten unwillkürliche, laute, unzusammenhängende Äußerungen häufig auf.

---

122 *Fiehler* 1994, S. 185 f.; *Goffmann* 1978, S. 793 f.

123 Siehe hierzu 2. Teil § 1 II. 4.

124 *Schorno* 2004, S. 20.

125 *Winsler* 2009, S. 22.

126 *Rehbein* 1977, S. 346, Anm. 27. Dieser definiert die Exothese als das „unmittelbare, direkte Nach-Außen-Setzen von Prozessen und/oder Resultaten mentaler Vorgänge.“ Vgl. auch *Fiehler* 1994, S. 184.

127 *Lückert/Lückert* 1994, S. 231 ff.

128 Siehe hierzu detailliert unter 2. Teil § 1 II. 3.

129 *Winsler* 2009, S. 19; vgl. *Hautzinger* 2000, S. 383; *Pawlik* 2006, S. 625; *Hoffmann* 1986, S. 503 ff.; *Jaynes* 1986, S. 526 f., der aber betont, dass verbale Halluzinationen auch bei Gesunden auftreten können.

(8) Nicht eindeutig als Selbstkommunikation einzuordnende Phänomene, wie Äußerungen, die zwar in einem interaktiven Kontext erfolgen, aber nicht in kommunikativer Absicht (z. B. wenn der Sprechende in Anwesenheit von Zuhörern Äußerungen zu sich selbst tätigt). Ebenso können Äußerungen in kommunikativer Absicht, jedoch in einem nicht interaktiven Umfeld vorkommen (z. B. wenn der Sprechende in der Absicht, sich anderen mitzuteilen, im Alleinsein Äußerungen tätigt).[130] Diese Form der Selbstkommunikation soll trotz ihrer Besonderheiten hier verortet werden, da sich das Individuum ungeachtet des nicht eindeutigen Kontextes letztlich an sich selbst richtet.[131]

(9) Intrapersonelle Kommunikation im selbstsuggestiven Verfahren, bei welcher Autosuggestionsmethoden verwendet werden, wie die Mantra-Meditation, das Autogene Training und die Methode des Positiven Denkens. Diesen in Entspannungssituationen anzuwendenden Methoden ist gemeinsam, dass sie aus satzgebundenen (Ausnahme: Mantra-Meditation, bei der nur ein einziges Lautwort verwendet wird), verbalen Selbstanweisungen bestehen und das Ziel haben, die Selbstkommunikation so zu verändern, dass diese sich positiv auf das seelisch-körperliche Befinden auswirkt.[132]

Die hier erfolgte Einteilung der Formen der Selbstkommunikation ist nicht abschließend und stellt lediglich eine eigene Einschätzung dar, welche Typen unter eine bestimmte Kategorie einzuordnen sind. Sie soll dem besseren Verständnis und der Veranschaulichung der zahlreichen selbstkommunikativen Phänomene dienen.

d) Selbstkommunikation im Kindesalter

Die Selbstkommunikation hat bereits im frühen Kindesalter für die Entwicklung des jungen Menschen eine große Bedeutung. Entwicklungspsychologen sind durchgängig der Auffassung, dass das überwiegend laute Denken von Kindern der Selbstinstruktion, Selbstkontrolle und einem sogenannten „Sprachdenken“ dient.[133]

---

130 *Fiehler* 1994, S. 186 f.

131 Inwiefern diese Formen der Selbstkommunikation auch schützenswert sind, wird später insbesondere unter 3. Teil § 2 I. 4. e) cc) (4) (b), erörtert.

132 *Tönnies* 1994, S. 175; *Tönnies/Böttcher/Schildt* 1999, S. 117 f.

133 *Tönnies* 1994, S. 20; *Kainz* 1969, S. 117; *Zivin* 1979, S. 135 ff.; *Kohlberg/Yaeger/Hjertholm* 1968, S. 691 ff.; s. a. *Goudena* 1983, S. 1 ff., der die soziale und selbstregulierende Funktion kindlicher Sprechakte eingehend untersucht hat.

Die Entwicklung des Sprachverhaltens von Kindern von einem laut geäußerten zum inneren Denken ist für das Verständnis des Wesens der Selbstkommunikation grundlegend. Hierdurch kann veranschaulicht werden, welche besondere Rolle die Selbstkommunikation beim Menschen spielt und wie ähnlich diese den innerlich ablaufenden Gedanken ist.[134] Gerade diese Ähnlichkeit ist bei der Frage der Verwertbarkeit von Selbstäußerungen ein wesentlicher Beurteilungsmaßstab.

Die Sprachforscher *Jean Piaget* und *Lev Vygotskij* haben das Sprachverhalten von Kindern bereits zu Beginn des 20. Jahrhunderts eingehend untersucht und beobachtet.

Nach *Piaget* bedienen sich Kinder häufig einer eigenen Sprachform, der egozentrischen Sprache, welche seiner Auffassung nach eine eigene Stellung in der Sprachentwicklung des Kindes einnimmt.[135] *Vygotskij* setzte sich mit diesem Forschungsergebnis von *Piaget* auseinander. Er stellte die Entwicklung des egozentrischen Sprechens und der inneren Sprache jedoch anders dar als *Piaget*. Seiner Auffassung nach erlernt das Kind zunächst die äußere Sprache, um mit seiner Umwelt kommunizieren zu können. Im Vorschulalter wirkt es mittels dieser nicht nur auf andere, sondern auch auf sich selbst ein, indem es – insbesondere in Form eines Rollenspiels – laut mit sich selbst spricht. Dabei zeichnet sich diese Kindersprache durch einen Mangel an kommunikativer Orientierung aus.[136] Nach *Vygotskij* stellt dieser äußere Dialog ein lautes Denken des Kindes dar, welches sich im Laufe seiner Entwicklung nach innen verlagert.[137] *Piaget* hingegen war der Meinung, das laute Denken würde im Laufe der kindlichen Entwicklung einfach verschwinden, während sich unabhängig davon ein „inneres Sprechen" entwickle.[138]

Die Annahmen *Vygotskijs* wurden später unter anderem durch die Untersuchungen *Kohlbergs* bestätigt: Die Funktion der Privatsprache liegt seiner Ansicht nach darin, die Gedanken aus der sozialen Sprache herauszufiltern und mit der Zeit zu internalisieren.[139]

---

134 Siehe hierzu umfassend unter 2. Teil § 1 II. 2. b).

135 *Piaget* 1983, S. 15 ff.; so auch *Bise* 2008, S. 17; ähnlich *Tönnies* 1994, S. 97 ff.

136 *Schorno* 2004, S. 56.

137 *Vygotskij* 1991, S. 57 ff., 387 ff.; so auch *Mead* 1968, S. 90 ff., 107 ff.; *Deplazes* 2010, S. 286, 287; *Velthaus* 2006, S. 529, 535.

138 *Piaget* 1983, S. 15 ff.

139 *Schorno* 2004, S. 56; ähnlich auch *Mead* 1968, S. 90 ff., 107 ff.

Anhand der Entwicklung des Kindes und seines Sprechverhaltens gelang es *Vygotskij*, den Zusammenhang zwischen Denken und Sprechen zu untersuchen und näher darzustellen.[140]

e) Sinn und Zweck der Selbstkommunikation

Auch im Erwachsenenalter spielt die Selbstkommunikation bei der Weiterentwicklung des Charakters eines Individuums sowie bei der Selbstbeurteilung von Verhaltensweisen eine große Rolle. Ob es nun durch ein innerlich geführtes oder laut geäußertes Selbstgespräch oder in Form des schriftlichen Diskurses in einem Tagebuch erfolgt, stets trägt ein reflektierendes Selbstgespräch zu einer Auseinandersetzung mit dem eigenen Ich bei.[141] Hierdurch kann der Einzelne seine bisherigen Verhaltensweisen überdenken, sich seine Situation und mögliche Handlungsoptionen vergegenwärtigen, die bisherigen Geschehnisse ins Gedächtnis rufen und diese reflektieren, Pläne schmieden, sich die Zukunft ausmalen und vieles mehr. Die Selbstkommunikation dient auch der „sozialen Kontrolle"[142], da sie korrigierend auf abweichendes Verhalten einwirken kann.[143]

Nach *Schwäbisch* und *Siems* fördert gerade das laute Aussprechen der Gedanken die Problemlösungsfähigkeit, da hierdurch der Gedankenverlauf strukturiert wird und zudem viel klarer und fassbarer erscheint als bei flüchtigen, nicht ausgesprochenen Gedanken.[144] *Tönnies* et al. sprechen sogar von einer „Ventilfunktion" der lauten Selbstgespräche, durch welche spontan Ärger, Schmerz, Freude, Aggression und andere Gefühle ausgedrückt und damit besser

---

140 Dies wird unter 2. Teil § 1 II. 2. b), eingehend erörtert.

141 So auch *Kronbeck* 2002, S. 47; *Siegrist* 1996, S. 1 ff., 58 ff., der von der „Theorie der Selbstaufmerksamkeit" spricht; ähnlich *Stevens* 1975, S. 69 ff., der Selbstkommunikation therapeutisch als ein „In-Sich-Hineinhorchen" zum Erkennen der eigenen Bedürfnisse versteht; *Jemmer* 2009a, S. 37 ff.; *John-Steiner* 1992, S. 285.

142 Unter „sozialer Kontrolle" versteht man aus psychologischer Sicht allgemein auf das Verhalten einwirkende Maßnahmen, wie Kritik, Strafe, Therapie etc., vgl. *Black* 1992, S. 39 ff.; s. a. *Schorno* 2004, S. 48.

143 *Tausch/Tausch* 1974, S. 154 ff.; *Herkner/Pesta/Maritsch/Massoth* 1980, S. 397; ähnlich *Nienkamp* 2001, S. 131 ff., der von einer „Moral Agency" spricht; *Thier* 1974, S. 5; *Tönnies* 1994, S. 23; *Schorno* 2004, S. 48; *Vocate* 1994, S. 11, ist der Ansicht, dass Selbstkommunikation essentiell ist, um auf das eigene Verhalten und festgelegte Ansichten einzuwirken. Ihrer Auffassung nach kann persönliches Wachstum nur durch Selbstkommunikation erfolgen. So auch *Mead* 1968, S. 90 ff., 107 ff.; ähnlich im Hinblick auf Selbstinstruktion im Rahmen einer Schmerztherapie: *Neumann/Pfand-Neumann/Seelbach* 2000, S. 129.

144 *Schwäbisch/Siems* 1975, S. 93 f.

verarbeitet werden können.[145] Darüber hinaus fördert das laute Aussprechen die Gedächtnisleistung. Denn das, was man laut zu sich selbst sagt, kann man sich im Allgemeinen leichter merken.[146]

Zudem hilft die Selbstkommunikation beim Erlernen einer Fremdsprache, wenn der Sprachschüler die neu gelernten Wörter leise oder in Gedanken wiederholt.[147]

Positive Selbstkommunikation kann darüber hinaus das Selbstbewusstsein stärken und hat maßgeblichen Einfluss auf die Bewältigung sozialer Aufgaben.[148] So verwenden vor allem Sportler häufig motivierende Selbstkommunikation, was sich nachweisbar positiv auf ihren Erfolg auswirkt.[149] Auch Referenten beruhigen sich mitunter selbst, indem sie ihre Rede, bevor sie diese vor einem Publikum halten, zunächst laut oder auch lediglich in Gedanken für sich selbst wiederholen bzw. vorsprechen.

Eine negative oder selbstschädigende Selbstkommunikation kann sich hingegen nachteilig auf das Wohlbefinden auswirken und insbesondere Gefühle wie Angst, Panik und Schuldgefühle auslösen.[150] In zahlreichen Studien wurde nachgewiesen, dass Menschen in Stresssituationen deutlich selbstunzufriedener mit sich selbst kommunizieren als bei neutralen Sachlagen.[151]

Nach *Tönnies* hängt vor allem eine ausgeprägte negative Selbstkommunikation mit seelischen und psychischen Störungen eng zusammen. Die Selbstkom-

---

145 *Tönnies/Böttcher/Schildt* 1999, S. 108.

146 Ebenso *Engeli* 1982, S. 62, der als Vorteile des lauten Selbstgesprächs die Objektivierung, Differenzierung, Fixierung, Beziehungsstiftung, Abstraktion und Planung benennt, S. 74.

147 *Winsler* 2009, S. 22 f.; *Lantolf/Genung* 2002, S. 175 ff.; *John-Steiner* 1992, S. 286.

148 *Frank* 1986, S. 190; so auch *Hatzigeorgiadis/Zourbanos/Goltsios/Theodorakis* 2011, S. 458; *Schorno* 2004, S. 48; *Winsler* 2009, S. 25; ebenso *Oliver/Markland/Hardy* 2010, S. 307 ff., die im Rahmen einer Studie feststellten, dass sich informative Selbstkommunikation positiv auf die Stressbewältigung und den Lerneffekt bei Studenten auswirken kann, S. 308 ff.

149 *Winsler* 2009, S. 20; *Mahoney/Avener* 1977, S. 136 ff.; *Hatzigeorgiadis/Zourbanos* u. a. 2011, 348 ff.; *Burton/Gillham/Glenn* 2011, S. 413 ff., untersuchten das Selbstgesprächsverhalten von 214 weiblichen Fußballspielerinnen; *Theodorakis/Hatzigeorgiadis/Chroni* 2008, S. 10 ff., stellten fest, dass Selbstgespräche bei Sportlern den Aufmerksamkeitsfokus erhöhen, das Selbstbewusstsein stärken, die Anstrengung regulieren, kognitive und emotionale Reaktionen kontrollieren und automatische Handlungen auslösen können.

150 *Schwartz* 1983, S. 91 ff.; siehe hierzu unter 2. Teil § 1 II. 3.

151 *Dichtl/Egger* 1996, S. 8 ff.; *Tönnies/Tausch* 1981, S. 51 ff.

munikation eines Patienten dient in der Psychologie häufig als Indikator für den Therapieerfolg, da sie sich im Rahmen einer Psychotherapie in der Regel wesentlich hin zu einer vermindert negativen und vermehrt positiven Selbstkommunikation verändert.[152] Zahlreiche Therapierichtungen der Psychotherapie wenden eine direkte Beeinflussung der Selbstkommunikation des Patienten an, wodurch der therapeutische Effekt verstärkt werden und die psychische Beeinträchtigung gemindert werden kann.[153] Darüber hinaus dienen Fragebögen über die Selbstkommunikation des Patienten zur Diagnose psychischer Störungen.[154]

Das, was Menschen im Rahmen der Selbstkommunikation zu sich äußern, hat meist eine gewisse kognitive „Einfärbung", ist also eng verknüpft mit Empfindungen und Gefühlen. Auch der Begriff der Kognitionen ist innerhalb der psychologischen Literatur sehr umstritten. An dieser Stelle soll aber nicht weiter auf diesen Meinungsstreit eingegangen werden, sondern vielmehr der von *Schelp* und *Kemmler* geprägte Begriff (vereinfacht und ohne nähere Differenzierung) Anwendung finden. Hiernach sind Kognitionen zum einen Denkinhalte, Informationen oder Wissen. Kognitionen in dem hier verstandenen Sinne können insbesondere Wörter, Bilder, Töne, Klänge oder Gerüche sein. Sie sind eng mit den Inhalten des Empfindens und Erlebens verknüpft und nur sehr schwer von diesen zu unterscheiden.[155] Der Kognitionsbegriff wird sehr weit verstanden, weshalb eine Abgrenzung zu den Emotionen kaum möglich ist.

---

152 *Tönnies* 1994, S. 193 f., 199 ff., stellte fest, dass bei Verbesserung der seelisch-körperlichen Befindlichkeit bei den Patienten auch eine zunehmend normalisierte und vermehrt positive Selbstkommunikation stattfindet. Ebenso *Schorno*, S. 66 ff.; *Tönnies/Böttcher/Schildt* 1999, S. 116 f.; *Tönnies/Tausch* 1981, S. 59 f.

153 *Tönnies* 1994, S. 131 f.

154 So beispielsweise das „Inventar zur Selbstkommunikation für Erwachsene" (ISE) von *Tonnies* 1982; „Fragebogen zur Selbstkommunikation" (IPK) von *Böllner* 1987; „Automatic Thoughts Questionaire" (ATQ-30) von *Hollon/Kendall* 1980, S. 383 ff.

155 *Schelp/Kemmler* 1988, S. 35 f., definieren den Begriff der Kognitionen wie folgt: „Kognition ist einmal ein Begriff für Denkinhalte, Informationen oder Wissen auf verschiedenen Abstraktionsebenen. Wir unterscheiden hier Kognition I (als persönliche Denkinhalte), Kognition II (als Abstraktion persönlicher Denkinhalte) und Kognition III (als wissenschaftliche Abstraktion von Kognition I und II). [...] Als Kognition I bezeichnen wir die subjektiven, personspezifischen Inhalte des individuellen Denkens, Vorstellens, Wahrnehmens, Erinnerns und Träumens. Kognitionen I können also Wörter, Bilder, Töne, Klänge oder auch Gerüche sein. [...] Diese Inhaltsklasse bezeichnet also sowohl ganz persönliche, phänomenal gegebene Denkinhalte als auch den persönlichen, subjektiven Bericht solcher Inhalte des Empfindens und Erlebens."; vgl. hierzu *Tönnies* 1994, S. 15.

Aufgrund der engen Beziehung zwischen Emotionen bzw. Kognitionen und Selbstkommunikation, kann die negative Form derselben Unbehagen und Angst hervorrufen, während positive Selbstkommunikation beruhigend und stimmungsaufhellend wirken kann.[156] Zahlreiche äußere Reize, wie beispielsweise rhythmische Klänge, Gerüche und Musik, können die kognitive Einfärbung der Selbstkommunikation verändern. Dies geht wiederum mit einem Empfinden unterschiedlicher Emotionen einher.[157]

Wie gesehen hat die Selbstkommunikation für den Menschen zahlreiche sinnvolle Funktionen, welche von einer Selbstberuhigung und Selbstinstruktion zur Verarbeitung von Gefühlen und dem Erlernen von Wissensinhalten reichen können. Die meisten dieser Phänomene laufen jedoch unbewusst und automatisch ab, nur selten erfolgt eine beabsichtigte Auseinandersetzung mit selbstkommunikativen Inhalten (z. B. im Rahmen einer Therapie).

f) Abgrenzung zur zwischenmenschlichen Kommunikation

Im Vergleich zur zwischenmenschlichen Kommunikation, dem „dominanten Leitbild"[158] der gesprochenen Sprache, bei welcher der Informationsaustausch im Vordergrund steht, mithin Sinn- und Bedeutungszusammenhänge an eine andere Person vermittelt werden sollen[159], liegt der überwiegende Zweck der Selbstkommunikation in einer Art Selbstfindungsprozess. Die Selbstkommunikation wird auch als Abweichungsphänomen bezeichnet, da sie sich vom Prototyp der Kommunikation dadurch abhebt, dass sie nicht partnergerichtet und in der Regel auch nicht partnerbezogen ist.[160]

---

156 So im Ergebnis *Ellis* 1977, S. 91 ff.; a. A. *Tönnies* 1994, der im Rahmen seiner Untersuchungen keinen eindeutigen Nachweis für den Einfluss negativer Selbstkommunikation auf psychische Störungen im Sinne eines Kausalitätsbeweises finden konnte, S. 193 f., 82 ff.; *Tönnies/Böttcher/Schildt* 1999, S. 114, stellten aber fest, dass positive Selbstkommunikation mit einer lebensbejahenden Einstellung sowie mit extrovertiertem und offenem Sozialverhalten in Zusammenhang steht und nehmen an, dass eine häufige negative Autosuggestion bestehende psychoneurotische Beeinträchtigungen zumindest aufrechterhalten oder verstärken kann, S. 115.

157 *Lotman* 1986, S. 912; ähnlich auch *Engeli* 1982, S. 76.

158 *Fiehler* 1994, S. 179, 181.

159 *Kaufmann* 1993, S. 1, benennt das Ziel der Selbstkommunikation als „interpsychische Verständigung". So auch *Sacks/Schegloff/Jefferson* 1974, S. 727; *Velthaus* 2006, S. 535, spricht von einer „wechselseitigen Verständigung" bei Verwendung der „äußeren Sprache". Ähnlich *Schwartz* 2008, S. 79; *Vickers* 1974, S. 10; *Schorno* 2004, S. 1; *Fiehler* 1994, S. 180.

160 Vgl. *Schorno* 2004, S. 46.

Von der Selbstkommunikation, bei der sich der Einzelne selbst adressiert, ist insbesondere auch die Selbstkundgabe bzw. Selbstoffenbarung abzugrenzen, bei der sich das Individuum anderen gegenüber verbal offenbart (und hierbei vor allem Gefühle, Sorgen, Erfahrungen und Gedanken mitteilt).[161]

Auch *Vygotskij* stellte fest, dass die Selbstkommunikation als innere Sprache ihrer Funktion nach nicht zur Mitteilung bestimmt ist, sondern es sich vielmehr um eine „Sprache für den Sprechenden" handelt, die unter völlig anderen Bedingungen abläuft als die äußere Sprache.[162]

Die Sprache kann also entgegen der Definition von *Fleischer*[163] auch anderen Zwecken als der Übermittlung von Informationen dienen. Zwar liegt der Ursprung der Sprachentwicklung in dem Bedürfnis des Menschen, sich zu verständigen. Bei bereits vorhandener Sprachfähigkeit dient diese aber zugleich zur Verarbeitung von bereits vorhandenen Informationen, deren Umstrukturierung und Neubewertung.

Im Gegensatz zur Selbstkommunikation prognostiziert der Sprechende bei der zwischenmenschlichen Kommunikation regelmäßig mögliche Konsequenzen sowie die Reaktion seines Gegenübers und beeinflusst damit das, was er sagen will. Die Einschätzung der Wirkung der Aussage hängt dabei unter anderem eng mit den bisherigen Erfahrungen des Individuums, seiner psychischen und physischen Verfassung, dem oder den Adressaten und den kulturellen und situativen Gegebenheiten zusammen.[164] Aus dem zuvor Gesagten lässt sich folgern, dass ein Mensch, der seine Kommunikation lediglich an sich selbst richtet, keinerlei Befürchtung haben muss, falsch verstanden zu werden oder für die getroffene Aussage be- bzw. verurteilt zu werden. Wenn der Adressat kein anderer, sondern nur das eigene Ich ist, kann naturgemäß die Bedeutung der Aussage nicht zweifelhaft sein. Auch anhand einer Selbstbeobachtung lässt sich so feststellen, dass Äußerungen, die nicht nach Außen gerichtet sind, völlig gleichgültig, ob sie nun im Stillen bzw. in Gedanken oder dennoch laut im (vermeintlichen) Alleinsein getätigt werden, Inhalte aufweisen, die nur für einen selbst bestimmt sind, mithin höchstpersönlichen und intimen Charakter haben.[165] Denn mit wem könnte man aufrichtiger sprechen als mit dem eigenen Ich?

---

161 *Derlega* 1993, S. 1; s. a. *Schorno* 2004, S. 52, 77.

162 *Vygotskij* 1991, S. 413 ff.; vgl. *Schorno* 2004, S. 62; die Unterscheidungsmerkmale werden sogleich näher umschrieben.

163 *Fleischer* 2008, S. 89; vgl. oben unter 2. Teil § 1 II. 1. e).

164 Vgl. *Miller* 1975, S. 93 ff.

165 So auch *Johnson* 1994, S.174 ff., der feststellt: „It should be no surprise that we express our thoughts to ourselves, either silently or aloud, differently than we express them to others.", S. 176.

Es lässt sich darüber hinaus feststellen, dass Selbstkommunikation viel komprimierter und bruchstückhafter abläuft[166] als die Kommunikation mit anderen, da das Individuum sich selbst versteht ohne auf eine besondere Anschaulichkeit der eigenen Aussagen achten zu müssen. Man kann dieses Phänomen auch bei Menschen beobachten, die sich besonders gut kennen: Sie benötigen nur wenige Worte, um einander verständlich zu machen. Auch *Vygotskij* spricht davon, dass im Gegensatz zur zwischenmenschlichen Kommunikation – selbst zwischen sehr vertrauten Personen – die Selbstkommunikation wesentlich komprimierter ist und gewissermaßen ein Maximum erreicht, da die „Vertrautheit zwischen Sender und Empfänger" vollkommen ist.[167]

Problematisch erscheint nunmehr die Frage, wie die Selbst-Adressierung durch das Individuum bestimmt werden kann. Bei innerer Kommunikation, die nicht laut geäußert wird, sowie bei Tagebüchern, die versteckt bzw. besonders gegen die Einsichtnahme durch andere gesichert werden, lässt sich ohne weiteres feststellen, dass der Inhalt nicht für andere bestimmt und daher nur an das Individuum selbst adressiert ist. Eine andere Beurteilung ist bei laut geäußerten Selbstgesprächen geboten, bei denen die Gefahr, dass sie von anderen wahrgenommen werden, weitaus höher ist. Hier kommt es entscheidend auf den Kontext der Äußerung an. So kann davon ausgegangen werden, dass das Individuum sich selbst adressiert, wenn es so leise spricht, dass niemand mithören kann, oder wenn es sich alleine in einem Raum oder an einem Ort aufhält, an dem einen üblicherweise niemand hören kann (z. B. in einem einsamen Wald). Auch wenn es sprachliche Mittel nutzt, die nur es selbst versteht, sowie wenn es sich ersichtlich von anderen Personen abwendet, kann von einer Selbstadressierung ausgegangen werden.[168]

Inwieweit die Selbstkommunikation in diesen Adressierungssituationen auch schützenswert ist, wird im Rahmen ihrer Verwertbarkeit behandelt.[169]

2. *Unbewusstheit der Äußerungen und Ähnlichkeit zu Gedanken*

Im Folgenden soll der für diese Arbeit im Rahmen der Verwertbarkeit von Selbstkommunikation zentralen Fragen nachgegangen werden, ob und inwiefern die

166 Dies beobachtete auch *Engeli* 1982 im Rahmen eines Versuchs an 32 Personen, S. 45 f., 81 ff.

167 *Vygotskij* 1991, S. 230, 431; *Schorno* 2004, S. 65.

168 Vgl. *Schorno* 2004, S. 78 f.

169 S. hierzu 3. Teil § 2.

laute verbale Äußerung von Selbstgesprächen bewusst erfolgt und ob und inwieweit diese mit inneren Gedankengängen vergleichbar sind.

a) Laute Selbstgespräche – ein unwillkürlich auftretendes Phänomen?

Hinsichtlich der Frage, ob Selbstkommunikation auch unwillkürlich auftreten kann, besteht in der psychologischen Literatur weitgehend Einigkeit. Während das Individuum sich beispielweise beim Problemlösen überwiegend bewusst und steuernd mit sich selbst, seinen Schwierigkeiten, Hoffnungen und Erwartungen sowie seiner Umwelt auseinandersetzt, kommt es in manchen Situationen auch zu „reflexhaft" und „unfreiwillig" auftretender Selbstkommunikation.[170] Dies ist insbesondere in Stress- und Extremsituationen der Fall. Nach *Hautzinger* findet Selbstkommunikation sogar überwiegend an der „Schwelle zum Bewusstsein" statt. [171]

Demnach werden diese automatisch auftretenden Gedanken nicht als Ergebnis des Nachdenkens verstanden. Vielmehr treten sie unwillkürlich und gewissermaßen autonom auf, das Individuum führt ihr Erscheinen nicht absichtlich herbei.[172] Im Gegenteil: Gerade bei krankhaften Störungen kann der Patient seine Selbstkommunikation nicht willentlich kontrollieren oder abstellen.[173] Aber auch gesunden Menschen bereitet es mitunter große Schwierigkeiten, gerade negative Selbstkommunikation in problematischen Situationen abzuschalten.[174]

Dies gilt nicht nur für gedankliche, im Stillen ablaufende Selbstkommunikation. Auch laut geäußerte Selbstgespräche treten bisweilen reflexhaft und unfreiwillig auf. Zwar erfordert die Sprachproduktion im Rahmen der normalen zwischenmenschlichen Kommunikation, dass unterschiedliche kognitive

---

170 *Tönnies* 1994, S. 22; *Meichenbaum* 1979, S. 187 f.; ebenso *Schorno* 2004, der ausführt, dass Selbstkommunikation als „Mitsichreden" spontan und ohne theoretische oder philosophische Anstrengung erfolge, vgl. S. 155; nach *Winsler* 2009, S. 9 f. m. w. N., sowie *Duncan/Tarulli* 2009, S. 178 ff., wurde bei einigen Untersuchungen festgestellt, dass sowohl Kinder als auch Erwachsene gerade bei schwierigen Problemen zu Selbstäußerungen neigen; so auch *Medina/Rubio/Benitez* 2009, S. 188 ff., die das Selbstgesprächsverhalten von Erwachsenen untersuchten, die starke Unterschiede in der Lese- und Sprachkundigkeit aufwiesen; ähnlich *Vocate* 1994, S. 21, die überzeugt ist, dass „unbekümmerte" Äußerungen nicht Sprache im eigentlichen Sinne darstellen, da es am aktivierenden Motiv bzw. Willen für die Entäußerung mangele.

171 *Hautzinger* 1980, S. 23; ähnlich *Schorno* 1994, S. 67.

172 Vgl. hierzu *Jensen* 1966, S. 101.

173 *Tönnies* 1994, S. 22 f.; *Beck* 1976, S. 76 ff.; s. a. *Meichenbaum* 1979, S. 209.

174 *Engeli* 1982, S. 53 ff. merkt an, dass die „Intensität der sprechmotorischen Aktivität mit wachsender Schwierigkeit der Aufgaben zunimmt", S. 61; vgl. *Luria* 1961, S. 15.

Prozesse beteiligt sind: So entscheidet der Sprecher zunächst im Rahmen einer Inhaltsplanung, welche Informationen wie kommuniziert werden sollen. Sodann enkodiert er die grammatikalischen Strukturen zu einer passenden Satzform und artikuliert letztlich die so gefundenen Wörter.[175] Diese Prozesse laufen hingegen insbesondere im Rahmen der Selbstkommunikation überwiegend nicht bewusst ab.[176]

Die meisten Menschen sind sich nicht darüber im Klaren, wie häufig sie tatsächlich (laut) mit sich selbst sprechen. So belegen die von *Winsler* untersuchten Studien zahlreicher Wissenschaftler, die sich mit laut geäußerten Selbstgesprächen beschäftigt haben, dass viele Menschen sich nicht darüber bewusst sind, dass und wie häufig sie laut zu sich selbst sprechen. Bei diesen Studien wurden die Probanden beim Lösen von Aufgaben unterschiedlicher Art und mit unterschiedlichem Schwierigkeitsgrad per Video überwacht. Dabei wurde festgestellt, dass 98 - 100 % der Testpersonen während des Versuchs laut mit sich selbst gesprochen haben. Die Selbstgespräche traten bei den schwierigen Aufgaben signifikant häufiger auf. Erstaunlicherweise stritten aber ein bis zwei Drittel der Versuchspersonen im Nachhinein ab, mit sich selbst gesprochen zu haben. Dies kann zum Einen darin begründet liegen, dass es ihnen aufgrund der Stigmatisierung von lauten Selbstäußerungen Schwierigkeiten bereitet, dies zuzugeben, oder – was wohl wahrscheinlicher ist – dass sie sich über die Selbstverbalisierungen nicht bewusst sind.[177]

Darüber hinaus hat ein anderer Versuch von *Duncan*, *Smith*, *McLaren* und *Scott* ergeben, dass Selbstgespräche weitaus häufiger in (vermeintlich) unbeobachteten Situationen vorkommen. Hierbei wurden die Probanden gefilmt, während sie einen Test machten. In den ersten Minuten erfolgten die Filmaufnahmen so offensichtlich, dass die Versuchspersonen sie zur Kenntnis nehmen mussten. In der zweiten Testphase wurde ihnen hingegen durch angebliches Ausschalten des Aufnahmegerätes suggeriert, dass während der weiteren Testphase keine Aufzeichnung erfolgte, obwohl dies tatsächlich der Fall war. Der Versuch ergab,

175 *Kircher* 2003, S. 60 f.; so auch *Jones* 2009, S. 70 f.

176 *Hoffmann* 1986, S. 506, stellte fest, dass gerade schizophrenen Personen die Fähigkeit fehlt, die beschriebenen Sprachprozesse willentlich zu steuern, worauf deren desorganisierte Sprechweise zurückzuführen ist; *Engeli* 1982, S. 74, betont, dass die sprachproduzierenden Vorgänge in Sekundenbruchteilen ablaufen und daher angenommen werden muss, dass sie überwiegend unbewusst vor sich gehen.

177 *Winsler* 2009, S. 9; *Duncan/Tarulli* 2009, S. 178 ff.; *Duncan/Cheyne* 2001, S. 889 ff.; s. a. *Schorno* 2004, S. 55, wonach der häufigste Ort der Selbst-Interaktionen das eigene Zuhause ist (46 %); siehe hierzu auch oben unter 2. Teil § 1.

dass die Probanden in der Phase, in der sie sich unbeobachtet wähnten, weitaus häufiger laut zu sich selbst sprachen als in der ersichtlich beobachteten Phase. Aber auch hier waren etwa zwei Drittel der Probanden der Auffassung, sie hätten keine Selbstgespräche geführt.[178] Dies hängt vermutlich damit zusammen, dass Selbstgespräche – wie gesehen[179] – in der Öffentlichkeit tabuisiert sowie stigmatisiert werden und als pathologisch gelten.

Engeli wiederum sieht das Auftreten von lauten Selbstgesprächen bei Erwachsenen überwiegend in Abhängigkeit von sozialen Normen und ist der Auffassung, die Häufigkeit des Auftretens derselben sei als Gewohnheit ausgeprägt. So könne man erlernen, Selbstgespräche in bestimmten Situationen zuzulassen oder sie zu unterdrücken.[180] Durch eine kognitive Verhaltenstherapie kann sogar der Inhalt der Selbstgespräche positiv beeinflusst werden.[181] Der Mensch passt naturgemäß sein Verhalten – ob bewusst oder unbewusst – den zahlreichen gesellschaftlichen Normen bis zu einem gewissen Grad an und trainiert sein Verhalten dahingehend, kein Missfallen zu erregen. Dennoch ist nicht jedes menschliche Verhalten jederzeit kontrollier- und steuerbar. So kann es durchaus vorkommen, dass trotz der erlernten Handlungsweise oder eines selbst oder gesellschaftlich auferlegten Verbotes ein abweichendes Verhalten zutage tritt. Dies ist bei lauten Selbstgesprächen ebenso möglich wie bei zahlreichen anderen menschlichen Verhaltensweisen auch.

Aus den obigen Erkenntnissen lässt sich schließen, dass laute Selbstgespräche zwar vermehrt in unbeobachteten Situationen auftreten, da diese nicht den sozialen Normen unserer Gesellschaft entsprechen. Dennoch können sich die Sprechenden oft nicht daran erinnern, ob sie mit sich selbst gesprochen haben oder nicht. Dies lässt den Schluss zu, dass das Äußern von lauten Selbstgesprächen zwar an sich steuerbar ist und unterdrückt werden kann. Allerdings gelingt dies seltener, wenn sich das Individuum unbeobachtet wähnt oder in einer Stresssituation befindet. Aber selbst dann ist es sich – wie die obigen Untersuchungen zeigen – meistens nicht darüber bewusst, dass es mit sich selbst gesprochen hat. Demnach ist anzunehmen, dass tatsächlich der Großteil der Selbstgespräche, wenn auch nicht alle, zumindest an der „Schwelle des Bewusstseins" abläuft.

---

178 *Duncan/Tarulli* 2009, S. 178.

179 Siehe bereits unter 2. Teil § 1 II. 1. a).

180 *Engeli* 1983, S. 53 ff.

181 Siehe hierzu 2. Teil § 1 II. 1. e).

b) Leises und lautes Denken

Die Frage, inwiefern Denken und Sprechen zusammenhängen, beschäftigt die Philosophie, die Psychologie sowie zahlreiche andere Wissenschaften bereits seit geraumer Zeit. Nach wie vor ist dieses Forschungsgebiet nur unzureichend untersucht und systematische experimentelle Beobachtungen fehlen. Nach *Vygotskij* handelt es sich um eine der „schwierigsten, verworrensten und kompliziertesten Fragen der experimentellen Psychologie".[182]

Das Denken erfolgt üblicherweise ohne dieses laut zu äußern. Normalerweise setzt sich der Mensch lediglich im Stillen in Form eines inneren Sprechens oder in Form von vorgestellten Bildern mit sich selbst und seiner Umwelt auseinander.

Insoweit ist festzuhalten, dass es nach überwiegender Auffassung auch ein „nicht-sprachliches Denken" gibt,[183] welches für die folgenden Erwägungen mangels Möglichkeit der lauten Äußerung außer Betracht bleiben muss.[184]

Die zentrale Frage lautet nun, ob laut geäußerte oder auch niedergeschriebene Selbstgespräche Gedanken darstellen oder zumindest mit diesen vergleichbar sind.

Im Allgemeinen überwiegt in der psychologischen Literatur die These, dass Denken und Sprache[185] miteinander in einem engen Zusammenhang stehen. Über die genaue Reichweite dieses Zusammenhangs, seine konkrete Gestalt sowie die Bedeutung seiner einzelnen Aspekte besteht hingegen Uneinigkeit.[186]

Insoweit existieren insbesondere zwei unterschiedliche Ansichten: Die monistische Theorie geht vom Bestehen eines gemeinsamen Fundaments aus, wobei die Sprache als externale und das Denken als internale Komponente erscheint. Die dualistischen Theorieansätze hingegen betrachten das Denken und

---

182 *Vygotskij* 1991, S. 37, der das verbale Denken als „ein komplexes dynamisches Ganzes" begreift und die Beziehung zwischen Gedanke und Wort „als Bewegung durch eine ganze Reihe innerer Ebenen, als Übergang von einer Ebene zu einer anderen" versteht, wobei es sich um einen „dynamischen Prozess", einen „Weg vom Gedanken zum Wort, als Vollzug und Verkörperung des Gedanken im Wort" handle, S. 463.

183 *Vocate* 1994, S. 1; *Klein* 1983, S. 132 ff.; a. A. *Scobel* 1983, S. 35, 81 ff.; dennoch gilt die Sprache als „das bevorzugte Mittel des bewussten Denkens", vgl. *Fleischer* 2008, S. 96.

184 Im Rahmen der Tagebuchaufzeichnungen wird die Problematik des bildhaften Aufzeichnens hingegen einer kurzen Betrachtung unterzogen, siehe unter 2. Teil § 3.

185 Als auch das Handeln, welches hier jedoch außer Betracht bleiben soll.

186 *Scubar* 2009, S. 12 ff. m. w. N.; nach *Jaspers* 1947, S. 420, sind Denken und Sprechen auf das engste miteinander verknüpft; eine umfassende Erörterung des Zusammenhangs zwischen Denken und Sprechen findet sich bei *Fleischer* 2008, S. 211 ff.

das Sprechen als voneinander selbständige Phänomene. Hiernach ist die Sprache als nach außen gerichtete Konkretisierung des Denkens, der Vorstellung und des Willens zu verstehen, während das Denken eigenständig sein und einen von der Sprache überwiegend unabhängigen Vorgang darstellen soll.[187]

Bereits in der griechischen Philosophie wurde überwiegend eine monistische Sichtweise vertreten. Nach *Platon* stellt das Denken zugleich das lautlose „innere Gespräch der Seele mit sich selbst" dar (Sophistes 263e)[188]. Er versteht hierbei die Sprache als „Mittel für eine argumentative Suche nach Wahrheit"[189] (Sophistes 260a) und geht demnach von der Einheit von Sprache und wahrem Denken aus. Auch *Hegel*, der der Auffassung ist, ein Denken ohne Worte sei nicht möglich, ist als Anhänger der monistischen Theorien anzusehen.[190] Ebenso stellte *Humboldt* einen engen Zusammenhang zwischen der „geistigen Tätigkeit" und der Sprache her, indem er die Kategorien des „inneren Sprachsinns" und der Denkform der „inneren Rede" entwickelte.[191]

Bei den dualistischen Theorien wird hingegen dem Sprechen im Vergleich zum Denken überwiegend eine größere Bedeutung zugeschrieben. Teilweise wird ein funktioneller Zusammenhang generell verneint, so bei *Locke*[192]. Andere Autoren hingegen, so *Leibniz*[193], sind der Meinung, die Sprache habe im Denkprozess eine spezielle Funktion und diene der Vermittlung und Entwicklung von Gedankeninhalten.[194] Auch *Whorf* vertritt die Auffassung, die Sprache stelle nicht lediglich ein Medium der Kundgabe von Gedankeninhalten oder ein Mittel zur Verständigung dar, sondern präge zugleich das Denken selbst.[195]

---

187 *Revesz* 1950, S. 124 ff.; vgl. auch *Bise* 2008, S. 13 f.

188 Zitiert nach *Dörner* 2006, S. 619; *Platon* stellt im Sophistes (263e) und im Theaitetos (189e-190a) das Denken dem Sprechen gleich: „Also Gedanken und Sprechen sind dasselbe, nur daß das innere Gespräch der Seele mit sich selbst, was ohne Stimme vor sich geht, von uns ist Gedanke genannt worden." Zitiert nach *Eigler* 1990, Sophistes 263e, S. 385.

189 Zitiert nach *Erler* 2006, S. 125.

190 *Hegel* 2003, S. 278 ff.

191 *Humboldt* 1963, S. 658 ff.; vgl. *Scubar* 2009, S. 13.

192 *Locke* 1997, S. 162 ff., 185 ff.

193 *Leibniz* 1996, S. 5 ff.

194 *Bise* 2008, S. 14.

195 *Whorf* 1984, S. 11 ff.; so auch *Schwartz* 2008, S. 29, der von einem „engen Zusammenhang" zwischen Denken und Sprache spricht und der Auffassung ist, die Sprache sei „das konstituierende Grundelement des Denkens". Ähnlich *Scobel* 1983, S. 81, der davon ausgeht, dass Denken ohne das „Symbol-System" der Sprache unmöglich sei,

Wie bereits oben erwähnt, haben schon die Psycholinguisten *Piaget* und *Vygotskij* anhand der Beobachtung des Verhaltens von Kindern ein komplexes Konzept über den Zusammenhang von Denken und Sprechen entwickelt.[196]

So beobachtete *Piaget* an seinen eigenen Kindern, dass diese ab einem Alter von etwa 2 bis 4 Jahren im Rahmen eines „Symbolspiels" mit sich selbst laut sprachen und hierbei insbesondere erlebte Situationen nachspielten. Er bezeichnete dieses Spiel als „egozentrisches Sprechen", da es an einer kommunikativen Funktion mangele und das Verhalten des Kindes nur begleite. Dieses Phantasiespiel diene dem Kind dazu, Erlerntes unter Verwendung von Symbolen zu erproben, problematische Szenen zu verarbeiten und peinliche Situationen nachzuvollziehen. *Piaget* ist der Auffassung, das Kind könne in dieser Entwicklungsstufe noch nicht auf eine innere Sprache zurückgreifen und sei daher auf dieses Symbolspiel als eine Form des Denkens angewiesen. Dieses Phantasiespiel bilde sich jedoch allmählich zurück bis es schließlich gänzlich verschwunden sei. An seiner Stelle entwickle sich sodann das logisch-rationale Denken.[197]

Im Gegensatz zu der Auffassung *Piagets*, das symbolische Denken des Kindes verschwinde einfach, ist *Vygotskij* der Meinung, dass diese egozentrische Sprache des Kindes sich mit der Zeit gewissermaßen nach Innen verlagert. Während *Piaget* die Entwicklung des Kindes nach Einschätzung von *Vygotskij* als eine solche vom Individuellen zum Sozialen verstand, nahm dieser selbst an, dass sie genau umgekehrt verlaufe. Dies folgerte er aus Beobachtungen an Kindern, deren egozentrische Sprache dann besonders stark zunahm, wenn das Kind sich Problemsituationen ausgesetzt sah. Das egozentrische Sprechen nahm nach seinen Beobachtungen in diesen Situationen die Funktion der Planung und Lösung auftretender Aufgaben und Schwierigkeiten wahr, er bezeichnete es daher als „Denken im eigentlichen Sinne des Wortes". Nach Auffassung *Vygotskijs* ereignet sich in der späteren Entwicklung des Kindes eine Weiterentwicklung des nach außen gerichteten Sprechens zum problemlösenden, logischen, stillen Denken.[198]

Auch wenn *Vygotskij* die theoretisch sehr umstrittene Frage des genauen Verhältnisses zwischen Denken und Sprechen nicht im Detail zu klären vermochte, erkannte er doch die „entscheidende und außerordentliche Bedeutung der

---

da beide Phänomene im Sinne eines „linguistischen Determinismus" miteinander verbunden seien.

196 *Bise* 2008, S. 17.

197 *Piaget* 1983, S. 238 ff.; *Bise* 2008, S. 19 ff.

198 Vgl. auch *Kaufmann* 1993, S. 23; *Vygotskij* 1991, S. 52 ff., 387 ff.; *Schorno* 2004, S. 60 ff.; zusammenfassend zur *Piaget-Vygotskij*-Kontroverse: *Huck/Wrege* 2002, S. 147 ff.

Prozesse des inneren Sprechens für die Entwicklung des Denkens". Seiner Auffassung nach ist Denken „nichts anderes als gehemmtes, verzögertes, lautloses Sprechen".[199]

Mead, ein bekannter Vertreter des symbolischen Interaktionismus, der die Auffassung vertrat, der Denkprozess finde grundsätzlich mit Symbolen statt (Wörter werden mit Objekten verbunden), folgerte ähnlich wie *Vygotskij*, die Selbstkommunikation des Kindes entstehe über die Verinnerlichung des Sprechens und diene der Selbststeuerung.[200]

In der psychologischen Literatur erfolgt demnach überwiegend eine Gleichsetzung von Denken bzw. Gedanken und Selbstkommunikation.[201] Bereits *Tausch* und *Tausch* definierten intrapersonelle Kommunikation als „[...] *Gedankeninhalte* [...], *die eine Person nicht laut oder laut denkt bzw. zu sich selber äußert* [...]"[202] und auch viele weitere Autoren setzen Selbstkommunikation, ob sie nun laut geäußert wird oder nicht, mit dem Denken gleich.[203]

Zwar tritt Selbstkommunikation überwiegend verdeckt im Rahmen eines „stillen Denkens" auf, jedoch sprechen Menschen gerade dann laut mit sich selbst, wenn sie sich in einer besonders schwierigen Situation wiederfinden.[204] Am häufigsten erfolgen laute Selbstgespräche in Situationen mit hoher emotionaler Belastung.[205] Insbesondere bei problematischen Sachlagen kommt auch der Funktion der Selbstkommunikation, über sich selbst und die Umwelt zu reflektieren und nach Lösungen zu suchen, eine große Bedeutung zu. Gerade hier treten die innerlich geführten Gespräche auch laut hervor, vor allem wenn das Individuum sich unbeobachtet fühlt. Trotz ihrer lauten Äußerung ähnelt diese auch in ihrer Erscheinung sehr stark der „inneren Sprache", sie ist

---

199 *Vygotskij* 1991, S. 156.

200 *Mead* 1968, 90 ff., 107 ff.

201 So auch bei *Duncan/Tarulli* 2009, S.179; sowie *Soskin/John* 1963, S. 255, die laute Selbstkommunikation als lautes Denken („thinking aloud") bezeichnen.

202 *Tausch/Tausch* 1974, S. 154.

203 So definieren *Schwäbisch/Siems* 1975 den Begriff der Selbstkommunikation folgendermaßen: „[...] Nachdenken wollen wir hier auffassen als leises oder lautes ‚Sprechen mit sich selbst', und wir nennen es Selbstkommunikation.", S. 81; nach *Thier* 1974, S. 5, „[...] umfasst [Selbstkommunikation] alle Gedanken, [...] die das Individuum zu sich selbst äußert."; vgl. *Tönnies* 1991, S. 22; ähnlich *Vocate* 1994, S. 7 f.

204 *Kainz* 1969, S. 117; *Tönnies* 1994, S. 23; *Grumet* 1985; *Goffmann* 1978, S. 791 ff.; *Fiehler* 1994, S. 179 ff.

205 Vgl. *Engeli* 1982, S. 167, der das Auftreten von lauten Selbstgesprächen anhand von Befragungen von Versuchspersonen kategorisierte.

bruchstückhaft, spontan und tritt unwillkürlich auf.[206] Nach *Vygotskij* ist diese Sprache ihrer eigentlichen Funktion nach nicht zur Mitteilung bestimmt. Es handle sich vielmehr um eine „Sprache für den Sprechenden", welche auf eine gänzlich andere Art und Weise verlaufe als die äußere Sprache.[207]

Für die starke Ähnlichkeit von Denken und Sprechen spricht auch, dass auch beim bloßen Denken von Worten elektromyographisch messbare Zungenbewegungen erfolgen. Dies konnte bereits vor etwa 100 Jahren anhand mehrerer Experimente festgestellt werden, bei welchen die Aktivität der Muskulatur der Zunge beim Denken und inneren Sprechen, wie beispielsweise bei unhörbarem Lesen, gemessen wurde.[208] Diese Zungenbewegungen werden als unterdrückte Artikulierungsbewegungen aufgefasst, die mit den Bewegungen der Zunge bei flüsterndem Lesen vergleichbar sind. Damit kann auch ein stilles Selbstgespräch, wenn auch nicht inhaltlich so doch rein faktisch, elektromyographisch[209] nachgewiesen werden. [210]

Die überwiegende Gleichsetzung von Selbstkommunikation mit Gedanken erscheint aufgrund der obigen Erkenntnisse sachgerecht und folgerichtig. Wie gesehen ist die Selbstkommunikation ein vorwiegend innerlich ablaufender Prozess, bei dem sich der Einzelne mit sich selbst und seiner Umwelt auseinander setzt und reflektiert. Nichts anderes geschieht jedoch beim Denken. Denken und Sprechen weisen einige Gemeinsamkeiten auf und besitzen sich überschneidende Bereiche.[211] Nach diesseitiger Auffassung ist zumindest die stille Selbstkommunikation dem Denken gewissermaßen als Unterkategorie zuzuordnen.[212] So wie nicht alles Denken sprachlich erfolgt, existiert selbstverständlich auch ein Sprechen, welches kein Denken darstellt. Dies ist insbesondere dann anzunehmen, wenn lediglich eine Repetition ohne eigene Gedankeninhalte erfolgt,[213]

---

206 So auch *Beck* 1976, S. 36 f.

207 Siehe oben unter 2. Teil § 1 II. 1. f); *Vygotskij* 1991, S. 348; *Schorno* 2004, S. 62.

208 *Wyczoikowski* 1913, S. 448 ff.; *Pintner* 1913, S. 129 ff.; *Clark* 1922, S. 96 f.; *Reed* 1916, S. 365 ff.

209 Bei der Elektromyographie (EMG) wird die elektrische Aktivität der Muskulatur (hier: der Zunge) untersucht; vgl. *Poeck/Hacke* 2006, S. 123.

210 *Thorson* 1925, S. 4; dies erläutert auch *Sokolov* 1972, S. 161 ff.; *Luria* 1961, S. 15, ist der Auffassung, das elektromyographisch nachweisbare Sprechen sei „in allem Denken latent vorhanden".

211 Ebenso *Vygotskij* 1991, der von zwei einander überschneidenden Kreisen spricht, S. 162; sehr anschaulich darüber hinaus *Fleischer* 2008, S. 130, der das Zusammenspiel zwischen Denken und Sprechen graphisch darstellt.

212 So auch *Vocate* 1994, S. 17; ähnlich im Ergebnis *Vygotskij* 1991, S. 162 ff.

213 Ähnlich *Vygotskij* 1991, S. 162.

sowie wenn die Äußerung an eine andere Person gerichtet ist. Denken und Sprechen können hingegen auch nicht streng voneinander getrennt werden, da zwischen der inneren Operation des Denkens und der äußeren Operation des Sprechens eine ständige Wechselwirkung besteht.[214]

Auch die laute Äußerung von Selbstkommunikation ändert an dieser Beurteilung nichts. Die von *Piaget* und *Vygotskij* dargestellte Entwicklung des egozentrischen Sprechens des Kindes hin zum logischen Denken zeigt anschaulich, wie nah sich diese beiden Phänomene sind. Nach *Vygotskij* bildet die „innere, sinnhafte, semantische Seite des Sprechens und die äußere, lautliche, phasische Seite des Sprechens" eine „echte Einheit", die aber ihre besonderen Bewegungsgesetze hat.[215] Letztere erfolgt zudem in der Regel dann, wenn sich das Individuum alleine wähnt. Sie ist genau wie die innerlich ablaufende Selbstkommunikation nicht an andere, sondern nur an sich selbst gerichtet. Aufgrund dieser Tatsache unterscheidet sich die Selbstkommunikation wie gesehen auch stark von der zwischenmenschlichen Kommunikation. Sie ist nicht darauf ausgelegt, von anderen Menschen verstanden, interpretiert oder gar verurteilt zu werden, sondern dient in der Regel der eigenen Bewusstmachung von Problemen und dem Finden von Lösungswegen.

3. *Pathologische Formen der Selbstkommunikation*

Neben der alltäglichen, bei jedem Menschen vorzufindenden Selbstkommunikation existieren auch verschiedene, meist nicht eindeutig definierbare pathologische Formen der Selbstkommunikation. Diese selbstkommunikativen Phänomene sind wie alle Arten interner Kommunikation äußerst subjektiv geprägt und daher nicht leicht zu bestimmen. Zur Vollständigkeit der Problematik der Selbstkommunikation und um das Verständnis für die Besonderheiten derselben zu sensibilisieren, sollen diese Formen im Rahmen dieses Abschnitts kurz umrissen werden.

a) *Negative Selbstkommunikation als Symptom psychischer Erkrankungen*

Während gesunde Personen wesentlich häufiger auf positive Weise mit sich selbst sprechen, indem sie sich beispielsweise selbst loben, sich gut zureden und beruhigen, ist die Selbstkommunikation in pathologischen Fällen stark negativ geprägt.[216]

---

214 Vgl. *Vygotskij* 1991, S. 161; so auch *Fleischer* 2008, S. 260 ff.

215 *Vygotskij* 1991, S. 400 f.

216 *Tönnies* 1994, S. 79, S. 104 ff.; so auch *Kronbeck* 2002, S. 46 f.

So neigen depressive Patienten zu Äußerungen der Selbstunzufriedenheit und -entmutigung und bewerten sich in diesem Rahmen selbst negativ.[217] Es besteht demnach ein enger Zusammenhang zwischen negativer Selbstkommunikation und zahlreichen psychischen Beeinträchtigungen, wie z. B. Nervosität, Depressivität, Gehemmtheit, emotionaler Labilität, allgemeiner Angst und erhöhter Klagsamkeit. Auch körperliche Beschwerden, als hoch empfundene Beanspruchung, Erschöpfung, eingeschränkte Autonomie, Willensschwäche und Lebensunzufriedenheit sowie geringere Leistungsfähigkeit, Problembewältigungsfähigkeit und Verhaltens- und Entscheidungssicherheit hängen eng mit negativer Selbstkommunikation zusammen.[218] Dies wurde anhand zahlreicher Studien festgestellt, bei denen zur Diagnose psychischer Störungen Selbstkommunikations-Fragenbögen angewandt wurden. Bei diesen Fragebögen handelt es sich um Fragenkataloge zur Selbstkommunikation, bei welchen die Patienten ankreuzen müssen, welche Äußerungen sie in welcher Häufigkeit sich selbst gegenüber tätigen. Anhand der Kategorisierung der Äußerungen in negative und positive Selbstkommunikation kann festgestellt werden, in welchem Verhältnis sie zueinander stehen und ob dieses sich noch im Bereich des „Normalen" befindet.[219]

Die Formen gestörter Selbstkommunikation lassen sich anhand von verschiedenen Patientengruppen mit unterschiedlichen seelisch-körperlichen Beeinträchtigungen zu Diagnosegruppen einteilen, die hinsichtlich ihrer Selbstgespräche charakteristische Unterschiede aufweisen. So konnte beispielsweise bei psychoneurotischen Patienten eine signifikant erhöhte negative Selbstkommunikation bei gleichzeitig verringerter positiver Selbstkommunikation festgestellt werden. Bei diesen Patienten überwiegen Selbstunzufriedenheit, Selbstentmutigung und eine negative psychische Befindlichkeit deutlich gegenüber sogenannten Normalen.[220] Dies wurde auch bei psychiatrischen Patienten festgestellt, wobei Borderline-, Schizophrenie- und Depressions-Patienten untersucht wurden und erstere die stärkste Diskrepanz zwischen negativen und positiven Selbstkommunikationsbereichen

217 *Tönnies* 1994, S. 91; *Tönnies/Tausch* 1981, S. 57 ff.; *Calvete/Estévez/Lòpez de Arroyabe/Ruiz* 2005, S. 96 f.

218 *Tönnies/Böttcher/Schildt* 1999, S.110.

219 Hierzu bereits oben unter 2. Teil § 1 II. 1. e): „Inventar zur Selbstkommunikation für Erwachsene" (ISE) von *Tonnies* 1982; „Fragebogen zur Selbstkommunikation" (IPK) von *Böllner* 1987, S. 22 ff., A II, S. 165 ff.; „Automatic Thoughts Questionaire" (ATQ-30) von *Hollon/Kendall* 1980, S. 383–395.

220 *Tönnies* 1994, S. 103 ff.; *Böllner* 1987, S. 57 ff.

aufwiesen.[221] Ähnliche Ergebnisse – jedoch mit geringerer Ausprägung als bei psychoneurotischen Patienten – wurden bei psychosomatisch Erkrankten festgestellt.[222] Bei körperlich erkrankten Patienten (Tuberkulose-, Krebs- und HIV-Erkrankten) konnte hingegen festgestellt werden, dass sich zwar die positive Selbstkommunikation im Vergleich zu Gesunden verringert, diese Patientengruppe jedoch nicht in erhöhter Weise negativ oder pessimistisch mit sich selbst kommuniziert.[223]

Eine auffällige Form der Selbstkommunikation weisen vor allem auch schizophrene Patienten auf, die davon berichten, dass sie des Öfteren Stimmen hören, die ihnen unter Umständen auch Handlungsanweisungen geben und ihr Verhalten kommentieren.[224] Hierbei treten die erkrankten Personen teilweise auch in einen Dialog mit den vorgestellten Personen.[225] Die meisten Schizophrenen weisen darüber hinaus auch eine auffällige Sprechtätigkeit auf, die als „desorganisierte Sprechweise" bezeichnet wird und sich durch Entgleisungen, Zerfahrenheit der Sprache und auch in häufigen lauten Selbstgesprächen äußern kann. Eine derartige Sprechweise ist vielfach auch bei Personen zu beobachten, die am Tourette-Syndrom erkrankt sind.[226]

b) Negative Selbstkommunikation als Quelle psychischer Erkrankungen

Negative Selbstkommunikation kann nach überwiegender Auffassung in der psychologischen Literatur[227] auch als Ursache für zahlreiche psychische Störungen unterschiedlicher Art, wie etwa neurotische Stimmungen und Angstzustände, aufgefasst werden.

So erörterte beispielsweise *Ellis* den Zusammenhang zwischen negativen Selbstverbalisierungen und der Entwicklung und Aufrechterhaltung psychischer Störungen, welche seiner Auffassung nach insbesondere aus irrationalen Überzeugungen resultieren.[228] Er stellte fest, dass psychische Störungen nicht

221 *Tönnies* 1994, S. 121 ff.; *Eckert/Biermann-Ratjen/Papenhausen/Talmon-Gros* u. a. 1987, S. 323; ähnlich auch *Fry* 1992, S. 267 ff.

222 *Tönnies* 1994, S. 106 ff.

223 *Tönnies* 1994, S. 108 f.

224 *Reiners* 2005, S. 9; *Bondy* 2008, S. 29 ff.; *Gebhardt* 2005, S. 28; *Modell* 1958, S. 452 ff.

225 Siehe oben unter 2. Teil § 1 II. 1. c) (4).

226 *Reiners* 2005, S. 11 f.; *Nickl-Jockschat* 2010, S. 54; *Hoffmann* 1986, S. 506.

227 *Ellis* 1977, S. 61 ff.; *Beck* 1976, S. 1 ff.; *Meichenbaum* 1979, S. 186 ff.; *Jemmer* 2009b, S. 52 f.; a. A. *Tönnies* 1994, S. 103.

228 *Ellis* 1977, S. 61 ff.; irrationale Überzeugungen sind nach Ansicht von *Ellis* solche, die überwiegend von der Gesellschaft an das Individuum herangetragen werden

nur durch äußere Einflüsse hervorgerufen werden oder auf Indoktrination im frühen Kindesalter zurückzuführen sind, sondern dass sich der psychisch Kranke immerzu innerlich durch negative Selbstgespräche reindoktriniert und diese hierdurch zu einem integrierten Bestandteil seiner gegenwärtigen Lebensphilosophie macht.[229]

Tönnies hingegen stellte zwar fest, dass negative Selbstkommunikation mit seelisch-körperlichen und psychosozialen Beeinträchtigungen einhergeht, also ein Symptom derselben darstellt.[230] Er lässt es jedoch ausdrücklich offen, ob die häufige negative Selbstkommunikation zu diesen Beeinträchtigungen führt, sie aufrechterhält und verstärkt oder nur Ausdruck der Persönlichkeitsstörungen ist, da er für diese These aufgrund seiner eigenen Untersuchungen keinen eindeutigen Nachweis finden konnte.[231] Zu einem späteren Zeitpunkt hält *Tönnies* es mit *Böttcher* und *Schildt* hingegen für möglich, dass eine ausgeprägte negative Selbstkommunikation bereits existierende psychoneurotische Beeinträchtigungen aufrechterhalten oder verstärken kann.[232]

4. *Sind Gebete Selbstgespräche?*

Im Rahmen der Gerichtsverhandlung zum Selbstgespräch-Fall in einem Pkw[233] kam eine kurze Diskussion über die Frage auf, ob auch Gebete als Selbstgespräche angesehen werden können. Während einer der Richter der Auffassung war, dass dies nicht der Fall sei, setzte sich einer der Anwälte dieser Annahme entgegen.[234]

---

und aufgrund ihrer Ausprägung negative psychische Befindlichkeiten hervorrufen können, so beispielweise die Überzeugung, es sei für jeden Erwachsenen absolut notwendig, von praktisch jeder anderen Person in seinem Umfeld geliebt oder anerkannt zu werden, siehe S. 63 ff.

229 *Ellis* 1977, S. 27.

230 Siehe oben unter 2. Teil § 1 II. 1. c) (4).

231 *Tönnies* 1994, S. 194.

232 *Tönnies/Böttcher/Schildt* 1999, S. 115.

233 *BGHSt* 57, 71.

234 vgl. Süddeutsche Zeitung vom 23.11.2011 unter http://www.sueddeutsche.de/panorama/bgh-urteil-zur-ver-wertung-von-selbstgespraechen-die-gedanken-sind-frei-1.1242463; hier schildert *Janisch*, nach der Mitteilung durch den Richter am BGH *Fischer*, bei Gebeten handle es sich um Kommunikation, habe einer der Anwälte entgegnet: „Gott antwortet nicht." Daraufhin habe *Fischer* gekontert: „Manchen antwortet er."

Die Problematik, ob auch Gebete als Selbstgespräche aufzufassen sind, ist aufgrund ihrer engen Verknüpfung mit spirituellen und religiösen Fragen nur mit gewisser Vorsicht zu behandeln. Um jedoch festzustellen, ob Gebete aufgrund ihrer Ähnlichkeit zur Selbstkommunikation bei der Verwertbarkeit in einem Strafprozess gleich behandelt werden sollten oder nicht, soll diese Problematik einer genaueren Betrachtung unterzogen werden.

Wie bereits oben[235] dargestellt, äußert sich eine Form der Selbstkommunikation dadurch, dass das Individuum u. a. mit höheren Mächten interagiert.

Während in dieser Arbeit keine theologische Diskussion darüber geführt werden soll, ob höhere Mächte und Gottheiten existieren oder nicht, besteht die hier zu beantwortende Frage lediglich darin, ob sich Gebete in diese Kategorie der Selbstkommunikation einordnen lassen, welche Gemeinsamkeiten zwischen dem Selbstgespräch und dem Gebet bestehen und ob letzterem demnach ein ebenso großer Schutz zukommen sollte wie der Selbstkommunikation.

Das Gebet als ein „Gespräch" mit Gott oder einer sonstigen höheren Macht ist ein Habitus, den die Kirchen oder sonstige Religionsgemeinschaften bereits seit Jahrtausenden tradieren.[236] Den Begriff „Gebet" genau zu definieren erscheint problematisch, da es sich um einen stark subjektiv geprägten Vorgang handelt. Es soll hier aber nach *Hauenstein* als ein „[...] menschliches, von konkreten persönlichen Bedürfnissen motiviertes, in der Intimsphäre der Person angesiedeltes Verhalten [...]" verstanden werden, „[...] das eine Hinwendung zu einer Instanz ausdrückt oder anstrebt, die vom Subjekt dieses Verhaltens als von sich selber unterschieden und als hilfreich verstanden und/oder erlebt wird."[237] *Hauenstein* verzichtet insoweit ausdrücklich auf ein ausschließlich spirituelles Verständnis des Gebets[238], wobei dieses naturgemäß bei einem „Gespräch mit einer höheren Macht" überwiegend zu bejahen ist.

Ist nun dieses „in der Intimsphäre der Person" angesiedelte Verhalten von seiner Eigenart her mit der Selbstkommunikation eines Individuums vergleichbar und diesem sogar gleichzustellen?

Bereits *Kierkegaard* beschrieb 1844, dass der Sündenfall Adams ein Geschehen *im* Menschen darstelle und dass Adam keine Stimmen von außen (von Gott) gehört habe, sondern dass er mit sich selbst geredet habe. Damit wollte er wohl aussagen, dass der Grund für den Sündenfall in Adam selbst begründet liegt und

235 Unter 2. Teil § 1 II. 1. c) (4).

236 Vgl. *Schorno* 2004, S. 91 ff., der das Gebet bzw. die Bekenntnis als eine nicht tabuisierte Form der Autokommunikation ansieht; *Rabbow* 1954, S. 152 ff.

237 *Hauenstein* 2002, S. 50.

238 *Hauenstein* 2002, S. 50 ff.

nicht von außen kommt. In Adam gebe es zwei Seiten, die jeweils ihre eigene Stimme besäßen.[239]

Sehr treffend stellte *Dieckow* das Gebet als Form des Selbstgesprächs dar: „Gott redet mit dem Menschen im Menschen selbst. Gott ist nicht ein Gegenüber, von dem man sich abgrenzen kann. Die Widersprüche müssen im Menschen selbst ausgetragen werden [...]. Das Gespräch des Gebets vollzieht sich zwischen den Polen des Selbst."[240]

Ferner ist *Asmussen* der Auffassung, dass unter allen „geistlichen Bewegungen" das Gebet dem Selbstgespräch jedenfalls am nächsten sei. Ihre Ähnlichkeit sei so gravierend, dass es schwer sei, sie zu unterscheiden. Er beschreibt einen Zustand, in dem das Individuum nicht mehr wisse, ob es nur mit sich selbst oder vor Gott rede und führt Beispiele aus der Bibel an, in welchen Gebet und Selbstgespräch ineinander übergehen.[241]

Auch *Rabbow* versteht das Beten als autokommunikativen Vorgang, welcher mithilfe unterschiedlicher Selbsttechniken erfolgen kann, beispielweise der Selbst- bzw. Gewissensprüfung und der Aufmerksamkeitsschulung.[242] Das Gebet sei demnach ein individuell vollzogener Akt, bei dem meist nicht mehrere Personen, sondern mehrere Instanzen, Stimmen oder Figuren in der Vorstellung einer Person auftreten. Diese Instanzen sind oft mit einer besonderen Autorität ausgestattet, wie beispielsweise Gott, Heilige, Vorbilder oder Helden.[243]

Auch das Gebet kann sowohl gedanklich erfolgen als auch laut geäußert werden, sogar eine schriftliche Niederlegung ist denkbar. Ebenso wie im Rahmen der Selbstkommunikation erörtert der Betende seine Erfahrungen, Hoffnungen und Probleme und verschafft sich durch das „Gespräch" mit der Gottheit oder höheren Macht Erkenntnisse über sich selbst und seine Situation. Die hierbei erfolgende Selbstreflexion trägt dazu bei, dass der Betende seine Handlungsweisen überdenkt

---

239 *Kierkegaard* 1980, S. 45 f.; vgl. *Dieckow* 2009, S. 34.

240 *Dieckow* 2009, S. 78.

241 *Asmussen* 1963, S. 14 ff.; ähnlich *Engeli* 1982, der das Gebet unter die Kategorie des lauten Selbstgesprächs fasst, welches dazu diene, bestimmte Situationen, innere Zustände, mitmenschliche Beziehungen oder das eigene Verhalten zu beleuchten und darüber zu reflektieren, S. 6. Letzterer führt sodann ebenfalls Bibelstellen auf, in denen laute Selbstgespräche vorkommen, S. 8 f.

242 *Rabbow* 1954, S. 152 ff., 180 ff., der das Beten zudem als meditativen Vorgang ansieht und als „christliche Seelenführung" auffasst; *Schorno* 2004, S. 91.

243 *Schorno* 2004, S. 92; a. A. *Hauenstein* 2002, S. 53, der der Auffassung ist, das Selbstgespräch unterscheide sich schon deshalb vom Gebet, weil ein betender Mensch zwischen beiden Phänomenen unterscheiden könne.

und sich selbst dazu erzieht, tugendhaft und den Grundsätzen seiner Glaubensgemeinschaft oder seines Gewissens entsprechend zu agieren. Darüber hinaus berichten viele Betende über eine innere Ruhe und Geborgenheit, die sie aufgrund des „Gesprächs" mit Gott bzw. der höheren Macht oder sonstigen Instanz empfinden. Auch hier lässt sich eine Gemeinsamkeit zur Selbstkommunikation finden, die wie gesehen[244] auch meditativen und beruhigenden Charakter haben kann.

Aufgrund dieser nicht von der Hand zu weisenden Gemeinsamkeiten zwischen Gebeten und Selbstkommunikation, erscheinen erstere jedenfalls ebenso schützenswert wie Selbstgespräche. Der Charakter eines Gebets könnte intimer kaum sein. Ähnlich wie im Gespräch mit sich selbst vertraut sich der Betende vollkommen einer höheren Macht an. Die Inhalte des Gesprächs sind demnach höchst vertraulich und nicht dazu bestimmt, anderen Personen zur Kenntnis zu gelangen. Der Schutz der besonderen Privatheit dieses „Gesprächs" wird auch dadurch deutlich, dass die Beichte an einen Geistlichen – welche einem Gebet ihrer Eigenart nach sehr ähnlich erscheint – nach § 53 Nr. 1 StPO besonders geschützt ist, indem dem Geistlichen in seiner Funktion als Seelsorger ein spezielles Zeugnisverweigerungsrecht zuerkannt wird.[245] Der Geistliche nimmt im Rahmen der Beichte gewissenmaßen eine Stellung als besondere Vertrauensperson ein, die von Gott hierzu legitimiert wurde.[246]

Es erscheint demnach sachgerecht, Gebete als eine Form der Selbstkommunikation einzustufen, um ihnen denselben Schutz zu verleihen. Diese Einordnung erfolgt hingegen völlig unabhängig von der Frage, ob die Existenz von höheren Mächten oder Gottheiten anzuerkennen ist oder nicht.

§2 Strafrechtliche Relevanz von Selbstkommunikation

Auch außerhalb der Problematik der Verwertbarkeit von Selbstkommunikation kann diese sowohl im Straf- als auch im Strafprozessrecht in unterschiedlichen Konstellationen und verschiedenen Formen Bedeutung erlangen. So soll in einem ersten Überblick die strafrechtliche Relevanz der Selbstkommunikation untersucht werden. Hierbei wird zunächst geprüft, ob Selbstäußerungen eine Strafbarkeit nach § 185 StGB begründen können. In einem weiteren Schritt wird deren Schutz im Rahmen des § 201 StGB analysiert.

---

244 Siehe bereits ober unter 2. Teil § 1 II. 1. e).

245 Vgl. *Senge* in: KK § 53 Rn. 11; *Meyer-Goßner* § 53 Rn. 12.

246 Vgl. *Huber/Vonach* 2010, S. 215 ff.

Zur umfassenden Darstellung des Problemkreises der Selbstkommunikation werden diese Aspekte bereits an dieser Stelle dargestellt, um im Rahmen der Verwertbarkeitsproblematik zur Argumentation herangezogen werden zu können.[247]

I. Strafbarkeit nach § 185 StGB?

Fraglich ist zunächst, ob eine Strafbarkeit von Selbstäußerungen gemäß § 185 StGB denkbar erscheint.

Nach § 185 StGB ist der rechtswidrige Angriff auf die Ehre eines anderen durch vorsätzliche und schuldhafte Kundgabe der Nicht- oder Missachtung strafbar.[248]

Im Rahmen von Selbstäußerungen ist jedoch sowohl das Tatbestandsmerkmal der Kundgabe als auch der auf eine Ehrverletzung gerichtete Vorsatz des Täters fraglich.

Die Kundgabe i. S. v. § 185 StGB wird als Äußerung der Nicht- oder Missachtung gegenüber einem anderen definiert.[249] Bei Tatsachenbehauptungen muss sie an den Betroffenen selbst, bei Werturteilen kann sie auch an Dritte gerichtet sein.[250] Diese Äußerung kann auf unterschiedliche Art und Weise erfolgen, beispielsweise durch mündliche oder schriftliche Aussagen oder auch durch wortersetzende Gesten.[251] Die Kundgabe setzt allerdings voraus, dass eine andere Person die Äußerung zur Kenntnis nimmt und sie auch in einem ehrenrührigen Sinne wahrnimmt.[252] Selbstkommunikation, die lediglich im Stillen bzw. in Gedanken stattfindet, scheidet daher bereits mangels einer (Ent-)Äußerung und damit einer möglichen Wahrnehmung durch den Betroffenen aus. Aber auch laute Selbstäußerungen werden regelmäßig nicht einem anderen gegenüber geäußert, sondern lediglich für einen selbst. Damit fehlt es jedenfalls schon am „objektiven Beginn eines Kommunikationsprozesses".[253] Dies ist sowohl bei schriftlichen Äußerungen in einem Tagebuch und privaten Notizen als auch bei mündlichen Aussagen der Fall. Sowohl beim Tagebuch als auch beim Monolog ist das Merkmal der Kundgabe daher schon deshalb

---

247 Siehe hierzu unter 3. Teil § 2 I. 4.

248 Vgl. *Fischer* § 185 Rn. 4.

249 S. *Lackner/Kühl* § 185 Rn. 7.

250 Vgl. *Lenckner/Eisele* in: Schönke/Schröder § 185 Rn. 11; *Regge/Pegel* in: MK § 185 Rn. 27.

251 Vgl. *Valerius* in: BeckOK StGB § 185 Rn. 17.

252 *Valerius* in: BeckOK StGB § 185 Rn. 18; *BGHSt* 9, 17 (19); *Hilgendorf* in: LK § 185 Rn. 26; *Regge/Pegel* in: MK § 185 Rn. 28; *Rudolphi/Rogall* in: SK-StGB § 185 Rn. 18.

253 Vgl. *Rainer/Zaczyk* in: Kindhäuser/Neumann/Paeffgen Vorb. § 185 Rn. 19.

zu verneinen, da die insoweit getätigten Aussagen nicht von Dritten wahrgenommen werden sollen. Es ist zwar nicht zwingend, dass die Ehrverletzung direkt gegen den Empfänger gerichtet oder für ihn vorgesehen war, sie muss aber jedenfalls an einen anderen gerichtet sein. Dieses Kriterium ist aber bei Selbstgesprächen und Tagebuchaufzeichnungen nicht gegeben, auch wenn sie gegen den Willen des Verfassers bzw. Äußernden tatsächlich von einer anderen Person zur Kenntnis genommen werden.[254]

Darüber hinaus fehlt es bei Selbstäußerungen naturgemäß an einem Beleidigungsvorsatz. Dieser erfordert Wissen und Wollen der Verwirklichung des objektiven Tatbestandes der Beleidigung, also auch des Merkmals der Kundgabe gegenüber einem anderen und der Wahrnehmung der ehrverletzenden Äußerung durch diesen.[255] Das entscheidende Kriterium einer Selbstäußerung – sei es schriftlicher oder mündlicher Natur – ist aber der (in der Regel unterbewusste) Wille, die Äußerung für sich selbst zu tätigen. Eine Selbstäußerung, die an einen anderen gerichtet ist, stellt bereits keine Selbstkommunikation dar.

Eine Ausnahme hiervon ist lediglich dann anzunehmen, wenn sich der Einzelne im Alleinsein dennoch willentlich an einen anderen wendet, obwohl niemand anwesend ist. In diesem Fall ist aber der Eintritt des Erfolges der Beleidigung, namentlich der Ehrverletzung eines anderen, nicht denkbar.[256] Vielmehr kann in einem solchen Fall von einem Tatbestandsirrtum nach § 16 Abs. 1 StGB ausgegangen werden, der ebenfalls zu einem Entfallen des Vorsatzes führt.

Bloße Selbstkommunikation, die nicht an einen anderen, sondern nur an einen selbst gerichtet ist, kann demnach mangels des Merkmals der Kundgabe der ehrverletzenden Äußerung sowie aufgrund des fehlenden Beleidigungsvorsatzes nicht den Tatbestand der Beleidigung nach §185 StGB erfüllen.

II. Schutz durch § 201 StGB

Selbstkommunikation kann jedoch, sofern sie dem Begriff des nichtöffentlich gesprochenen Wortes i. S. v. § 201 StGB unterfällt, durch letzteren geschützt sein.

---

254 Vgl. *Lackner/Kühl* § 185 Rn. 8; *RGSt* 71, 159 (160); *BayObLG* JZ 1951, 786; *Regge* in: MK § 185 Rn. 27; ähnlich *BVerfG* NJW 1997, 185 (186) hinsichtlich eines vertraulichen Briefes mit beleidigendem Inhalt; *Herdegen* in: LK § 185 Rn. 10; *Lenckner* in: Schönke/Schröder § 185 Rn. 11; *Gössel/Dölling* § 30/37.

255 Vgl. *Fischer* § 185 Rn. 17; *Lenckner* in: Schönke/Schröder § 185 Rn. 14.

256 *Lenckner* in: Schönke/Schröder § 185 Rn. 16.

1. Rechtsgut des § 201 StGB

Die Norm des § 201 StGB dient dem Schutz der Privatsphäre des Menschen. Hierdurch sollen unbefangene mündliche Äußerungen gesichert werden. Darüber hinaus soll die Perpetuierung des flüchtig gesprochenen Wortes verhindert werden.

Teilweise wird in der strafrechtlichen Literatur nur ein einheitliches Rechtsgut der Vertraulichkeit und Unbefangenheit des nichtöffentlich gesprochenen Wortes angenommen[257], während andere Stimmen in der Strafrechtswissenschaft von zwei selbständigen Schutzbereichen der Abs. 1 und 2 des § 201 StGB ausgehen.[258]

2. Der Begriff des nichtöffentlich gesprochenen Wortes gemäß § 201 StGB

§ 201 StGB schützt im Rahmen sämtlicher Tatbestände der Abs. 1 bis 3 das in Abs. 1 Nr. 1 und Abs. 2 Nr. 1 und 2 erwähnte „nichtöffentlich gesprochene Wort".

Unter den Terminus „Wort" fällt nach allgemeiner Auffassung in der strafrechtswissenschaftlichen Literatur jede gesprochene Äußerung eines Gedankens oder auch das bloße Hervorbringen sonstiger Laute.[259] Auch das unbewusst Geäußerte, wie Äußerungen im Schlaf oder Rauschzustand sowie Selbstgespräche, unterfallen demnach ebenfalls dem Schutzbereich des § 201 StGB.[260]

Entscheidend ist aber insoweit nicht der gedankliche Inhalt der Äußerung, seine Geheimhaltungsbedürftigkeit oder Vertraulichkeit.[261] Vielmehr kommt es darauf an, ob das gesprochene Wort öffentlich geäußert wird oder nicht. Nicht öffentlich ist es, wenn es entsprechend dem Willen des Äußernden nicht an einen unbestimmten oder unverbundenen größeren Kreis von Personen gerichtet

---

257 Vgl. *Lackner/Kühl* § 201 Rn. 1; *Graf* in: MK § 201 Rn. 2; *Kargl* in: Kindhäuser/Neumann/Paeffgen § 201 Rn. 2; *Helle*, JR 2000, 353 (359).

258 Vgl. *Lackner/Kühl* § 201 Rn. 1; *Lenckner* in: Schönke/Schröder § 201 Rn. 2; *Schünemann* in: LK § 201 Rn. 2; ausführlich *Arzt* 1970, S. 142; *Kattanek* 2000, S. 29.

259 Vgl. *Lackner/Kühl* § 201 Rn. 2; *Schünemann* in: LK § 201 Rn. 3, 6; *Kargl* in: Kindhäuser/Neumann/Paeffgen § 201 Rn. 7; *Lenckner* in: Schönke/Schröder § 201 Rn. 5; a. A. *Fischer* § 201 Rn. 3.

260 *Valerius* in: BeckOK StGB § 201 Rn. 3; *Kargl* in: Kindhäuser/Neumann/ Paeffgen § 201 Rn. 5 f.; *Lenckner/Eisele* in: Schönke/Schröder § 201 Rn. 5; *Fischer* § 201 Rn. 3; *Graf* in: MK § 201 Rn. 10.

261 Vgl. *Lackner/Kühl* § 201 Rn. 2; *Hoyer* in: SK-StGB § 201 Rn. 2; *Graf* in: MK § 201 Rn. 10; *Frank* 1996, S. 47.

und von diesem auch nicht wahrnehmbar ist.[262] Allein dadurch, dass einzelne Personen anwesend sind oder mithören, die der Sprechende nicht bemerkt hat, wird keine Öffentlichkeit begründet.[263] Demnach kommt es entscheidend darauf an, an wen der Sprechende seine Äußerung bestimmungsgemäß richten möchte.[264]

Es kann jedoch auch eine sog. „faktische Öffentlichkeit" begründet werden, wenn eine tatsächliche Mithörmöglichkeit für andere, unbeteiligte Personen besteht. Dies ist bei Gesprächen auf Straßen, Plätzen, in Gaststätten und Transportmitteln sowie in weiteren Gebäuden und Räumen der Fall, die allgemein für die Öffentlichkeit zugänglich sind.[265]

Für die hier zu behandelnde Problematik der Selbstgespräche bedeutet das, dass für diese der zunächst generell vorhandene Schutz des § 201 StGB dann entfällt, wenn die Äußerungssituation einen solchen nicht rechtfertigt. Die hier zu treffende Abgrenzung ist demnach im Rahmen von § 201 StGB im Vergleich zur später zu behandelnden Verwertbarkeit von Selbstgesprächen weitaus einfacher zu treffen.

Die Begrenzung des Schutzes der bloßen Perpetuierung von Selbstgesprächen auf diese Weise stellt sich als sinnvoll und schlüssig dar, zumal eine unterschiedliche Behandlung von Selbstäußerungen und gegenüber anderen Personen erfolgten Äußerungen im Rahmen des § 201 StGB nicht sachgerecht erscheint. In beiden Fällen kann der Inhalt der Äußerung – auf den es bei § 201 StGB hingegen ohnehin nicht ankommt – in einem geringeren oder auch höheren Maße die Privatheit des Einzelnen tangieren, wobei die Wahrscheinlichkeit einer Betroffenheit der Intimsphäre bei Selbstkommunikation naturgemäß wesentlich höher ist.

Im Hinblick auf den weitaus tiefer greifenden Eingriff in die Intimsphäre des Einzelnen im Rahmen der Verwertbarkeit von Selbstkommunikation im Strafprozess, begegnet die hier getroffene Differenzierung, die lediglich die Aufzeichnung, das Abhören bzw. die öffentliche Mitteilung von nichtöffentlich erfolgten Äußerungen durch Private betrifft, keinen augenfälligen Bedenken.

---

262 Vgl. *Lackner/Kühl* § 201 Rn. 2; *Graf* in: MK § 201 Rn. 13 bis 18; *OLG Frankfurt* NJW 1977, 1547; *Frank* 1996, S. 44.

263 Vgl. *Lackner/Kühl* § 201 Rn. 2; *Graf* in: MK § 201 Rn. 13 bis 18; a. A. *OLG Celle* JR 1977, 338.

264 So auch *Graf* in: MK § 201 Rn. 13 bis 18.

265 *Graf* in: MK § 201 Rn. 13 bis 18; *Wormer* 1977, S. 130 f.

§3 Strafprozessuale Relevanz von Selbstkommunikation

Zur Übersicht und um auf die Thematik der Verwertbarkeit der Selbstkommunikation hinzuführen, werden die Formen derselben, die im Rahmen des Strafprozessrechts relevant werden können, vorab dargestellt und systematisiert.

Die sodann festgestellten denkbaren Arten der Selbstkommunikation sind in einem weiteren Schritt möglichen Beweiserhebungssituationen zuzuordnen, wobei eine Differenzierung nach den in Betracht kommenden Räumlichkeiten sowie der Art und Weise der Perpetuierung vorgenommen wird. Auch eine Darstellung der Anordnungsvoraussetzungen der einzelnen strafprozessualen Maßnahmen sowie ein Überblick über die noch später zu erwägenden Beweisverwertungsverbote werden bereits hier skizziert.

I. Strafprozessrechtlich relevante Formen der Selbstkommunikation

Nicht alle Formen der Selbstkommunikation sind in gleichem Maße in strafprozessualer Hinsicht von Relevanz. So können beispielsweise nur innerlich, ohne jegliche Entäußerung erfolgende, selbstkommunikative Vorgänge ohnehin nicht durch Außenstehende wahrgenommen und daher auch nicht verwertet werden. Zur Feststellung der im Rahmen des Strafprozesses rein faktisch verwertbaren Arten der Selbstkommunikation sind diese daher näher zu konkretisieren.

1. Verbale Selbstkommunikation

Bei der verbal auftretenden Selbstkommunikation, die sowohl laut als auch nur innerlich, in Form von stillen Gedanken vorkommen kann, ist lediglich die strafprozessuale Verwertung von hörbaren Äußerungen denkbar.[266]

So ist es möglich, dass laute Selbstgespräche nach den §§ 100 a, 100 f oder 100 c StPO abgehört und aufgezeichnet[267] und im Wege des Augenscheins durch Abspielen des Tonbandes in den Strafprozess eingeführt werden. Ebenso denkbar ist die Befragung der abhörenden Ermittlungsperson als Zeuge im Strafprozess. Auch der Einsatz eines verdeckten Ermittlers gemäß den §§ 110 a ff. StPO ist insoweit möglich. Im Rahmen seiner Tätigkeit kann dieser selbstkommunikative

---

266 Eine Verwertbarkeit von „stillen Gedanken" kommt auch bei der Verwendung eines Polygraphen – der lediglich körperliche Reaktionen wahrnehmen kann – nicht in Betracht, vgl. hierzu die Ausführungen bei *Eisenberg* Teil 2 Kap. 1 III. Rn. 693 ff.

267 Dies kann an beinahe jedem erdenklichen Ort vorkommen: Der eigenen Wohnung, öffentlichen Orten, Vereinsräumen, dem Pkw, dem Büro oder gar einem Krankenzimmer sowie am (Mobil-)Telefon. Hierzu sogleich näher unter 3. Teil § 2 I. 4. e).

Äußerungen wahrnehmen und in einem später stattfindenden Strafprozess hierüber Zeugnis ablegen. Darüber hinaus kann natürlich auch eine Privatperson als Zeuge vernommen werden, die zufällig von einem lauten Selbstgespräch einer anderen Person Kenntnis erlangt hat.

Letztlich ist es denkbar, dass der Beschuldigte selbst von seinen Selbstäußerungen Ton- oder gar Videoaufnahmen anfertigt, welche durch die Strafverfolgungsbehörden nach § 94 StPO sichergestellt oder beschlagnahmt werden können.

2. Non-verbale Selbstkommunikation (insbesondere Tagebücher)

Auch die Verwertbarkeit nicht verbal geäußerter Selbstkommunikation ist rein faktisch möglich. Meist handelt es sich hierbei um private, intime Aufzeichnungen und Tagebücher von Beschuldigten, die im Rahmen der §§ 94 und 95 StPO beschlagnahmt und durch Verlesung gemäß § 249 Abs. 1 S. 1 StPO zum Gegenstand der Hauptverhandlung gemacht werden können. Darüber hinaus ist eine Einführung in den Prozess durch das Selbstleseverfahren nach § 249 Abs. 2 StPO oder im Wege des Vorhalts bei einer Zeugenvernehmung denkbar. Zudem kann ein Tagebuch – insbesondere wenn es bildliche Darstellungen des Beschuldigten enthält – auch durch Inaugenscheinnahme in den Prozess eingeführt werden.

Diese Aufzeichnungen müssen naturgemäß nicht zwingend als „Tagebuch" gekennzeichnet sein. Es kommt vielmehr darauf an, ob der Verfasser der schriftlichen Notizen den Willen hatte, diese für sich zu behalten, und ob es sich um Abfassungen intimer Natur handelt, im Rahmen derer eine für die Selbstkommunikation übliche Selbstthematisierung sowie ein innerer Diskurs erfolgt ist. Es handelt sich insoweit – wie bereits dargestellt[268] – um zwei unterschiedliche Formen schriftlicher Niederlegung von Selbstkommunikation, bei der die eine Selbstreflexionen intimer Art beinhaltet, während die andere lediglich einen praktischen Zweck, wie beispielsweise eine Erinnerungsfunktion, erfüllt.

Wie genau die Abgrenzung dieser beiden Formen schriftlicher Selbstkommunikation in der Rechtsprechung vorgenommen wird und ob diese Differenzierung sachgerecht und schlüssig ist, wird im Rahmen der Erörterung der Tagebuchentscheidungen eingehend dargestellt.[269]

Zudem ist zu berücksichtigen, dass es insoweit auf eine handschriftliche Abfassung nicht ankommt. Auch ein Ordner auf dem Computer des Beschuldigten, der Text-Dokumente mit intimem Inhalt aufweist, ist gleichermaßen als „Tagebuch"

---

268 Siehe oben unter 2. Teil § 1 II. c).

269 Vgl. 3. Teil unter § 2 I. 3.

zu werten wie auf klassische Weise eigenhändig geschriebene Aufzeichnungen. Zudem können auch alle Formen bildhafter Darstellungen, sowohl solche, die mithilfe von Computerprogrammen, als auch gestalterische Darbietungen sonstiger Art in einem Tagebuch enthalten sein und gegebenenfalls auch für sich gesehen Selbstkommunikation darstellen. So erscheint es möglich, dass eine künstlerisch begabte Person ihren Selbstdiskurs nicht aufschreibt, sondern ihre Eindrücke und Befindlichkeiten vielmehr bildlich ausdrückt. Inwiefern eine solche Illustration jedoch als taugliches Beweismittel herangezogen werden kann, wird später im Rahmen der einzelnen Fragen zur Verwertbarkeit von Selbstkommunikation erörtert.[270]

Denkbar ist unter Umständen darüber hinaus auch eine Postbeschlagnahme von Briefen oder Telegrammen nach § 99 StPO, die der Absender in selbstkommunikativer Absicht an sich selbst versendet hat. Ebenso ist im Rahmen von § 100 a StPO die Überwachung und Aufzeichnung von E-Mails[271], SMS, MMS und allen sonstigen Nachrichten, die mit dem Versenden und Empfangen mittels Telekommunikationsanlagen zusammenhängen[272], möglich. Auch letztere können gegebenenfalls in selbstkommunikativer Absicht versendet werden, auch wenn dies praktisch nur äußerst selten vorkommt.

II. Differenzierung nach Räumlichkeiten und schriftlicher Niederlegung

Die verschiedenen nach außen in Erscheinung tretenden Formen der Selbstkommunikation, mithin insbesondere laute Selbstgespräche oder schriftliche Niederlegungen der Selbstkommunikation in Tagebüchern oder Briefen, können durch die Strafverfolgungsorgane auf unterschiedliche Art und Weise als Beweismittel gewonnen werden.

Neben der Möglichkeit des Einsatzes eines verdeckten Ermittlers, der gewollt oder ungewollt von einem Selbstgespräch Kenntnis erlangen kann, und der Vernehmung von Zeugen, die Selbstgespräche des Beschuldigten mitgehört haben, kommt wie bereits angesprochen auch die Verwertung von SMS, MMS, E-Mails

270 Siehe hierzu unter 3. Teil § 3 V.

271 Es ist hingegen strittig, inwieweit diese nach §§ 94 oder 99 StPO zu beschlagnahmen sind oder dem § 100 a StPO unterfallen, vgl. *Meyer-Goßner* § 100 a Rn. 2.

272 *Meyer-Goßner* § 100 a Rn. 2, 2 a; § 100 a StPO erlaubt hingegen nach allgemeiner Auffassung keinen Zugriff auf zugangsgeschützte Bereiche im Internet, die nur einem individuell bestimmten Personenkreis zugänglich sind (z. B. Chatforen, Twitter, Facebook etc.).

oder sonstigen elektronischen Mitteilungen in Betracht. Die Datengewinnung zur Strafverfolgung, die die Telekommunikation betrifft, erfolgt regelmäßig nach den §§ 100 a, 100 b StPO und umfasst prinzipiell jegliche Form der Nachrichtenübermittlung.[273] Da aber diese Formen der Selbstkommunikation naturgemäß kaum vorkommen, zumal man äußerst selten eine SMS oder eine E-Mail an sich selbst schreibt, sollen diese Arten der Selbstkommunikation in der folgenden Betrachtung außer Acht gelassen werden. Dasselbe gilt – auch um den Umfang der Arbeit nicht zu strapazieren – für den Einsatz verdeckter Ermittler und die Vernehmung von Zeugen.

Untersucht werden sollen nunmehr die typischen Abhörsituationen, die zu Aufzeichnungen von lauten Selbstgesprächen führen können, sowie die Möglichkeiten der Beschlagnahme von niedergeschriebener Selbstkommunikation. Zur besseren Übersicht und aufgrund des teilweise engen Zusammenhangs von Beweiserhebungs- und -verwertungsverboten wird bereits hier ein kurzer Einblick in die möglichen Beweisverwertungsverbote der einzelnen Zwangsmaßnahmen gegeben.

1. Selbstkommunikation im Rahmen der akustischen Wohnraumüberwachung (§ 100 c StPO)

Nach § 100 c StPO kann unter Einsatz technischer Mittel ohne das Wissen des Beschuldigten dessen nicht-öffentlich gesprochenes Wort innerhalb von Wohnräumen abgehört und aufgezeichnet werden.

Der Begriff des nicht-öffentlich gesprochenen Wortes deckt sich mit demjenigen nach § 201 Abs. 1 S. 1 Nr. 1 StPO, so dass insoweit auf die obigen Ausführungen hierzu verwiesen werden kann.[274]

Der Wohnungsbegriff umfasst alle von Art. 13 GG geschützten Räumlichkeiten, also jegliche Stätten, die dem Aufenthalt oder Wirken von Menschen dienen.[275] Es muss sich um Räume handeln, die nicht allgemein zugänglich sind. Vom Schutzbereich des Art. 13 GG sind demnach auch Gartenhäuser, Wohnmobile und -wagen, Zelte, Hotelzimmer, nicht öffentlich zugängliche Geschäftsräume und Krankenzimmer umfasst.[276]

---

273 *Gercke/Julius/Temming/Zöller* § 100 a Rn. 10; *Beulke* 2012, Rn. 253.

274 Siehe bereits oben unter 2. Teil § 2 II. 2.

275 Vgl. *Wolter* in: SK-StPO § 100 c Rn. 34; *Papier* in: Maunz/Dürig Art. 13 Rn. 10.

276 Vgl. hierzu z. B. *BGHSt* 42, 372; *BGHSt* 50, 211; *Wolter* in: SK-StPO § 100 c Rn. 34; Einzelheiten zum Selbstgespräch in einem Krankenzimmer werden später unter 3. Teil § 2 I. 4. d) ausgeführt.

Wie gesehen werden Selbstgespräche vor allem dann laut geäußert, wenn sich das Individuum alleine wähnt.[277] Dies resultiert daraus, dass der Einzelne im Alleinsein keine Befürchtung hegen muss, von anderen für seine Äußerungen be- oder verurteilt zu werden. Die Wohnung eines Menschen stellt den präferierten Rückzugsort für diesen dar. An diesem kann er mit sich alleine sein, sich sicher und befreit fühlen und muss keinen gesellschaftlichen Anforderungen genügen. Gerade in seinen privaten Wohnräumen äußert sich der Einzelne daher häufig – oft ohne sich dessen bewusst zu sein – laut zu sich selbst. Ein Eingriff in diesen grundgesetzlich nach Art. 13 GG besonders geschützten Bereich durch eine akustische Wohnraumüberwachung (auch „großer Lauschangriff"[278] genannt) stellt regelmäßig eine schwerwiegende Beschränkung der Rechte des Betroffenen dar.[279]

a) Anordnung gem. § 100 d StPO und Voraussetzungen von § 100 c Abs. 1 bis 3 StPO

Die Anordnung einer Maßnahme nach § 100 c StPO kann nur auf Antrag der Staatsanwaltschaft ergehen. Laut § 100 d StPO steht die Anordnung der akustischen Wohnraumüberwachung in der Regel lediglich der gemäß § 74 a Abs. 4 StPO gebildeten Kammer an dem Landgericht zu, in dessen Bezirk die beantragende Staatsanwaltschaft ihren Sitz hat.[280] Die Maßnahme darf längstens für einen Zeitraum von einem Monat angeordnet werden und muss nach § 100 d Abs. 2 S. 1 StPO schriftlich ergehen.

Gemäß § 100 c Abs. 1 StPO kann die Maßnahme nur bei Vorliegen eines „qualifizierten Tatverdachts" eines Täters oder Teilnehmers einer Katalogstraftat nach § 100 c Abs. 2 StPO verfügt werden. Es handelt sich hierbei um einen Verdachtsgrad, der ein erhöhtes Maß an Konkretisierung und Erheblichkeit erreicht haben muss und daher über den bloßen Anfangsverdacht gemäß § 152 Abs. 2 StPO hinausgeht.[281]

---

277 Siehe oben unter 2. Teil § 1 II.

278 *BVerfGE* 109, 279.

279 Vgl. *Gercke/Julius/Temming/Zöller* § 100 c Rn. 1.

280 *Gercke/Julius/Temming/Zöller* § 100 d Rn. 2, 3; für Anträge des Generalbundesanwalts ist eine Kammer des Landgerichts Karlsruhe, bei Zuständigkeit eines Oberlandesgerichts ein besonderer Senat nach § 120 Abs. 4 StPO entscheidungsbefugt. Bei Gefahr im Verzug kann der Vorsitzende der Kammer die Maßnahme anordnen.

281 *Gercke/Julius/Temming/Zöller* § 100 a Rn. 18.

Der Straftatenkatalog des § 100 c Abs. 2 StPO enthält ausschließlich Straftaten, die eine Höchststrafe von über 5 Jahren vorsehen und erfasst damit ausnahmslos Schwerstkriminalität.[282]

Die Tat muss darüber hinaus auch im Einzelfall schwer wiegen und es müssen tatsächliche, konkrete Anhaltspunkte dafür vorliegen, dass durch die Maßnahme Äußerungen des Beschuldigten erfasst werden, die für die Erforschung des Sachverhalts oder des Aufenthaltsortes eines Mitbeschuldigten sachdienlich sind.[283] Sie muss sich gemäß § 100 c Abs. 3 StPO ausschließlich gegen den Beschuldigten selbst[284] richten und der strengen Subsidiaritätsklausel des § 100 c Abs. 1 Nr. 4 StPO entsprechen.

b) *Kernbereichsschutz gemäß § 100 c Abs. 4 und 5 StPO*

Eine weitere Voraussetzung der Anordnung einer Maßnahme nach § 100 c StPO ist, dass gemäß § 100 c Abs. 4 StPO nicht anzunehmen ist, dass Äußerungen, die dem Kernbereich privater Lebensgestaltung zuzurechnen sind, erfasst werden. Um diesem Kriterium zu genügen, ist vorab eine Prognose zur Beurteilung der voraussichtlich ablaufenden Gespräche anhand der Art der zu überwachenden Räumlichkeiten und dem Verhältnis der sich in diesen aufhaltenden Personen vorzunehmen.

Nach dem bekannten Urteil des Bundesverfassungsgerichts zum „Großen Lauschangriff"[285], welches den § 100 c StPO a. F. für teilweise verfassungswidrig erklärt hat, darf bei der akustischen Wohnraumüberwachung durch die Strafverfolgungsorgane nicht in den absolut geschützten Kernbereich privater Lebensgestaltung eingegriffen werden. Hierbei kann nach Auffassung des Gerichts auch keinerlei Abwägung zwischen dem Interesse an der Strafverfolgung und der Unverletzlichkeit der Wohnung oder des Kernbereichs der privaten Lebensgestaltung erfolgen. Der Gesetzgeber reagierte auf dieses Urteil (unter anderem) mit Einfügung des Abs. 4 des § 100 c StPO, welcher nunmehr vor jeder Anordnung einer akustischen Wohnraumüberwachung eine negative Kernbereichsprognose verlangt.[286]

---

282 *Gercke/Julius/Temming/Zöller* § 100 c Rn. 14.

283 *Gercke/Julius/Temming/Zöller* § 100 c Rn. 16 f.

284 Nach § 100 c Abs. 3 S. 2 StPO können ausnahmsweise Wohnungen anderer Personen abgehört werden, wenn konkrete Tatsachen vorliegen, die zu der Annahme führen, dass sich der Beschuldigte dort aufhält oder hierdurch der Aufenthaltsort eines Mitbeschuldigten ermittelt werden kann.

285 *BVerfGE* 109, 279; dieses wird im 3. Teil unter § 2 I. 4. c) eingehend dargestellt.

286 Ausführlich zum Kernbereich siehe unter 3. Teil § 2 I.

Daher darf beispielsweise keine Überwachung angeordnet werden, wenn sich in der Wohnung ausschließlich Personen aufhalten, die eng miteinander verwandt sind. Auch eine Anordnung zur Abhörung eines Wohnraums, in dem sich der Beschuldigte alleine aufhält, darf demnach richtigerweise ebenso wenig erfolgen. Denn hier bestünde der Sinn und Zweck einer Abhörmaßnahme ausschließlich darin, Gespräche des Beschuldigten abzuhören oder aufzunehmen, die dieser zu sich selbst äußert. Auch nach Auffassung der höchstrichterlichen Rechtsprechung dürfen Selbstgespräche aufgrund des hierbei erfolgenden schwerwiegenden Eingriffs in den Kernbereich privater Lebensgestaltung richtigerweise nicht abgehört werden.[287] Insoweit besteht schon nach dem Gesetzeswortlaut ein Erhebungsverbot, so dass bereits die Anordnung zur Wohnraumüberwachung nach den §§ 100 c, 100 d StPO nicht erfolgen darf und – sofern sie bereits im Gange ist – unverzüglich nach § 100 c Abs. 5 StPO zu unterbrechen ist. Besteht die hinreichende Wahrscheinlichkeit, dass in den überwachten Räumlichkeiten Gespräche geäußert werden, die den Kernbereich der Persönlichkeitsentfaltung betreffen, ist demnach von einer automatischen Aufzeichnung der Gespräche abzusehen. In einem solchen Fall muss vielmehr in Echtzeit mitgehört werden, um die Abhörmaßnahme gegebenenfalls sofort unter- oder sogar abbrechen zu können.[288]

Sofern trotz des Erhebungsverbotes von kernbereichsrelevanten Äußerungen Erkenntnisse über solche gewonnen werden, dürfen diese nach § 100 c Abs. 5 S. 3 StPO ausdrücklich nicht verwertet werden. Sie müssen gemäß § 100 c Abs. 5 S. 2 StPO vielmehr unverzüglich gelöscht werden, wobei dies nach Abs. 5 S. 4 zu dokumentieren ist. Das Verwertungsverbot erstreckt sich insoweit auch auf eine Verwertung in anderen Strafverfahren oder auch als „Spurenansatz" für die Einleitung von Ermittlungen gemäß § 152 Abs. 2 StPO.[289]

c) *Weitere Grenzen der Verwertbarkeit*

Weitere ausdrücklich normierte Beweisverwertungsverbote finden sich in § 100 c Abs. 6 S. 1 und 2 StPO, wonach für zeugnisverweigerungsberechtigte Berufsgeheimnisträger gemäß § 53 StPO ein Überwachungsverbot besteht, welches zugleich ein Beweiserhebungsverbot darstellt. Für die nach den §§ 52 und 53 a StPO

287 Dies wird im Rahmen der Verwertbarkeit der Selbstkommunikation ausführlich dargestellt, siehe unter 3. Teil § 2 und § 3; vgl. hierzu des Weiteren *Eisenberg* Teil 5 Kap. 3 III. Rn. 2527a m. w. N.; *Gercke/Julius/Temming/Zöller* § 100 c Rn. 24 m. w. N.; zustimmend auch *Roxin/Schünemann* 6. Kap. § 36 Rn. 48.

288 Vgl. *Meyer-Goßner* § 100 c Rn. 16a; *BVerfGE* 109, 279; *Löffelmann*, ZIS 2006, 93.

289 Vgl. *Meyer-Goßner* § 100 c Rn. 16a; *Eisenberg* Teil 5 Kap. 3 III. Rn. 2536.

Zeugnisverweigerungsberechtigten besteht hingegen lediglich ein Beweisverwertungsverbot und zwar nur dann, wenn das geschützte Vertrauensverhältnis das Interesse an der Sachverhaltsaufklärung überwiegt. Die hierbei vorzunehmende Abwägung darf hingegen nicht erfolgen, wenn kernbereichsrelevante Gespräche in Frage stehen.[290]

Über die ausdrücklich normierten Beweisverwertungsverbote hinaus ist auch die Verwertung von Erkenntnissen ausgeschlossen, die durch eine bewusste Umgehung des § 100 c StPO erlangt wurden, beispielsweise wenn eine der Anordnungsvoraussetzungen nicht vorlag.[291]

2. Selbstkommunikation im Rahmen der akustischen Überwachung außerhalb von Wohnungen (§ 100 f StPO)

Als im Vergleich zu § 100 c StPO mildere Maßnahme kommt die akustische Überwachung außerhalb von Wohnungen nach § 100 f StPO in Betracht, welche auch „kleiner Lauschangriff" genannt wird. Hiernach kann das nichtöffentlich gesprochene Wort mit technischen Mitteln abgehört und aufgezeichnet werden, wenn die Anordnungsvoraussetzungen des § 100 f Abs. 1 bis 3 StPO vorliegen. Bei den hierbei eingesetzten technischen Mitteln handelt es sich meist um Wanzen, Aufzeichnungsgeräte und verborgene Mikrophone.[292]

a) Anordnung und Voraussetzungen

Im Gegensatz zu Abhörmaßnahmen nach § 100 c StPO kann die Anordnung eines „kleinen Lauschangriffs" neben dem Richter bei Gefahr im Verzug auch von der Staatsanwaltschaft oder ihren Ermittlungsbeamten (§ 152 GVG) getroffen werden. In letzteren Fällen muss aber innerhalb von drei Tagen eine richterliche Bestätigung eingeholt werden, da die Anordnung ansonsten gegenstandslos wird, vgl. § 100 f Abs. 4 i. V. m. § 100 b Abs. 1 S. 1 bis 3 StPO.

Die Anordnung gilt nur für Maßnahmen außerhalb von Wohnungen, so dass sich der Betroffene gerade nicht in einer Wohnung i. S. v. § 100 c StPO bzw. Art. 13 GG aufhalten darf. Bei § 100 f StPO kommt demnach beispielsweise die Überwachung eines Pkw[293] oder einer Haftzelle[294] in Betracht.

290 Vgl. *Meyer-Goßner* § 100 c Rn. 22a f.; *Eisenberg* Teil 5 Kap. 3 III. Rn. 2536 f.
291 Vgl. *Meyer-Goßner* § 100 c Rn. 25; *BGHSt* 34, 39; 42, 372.
292 Vgl. *Wolter* in: SK-StPO § 100 f Rn. 7.
293 *LG Stendal* NStZ 1994, 556; *BGH* NStZ 1998, 157.
294 *BGHSt* 50, 211; 53, 294 (300); anderer Auffassung *Eisenberg* Teil 5 Kap. 3 III. Rn. 2520a m. w. N.

Das Merkmal des nichtöffentlich gesprochenen Wortes entspricht wiederum demjenigen in § 201 Abs. 1 S. 1 Nr. 1 StPO.[295]

Als weitere Voraussetzung muss ein qualifizierter Verdacht gemäß § 100 f Abs. 1 StPO dahingehend bestehen, dass der Betroffene Täter oder Teilnehmer (des Versuchs) einer Straftat nach § 100 a Abs. 2 StPO ist. Wie bei § 100 c StPO erfordert ein qualifizierter Verdacht das Vorliegen bestimmter Tatsachen, die über einen bloßen Anfangsverdacht hinausgehen. Die Straftat muss zudem auch im Einzelfall schwer wiegen, vgl. § 100 f Abs. 1 StPO.

Auch bei § 100 f StPO ist die qualifizierte Subsidiaritätsklausel nach Abs. 1 a. E. zu berücksichtigen. Die Erforschung des Sachverhalts oder die Ermittlung des Aufenthaltsortes eines Beschuldigten muss demnach auf andere Art und Weise aussichtslos oder wesentlich erschwert sein.

Gemäß § 100 f Abs. 2 S. 1 StPO ist die Maßnahme in der Regel gegen den Beschuldigten zu richten, kann aber nach S. 2 auch gegen andere Personen, insbesondere „Verbindungsleute", angeordnet werden.

b) Verwertbarkeit

Im Gegensatz zu § 100 c StPO und auch zu § 100 a StPO (hier in Abs. 4), findet sich bei § 100 f StPO kein ausdrücklich normiertes Beweisverwertungsverbot. Dies ist insbesondere aufgrund der Vergleichbarkeit und dogmatischen Nähe von § 100 a und § 100 f StPO fragwürdig.[296] Darüber hinaus bezog sich das BVerfG in seiner Entscheidung zu § 100 c StPO hinsichtlich des Kernbereichs privater Lebensgestaltung auf sämtliche heimliche Zwangsmaßnahmen.[297]

Daher erkennt die herrschende Meinung eine Ausdehnung des Schutzes des Kernbereichs privater Lebensgestaltung auch auf § 100 f StPO an.[298] Diese ist jedenfalls dann angezeigt, wenn es sich um Gespräche höchstpersönlichen Charakters handelt, also vor allem solche, die zwischen dem Beschuldigten und seinen engsten Vertrauten oder Verwandten geführt werden. Dies muss insbesondere dann gelten, wenn das Gespräch zudem an einem Ort getätigt wird, der mit einer Wohnung zumindest vergleichbar ist, mithin insbesondere einsam und abgeschirmt ist und sich der Beschuldigte dort (gegebenenfalls mit seinem Gesprächspartner) alleine wähnt.[299] Auch Selbstgespräche, die im Rahmen einer

---

295 Siehe hierzu oben unter 2. Teil § 2 II.

296 Vgl. *Meyer-Goßner* § 100 f Rn. 2; *Wolter* in: SK-StPO § 100 f Rn. 30.

297 *BVerfGE* 109, 279 (313).

298 *Wolter* in: SK-StPO § 100 f Rn. 32 m. w. N.

299 Vgl. hierzu *Wolter* in: SK-StPO § 100 f Rn. 32 m. w. N.

Maßnahme nach § 100 f StPO aufgezeichnet worden sind, sind richtigerweise dem Kernbereich privater Lebensgestaltung zuzuordnen und damit in der Regel unverwertbar.[300] Unter welchen Voraussetzungen hiervon unter Umständen eine Ausnahme aufgrund der speziellen Äußerungssituation zu machen ist, wird später im Rahmen der Urteilsbesprechung zum „Pkw-Selbstgespräch-Fall" eingehend behandelt.[301]

Neben dem Verwertungsverbot aufgrund eines Eingriffs in den Kernbereich privater Lebensgestaltung, welches auch unmittelbar aus der Verfassung hergeleitet werden kann, ohne dass es eines Rückgriffs auf § 100 a Abs. 4 StPO bedarf[302], bestehen weitere Beweisverwertungsverbote, die sich überwiegend nach allgemeinen Grundsätzen richten. So ist bei der Frage, ob Beweisergebnisse, die anlässlich einer rechtswidrigen Maßnahme erhoben wurden, verwertet werden dürfen oder nicht in der Regel das staatliche Interesse an der Verfolgung und Aufklärung von Straftaten gegen das Individualinteresse des Beschuldigten abzuwägen. Im Rahmen des § 100 f StPO wird dabei stets die verfassungsrechtlich geschützte Privatsphäre des Einzelnen sowie der Schutz des nichtöffentlich gesprochenen Wortes gegen heimliche Zwangsmaßnahmen zu berücksichtigen sein.[303] Zudem kann die Totalüberwachung eines Beschuldigten, die ein umfassendes Persönlichkeitsprofil von diesem schaffen würde und zugleich ein Beweiserhebungsverbot darstellt, ebenfalls ein Beweisverwertungsverbot nach sich ziehen.[304] Darüber hinaus existiert auch für § 100 f StPO ein weitreichendes Beweiserhebungs- und Beweisverwertungsverbot für Erkenntnisse, die sich aus Gesprächen mit oder von einer in § 53 Abs. 1 S. 1 Nr. 1, 2 oder 4 StPO genannten Person, also eines Verteidigers, Geistlichen oder Abgeordneten, ergeben, wenn diese nicht selbst Beschuldigte einer Katalogtat nach § 100 a Abs. 2 StPO ist.[305] Ferner besteht ein Ausforschungsverbot, welches zugleich ein Beweiserhebungs- und -verwertungsverbot darstellt, dergestalt, dass weder Gespräche eines Mitgefangenen noch einer zeugnisverweigerungsberechtigten Person ausgeforscht werden dürfen, wenn es hierdurch zu Verstößen gegen Art. 1 Abs. 1 GG

---

300 So auch *BGHSt* 57, 71; a. A. *Hegmann* in: Graf § 100 f Rn. 22 c.

301 Siehe hierzu unter 3. Teil § 2 I. 4. e) cc) (4) (b), im Rahmen der Beurteilung der „Nichtöffentlichkeit der Äußerungssituation".

302 *Gercke/Julius/Temming/Zöller* § 100 f Rn. 12; *Wolter* in: SK-StPO § 100 f Rn. 32 ff.

303 Vgl. *Hegmann* in: Graf § 100 f Rn. 24.

304 *Wolter* in: SK-StPO § 100 f Rn. 32, 36.

305 *Röwer* in: Radtke/Hohmann § 100 f Rn. 8.

(beispielsweise durch das Suggerieren, das Gespräch werde vertraulich geführt) oder zur Umgehung von Zeugnisverweigerungsrechten kommen würde.[306]

(Zufalls-) Erkenntnisse dürfen hingegen – auch gegen Dritte – grundsätzlich verwertet werden, wenn sie eine andere Katalogstraftat des § 100 a Abs. 2 StPO betreffen, vgl. § 477 Abs. 2 S. 2 StPO.[307]

3. *Sicherzustellende Selbstkommunikation*

Selbstgespräche können wie gesehen sowohl laut geäußert als auch schriftlich fixiert werden. Naturgemäß ist bei Arten der Selbstkommunikation, die ausschließlich in Text- oder Bildform vorliegen, keine akustische Aufzeichnung möglich. Diese können daher regelmäßig nur durch eine Beschlagnahme der Strafverfolgungsbehörden oder durch Überwachung und Aufzeichnung von Kommunikationsvorgängen als Beweismittel erhoben werden und durch Verlesung oder – bei bildhaften Darstellungen – Inaugenscheinnahme zum Gegenstand des Strafverfahrens gemacht werden.

Aber auch vom Beschuldigten oder Dritten selbst angefertigte Tonband- oder Videoaufzeichnungen mit selbstkommunikativen Inhalten, können für eine Sicherstellung oder Beschlagnahme nach § 94 StPO in Betracht kommen.

a) E-Mails, SMS und sonstige elektronische Mitteilungen

Daten aus E-Mails, SMS und allen sonstigen Formen elektronischer Mitteilungen können durch die Strafverfolgungsbehörden gemäß den §§ 100 a, 100 b StPO, die der Überwachung der Telekommunikation dienen, erhoben werden. Sie ermöglichen unter bestimmten Voraussetzungen einen Eingriff in das Fernmeldegeheimnis, welches durch Art. 10 GG geschützt wird, sowie in das allgemeine Persönlichkeitsrecht, das aus Art. 2 Abs. 1 i. V. m. Art. 1 Abs. 1 GG hergeleitet wird.[308]

Unter Telekommunikation ist nach § 3 Nr. 22, 23 TKG jeder technische Vorgang des Aussendens, Übermittelns und Empfangens von Signalen mittels Telekommunikationsanlagen, mithin technischer Einrichtungen oder Systeme, zu verstehen,

306 *Wolter* in: SK-StPO § 100 f Rn. 37.

307 *Eisenberg* Teil 5 Kap. 3 III. Rn. 2502 f.; *Gercke/Julius/Temming/Zöller* § 100 f Rn. 13; *Hegmann* in: Graf § 100 f Rn. 22; dies kann hingegen nicht für ein Verwertungsverbot aus einem Eingriff in den Kernbereich der privaten Lebensgestaltung aus Art. 2 Abs. 1 i. V. m. Art. 1 Abs. 1 GG gelten, vgl. hierzu die Ausführungen unter 3. Teil § 3 I.

308 *Eisenberg* Teil 5 Kap. 3 III. Rn. 2481; vgl. zum allgemeinen Persönlichkeitsrecht und seinen unterschiedlichen Sphären im Einzelnen unter 3. Teil § 2 I.

die als Nachrichten identifizierbare elektromagnetische oder optische Signale senden, übertragen, vermitteln, empfangen, steuern oder kontrollieren können.

§ 100 a StPO ermächtigt auch zu einer Überwachung von fernmündlichen Gesprächen. Da aber ein Selbstgespräch wohl faktisch nie geführt wird, indem eine Person sich selbst anruft, soll diese Möglichkeit der Beweisgewinnung hier außer Betracht bleiben.

Teilweise wird bestritten, dass bei einer Kommunikation mit sich selbst – beispielsweise per E-Mail – überhaupt von einem Kommunikationsvorgang gesprochen werden kann.[309] Wie bereits dargestellt[310] existieren aber sehr unterschiedliche Formen von Kommunikation, die nicht zwingend die Kenntnisnahme der übermittelten Nachricht durch eine weitere Person erfordern. Demnach bestehen an der Anwendbarkeit des § 100 a StPO auf E-Mails mit selbstkommunikativem Inhalt keine Bedenken.[311]

aa) Anordnung und Voraussetzungen

Auch im Rahmen des § 100 a StPO darf eine Anordnung der Maßnahme nur erfolgen, wenn bestimmte Tatsachen gegeben sind, die den Verdacht des Vorliegens einer Katalogstraftat nach § 100 a Abs. 2 StPO begründen. Hier muss es sich demnach ebenso wie bei den Maßnahmen nach den §§ 100 c, 100 f StPO um einen qualifizierten Tatverdacht handeln, der ein hinreichendes Maß an Konkretisierung erreicht haben muss.[312]

Die in § 100 a Abs. 2 StPO genannten Straftaten stellen nicht ausschließlich Schwerstkriminalität dar, sondern sind vielmehr zwischen den Straftaten mit erheblicher Bedeutung (wie beispielweise bei den §§ 98 a, 100 g Abs. 1 Nr. 1 und 163 e StPO) und den besonders schweren Straftaten nach § 100 c Abs. 2

---

309 Vgl. hierzu *Roxin/Schünemann* 6. Kap. § 36 Rn. 6 mit Verweis auf *Vassilaki*, JR 2000, 447.

310 Siehe oben unter 2. Teil II. 1. c).

311 *Roxin/Schünemann* 6. Kap. § 36 Rn. 5 führen hierzu hingegen aus: „Der natürliche Wortsinn erscheint aber erstens überstrapaziert, wenn man auch dann von Kommunikation spricht, wenn nichts mitgeteilt wird, weil es keinen Zweiten gibt, mit dem man communis, also Gemeinsam macht. Ferner legt die Nähe zum Selbstgespräch und sogar zum Denken selbst eher nahe, dass man auf „solipsistische" Inhalte keinen Zugriff erlaubt." Damit wollen *Roxin/Schünemann* die an einen selbst gerichteten E-Mails aufgrund deren Vergleichbarkeit mit Gedanken mehr schützen, indem sie sie aus dem Anwendungsbereich des § 100 a StPO herausnehmen. So begrüßenswert dieses Motiv auch sein mag, so wenig gelingt es aber, die selbstkommunikative E-Mail nicht der Definition des § 3 Nr. 22, 23 TKG zuzuordnen.

312 *Gercke/Julius/Temming/Zöller* § 100 a Rn. 18.

StPO anzusiedeln. Sie erfassen demnach auch bloße „schwer ermittelbare Kriminalität".[313]

Auch bei § 100 a StPO muss die Tat im konkreten Einzelfall schwer wiegen und die Erforschung des Sachverhalts oder die Ermittlung des Aufenthaltsortes des Beschuldigten muss auf andere Weise wesentlich erschwert oder aussichtslos sein („strenge Subsidiaritätsklausel"), vgl. § 100 a Abs. 1 Nr. 2, 3 StPO. Darüber hinaus ist sie gegen den Beschuldigten zu richten, welcher verdächtig sein muss, Täter oder Teilnehmer (des Versuchs) einer Katalogstraftat nach § 100 a Abs. 2 StPO zu sein, vgl. § 100 a Abs. 1 Nr. 1, Abs. 3 StPO. Die Maßnahme kann zudem auch gegen andere Personen gerichtet werden, die Grund zu der Annahme geben, dass sie für den Beschuldigten bestimmte oder von ihm herrührende Mitteilungen entgegennehmen, weitergeben oder dass dieser ihren Anschluss verwendet, vgl. § 100 a Abs. 3 StPO.

Zur Anordnung einer Maßnahme der Überwachung der Telekommunikation ist gemäß § 100 b Abs. 1 S. 1 StPO auf Antrag der Staatsanwaltschaft der Ermittlungsrichter zuständig. Bei Gefahr im Verzug kann die Anordnung auch durch die Staatsanwaltschaft selbst getroffen werden, vgl. § 100 b Abs. 1 S. 1 StPO, wobei wie bei § 100 f StPO innerhalb von 3 Werktagen eine richterliche Bestätigung einzuholen ist. Die Ermittlungspersonen der Staatsanwaltschaft sind hingegen nicht – auch nicht bei Gefahr im Verzug – selbst anordnungsbefugt.[314]

bb) Verwertbarkeit

Im Gegensatz zu § 100 f StPO ist bei § 100 a StPO das absolute Verwertungsverbot von Äußerungen, die den Kernbereich privater Lebensgestaltung tangieren, ausdrücklich in Abs. 4 normiert. Demnach dürfen Erkenntnisse mit höchstpersönlichem Inhalt bereits nicht erhoben werden. Sofern dies dennoch geschieht, können diese im Strafverfahren nicht verwertet werden und sind unverzüglich zu löschen. In anderen Verfahren dürfen diese Erkenntnisse ebenfalls nicht – auch nicht als Spurenansatz – herangezogen werden.[315]

Auch bei Verstößen gegen die Voraussetzungen der §§ 100 a und b StPO ist in der Regel von einem Beweisverwertungsverbot auszugehen, zumindest wenn es an grundlegenden objektiven Voraussetzungen für die Anordnung der Maßnahme

313 *Gercke/Julius/Temming/Zöller* § 100 a Rn. 19.
314 Vgl. *Eisenberg* Teil 5 Kap. 3 III. Rn. 2495.
315 *Eisenberg* Teil 5 Kap. 3 III. Rn. 2504 f.

gefehlt hat oder diese gar bewusst und willkürlich umgangen wurden.[316] Verstöße gegen bloße Formvorschriften begründen hingegen grundsätzlich kein Verwertungsverbot, es sei denn, es handelt sich um Zuständigkeitsbestimmungen von einigem Gewicht.[317]

Darüber hinaus dürfen keine Erkenntnisse verwertet werden, die außerhalb der Reichweite des Begriffs der Telekommunikation gewonnen wurden, beispielsweise vor oder nach einem Telefonat oder auch bei Aufzeichnungen sogenannter „Raumgespräche".[318]

Werden bei einer Maßnahme nach § 100 a StPO Erkenntnisse gewonnen, die eine andere Straftat betreffen als diejenige, die Anlass der Anordnung der Telekommunikationsüberwachung war, handelt es sich um sogenannte Zufallsfunde. Diese dürfen nach Maßgabe des § 477 Abs. 2 S. 2 StPO in der Regel sowohl gegen den Beschuldigten als auch gegen Dritte verwertet werden.[319]

b) *Tagebücher und Briefe*

Um Briefe oder Tagebücher in einem Strafprozess verwerten zu können, sind diese in der Regel zuvor nach § 94 StPO sicherzustellen.[320]

Sowohl Tagebücher als auch Briefe können in den unterschiedlichsten Formen vorkommen. So kann ein Tagebuch in klassischer Weise auf Schriftstücken perpetuiert werden, die beispielsweise in Buchform, in einer Mappe oder auch als lose Notizblätter vorliegen können. Ein Tagebuch kann aber ebenso in elektronischer Form auf verschiedenen Speichermedien zu finden sein, zum Beispiel auf der Festplatte eines PCs oder Laptops, einem Mobiltelefon, einer CD oder DVD, einem USB-Stick oder einem sonstigen Speichermedium.

---

316 So auch *BGHSt* 28, 124; *BGHSt* 47, 365; *BGHSt* 51, 1; vgl. *Gercke/Julius/Temming/Zöller* § 100 a Rn. 39.

317 Vgl. *Gercke/Julius/Temming/Zöller* § 100 a Rn. 41; einen besonders schwerwiegenden Verstoß, der ein Verwertungsverbot nach sich zog, nahm der BGH beispielsweise bei einer Anordnung der Maßnahme durch Polizeibeamte an, vgl. *BGHSt* 31, 304.

318 Vgl. *Gercke/Julius/Temming/Zöller* § 100 a Rn. 42; Raumgespräche liegen vor, wenn der Gesprächsteilnehmer ein Telefonat versehentlich nicht ordnungsgemäß beendet, so dass Gespräche, die dieser mit einer anderen anwesenden Person – oder mit sich selbst – tätigt, mitgehört und aufgezeichnet werden können, vgl. *BGHSt* 31, 296.

319 Vgl. *Gercke/Julius/Temming/Zöller* § 100 a Rn. 43; so auch *BGHSt* 53, 64; auch hier ist anzumerken, dass dies nicht für Erkenntnisse gilt, die dem Kernbereich der privaten Lebensgestaltung aus Art. 2 Abs. 1 i. V. m. Art. 1 Abs. 1 GG zuzurechnen sind, vgl. insoweit die Ausführungen unter 3. Teil § 3 I.

320 Gegenstände, die dem Verfall oder der Einziehung unterliegen, können darüber hinaus auch nach § 111 b StPO sichergestellt werden, vgl. *Nack* in: KK § 94 Rn. 2.

Darüber hinaus ist es möglich, dass der Beschuldigte seine Gedanken nicht niedergeschrieben hat, sondern sein Tagebuch stattdessen in akustischer Form auf Ton- oder in optischer Form auf Bildträger aufgenommen hat. Ebenso können Briefe sowohl auf Schriftstücken zu finden sein als auch in elektronischer Form vorliegen – sei es als abgespeicherte, nicht versendete E-Mails, sei es als Anschreiben in schriftlicher Form.

Unter Umständen ist nach § 94 StPO darüber hinaus die Beschlagnahme von E-Mails beim Provider möglich, wenn sich auf dessen Server gespeicherte Daten des Beschuldigten befinden.[321]

Die Möglichkeit, Briefe im Rahmen einer Postbeschlagnahme gemäß § 99 StPO sicherzustellen, die sich im Gewahrsam anderer Personen oder Unternehmen befinden, soll hier außer Betracht gelassen werden, da Selbstkommunikation mittels tatsächlich versendeter Postsendungen zwar theoretisch möglich ist, praktisch aber kaum vorkommt.

aa) Anordnung und Voraussetzungen

Nach § 94 StPO können nur körperliche Gegenstände nach Abs. 1 in Verwahrung genommen oder auf sonstige Weise sichergestellt werden. Sie sind nach Abs. 2 zu beschlagnahmen, wenn sie sich im Gewahrsam einer Person befinden und nicht freiwillig herausgegeben werden. Ansonsten ist es für § 94 StPO – im Gegensatz zu § 97 StPO – nicht relevant, ob sich der sicherzustellende Gegenstand im Eigentum, Besitz oder Gewahrsam des Betroffenen befindet. Zudem spielt es keine Rolle, ob die Person, bei der der Gegenstand sichergestellt wird, selbst Beschuldigter ist oder von der Tat auf sonstige Weise betroffen ist.[322]

Unter körperlichen Gegenständen i. S. d. § 94 StPO sind auch Daten zu verstehen, selbst wenn zur Sicherstellung lediglich eine Kopie derselben auf einem externen Speichermedium hergestellt wird.[323]

Die Gegenstände müssen darüber hinaus zum Beweis geeignet sein. Es muss also die Möglichkeit bestehen, dass der Gegenstand unmittelbar oder mittelbar für

---

321 Die Beschlagnahme von E-Mails gemäß § 94 StPO ist nur möglich, wenn sie sich nicht in einem laufenden Kommunikationsvorgang befinden (in diesem Fall ist § 100 a StPO anzuwenden). Darüber hinaus ist auf die Wahrung des Übermaßverbotes besonderes Augenmerk zu richten, vgl. *BVerfGE* 124, 43 (44 f.); *BGH* NJW 2009, 1828; diesem zustimmend *Bär,* NStZ 2009, 398 (399).

322 *Nack* in: KK § 94 Rn. 6.

323 *Nack* in: KK § 94 Rn. 4; dies kann beispielsweise aus Gesichtspunkten der Verhältnismäßigkeit erforderlich sein, insbesondere wenn der Betroffene die Daten zur ständigen Verwendung benötigt.

die Tat oder die Art und Weise ihrer Begehung Beweis erbringen oder auf sonstige Weise für die Untersuchung von Interesse sein kann.[324]

Es muss darüber hinaus ein gewöhnlicher Anfangsverdacht gemäß § 152 Abs. 2 StPO, also der Verdacht, der für die Einleitung der Ermittlungen erforderlich ist, vorliegen.

Eine Anordnung der förmlichen Beschlagnahme ist nicht notwendig, aber dennoch möglich, wenn die Herausgabe des Beweisgegenstandes gemäß § 94 Abs. 1 StPO freiwillig erfolgt oder wenn sich der sicherzustellende Gegenstand nicht im Gewahrsam einer Person befindet. Anderenfalls ist eine förmliche Beschlagnahme nach § 94 Abs. 2 StPO erforderlich, die gemäß Abs. 1 S. 1 in der Regel[325] vom Ermittlungsrichter angeordnet werden muss, bei Gefahr im Verzug aber auch von der Staatsanwaltschaft oder ihren Ermittlungspersonen nach § 152 GVG angeordnet werden kann. Sofern der Betroffene oder bei dessen Abwesenheit ein erwachsener Angehöriger des Betroffenen bei der Beschlagnahme anwesend war und kein Widerspruch gegen diese erhoben wurde, tritt die von der Staatsanwaltschaft oder ihren Ermittlungspersonen getätigte Anordnung an die Stelle der richterlichen Beschlagnahme. Anderenfalls ist eine richterliche Bestätigung einzuholen, vgl. § 98 Abs. 2 S. 1 StPO, die innerhalb von drei Tagen beantragt werden soll. Der Betroffene kann, auch wenn er den Gegenstand freiwillig herausgegeben hat, nach § 98 Abs. 2 S. 2 StPO jederzeit die richterliche Entscheidung beantragen. Unter einem Betroffenen i. S. d. § 98 StPO ist jeder zu verstehen, in dessen Gewahrsam oder anderweitige Rechtsposition durch die Sicherstellung eingegriffen wird, wobei die Stellung als Beschuldigter nicht entscheidend ist.[326]

Bei einer Sicherstellung oder Beschlagnahme nach § 94 StPO ist darüber hinaus – wie bei jeglichen staatlichen Zwangsmaßnahmen – stets auch der sich aus dem Rechtsstaatsprinzip nach Art. 20 Abs. 3 GG ergebende Verhältnismäßigkeitsgrundsatz zu wahren.

bb) Beschlagnahme- und Verwertungsverbote

Beschlagnahmeverbote können entweder in den Fällen des § 97 StPO vorliegen oder sich auch bereits unmittelbar aus dem Grundgesetz ergeben[327], beispielsweise

324 *Pfeiffer* § 94 Rn. 1; *Nack* in: KK § 94 Rn. 7.

325 Immer vom Richter anzuordnen ist die Beschlagnahme nach § 98 Abs. 1 S. 2 StPO in den Fällen des § 97 Abs. 5 S. 2 StPO, dies betrifft mithin die Pressebeschlagnahme in Redaktions-, Verlags-, Druckereiräumen und bei Rundfunkanstalten.

326 *Nack* in: KK § 94 Rn. 18.

327 Vgl. *Meyer-Goßner* § 97 Rn. 2a.

wenn der Kernbereich privater Lebensgestaltung und damit Art. 2 Abs. 1 i. V. m. Art. 1 Abs. 1 GG tangiert ist. Sie haben zur Folge, dass der Beweisgegenstand schon nicht beschlagnahmt werden darf.[328]

Die Regelung des § 97 StPO soll verhindern, dass die Zeugnisverweigerungsrechte der §§ 52, 53 und 53 a StPO umgangen werden und ist bereits bei der Anordnung der Beschlagnahme zu beachten.[329] Der zu beschlagnahmende Beweisgegenstand muss sich allerdings im Gewahrsam der zeugnisverweigerungsberechtigten Person oder einem sonstigen nach § 97 Abs. 2 S. 2 oder Abs. 5 StPO geschützten Ort befinden.[330] Eine freiwillige Herausgabe des Beweisgegenstandes durch den Betroffenen bleibt aber wegen des damit einhergehenden Verzichts auf das Beschlagnahme- und Verwertungsverbot möglich. Hierbei muss der Betroffene aber in qualifizierter Weise belehrt werden.[331] Das Einverständnis des Beschuldigten ist hingegen irrelevant, da die Beschlagnahmeverbote nicht in seinem Interesse bestehen.[332]

Ein Verstoß gegen die Beschlagnahmeverbote des § 97 StPO hat stets ein Verwertungsverbot des trotzdem beschlagnahmten Beweisgegenstandes zur Folge.[333]

Der Anwendungsbereich des § 97 StPO ist in verfassungskonformer Auslegung unter anderem auch auf heimliche Bild- und Tonbandaufnahmen privater Dritter sowie auf Tagebuchaufzeichnungen des Beschuldigten auszuweiten.[334] In diesen Fällen ergibt eine Abwägung zwischen dem Interesse an der Strafverfolgung und dem Geheimhaltungsinteresse des Beschuldigten nach Auffassung der überwiegenden Rechtsprechung, dass ersteres zurücktreten muss.[335] Richtigerweise dürfen intimste Aufzeichnungen in Tagebüchern sowie auf Ton- und Bildbändern oder sonstigen Speichermedien, die dem Kernbereich privater Lebensgestaltung zuzurechnen sind, jedoch bereits keiner Abwägung unterliegen

---

328 *Pfeiffer* § 94 Rn. 4; *Nack* in: KK § 94 Rn. 19.

329 *Meyer-Goßner* § 97 Rn. 1; *Nack* in: KK § 97 Rn. 1.

330 *Nack* in: KK § 97 Rn. 8.

331 Der Betroffene ist darüber zu belehren, dass der Gegenstand nur mit seiner Einwilligung in amtliche Verwahrung genommen werden kann, eine zwangsweise Herausgabe aber nicht zulässig ist, vgl. *Meyer-Goßner* § 97 Rn. 5 f.; *Nack* in: KK § 97 Rn. 3.

332 Eine Ausnahme hiervon ist aber dann anzunehmen, wenn der Beschuldigte den Zeugnisverweigerungsberechtigten – beispielsweise in den Fällen der §§ 53 Abs. 2 S. 1 und 53 a Abs. 2 StPO – von der Schweigepflicht entbinden könnte, vgl. *Meyer-Goßner* § 97 Rn. 26.

333 *Meyer-Goßner* § 97 Rn. 46; *Nack* in: KK § 97 Rn. 9.

334 *Nack* in: KK § 97 Rn. 22 f.

335 Vgl. z. B. *BVerfGE* 34, 238; 80, 367; so auch *Nack* in: KK § 97 Rn. 23 m. w. N.

und sind per se unverwertbar. Insoweit bedarf es auch keines Rückgriffs auf § 97 StPO, da sich das Beschlagnahme- und Beweisverwertungsverbot in diesen Fällen schon unmittelbar aus der Verfassung, namentlich aus Art. 2 Abs. 1 i. V. m. Art. 1 Abs. 1 GG, mithin aus einem Eingriff in den Kernbereich privater Lebensgestaltung ergibt.[336]

Daneben kann sich ein Verwertungsverbot auch daraus ergeben, dass der Beweisgegenstand einer rechtsfehlerhaft durchgeführten Durchsuchung nach § 102 StPO entstammt, zumal wenn der Verstoß besonders schwer wiegt.[337] Hier wird aber teilweise auch auf einen hypothetischen Ersatzeingriff abgestellt.[338]

Ein allgemein gültiges Beweisverwertungsverbot aufgrund von bloßen Verfahrensverstößen ist dem Gesetz hingegen nicht zu entnehmen und daher nach überwiegender Auffassung nicht anzuerkennen, zumal ein nicht willkürlicher oder nicht besonders schwerwiegender Fehler bei der Beweiserhebung nicht das gesamte Verfahren lahm legen können soll.[339]

---

336 So auch *Meyer-Goßner* § 94 Rn. 20; dies wird unter 3. Teil § 2 I. eingehend erörtert.

337 Vgl. *BVerfG* NJW 1999, 273; *BGH* NStZ 2004, 449; *Meyer-Goßner* § 94 Rn. 21 m. w. N.

338 Vgl. *Nack* in: KK Vorb. § 94 Rn. 11 m. w. N.

339 Vgl. *BVerfG* NJW 2000, 3556 (3557); NJW-Spezial 2005, 473; NJW 2007, 204; *Nack* in: KK Vorb. § 94 Rn. 11 m. w. N.

3. Teil Verwertbarkeit von Selbstgesprächen

Der dritte Teil dieser Arbeit befasst sich nach einer allgemeinen Einführung zur Thematik der Beweisverbote mit denjenigen Verwertungsverboten, die im Zusammenhang mit den verschiedenen Formen der Selbstkommunikation in Betracht kommen. Dabei wird zunächst der Begriff des allgemeinen Persönlichkeitsrechts und dessen Entwicklung in der Rechtsprechung umfassend erörtert. Sodann erfolgt eine Betrachtung und Differenzierung weiterer möglicher Verwertungsverbote, die in der Rechtsprechung und Literatur im Zusammenhang mit selbstkommunikativen Phänomenen bisher diskutiert wurden und aktuell diskutiert werden. Dabei wird die Notwendigkeit eines „übergeordneten" Verwertungsverbotes deutlich gemacht und dessen Kriterien heraus gearbeitet.

Um die Thematik abzurunden, werden schließlich einzelne, kontroverse Fragen der Verwertbarkeit von Selbstgesprächen heraus gearbeitet und einer gesonderten Betrachtung unterzogen.

§1 Einführung in die Beweisverbotslehre

Der von *Beling*[340] geprägte Terminus der Beweisverbote bezeichnet den Oberbegriff für die Grenzen bzw. Schranken der Gewinnung und Verwertung von Beweisen im Strafprozess.[341] Er gliedert sich wiederum in zwei Untergruppen, die Beweiserhebungs- und die Beweisverwertungsverbote.

Die Durchführung des Strafverfahrens hat insbesondere den Zweck, die materielle Wahrheit zu erforschen. Dieser Zweck konstituiert jedoch keinen uneingeschränkten Grundsatz innerhalb der Strafprozessordnung. Die Wahrheitsermittlung unterliegt vielmehr zahlreichen rechtlichen Grenzen. In einem Rechtsstaat, der die Einhaltung der Grundrechte nicht nur auf dem Papier, sondern auch in der Praxis garantieren will, gelten für die Strafverfolgungsorgane zahlreiche Regeln. Letztere müssen stets die prozessual zulässigen Methoden bei

340 *Beling* 1903, definiert den Begriff der Beweisverbote auf S. 3: „Ich nenne sie Beweisverbote und verstehe darunter Rechtsätze, die entweder überhaupt eine bestimmte Thatsache dahingestellt zu lassen anbefehlen – absolute Beweisverbote – oder bestimmte Beweismittel für unzulässig erklären – relative Beweisverbote."

341 *Pfeiffer/Hannich* in: KK Einl. Rn. 117.

der Strafverfolgung einhalten und jederzeit die rechtsstaatlichen Werte bei der Erforschung der Wahrheit berücksichtigen.[342]

Auch die Existenz und der Umfang der im deutschen Strafprozessrecht anerkannten Beweisverbote zeigen deutlich, dass hierzulande kein absoluter Wahrheitsermittlungsgrundsatz Geltung beanspruchen kann. Der BGH hat dies bereits in einem Urteil aus dem Jahre 1960 zum Ausdruck gebracht, in welchem er klarstellte, dass die Wahrheit nicht „um jeden Preis erforscht“ werden darf.[343]

Die Bundesrepublik Deutschland ist ein freiheitlicher, demokratischer und liberaler Rechtsstaat, der unter anderem aufgrund der im Grundgesetz unter Art. 1 Abs. 1 GG als obersten Wert benannten Achtung der Menschenwürde den Anspruch besitzt, sich nicht auf die Ebene des Verbrechens zu begeben und dieses mit allen zur Verfügung stehenden Mitteln zu bekämpfen. Vielmehr müssen die angewandten Mittel rechtsstaatlichen Grundsätzen entsprechen und insbesondere die Würde des Beschuldigten, der schließlich bis zu seiner Verurteilung als unschuldig gilt, achten.

Wie würde wohl ein Rechtsstaat aussehen, der das Ziel der Verbrechensbekämpfung als obersten Grundsatz ansehen würde? Hier würde gewissermaßen der Zweck alle Mittel heiligen. Daher müsste unter Umständen in besonders schwerwiegenden Fällen sogar Folter oder zumindest dessen Androhung erlaubt sein.[344] Dies wiederum hätte zur Folge, dass in einem solchen Staat der Erlass einer Folter-Verordnung erforderlich sein dürfte. Diese Schlussfolgerung zeigt aber die Absurdität dieser Betrachtungsweise allzu deutlich.

Beweisverbote setzen den Strafverfolgungsorganen Schranken bei der Beweisgewinnung und -verwertung und begrenzen insofern den Grundsatz der Amtsaufklärungspflicht gemäß § 244 Abs. 2 StPO.[345] Sie sind nach herrschender Meinung in Beweiserhebungs- und Beweisverwertungsverbote zu unterteilen, wobei zahlreiche Untergruppierungen wie die Einordung in relative und absolute,

---

342 *Eisenberg* Teil 1 Kap. 3 Rn. 329; ob dies hingegen in der Strafverfolgungspraxis tatsächlich immer der Fall ist, sei dahingestellt.

343 *BGHSt* 14, 358 (365); 31, 304 (308).

344 Die Androhung von Folter ist beispielsweise im bekannten *Gäfgen*-Fall durch den Polizeibeamten *Daschner* erfolgt, der hierdurch den Aufenthaltsort des entführten, vermeintlich noch lebenden *Jakob von Metzler* ausfindig machen wollte. Doch auch eine unter derart nachvollziehbaren Umständen erfolgte Folterandrohung ist – wie das LG Frankfurt in seinem Urteil gegen *Daschner* vom 20.12.2004 (NJW 2005, 692) richtig erkannt hat – keinesfalls zulässig und stellt eine strafbare Nötigungshandlung dar.

345 *Gercke/Julius/Temming/Zöller* Einl. Rn. 106 f.

prozessrechtliche und allgemeine, geschriebene und ungeschriebene, selbständige und unselbständige sowie in Beweisthemen-, Beweismittel- und Beweismethodenverbote vertreten wird.

In diesem Zusammenhang ist auch die Frage nach der Reichweite der Beweisverbote zu diskutieren, insoweit wird erörtert, inwiefern Beweisverboten eine Fernwirkung bzw. Fortwirkung zukommen kann.

I. Die Grundlagen des Beweisrechts

Das Verständnis der Grundlagen des Beweisrechts des deutschen Strafprozesses ist für die Diskussion über die Verwertbarkeit von Selbstkommunikation grundlegend. Zur Vergegenwärtigung und Auffrischung der Kenntnisse der gängigen Beweisrechtslehre wird diese im Folgenden kurz skizziert.

1. Der Grundsatz der Amtsermittlung und das Legalitätsprinzip

Sowohl das Ermittlungsverfahren, als auch das Hauptverfahren einschließlich dessen Vorbereitung sowie teilweise auch das Revisionsverfahren haben als zentrale Aufgabe das Suchen nach Beweisen sowie deren Erhebung und Würdigung zum Gegenstand.[346]

Dabei gilt im gesamten deutschen Strafprozess für den Richter gemäß § 244 Abs. 2 StPO ebenso wie für die Staatsanwaltschaft nach § 160 StPO der Amtsermittlungsgrundsatz, der auch als Untersuchungsgrundsatz, Instruktions- und Inquisitionsprinzip bezeichnet wird.[347] Danach ist die Ermittlung des wahren Sachverhalts das beherrschende Prinzip des Strafprozesses. Das Gericht muss also von Amts wegen gemäß § 155 Abs. 2 StPO den Tatvorwurf und die ihm zugrunde liegenden Tatsachen umfassend und erschöpfend untersuchen und aufklären, vgl. § 244 Abs. 2 StPO. Dieser Grundsatz gilt in jedem Stadium des Strafverfahrens, also auch bereits im Ermittlungsverfahren.

Mit diesem Grundsatz korrespondiert die Pflicht der Staatsanwaltschaft sowie ihrer Ermittlungsbeamten (§ 152 GVG), das Strafverfahren bei Vorliegen hinreichender tatsächlicher Anhaltspunkte gemäß § 152 Abs. 2 StPO einzuleiten, den Sachverhalt eingehend zu untersuchen und nach § 170 Abs. 2 StPO, sofern gegen den Beschuldigten ein hinreichender Tatverdacht besteht, Anklage zu erheben (sog. Legalitätsprinzip).[348]

---

346 *Meyer-Goßner* Einl. Rn. 47.

347 *Meyer-Goßner* Einl. Rn. 9, der vom „Grundsatz der Erforschung der materiellen Wahrheit" spricht; *Eisenberg* Teil 1 Kap. 1 Rn. 1.

348 *Meyer-Goßner* Einl. Rn. 9.

Der Wahrheitsermittlungsgrundsatz gilt jedoch wie gesehen nicht uneingeschränkt, zumal die Erforschung der Wahrheit nicht um jeden Preis zulässig ist.[349]

2. *Beweismittel*

Die StPO sieht für das Strafverfahren die Beweismittel des Zeugen gemäß den §§ 48 ff. StPO, des Sachverständigen und des Augenscheins nach den §§ 72 ff. StPO sowie der Urkunden und weiterer Schriftstücke gemäß den §§ 249 ff. StPO vor.[350] Auch die Aussage des Beschuldigten oder von Mitangeklagten wird teilweise zu den förmlichen Beweismitteln der StPO gezählt[351], obwohl diese streng genommen nicht im Rahmen der Beweisaufnahme in den Prozess eingeführt werden, vgl. § 244 Abs. 1 StPO.

Im sogenannten Strengbeweisverfahren ist im Gegensatz zum Freibeweisverfahren[352] die förmliche Einhaltung der Vorschriften über die Beweiserhebung in der Hauptverhandlung gemäß §§ 244 ff. StPO sowie der Grundsätze der Mündlichkeit, Öffentlichkeit und Unmittelbarkeit erforderlich. Hierbei dürfen nur die oben genannten Beweismittel verwendet werden. Das Strengbeweisverfahren muss bei allen Entscheidungen, die die Schuld- oder Straffrage betreffen, durchgeführt werden.

3. *Beweiswürdigung und Verwertung von Beweisen*

Bei der Beweisaufnahme, die den Regeln der §§ 244 ff. StPO folgen muss, werden die bereits im Ermittlungsverfahren gewonnenen Beweise (oder auch solche, die sich erst im Rahmen des Zwischen- oder Hauptverfahrens ergeben) erhoben. Dabei werden sie auf unterschiedliche Art und Weise, z. B. durch die Vernehmung von Zeugen oder die Verlesung von Urkunden, in das Verfahren eingeführt.[353]

---

349 Siehe hierzu bereits oben unter 3. Teil § 1; *Eisenberg* Teil 1 Kap. 1 Rn. 329; *BGHSt* 14, 358 (365); 31, 304 (308).

350 *Meyer-Goßner* Einl. Rn. 49.

351 Vgl. *Meyer-Goßner* Einl. Rn. 49.

352 Das Freibeweisverfahren ist außerhalb der Hauptverhandlung, beispielsweise bei der Feststellung (einer bestimmten Form) des Tatverdachts, und innerhalb der Hauptverhandlung für alle Fragen, die nicht die Schuld oder die Strafe des Angeklagten betreffen, anwendbar. Auch dieses unterliegt einer uneingeschränkten Sorgfaltspflicht, wobei jedoch die Anwendung jeglicher Erkenntnisquellen nach pflichtgemäßem Ermessen möglich und nicht auf die förmlichen Beweismittel der StPO beschränkt ist, vgl. *Eisenberg* Teil 1 Kap. 1 Rn. 36 ff.

353 *Meyer-Goßner* Einl. Rn. 48.

Hieraus werden wiederum Beweisergebnisse gewonnen, die gemeinsam mit den Indizien vom Richter zur Beweiswürdigung herangezogen werden. Diese stellt schließlich die unmittelbare Grundlage für die Entscheidung des Richters über die Schuld oder Unschuld des Angeklagten dar.[354]

Gemäß § 261 StPO entscheidet der Richter über das Ergebnis der Beweisaufnahme nach seiner freien, aus dem Inbegriff der Verhandlung geschöpften Überzeugung. Er ist dabei an keine Beweisregeln[355] gebunden, hat jedoch die gängigen Regeln der Überzeugungsbildung, wie beispielsweise die Regeln der Logik sowie das Willkürverbot zu beachten.[356] Allerdings kann dem Richter nicht vorgeschrieben werden, wann er eine Tatsache für bewiesen oder nicht bewiesen halten muss.[357] Er muss vielmehr persönlich vom Vorliegen bestimmter Tatsachen und letztlich von der Schuld des Angeklagten überzeugt sein. Insoweit ist er nur dem Gesetz und seinem Gewissen unterworfen.[358]

Die Beweisverbote stellen eine Ausnahme von der freien Beweiswürdigung dar. Beweise, die einem Beweisverbot unterliegen, dürfen nicht zum Gegenstand der Beweiswürdigung gemacht werden, sie sind vielmehr von dieser ausgeschlossen.[359] Alle Sachverhalte und Beweisergebnisse, die von dem Beweisverbot umfasst sind, dürfen im Rahmen der Beweiswürdigung keinerlei Berücksichtigung finden. Dies bedeutet, dass der Richter im Rahmen seiner Überzeugungsbildung jegliche Kenntnisse, die er aus dem Beweismittel gewonnen hat, welches dem Beweisverbot unterliegt, ausblenden muss.[360]

Die Beweisverbote setzen den Strafverfolgungsorganen und dem Richter wie gesehen sowohl bei der Gewinnung als auch der Verwertung von Beweisen Schranken. Dadurch begrenzen sie auch den Grundsatz der Amtsaufklärungspflicht nach § 244 Abs. 2 StPO sowie die freie richterliche Beweiswürdigung

---

354 *Meyer-Goßner* Einl. Rn. 48.

355 Während im sogenannten Gemeinen Strafprozess noch bestimmte Regeln bestanden, unter welchen Voraussetzungen der Richter eine Tatsache für erwiesen halten darf, ist er heute lediglich seinem Gewissen und dem Gesetz unterworfen und kann eigenständig prüfen, ob er von einem bestimmten Sachverhalt überzeugt ist oder nicht, vgl. *Meyer-Goßner* § 261 Rn. 3, 11 f.; *Amelung* 2011, S. 24.

356 *Eisenberg* Teil 1 Kap. 1 Rn. 88; *Schoreit* in: KK § 261 Rn. 45 f.; *Meyer-Goßner* § 261 Rn. 11 f.

357 *Pfeiffer* Einl. Rn. 11; *BGHSt* 29, 18.

358 *Meyer-Goßner* § 261 Rn. 3; *Pfeiffer* Einl. Rn. 11.

359 *Meyer-Goßner* § 261 Rn. 13.

360 *Eisenberg* Teil 1 Kap. 1 Rn. 109, Kap. 3 Rn. 331; ob dies aber praktisch tatsächlich möglich ist, erscheint allerdings fraglich.

gemäß § 261 StPO und tragen damit maßgeblich zu einem rechtsstaatlichen Strafverfahren bei.[361]

II. Arten von Beweisverboten

Zwar ist die Terminologie im Rahmen der Beweisverbote recht uneinheitlich[362], dennoch soll an dieser Stelle – wie nach überwiegender Auffassung vertreten – eine Einteilung der Beweisverbote in Beweiserhebungs- und Beweisverwertungsverbote erfolgen.

1. Beweiserhebungsverbote

Beweiserhebungsverbote betreffen die Gewinnung von Beweismitteln und beschränken die Aufklärungspflicht der Strafverfolgungsorgane, da sie bei deren Vorliegen bereits die Erhebung des Beweises untersagen. Darüber hinaus begrenzen sie – wie bereits oben erläutert – auch die freie Beweiswürdigung.[363]

Im strafprozessualen Schrifttum werden die Beweiserhebungsverbote überwiegend in Beweisthemen-, Beweismethoden- und Beweismittelverbote eingeteilt. Diese Unterteilung erfolgt allerdings nicht immer einheitlich und kategorisiert die Arten möglicher Beweiserhebungsverbote ohne für die strafprozessuale Bedeutung derselben eine Aussage zu treffen.[364]

Teilweise hat der Gesetzgeber die Beweiserhebungsverbote normiert (z. B. in den §§ 100 c Abs. 4 S. 1 und Abs. 6 S. 1; 100 h Abs. 2 S. 2; 136 a Abs. 1 S. 1 und 3, Abs. 2 StPO), sie können jedoch auch unmittelbar aus der Verfassung abgeleitet werden, wie beispielsweise aus dem allgemeinen Persönlichkeitsrecht nach Art. 2 Abs. 1 i. V. m. Art. 1 Abs. 1 GG[365], aus der Kernbereichsgarantie der Menschenwürde selbst gemäß Art. 1 Abs. 1 GG oder dem Schutz der Presse nach Art. 5 Abs. 1 S. 2 GG.[366]

---

361 *Gercke/Julius/Temming/Zöller* Einl. Rn. 106 f.

362 *Kühne* § 54 Rn. 881, S. 532.

363 *Gercke/Julius/Temming/Zöller* Einl. Rn. 106 f.; *Pfeiffer/Hannich* in: KK Einl. Rn. 119; *Eisenberg* Teil 1 Kap. 3 Rn. 337; siehe hierzu bereits unter 3. Teil § 1 I. 3.

364 *Eisenberg* Teil 1 Kap. 3 Rn. 337.

365 Vgl. hierzu eingehend die Ausführungen unter 3. Teil § 2 I. 1.

366 *Gercke/Julius/Temming/Zöller* Einl. Rn. 107 f.

a) Beweisthemenverbote

Der Begriff „Beweisthemenverbot" besagt, dass bestimmte Themen nicht Gegenstand der Beweisführung sein dürfen.[367] Hierzu gehören insbesondere Tatsachen, die gesetzlichen Geheimhaltungspflichten unterliegen. Beispielhaft seien hier die Geheimhaltungspflichten von Beamten und Soldaten nach den §§ 61 f BBG, 39 BRRG und 14 SoldG angeführt. Letztere benötigen eine Aussagegenehmigung ihres Vorgesetzten, um über Staats- oder Amtsgeheimnisse aussagen zu können. Aber auch Tatsachen, die dem richterlichen Beratungsgeheimnis unterliegen, unterfallen den Beweisthemenverboten ebenso wie Tatsachen, welche das Abstimmungsverhalten im Rahmen von demokratischen Wahlen berühren.[368]

b) Beweismethodenverbote

Beweismethodenverbote betreffen die Art und Weise der Beweisgewinnung und werden wiederum in geschriebene und ungeschriebene Beweismethodenverbote eingeteilt. Die Aufklärung des Beweisthemas selbst wird hiervon hingegen nicht berührt und bleibt weiterhin möglich.[369]

Die zentrale strafprozessuale Vorschrift, die Beweismethodenverbote normiert, ist § 136 a StPO. Diese enthält einen Katalog an verbotenen Vernehmungsmethoden, die die Gefahr in sich bergen, den Beschuldigten zum bloßen Objekt der Strafrechtspflege zu degradieren und dadurch dem Schutz der Menschenwürde zuwider laufen können.[370] Die Regelung des § 136 a StPO dient demnach sowohl den Interessen des Beschuldigten als auch dem Interesse der Strafverfolgungsbehörden an wahrheitsgemäßen Aussagen. Auch letzteres ist keinesfalls außer Acht zu lassen, zumal – wie die Geschichte insbesondere zur Zeit der Inquisition deutlich gezeigt hat – Äußerungen, die durch Erpressung oder Folter zustande gekommen sind, in der Regel im Vergleich zu „freiwillig" getätigten Aussagen ein wesentlich geringerer (oder unter Umständen überhaupt kein) Wahrheitsgehalt zukommt.[371]

Der Begriff der Vernehmung in § 136 a StPO meint jede durch Strafverfolgungsbehörden in ihrer amtlichen Funktion durchgeführte offene Befragung des Beschuldigten.[372] Eine verdeckte Befragung oder Ausforschung kann daher

---

367 *Kühne* § 54 Rn. 882, S. 533.

368 *Eisenberg* Teil 1 Kap. 3 Rn. 338 f.

369 *Eisenberg* Teil 1 Kap. 3 Rn. 338 f.

370 *Kühne* § 54 Rn. 890; *BGHSt* 5, 333.

371 Vgl. hierzu *Amelung* 2011, S. 23 f.; *Rüping*, S. 62 ff. m. w. N.

372 *Kühne* § 54 Rn. 891.

bereits keine Vernehmung i. S. v. § 136 a StPO darstellen. Der Vernommene soll davor geschützt werden, im Rahmen der möglicherweise als bedrohlich empfundenen Vernehmungssituation unter dem Druck des vermeintlichen Aussagen-Müssens Äußerungen zu treffen, die er anderenfalls nicht getätigt hätte. Insoweit kommt es insbesondere auf die Anwesenheit eines Vernehmungsbeamten an, welche geeignet ist, den Beschuldigten einzuschüchtern und ihn in seiner Willensentscheidung oder -betätigung zu beschränken. Ein solcher Druck kann von einer Privatperson hingegen in der Regel nicht ausgehen. Sinn und Zweck des § 136 a StPO ist insbesondere die Wahrung des Grundsatzes, dass der Beschuldigte nicht gezwungen werden darf, an seiner eigenen Überführung mitzuwirken bzw. sich selbst zu belasten („nemo tenetur se ipsum accusare“[373]).

Aus allen in § 136 a StPO genannten unzulässigen Vernehmungsmethoden folgt nach § 136 a Abs. 3 S. 2 StPO stets auch ein Beweisverwertungsverbot.

c) *Beweismittelverbote*

Durch Beweismittelverbote wird die Erhebung von spezifischen sachlichen oder persönlichen Beweismitteln untersagt.[374]

Hierunter fällt insbesondere das Verbot, Personen zu vernehmen, die von ihrem Zeugnis- oder Auskunftsverweigerungsrecht nach den §§ 52 ff. StPO Gebrauch gemacht haben. Des Weiteren können auch aus unzulässigen Untersuchungen nach § 81 c StPO (beispielsweise bei fehlender oder fehlerhafter Einwilligung) oder aus den Beschlagnahmeverboten der §§ 95 ff. StPO sowie unzulässigen Urkundenverlesungen gemäß den §§ 250, 252 StPO Beweismittelverbote folgen.[375]

Es ist aber auch möglich, dass sich ein Beweismittelverbot aus einem Beweisverwertungsverbot ergibt, beispielsweise wenn schon im Zeitpunkt der Erhebung des Beweises erkennbar ist, dass das Beweismittel nicht verwertbar wäre. Dies kommt insbesondere bei Verwertungsverboten in Betracht, die sich unmittelbar aus der Verfassung ergeben.[376]

---

373 Niemand ist verpflichtet, sich selbst zu belasten. Dieser Grundsatz wird unmittelbar aus Art. 1 Abs. 1 GG hergeleitet.

374 *Eisenberg* Teil 1 Kap. 3 Rn. 348.

375 *Eisenberg* Teil 1 Kap. 3 Rn. 349.

376 *Eisenberg* Teil 1 Kap. 3 Rn. 353; *BVerfGE* 57, 250.

2. *Beweisverwertungsverbote*

Unterliegt ein Beweismittel einem Beweisverwertungsverbot, so darf es bei der Beweiswürdigung oder sonstigen Entscheidungsfindung nicht berücksichtigt werden. Dieser Grundsatz gilt nicht nur im Rahmen der Hauptverhandlung, sondern während des gesamten Strafverfahrens.[377] Sofern sich bei der Beweisaufnahme innerhalb der Hauptverhandlung herausstellt, dass der Angeklagte ausschließlich durch unverwertbare Beweismittel belastet wird, hat dies seinen Freispruch zur Folge.[378]

Es wird zwischen selbständigen und unselbständigen Beweisverwertungsverboten unterschieden, welche teilweise gesetzlich geregelt sind, sich aber auch als ungeschriebene Beweisverwertungsverbote direkt aus der Verfassung (selbständige, ungeschriebene Beweisverwertungsverbote) oder auch aus Beweiserhebungsverboten (unselbständige, ungeschriebene Beweisverwertungsverbote) ergeben können. Während unselbständige Beweisverwertungsverbote aus der Verletzung eines Beweiserhebungsverbotes folgen, sind selbständige Beweisverbote hiervon unabhängig und werden in der Regel bereits unmittelbar aus der Verfassung oder auch einfachgesetzlichen Normen hergeleitet. Insoweit ist jedoch zu beachten, dass nicht jeder Fehler bei der Beweiserhebung ein Verwertungsverbot zur Folge hat.[379]

Die Rechtsprechung hat zu diesem Problemkreis unterschiedliche Ansätze entwickelt. Teilweise wird zwischen der Schwere des Verstoßes gegen das Erhebungsverbot und der Effektivität der Strafrechtspflege abgewogen (sog. Abwägungslehre). In anderen Fällen, in denen die Beweiserhebungsverbote lediglich dem Staatsschutz (§§ 54, 96 StPO) oder dritten Personen (§§ 55, 81c StPO) zu dienen bestimmt sind, wendet die Rechtsprechung die sogenannte Rechtskreistheorie an. Hiernach muss festgestellt werden, ob durch die Verletzung des Beweiserhebungsverbots in den Rechtskreis des Beschuldigten oder eines Zeugen bzw. eines Dritten eingegriffen wurde.[380]

Beweisverwertungsverbote können als Verfahrensfehler gemäß § 337 StPO in der Revision geltend gemacht werden, wobei als Richtschnur für die Revisibilität auf die Schwere des Verfahrensverstoßes abzustellen ist. Generell muss

377 *Eisenberg* Teil 1 Kap. 3 Rn. 356; *Gercke/Julius/Temming/Zöller* Einl. Rn. 109 f.; *Pfeiffer/Hannich* in: KK Einl. Rn. 120.

378 *Meyer-Goßner* Einl. Rn. 55.

379 vgl. *Meyer-Goßner* Einl. Rn. 55; *BVerfG* NJW-Spezial 2005, 473; *Heinrich/Reinbacher* S. 128 Rn. 2; *Eisenberg* Teil 1 Kap. 3 Rn. 362 m. w. N.

380 *Gercke/Julius/Temming/Zöller* Einl. Rn. 109 f.; *Pfeiffer/Hannich* in: KK Einl. Rn. 120 ff.

der Verfahrensverstoß gerügt und im Wege des Freibeweisverfahrens geltend gemacht werden.[381]

a) *Unselbständige sowie gesetzlich geregelte Beweisverwertungsverbote*

Als wichtigstes absolutes, also umfassend geltendes, unselbständiges sowie gesetzlich geregeltes Verwertungsverbot ist in der StPO die gesetzliche Regelung des § 136 a Abs. 3 S. 2 StPO enthalten. Die Verwertung eines unter Verstoß gegen § 136 a StPO gewonnenen Beweismittels ist selbst bei Zustimmung des Beschuldigten nicht möglich.[382]

Die StPO enthält darüber hinaus weitere ausdrücklich normierte – sowohl selbständige als auch unselbständige – Beweisverwertungsverbote und -regelungen[383], beispielsweise in § 81 c Abs. 3 S. 5 StPO (betrifft die Verwertbarkeit von Untersuchungsergebnissen und Blutproben von Minderjährigen und Betreuten), § 100 c Abs. 5 S. 3 StPO,[384] § 108 Abs. 2 StPO (betrifft § 218 StGB) und § 252 StPO. Letzterer stellt eine Ergänzung zu den Zeugnis- und Aussageverweigerungsrechten der §§ 52 ff. StPO dar und enthält ein umfassendes Verwertungsverbot für frühere Aussagen von Zeugen, die von ihrem Zeugnisverweigerungsrecht erst in der Hauptverhandlung Gebrauch machen.

Auch außerhalb der StPO existieren vereinzelt normierte Beweisverwertungsverbote, beispielsweise in § 97 Abs. 1 S. 3 InsO und § 393 Abs. 2 AO.[385]

Wie gesehen ist nach h. M. nicht aus jedem Verstoß gegen ein Beweiserhebungsverbot zwangsläufig auch ein Beweisverwertungsverbot herzuleiten.[386]

Sofern aber die Beweiserhebung unter bewusster oder willkürlicher Missachtung rechtsstaatlicher Grundlagen erfolgt ist, liegt nach überwiegend vertretener Auffassung in der Regel eine Verletzung des Anspruchs des Beschuldigten auf ein faires Verfahren (Art. 1, 20 Abs. 3 i. V. m. Art. 2 Abs. 1 GG, Art. 6 Abs. 3 EMRK) vor, welche in diesen Fällen allein aufgrund der Rechtswidrigkeit der Maßnahme die Bejahung eines Verwertungsverbotes rechtfertigt. Diese Folge dient auch der Disziplinierung der Strafverfolgungsbehörden und der Wahrung der Straflegitimation des Staates.[387]

---

381 *Pfeiffer/Hannich* in: KK Einl. Rn. 122; *BGHSt* 31, 296; 31, 304.

382 *Eisenberg* Teil 1 Kap. 3 Rn. 357.

383 Vgl. hierzu auch die Ausführungen bei *Heinrich/Reinbacher* S. 129 Rn. 7.

384 Siehe hierzu insbesondere die Ausführungen unter 3. Teil § 2 I. 4. c).

385 *Eisenberg* Teil 1 Kap. 3 Rn. 359 ff.

386 *Eisenberg* Teil 1 Kap. 3 Rn. 362 m. w. N.

387 Vgl. *Eisenberg* Teil 1 Kap. 3 Rn. 362 f.; zur Kritik an der Disziplinierungstheorie vgl. unter Fn. 403.

In allen übrigen Fällen ist die Frage, unter welchen Voraussetzungen die Verletzung eines Beweiserhebungsverbotes die Annahme eines Verwertungsverbotes zur Folge hat, äußerst umstritten.

Nach der überwiegenden Rechtsprechung ist für die Beurteilung der Verwertbarkeit eines Beweises maßgebend, ob die Verletzung des Beweiserhebungsverbotes wesentlich in den Rechtskreis des Beschuldigten eingreift oder nicht. Der Rechtskreis wird anhand des Schutzzwecks der verletzten Verfahrensvorschrift ermittelt.[388] Eine Verletzung der Vorschriften der §§ 81 c sowie 55 Abs. 2 StPO hat in der Regel kein Verwertungsverbot zur Folge, zumal diese Regelungen nach überwiegender Auffassung nur dem Schutz des Zeugen zu dienen bestimmt sind.[389] Auch Vorschriften, die nur den Staat und dessen Rechtgüter schützen sollen (z.B. die §§ 54, 96 StPO), betreffen nicht den Rechtskreis des Beschuldigten.[390] Andererseits ist der Rechtskreis des Beschuldigten bei einer Verletzung des § 52 StPO als tangiert zu betrachten, zumal die von dieser Regelung geschützten Familienbande auch den Beschuldigten betreffen. Hier wurde von der Rechtsprechung daher ein Verwertungsverbot angenommen.[391]

Ein Teil der Literatur verfolgt einen ähnlichen Ansatz und stellt darauf ab, ob der Schutzzweck der verletzten Vorschrift tangiert ist.[392]

Darüber hinaus existiert eine sowohl in der Lehre als auch in der Rechtsprechung weit verbreitete Ansicht, nach der es auf eine umfassende Abwägung der Interessen des Staates an der Strafverfolgung und des Betroffenen an der Wahrung seiner Rechtsgüter ankommt. Hierbei soll stets der Einzelfall zu würdigen sein.[393]

Neben den hier aufgeführten Ansichten existieren in der Literatur noch zahlreiche weitere Auffassungen, die jedoch keine überzeugenden Lösungsvorschläge für die Problematik der Auswirkungen von Beweiserhebungsverboten liefern können.[394] Auf ihre nähere Darstellung wird daher verzichtet.

Von den Beweisverwertungsverboten sind letztlich die sogenannten Verwendungsverbote zu unterscheiden. Sie stellen eine besondere Ausprägung des Grundrechts auf informationelle Selbstbestimmung dar und regeln, dass die erhobenen Daten nicht zu anderen Zwecken – auch nicht zur Einleitung von anderen

388 *BGHSt* 11, 215; vgl. *Eisenberg* Teil 1 Kap. 3 Rn. 364.
389 *BGHSt* 17, 245; vgl. *Eisenberg* Teil 1 Kap. 3 Rn. 364.
390 *Eisenberg* Teil 1 Kap. 3 Rn. 364.
391 Begründet wurde die Rechtskreistheorie durch *BGHSt* 11, 213.
392 *Eisenberg* Teil 1 Kap. 3 Rn. 366 m. w. N.
393 *BGHSt* 24, 125; 38, 220; vgl. *Eisenberg* Teil 1 Kap. 3 Rn. 367.
394 Vgl. *Eisenberg* Teil 1 Kap. 3 Rn. 370, 367a m. w. N.

Strafverfahren[395] – genutzt werden dürfen. Sie ergeben sich beispielsweise aus den §§ 81 a Abs. 3, 100 d Abs. 5 Nr. 1 und 3, 100 i Abs. 2 S. 2, 160 a Abs. 1 S. 2 und 5, 161 Abs. 2 S. 1 sowie 477 Abs. 2 S. 2 StPO.[396]

b) Selbständige und ungeschriebene Beweisverwertungsverbote

Neben den unselbständigen Beweisverwertungsverboten existieren einige selbständige Beweisverwertungsverbote, welche im Gegensatz zu den unselbständigen Beweisverwertungsverboten von etwaigen Fehlern bei der Beweiserhebung unabhängig sind.[397] Häufig ergeben sie sich als ungeschriebene Verwertungsverbote unmittelbar aus der Verfassung[398] und betreffen die Frage, ob die Verwertung eines Beweismittels – für sich gesehen – bereits einen eigenständigen Verfassungsverstoß darstellen kann. Hierbei ist ein gegebenenfalls vorangegangener Verstoß gegen ein Beweiserhebungsverbot unbeachtlich.[399] Aber auch bei den unselbständigen Beweisverwertungsverboten sind ungeschriebene Beweisverwertungsverbote anerkannt, beispielsweise bei § 55 Abs. 2 StPO.[400]

Ob ein Verwertungsverbot anzunehmen ist, kann auch bei den selbständigen Beweisverwertungsverboten nur anhand einer Einzelfallbetrachtung festgestellt werden. Insoweit werden auch bei diesen zum Teil die oben bei den unselbständigen Beweisverwertungsverboten erwähnten[401] Abwägungslehren herangezogen.

Die selbständigen Beweisverwertungsverbote betreffen weit überwiegend den Kernbereich der privaten Lebensgestaltung, schützen mithin in der Regel die Intimsphäre des Individuums. Dabei wird vor allem auf die Grundrechte des

---

395 *Meyer-Goßner* Einl. Rn. 57 d; *Rogall,* JZ 2008, 828; *Singelnstein,* ZStW 120 (2008), 854 (887); a. A., die die Verwendung als sog. „Spurenansatz" grundsätzlich (Ausnahme gem. *BVerfGE* 109, 279 bei § 100 d Abs. 5 Nr. 1, 3 StPO) zulässt: *Eisenberg* Teil 1 Kap. 3 Rn. 358a m. w. N.; anders hingegen, wenn bereits von Anfang an kein Verdacht einer Katalogstraftat bestand.

396 *Eisenberg* Teil 1 Kap. 3 Rn. 358, 335; *Meyer-Goßner* Einl. Rn. 57 d; *Pfeiffer/Hannich* in: KK Einl. Rn. 123.

397 *Eisenberg* Teil 1 Kap. 3 Rn. 362 ff.; *Roxin/Schünemann* unterscheiden hingegen nicht zwischen selbständigen und unselbständigen Beweisverwertungsverboten, vgl. 5. Kap. § 24 Rn. 21 Fn. 3.

398 Dies sind insbesondere Beweisverwertungsverbote, die den Kernbereich privater Lebensgestaltung und demnach die Intimsphäre sowie die freie Entfaltung der Persönlichkeit des Individuums schützen sollen, vgl. hierzu im Einzelnen unter 3. Teil § 2 I.

399 *Eisenberg* Teil 1 Kap. 3 Rn. 385.

400 Vgl. hierzu *Heinrich/Reinbacher* S. 130 Rn. 8, 9.

401 Vgl. unter 3. Teil § 1 II. 2. a).

Angeklagten oder eines Zeugen, unter Umständen aber auch auf Grundrechte unbeteiligter Dritter abgestellt. Insbesondere kann sich ein selbständiges Beweisverwertungsverbot daraus ergeben, dass der Menschenwürde- oder Wesensgehalt eines Grundrechts betroffen ist, beispielsweise bei einem Eingriff in das allgemeine Persönlichkeitsrecht aus Art. 2 Abs. 1 i. V. m. Art. 1 Abs. 1 GG.[402]

III. Fernwirkung und Fortwirkung von Beweisverboten

Die Frage, inwieweit Beweisverboten eine Fern- oder Fortwirkung zukommen kann, ist sowohl in der Literatur als auch in der Rechtsprechung sehr umstritten. Auch im Rahmen der Verwertbarkeit von Selbstkommunikation stellt sich die Frage, inwiefern den in diesem Zusammenhang gewonnenen Beweismitteln eine Fern- oder Fortwirkung zukommen kann.[403]

1. Fernwirkung von Beweisverboten

Die Problematik der Fernwirkung von Beweisverwertungsverboten betrifft diejenigen Fälle, in denen bei einer letztlich nicht verwertbaren Beweiserhebung weitere Beweismittel oder Tatsachen bekannt geworden sind, die ohne die unverwertbare Beweiserhebung mit hoher Wahrscheinlichkeit nicht zur Kenntnis der Strafverfolgungsorgane gelangt wären.[404] Hier stellt sich die Frage, ob die anderen Beweismittel bzw. Tatsachen ebenfalls unverwertbar sind oder ob sie zumindest als „Spurenansatz" für ein anderes Ermittlungsverfahren verwendet werden können.[405]

Diese Frage ist nach überwiegender Auffassung für den jeweiligen Einzelfall mit Rücksicht auf den spezifischen Sachverhalt und die Art des Beweisverbots zu beantworten.[406]

---

402 Eisenberg Teil 1 Kap. 3 Rn. 385 f.; diese Thematik wird sogleich im Rahmen des Begriffs des Kernbereichs der privaten Lebensgestaltung unter 3. Teil § 2 I. 1. näher erläutert.

403 Diese Problematik wird im Einzelnen unter 3. Teil § 3 I. 2. im Rahmen der Reichweite des Verwertungsverbots aus Art. 2 Abs. 1 i. V. m. Art. 1 Abs. 1 GG erörtert.

404 Z. B. wenn der Beschuldigte, dessen Aussage aufgrund eines Verstoßes gegen die verbotenen Vernehmungsmethoden des § 136 a StPO unverwertbar ist, Angaben gemacht hat, die zum Auffinden anderer Beweismittel, beispielsweise des Tatwerkzeugs, geführt haben.

405 *Meyer-Goßner* Einl. Rn. 57; *Eisenberg* Teil 1 Kap. 3 Rn. 362 m. w. N.

406 *BGHSt* 27, 355; 29, 244; 35, 32 (34); 37, 30 (32); *Meyer-Goßner* Einl. Rn. 57; *Eisenberg* Teil 1 Kap. 3 III. Rn. 403 m. w. N.; *Pfeiffer/Hannich* in: KK Einl. Rn. 124 m. w. N.

Nach herrschender Auffassung ist die Annahme der Fernwirkung eines Beweisverbots jedoch in der Regel zu verneinen.[407] Zur Begründung werden überwiegend kriminalpolitische Erwägungen angeführt. So wird in diesem Zusammenhang gerne das „Sprichwort" des BGH erwähnt, wonach ein Verfahrensfehler nicht dazu führen dürfe, dass „das gesamte Strafverfahren lahmgelegt wird"[408].

Die Gegenauffassung bejaht hingegen generell das Bestehen einer Fernwirkung von Beweisverboten mit dem Argument, dass letztere anderenfalls völlig unproblematisch umgangen werden könnten.[409] Hierbei wird zudem häufig die „fruit of the poisonous tree"-Doktrin angeführt. Diese besagt, dass Beweisergebnisse, die mittelbar aufgrund eines Verfahrensverstoßes erlangt wurden, sowohl in dem konkret betroffenen als auch in anderen möglichen Strafverfahren unverwertbar sind und auch nicht als Spurenansatz herangezogen werden dürfen. Diese Doktrin, die aus der nordamerikanischen Rechtsprechung stammt, dient der Disziplinierung der Strafverfolgungsbehörden. Eine kritiklose Anwendung derselben sei aber in der Bundesrepublik nicht angebracht, da hierzulande die Verwertungsverbote die Rechtsstaatlichkeit des Verfahrens hinreichend sicherstellen sollen, eine Disziplinierung der Polizei hingegen nicht erforderlich sei.[410]

Sowohl in der Rechtsprechung[411] als auch in der Literatur[412] wird zum Teil die Anwendbarkeit eines sogenannten hypothetischen Ersatzeingriffs erwogen. Ein solcher wird dann relevant, wenn das Beweismittel durch die Strafverfolgungsorgane im weiteren Verlauf der Ermittlungen mit hoher Wahrscheinlichkeit auch auf rechtmäßigem Weg erlangt worden wäre.[413]

---

407 *Meyer-Goßner* Einl. Rn. 57; *Eisenberg* Teil 1 Kap. 3 III. Rn. 404; *BGHSt* 27, 358; 32, 71; 34, 364 f.; a. A. *Amelung* 2011, S. 32 ff. m. w. N.

408 *BGHSt* 34, 364; ähnlich kritisch *Eisenberg* Teil 1 Kap. 3 Rn. 405.

409 *Grünwald*, JZ 1966, 500; *Haffke*, GA 1973, 65 (80 ff.); *Kühne* 2010, S. 911.

410 Vgl. hierzu *Meyer-Goßner* Einl. Rn. 57 m. w. N; *Harris*, StV 1991, 313 ff.; sehr kritisch *Roxin/Schünemann* 6. Kap. § 24 Rn. 60. Die Erforderlichkeit der Disziplinierung der Strafverfolgungsorgane in Deutschland sei allerdings dahingestellt, sie wird in der deutschen juristischen Literatur überwiegend abgelehnt, vgl. *Dencker* 1977, S. 39 ff.; *Amelung* 2011, S. 26, 41 f. m. w. N.

411 *BGHSt* 24, 125; NStZ 89, 375.

412 *Rogall*, NStZ 1988, 385.

413 *Roxin/Schünemann* 6. Kap. § 24 Rn. 62; siehe auch *Eisenberg* Teil 1 Kap. 3 Rn. 404, 409 f., der hierzu richtigerweise anführt, die Annahme eines hypothetischen Ersatzeingriffs sei äußerst gewissenhaft zu prüfen, da andernfalls die Aushöhlung der Beweisverbote drohe.

2. *Fortwirkung von Beweisverboten*

Auch die Möglichkeit der Fortwirkung von Beweisverboten wird innerhalb der Lehre und der Rechtsprechung rege diskutiert. Die Fortwirkung wird in der Regel als Unterfall der Fernwirkung behandelt. Sie wird dann angenommen, wenn das Beweisverbot bei einer neuen, rechtmäßigen Beweiserhebung weiterhin Wirkung entfaltet und letztere damit nicht erfolgen darf.[414]

Dies ist insbesondere dann der Fall, wenn der Beschuldigte unter Verstoß gegen ein Vernehmungsverbot des § 136 a StPO, beispielsweise unter Zwang, vernommen wurde und zu einem späteren Zeitpunkt – dieses Mal ohne gegen § 136 a StPO zu verstoßen – erneut vernommen wird.[415]

Auch die Fortwirkung von Beweisverboten wird nach überwiegender Auffassung verneint.[416] Demnach kann der Beschuldigte auch nach einer unzulässigen Vernehmung erneut vernommen werden. Hierbei muss er sich jedoch darüber bewusst sein, dass er die Möglichkeit hat, von seiner früheren Aussage Abstand zu nehmen sowie überhaupt nicht auszusagen.[417] Nach überwiegender Auffassung in der Literatur ist zur Gewährleistung dieser Entscheidungsfreiheit des Beschuldigten eine sogenannte „qualifizierte Belehrung" erforderlich. Insoweit ist ihm zu verdeutlichen, dass seine zuvor gemachten Angaben nicht verwertbar sind und er in seiner Aussagefreiheit weiterhin nicht eingeschränkt ist.[418]

---

414 *Meyer-Goßner* Einl. Rn. 57 a; *Eisenberg* Teil 1 Kap. 3 Rn. 710 ff.

415 So auch erläutert bei *Eisenberg* Teil 1 Kap. 3 Rn. 711; *Meyer-Goßner* Einl. Rn. 57 a § 136 a Rn. 30.

416 *Meyer-Goßner* § 136 a Rn. 30; *BGHSt* 1, 376; 22, 129; 27, 355; a. A. *BGHSt* 15, 187; 17, 364, bei Aussagen, die unter Drohung oder Quälerei erfolgt sind.

417 *BGHSt* 37, 48; *BGH* NStZ 1988, 419.

418 *Neuhaus*, NStZ 1997, 135 m. w. N.; *Gleß* in: LR § 136a Rn. 74; *Rogall* in: SK-StPO § 136a Rn. 104; *Eisenberg* Teil 1 Kap. 3 Rn. 711 a.

§2 Verwertungsverbote im Zusammenhang mit Selbstkommunikation

Als Kernstück dieser Arbeit soll im Rahmen dieses Kapitels eine umfassende Betrachtung aller Beweisverwertungsverbote sowie teilweise auch der mit diesen zusammenhängenden Erhebungsverbote, die einen Bezug zu selbstkommunikativen Phänomenen aufweisen, erfolgen.

Dabei wird zunächst der Kernbereich der privaten Lebensgestaltung als wichtigstes und weit überwiegend vertretenes Verwertungsverbot anhand einer Darstellung der Entwicklung der Rechtsprechung hierzu erörtert.

Des Weiteren werden alle anderen derzeit – vorwiegend in der strafprozessrechtlichen Literatur – im Zusammenhang mit Selbstkommunikation diskutierten Beweisverwertungsverbote herausgearbeitet und überprüft.

Letztlich erfolgt anhand der zuvor herausgearbeiteten Kritikpunkte der Lehre und Rechtsprechung die Begründung und Ausarbeitung eines einheitlichen, übergeordneten Beweisverwertungsverbots.

I. Verwertungsverbot aufgrund eines Eingriffs in das allgemeine Persönlichkeitsrecht

Das am häufigsten im Zusammenhang mit selbstkommunikativen Phänomenen diskutierte Verwertungsverbot wird wegen eines Eingriffs der Strafverfolgungsorgane in das allgemeine Persönlichkeitsrecht erwogen, welches aus Art. 2 Abs. 1 i. V. m. Art. 1 Abs. 1 GG hergeleitet wird. Aufgrund seiner überragenden Bedeutung wird das allgemeine Persönlichkeitsrecht – und hierbei im Besonderen der Kernbereich der privaten Lebensgestaltung – in diesem Abschnitt der Arbeit umfassend untersucht. Dabei erfolgt zunächst eine kurze Begriffsbestimmung und Abgrenzung.[419] Sodann soll die Rechtsprechung zum Kernbereich der privaten Lebensgestaltung des allgemeinen Persönlichkeitsrechts ausführlich dargestellt und jeweils kritisch untersucht werden.[420]

1. Der Begriff des Kernbereichs privater Lebensgestaltung

Der Kernbereich der privaten Lebensgestaltung ist Bestandteil des allgemeinen Persönlichkeitsrechts, welches aus Art. 2 Abs. 1 i. V. m. Art. 1 Abs. 1 GG

---

419 Vgl. insoweit die sogleich folgenden Ausführungen unter 3. Teil § 2 I. 1.

420 Siehe hierzu unter 3. Teil § 2 I. 2., 3. und 4.

hergeleitet wird. Er garantiert dem Individuum eine unantastbare Sphäre, die jeglicher staatlichen Einwirkung entzogen sein soll.[421]

Gemäß seiner „Drei-Sphären-Theorie“[422] gliedert das Bundesverfassungsgericht den Privatbereich des Einzelnen in drei Bereiche:

Die erste, innerste Stufe betrifft die sogenannte Intimsphäre, welche den absolut geschützten Kernbereich des Allgemeinen Persönlichkeitsrechts darstellt. Ein Eingriff in diesen Kernbereich ist nach den Vorgaben des Bundesverfassungsgerichts unter keinen Umständen, auch nicht bei Vorliegen bedeutender, weit überwiegender Interessen der Allgemeinheit, zu rechtfertigen und demnach stets unzulässig. Beweisergebnisse, die aufgrund eines Eingriffs in diesen unantastbaren Kernbereich gewonnen wurden, unterliegen daher immer einem absoluten Verwertungsverbot.[423]

Die zweite Sphäre bezeichnet den sogenannten („schlichten“) Privatbereich des Individuums. Eingriffe in diesen Bereich sind unter Umständen im überwiegenden Allgemeininteresse zu dulden. Hierbei ist in der Regel das staatliche Interesse an einer effektiven Strafverfolgung gegen das Individualinteresse des konkret Betroffenen abzuwägen. Bei dieser Abwägung ist aber stets auch der (ohnehin bei jedem staatlichen Eingriff zu beachtende) Verhältnismäßigkeitsgrundsatz zu berücksichtigen.[424]

Als dritte und damit äußerste Stufe ist die Sozialsphäre anzusehen, die das allgemeine soziale Leben des Einzelnen – wie beispielsweise dessen gesellschaftliche und geschäftliche Kontakte – umfasst. Dieser Bereich wird nicht besonders geschützt, staatliche Eingriffe sind hier vielmehr unter den allgemeinen Voraussetzungen möglich.[425]

Wegen der zahlreichen denkbaren Lebenssituationen, in denen der Kernbereich der privaten Lebensgestaltung tangiert werden könnte, hat der Gesetzgeber auf eine Definition desselben verzichtet und davon abgesehen, Regelbeispiele aufzuführen.[426] Diese Aufgabe obliegt nunmehr der Rechtsprechung. Diese ist – wie sogleich zu zeigen sein wird – dem auch in zahlreichen Urteilen bereits seit

---

421 *BVerfGE* 6, 32 (41); 27, 1 (6); 32, 373 (378 f.); *Eisenberg* Teil 1 Kap. 3 Rn. 386 ff.

422 Diese entwickelte das Bundesverfassungsgericht erstmals in *BVerfGE* 34, 238; näher hierzu unter 3. Teil § 2 I. 3. c).

423 *BVerfGE* 34, 238; 109, 311 ff.; *Eisenberg* Teil 1 Kap. 3 Rn. 386 ff.

424 *BVerfGE* 34, 238 (249 f.); *Eisenberg* Teil 1 Kap. 3 Rn. 386 ff.

425 *Eisenberg* Teil 1 Kap. 3 Rn. 386 ff.

426 Vgl. BT-Drs. 15/4533 (S. 14).

Jahrzehnten nachgekommen.[427] So bleibt zwar bis heute zum Teil unklar, welchen genauen Umfang der Kernbereich der Persönlichkeitsentfaltung hat, dennoch konnte die höchstgerichtliche Rechtsprechung ihm zumindest durch einige Einzelfallentscheidungen Konturen verleihen.[428]

Die Terminologie zum Kernbereich der privaten Lebensgestaltung ist sowohl in der Rechtsprechung als auch in der Literatur nicht immer einheitlich. Teilweise wird er z. B. als „Intimsphäre“[429] oder auch „engster Intimbereich“[430] bezeichnet.

Zudem ist das Verhältnis zur Menschenwürde- und Wesensgehaltsgarantie nicht gänzlich geklärt.[431] Insoweit ist festzuhalten, dass der Begriff des Kernbereichs privater Lebensgestaltung zum einen enger ist als die Menschenwürde- und Wesensgehaltsgarantie, da er nur den innersten, privaten Bereich der menschlichen Existenz schützt und andere Bereiche – wie öffentliches Verhalten – außer Acht lässt. Demnach ist der Anwendungsbereich auf den engsten Kontakt zu Vertrauenspersonen sowie den Rückzug des Einzelnen ins „Alleinsein“ beschränkt. Andererseits ist der Begriff aber insoweit weiter zu verstehen, als er sowohl die Menschenwürde- als auch die Wesensgehaltsgarantie umfasst und gewissermaßen mit beiden Aspekten begründet werden kann.[432]

Der Kernbereich der privaten Lebensgestaltung ist jedoch nicht nur Bestandteil des allgemeinen Persönlichkeitsrechts, sondern auch der allgemeinen Handlungsfreiheit. Auch diese besitzt einen unantastbaren Kernbereich, der die private Lebensgestaltung mitumfasst. Der Kernbereich der allgemeinen Handlungsfreiheit betrifft jedoch lediglich den Schutz vor Beeinträchtigungen der Verhaltensfreiheit, während der Kernbereich des allgemeinen Persönlichkeitsrechts den Einzelnen vor staatlicher Informationserhebung und -vermittlung schützen will. Eine besonders geschützte und häufig thematisierte Form des Kernbereichs der allgemeinen Handlungsfreiheit stellt beispielsweise die

---

427 So beispielweise in *BVerfGE* 6, 32; 6, 389; 7, 198; 18, 146; 27, 1; 27, 344; 34, 238; 35, 35; 80, 367; 109, 179; 120, 274; *BGHSt* 50, 206; 57, 71.

428 Ähnlich auch *Bär* in: Kleinknecht/Müller/Reitberger § 100 c Rn. 23.

429 *BVerfGE* 18, 146 f.; 27, 1; 27, 344; 32, 373; vgl. *Barrot* 2012, S. 75, welcher hierzu anmerkt, dass der Begriff der Intimsphäre jedoch nicht immer als Synonym für den Kernbereich privater Lebensgestaltung anzusehen ist, da er auch für den Sexual- und Geschlechtsbereich verwendet wird, vgl. *BVerfGE* 39, 1 (42).

430 *BVerfGE* 6, 389; *Barrot* 2012, S. 75.

431 Vgl. hierzu *Dammann* 2011, S. 14 ff.

432 Siehe *Dammann* 2011, S. 14 ff.

sexuelle Selbstbestimmung des Individuums dar.[433] Die typischen Fälle von Eingriffen in den Kernbereich des allgemeinen Persönlichkeitsrechts sind hingegen solche, die unzulässige Formen der Informationserhebung durch staatliche Organe betreffen.

Diese Arbeit befasst sich nur mit Eingriffen in den Kernbereich privater Lebensgestaltung, die das allgemeine Persönlichkeitsrecht betreffen, während der Kernbereich der allgemeinen Handlungsfreiheit unberücksichtigt bleibt. Dies rechtfertigt sich daraus, dass sich die Thematik der Selbstkommunikation naturgemäß gerade auf den Bereich der Informationserhebung bezieht, eine Beeinträchtigung der allgemeinen Handlungsfreiheit hingegen eher fern liegt. Entscheidungen sowohl des Bundesverfassungsgerichts als auch des BGH sowie anderer Gerichte, die den Kernbereich der allgemeinen Handlungsfreiheit betreffen[434], werden demnach im Folgenden in der Regel, zumal wenn sie ausschließlich letztere betreffen, außer Betracht gelassen. Lediglich das „Elfes-Urteil"[435], welches streng genommen lediglich den Kernbereich der allgemeinen Handlungsfreiheit und nicht des allgemeinen Persönlichkeitsrechts betrifft, wird aus Gründen der Vollständigkeit als erstes Urteil, das einen Kernbereichsschutz statuiert, im Anschluss kurz erörtert.

2. *Das „Elfes-Urteil" des Bundesverfassungsgerichts – Statuierung eines allgemeinen Persönlichkeitsrechts*

Das Bundesverfassungsgericht erwähnte erstmals im Jahre 1957 in seiner Entscheidung über die Zuordnung der Ausreisefreiheit zum Grundrechtskatalog, dem sogenannten „Elfes-Urteil", dass dem einzelnen Bürger eine verfassungsrechtlich geschützte Sphäre privater Lebensgestaltung zustehe, welche als unantastbarer Bereich menschlicher Freiheit der Einwirkung der gesamten öffentlichen Gewalt entzogen sei.[436]

Auch in den folgenden Entscheidungen der letzten fünfzig Jahre bestätigte das Bundesverfassungsgericht den absoluten Schutz des Kernbereichs der privaten Lebensgestaltung wiederkehrend und entwickelte ihn partiell weiter.[437]

---

433 *Dammann* 2011, S. 23 ff.

434 Wie beispielsweise das Homosexualitätsurteil, *BVerfGE* 6, 389, oder das Urteil zum Inzestverbot, *BVerfGE* 120, 224.

435 *BVerfGE* 6, 32.

436 *BVerfGE* 6, 32 (41); vgl. auch *Barrot* 2012, S. 36 f.; *Dammann* 2011, S. 20 ff.

437 Vgl. beispielsweise *BVerfGE* 6, 389 (433) zur Homosexualität; 7, 198 (220 f.); 18, 146 (147) zu Tagebüchern; 27, 1 (6); 27, 344 (350 f.); 34, 238 (245) zu heimlichen Tonbandaufnahmen; 35, 35 (39); 80, 367 (373) zu Tagebüchern; 109, 179 (313 f.) zum Großen Lauschangriff; 120, 274 (335) zur Online-Durchsuchung.

Als Grundlage dieses Freiheitsbereichs benannte das Gericht einerseits die Garantie der Menschenwürde aus Art. 1 Abs. 1 GG sowie andererseits die politische, geistige und wirtschaftliche Freiheit des Individuums, welche sich aus der allgemeinen Handlungsfreiheit nach Art. 2 Abs. 1 GG ergebe und nicht in ihrem Wesensgehalt nach Art. 19 Abs. 2 GG angetastet werden dürfe.[438] Eine genaue Definition oder Bestimmung des Kernbereichs der privaten Lebensgestaltung nahm das Bundesverfassungsgericht in dieser Entscheidung hingegen nicht vor.

a) Sachverhalt

Dem „Elfes-Urteil" des Bundesverfassungsgerichts vom 16. Januar 1957 lag folgender Sachverhalt zugrunde:

Dem Beschwerdeführer, nach dem das Urteil des Bundesverfassungsgerichts benannt ist, war im Jahre 1953 die Verlängerung seines Reisepasses von der zuständigen Passbehörde Mönchen-Gladbach ohne nähere Begründung unter Hinweis auf § 7 Abs. 1 Buchst. a des Gesetzes über das Passwesen vom 4. März 1952 verweigert worden. Der hiergegen gerichtete Einspruch des Beschwerdeführers blieb – ebenso wie die verwaltungsgerichtliche Klage und die hiergegen gerichtete Berufung – ohne Erfolg.

Die gegen letztere Entscheidung erhobene Revision an das Bundesverwaltungsgericht scheiterte ebenfalls mit Urteil vom 22. Februar 1956. Das Bundesverwaltungsgericht begründete die Ablehnung des Antrags des Beschwerdeführers mit dessen Teilnahme am „Kongress der Völker für den Frieden", der vom 12. bis 19. Dezember 1952 in Wien stattgefunden hatte. Zu diesem Anlass hatte der Beschwerdeführer eine dort verfasste „Gesamtdeutsche Erklärung" verlesen. Auch an weiteren ähnlichen Veranstaltungen, die mit nationalsozialistischem Gedankengut in Zusammenhang gebracht wurden, beispielsweise in Paris, Budapest und Ostberlin, hatte der Beschwerdeführer bereits teilgenommen. Gegen den Beschwerdeführer lief zu diesem Zeitpunkt darüber hinaus ein Ermittlungsverfahren wegen der Vergehen nach §§ 90 a, 129, 94, 73 StGB.[439]

Gegen das Urteil des Bundesverwaltungsgerichts erhob der Beschwerdeführer Verfassungsbeschwerde. Dabei rügte er die Verletzung der Art. 2, 3, 5, 6 und 11 GG.

---

438 *BVerfGE* 6, 32 (36).
439 *BVerfGE* 6, 32 (33 f.).

b) Kein Verstoß gegen Art. 11 GG

Das Bundesverfassungsgericht stellte zunächst klar, dass § 7 Abs. 1 Buchst. a Passgesetz vom 4. März 1952 nicht – wie vom Beschwerdeführer gerügt – nichtig war und damit auch kein Verstoß gegen Art. 11 GG vorlag.

Insoweit führte das Bundesverfassungsgericht aus, dass Art. 11 GG zwar ein Recht auf Freizügigkeit im gesamten Bundesgebiet garantiere, jedoch nicht ein solches der Ausreisefreiheit. Letztere werde vielmehr lediglich als Ausfluss des Rechts der allgemeinen Handlungsfreiheit aus Art. 2 Abs. 1 GG geschützt.[440]

c) Herleitung des Kernbereichs des allgemeinen Persönlichkeitsrechts

Das Gericht hatte wegen der Rüge des Beschwerdeführers, § 7 PassG verstoße gegen Art. 2 Abs. 1 GG, zu klären, ob letzterer Bestandteil der verfassungsmäßigen Ordnung der Bundesrepublik Deutschland ist. Denn nur dann könne er die allgemeine Handlungsfreiheit des Bürgers aus Art. 2 Abs. 1 GG wirksam beschränken. An dieser Stelle musste das Bundesverfassungsgericht daher analysieren, unter welchen Umständen ein Gesetz als verfassungsgemäß einzustufen ist.[441]

Hierzu führte das Bundesverfassungsgericht aus, dass Gesetze nicht nur formell, sondern auch materiell verfassungsmäßig sein müssen. Das bedeute, sie müssen „[…] auch materiell in Einklang mit den obersten Grundwerten der freiheitlichen demokratischen Grundordnung als der verfassungsrechtlichen Wertordnung stehen, aber auch den ungeschriebenen elementaren Verfassungsgrundsätzen und den Grundentscheidungen des Grundgesetzes entsprechen, vornehmlich dem Grundsatz der Rechtsstaatlichkeit und dem Sozialstaatsprinzip. Vor allem dürfen die Gesetze daher die Würde des Menschen nicht verletzen, die im Grundgesetz der oberste Wert ist, aber auch die geistige, politische und wirtschaftliche Freiheit des Menschen nicht so einschränken, daß sie in ihrem Wesensgehalt angetastet würde (Art. 19 Abs. 2, Art. 1 Abs. 3, Art. 2 Abs. 1 GG).“ Daraus ergebe sich wiederum, dass „[…] dem einzelnen Bürger eine Sphäre privater Lebensgestaltung verfassungskräftig vorbehalten ist, also ein letzter unantastbarer Bereich menschlicher Freiheit besteht, der der Einwirkung der gesamten öffentlichen Gewalt entzogen ist. Ein Gesetz, das in ihn eingreifen würde, könnte nie Bestandteil der „verfassungsmäßigen Ordnung" sein; es müßte durch das Bundesverfassungsgericht für nichtig erklärt werden.“[442]

---

440 *BVerfGE* 6, 32 (33 f.).

441 *BVerfGE* 6, 32 (36).

442 *BVerfGE* 6, 32 (36 f.).

Mit dieser Aussage des Bundesverfassungsgerichts war der Kernbereich des allgemeinen Persönlichkeitsrechts „geboren", hergeleitet aus der Menschenwürdegarantie des Art. 1 Abs. 1 GG sowie der Wesensgehaltsgarantie gemäß Art. 19 GG in Verbindung mit der allgemeinen Handlungsfreiheit nach Art. 2 Abs. 1 GG.

d) Würdigung des Urteils

Die Entscheidung des Bundesverfassungsgerichts im sogenannten „Elfes-Urteil" stellt einen Meilenstein, wenn nicht gar den Grundstein, in der Entwicklung des allgemeinen Persönlichkeitsrechts dar.

Erstmals erkannte die Rechtsprechung an, dass dem Individuum ein persönlicher Freiheitsbereich zusteht, in den staatliche Organe unter keinen Umständen eingreifen dürfen. Zwar war der Kern der Entscheidung die Feststellung, dass die verfassungsmäßige Ordnung zur Beschränkung der Freiheitsrechte, namentlich des Art. 2 Abs. 1 GG, stets selbst formell und materiell mit den Werten unseres Rechtsstaates vereinbar sein muss. Aber auch die hierdurch angeleitete Skizzierung eines unantastbaren Kernbereichs des allgemeinen Persönlichkeitsrechts, wenn auch noch mit etwas unscharfen Konturen, stellt einen wesentlichen Grundgedanken des Urteils dar, welcher den Anstoß zu einer neuen, liberaleren Sichtweise der Rechtsprechung gab.

3. Die „Tagebuch-Entscheidungen"

Auch in den Tagebuchentscheidungen sowohl des Bundesverfassungsgerichts als auch des Bundesgerichtshofs wurde das allgemeine Persönlichkeitsrecht und damit einhergehend dessen Bedeutung und Umfang immer wieder aufgegriffen.[443] Da auch das sogenannte „Tonband-Urteil" des Bundesverfassungsgerichts vom 31. Januar 1973 sowie dessen „Volkszählungsbeschluss" vom 16. Juli 1969 mit der Entwicklung des allgemeinen Persönlichkeitsrechts innerhalb der Tagebuch-Rechtsprechung in einem sehr engen Zusammenhang stehen und auch von der neueren Rechtsprechung immer wieder in Bezug genommen werden, werden auch diese innerhalb der chronologischen Übersicht der zum allgemeinen Persönlichkeitsrecht ergangenen Urteile dargestellt.[444] Eine vollständige Aufbereitung jeglicher „Tonband"-Rechtsprechung muss allerdings, um den

---

443 Das Reichsgericht beschäftigte sich hingegen noch nicht mit dem allgemeinen Persönlichkeitsrecht und hielt Tagebücher völlig unproblematisch für verwertbar, vgl. *RGSt* 65, 294; siehe auch *Laber* 1995, S. 2.

444 Die Arbeit orientiert sich hinsichtlich des Aufbaus innerhalb der chronologischen Übersicht der Tagebuchrechtsprechung an der grundlegenden Ausarbeitung von

Umfang der Arbeit nicht zu strapazieren, unterbleiben. Jedoch erfolgt insoweit teilweise eine Bezugnahme und kurze Erläuterung derselben, sofern sie von der hier dargestellten Rechtsprechung zur Begründung aufgegriffen wurde und für die Darstellung des allgemeinen Persönlichkeitsrechts eine Rolle spielt.

a) Das erste „Tagebuch-Urteil" des BGH

Das erste „Tagebuch-Urteil"[445] erging durch den Bundesgerichtshof bereits vor einigen Jahrzehnten. In seinem Urteil vom 21. Februar 1964 stellte der BGH fest, dass tagebuchartige Aufzeichnung in einem Strafverfahren nicht gegen den Willen des Verfassers verwertet werden dürfen, wenn sie mit dessen Persönlichkeitssphäre verknüpft und nicht zur Kenntnis dritter Personen gedacht sind. Erfolge eine Verwertung dennoch, liege darin nach Auffassung des BGH ein Verstoß gegen die Menschenwürde sowie das Grundrecht der freien Entfaltung der Persönlichkeit. Dies sei allerdings nur dann der Fall, wenn das Interesse des Staates an der Strafverfolgung das persönliche Interesse des Beschuldigten am Schutz des eigenen Geheimbereichs nicht überwiege.[446]

aa) Gegenstand der Entscheidung

Der diesem Urteil zugrunde liegende Sachverhalt stellte sich wie folgt dar:

Die Angeklagte war in erster Instanz wegen Meineides verurteilt worden. Sie war als Lehrerin an einer ländlichen Volksschule tätig, in der auch der verheiratete, ihr dienstlich übergeordnete Hauptlehrer M. angestellt war. Zwischen der Angeklagten und letzterem entwickelte sich ein intimes Verhältnis.[447]

Bereits seit ihrer Schulzeit machte sich die Angeklagte beinahe täglich schriftliche Aufzeichnungen über Vorkommnisse ihres Alltags, wozu auch die intimen Begegnungen mit dem Hauptlehrer M. zählten. Nach Beendigung des Kontaktes zu diesem begann die Beschuldigte im Jahre 1957 sodann eine intime Beziehung mit dem ebenfalls verheirateten Graphiker V. Dieser fand die schriftlichen, tagebuchartigen Aufzeichnungen der Angeklagten in ihrer Wohnung und nahm sie an sich. Nach dem Ende des Verhältnisses forderte die Angeklagte den Graphiker V. – zuletzt unter Zuhilfenahme eines Rechtsanwalts – auf, ihr die

---

Laber, Die Verwertbarkeit von Tagebuchaufzeichnungen im deutschen Strafverfahren, 1995.

445 *BGHSt* 19, 325. Da in der amtlichen Sammlung kein Sachverhalt abgedruckt ist, wird zur Darstellung desselben auf *BGH* NJW 1964, 1139, verwiesen.

446 *BGHSt* 19, 325 (325 f.) = *BGH* NJW 1964, 1139 (1139 f.).

447 *BGH* NJW 1964, 1139 (1140).

intimen Notizen zurückzugeben. Dieser Forderung kam er jedoch nicht nach. Als die Ehefrau des V. von der Existenz und dem Inhalt der tagebuchartigen Aufzeichnungen Kenntnis erlangte, nahm sie diese an sich und übermittelte sie der Staatsanwaltschaft. Diese erhob sodann Anklage gegen den Hauptlehrer M., der in der Zwischenzeit als Rektor an einer anderen Schule tätig war, wegen Unzucht mit Abhängigen gemäß § 174 Nr. 2 StGB a. F.[448]

Im Rahmen der gegen den M. gerichteten Hauptverhandlung am 21. April 1961 vor dem Landgericht S. sagte die ordnungsgemäß belehrte Angeklagte als Zeugin aus, sie habe keine sexuelle Beziehung mit dem Angeklagten M. geführt, vielmehr seien ihre Tagebuchaufzeichnungen insoweit unrichtig. Nach ihrer Aussage wurde die Angeklagte vereidigt. Die Aussage der Angeklagten führte zum Freispruch des M.[449]

Das Landgericht S. gelangte aber in dem zu einem späteren Zeitpunkt gegen die Angeklagte gerichteten Verfahren zu der Überzeugung, dass deren Aussagen im Verfahren gegen M. in mehreren Punkten unrichtig waren. Dies folgerte das Landgericht S. insbesondere aus den tagebuchartigen Aufzeichnungen der Angeklagten, an deren Verwertbarkeit es keine Bedenken äußerte. Weder die private Bestimmung derselben, noch ihre intime Natur oder die Tatsache, dass sie gegen ihren Willen zur Kenntnis Dritter gelangt waren, tangiere ihre Verwertbarkeit.[450]

bb) Anerkennung eines selbständigen Beweisverwertungsverbots

Entgegen der Auffassung des Landgerichts sah der BGH durch die Verwertung der tagebuchartigen Aufzeichnungen der Angeklagten deren allgemeines Persönlichkeitsrecht als verletzt an. Insoweit gab er der Revision, die geltend gemacht hatte, dass die Tagebuchaufzeichnungen der Intimsphäre der Angeklagten zuzurechnen und daher nicht gegen ihren Willen als Beweismittel zu verwerten seien, statt.[451]

Zur Begründung führte der Senat zunächst die Entscheidung des 6. Zivilsenats des BGH zur Verwertbarkeit von Tonbandaufzeichnungen vom 20. Mai 1958 an.[452] Hier hatte der BGH entschieden, dass ein ohne Zustimmung

---

448 *BGH* NJW 1964, 1139 (1140).
449 *BGH* NJW 1964, 1139 (1141).
450 *BGH* NJW 1964, 1139 (1141).
451 *BGHSt* 19, 325 (326) = *BGH* NJW 1964, 1139 (1142).
452 *BGHZ* 27, 284, Gegenstand dieses Urteils war ein im Rahmen einer „Aussprache" ohne Zustimmung des Gesprächspartners auf Tonband aufgenommenes Gespräch; ähnlich entschied der BGH in der Entscheidung *BGHSt* 14, 358, in der der 1. Strafsenat feststellte, dass es ohne Zustimmung des Angeklagten unzulässig sei, im Strafverfahren gegen diesen eine Tonbandaufnahme als Beweismittel zu verwenden,

des Gesprächspartners auf Tonband aufgenommenes Gespräch in der Regel in dessen Intimsphäre eingreife und damit eine Verletzung des allgemeinen Persönlichkeitsrechts darstelle. Dieses gewährleiste dem Bürger in dessen Persönlichkeitsbereich die zur Ausübung desselben erforderliche Freiheit und Selbstbestimmung.[453] Die ungewünschte Aufzeichnung eines Gesprächs sei mit einem „[...] Gefühl ständigen Argwohns und Misstrauens verbunden [...]"[454] und behindere den vertrauensvollen Gedankenaustausch der kommunizierenden Personen. Dies sei erst recht der Fall, „[...] wenn jemand Meinungen, Gefühle, Erlebnisse und Erfahrungen für sich selber festhält, ohne dass sie, von seltenen, selbstbestimmten Ausnahmen abgesehen, zur Kenntnis anderer gelangen sollen. Bei Gesprächen verfolgt jedermann mit seinen Äußerungen immerhin einen Kundgebungszweck [...]. Aufzeichnungen intimer Art sind jedoch regelmäßig von vornherein nicht zur Kenntnis anderer bestimmt. Müsste ihr Verfasser befürchten, dass sie gegen seinen Willen gelesen und gar benutzt werden, so könnte dies die freie Entfaltung seiner Persönlichkeit erheblich behindern. Es muss jedermann freistehen, etwa Empfindungen, Gefühle, Ansichten und Erlebnisse beliebig für sich festzuhalten ohne den Argwohn und die Befürchtung, dass solche Aufzeichnungen unbefugter Weise verwertet werden."[455] Der BGH führte sodann einige Zwecke an, die der Verfasser solcher Aufzeichnungen verfolgen könne, darunter die „Auseinandersetzung mit sich selbst" sowie die „Lösung innerer Spannungen".[456]

In einem weiteren Schritt ging der BGH sodann darauf ein, wie der Umfang und die rechtlichen Voraussetzungen eines Verwertungsverbotes intimer Tagebuchaufzeichnungen zu bestimmen seien. Hierbei stellte er klar, dass es nicht der übergeordnete Zweck des Staates sein könne, Straftaten unter allen denkbaren Umständen aufzuklären und zu ahnden, auch wenn dieser Zweck naturgemäß eine große Bedeutung innehabe.[457] Hier sei nach Auffassung des BGH vielmehr

die unter Verletzung seines Persönlichkeitsrechts heimlich über ein privates Gespräch vom Gesprächspartner hergestellt worden war, vgl. *Dünnebier*, MDR 1964, 965 (966). Dieser Entscheidung lag die Erwägung zugrunde, dass das allgemeine Persönlichkeitsrecht das Recht des Individuums an dessen gesprochenem Wort umfasst, vgl. *Dünnebier* a. a. O.

453 *BGHZ* 27, 284 (285 f.).

454 *BGHSt* 19, 325 (327) = *BGH* NJW 1964, 1139 (1142).

455 *BGHSt* 19, 325 (327 f.) = *BGH* NJW 1964, 1139 (1142).

456 *BGHSt* 19, 325 (328) = *BGH* NJW 1964, 1139 (1142).

457 So die berühmten und oft zitierten Worte in *BGHSt* 14, 358 (365): „[...] es ist [...] kein Grundsatz der Strafprozeßordnung, daß die Wahrheit um jeden Preis erforscht werden müßte."

eine Interessenabwägung erforderlich, die ähnlich wie im Rahmen der Wechselwirkungslehre abzulaufen habe.[458] Der Staat müsse die Menschenwürde und die freie Entfaltung der Persönlichkeit schützen, daher sei auch in gewissem Umfang ein Verwertungsverbot für tagebuchartige Aufzeichnungen anzuerkennen, jedenfalls dann, wenn der Betroffene nicht in die Verwertung einwillige.[459] Da es an einem ausdrücklich normierten Verwertungsverbot fehle, sei im Einzelfall zu prüfen, ob der Eingriff in das allgemeine Persönlichkeitsrecht auch ein Verwertungsverbot zur Folge habe.

Hier war der BGH hinsichtlich der Tagebuchnotizen der Angeklagten der Auffassung, dass „[…] bei den genannten intimen Aufzeichnungen jedenfalls […] die Persönlichkeit nur dann wirksam geschützt [wird], wenn ein Verwertungsverbot anerkannt wird, gleichviel ob die Aufzeichnungen durch staatlichen Akt oder durch privates Eingreifen zur Kenntnis der Strafverfolgungsbehörden gelangen. In Fällen dieser Art darf grundsätzlich kein Eindringen in die Privatsphäre stattfinden, so dass es ohne rechtliche Bedeutung ist, auf welche Weise die Aufzeichnungen gegen den Willen des Verfassers zur behördlichen Kenntnis gelangen."[460]

Hinsichtlich der Art der intimen Aufzeichnungen stellte der BGH jedoch klar, dass „[…] ein solches Beweis- und Verwertungsverbot […] jedoch nur Berechtigung [hat], soweit es sich um Äußerungen handelt, die ihrem Inhalt nach als Ausfluss der Persönlichkeit des Verfassers in Betracht kommen. Das braucht hier, bei Tagebüchern höchstpersönlichen Inhalts, nicht näher ausgeführt zu werden. Fertigt aber etwa ein Straftäter Aufzeichnungen über seine Verbrechen und Opfer an […], so ist für Persönlichkeitsschutz kein Raum. Die Entfaltung, nicht der Verfall der Persönlichkeit wird durch die Grundrechte geschützt. Auch geschäftliche Aufzeichnungen und solche, die sich lediglich auf Vorgänge äußerer Art beziehen und nicht mit der Persönlichkeitssphäre verknüpft sind, werden nicht unter ein Beweis- und Verwertungsverbot fallen."[461]

Schließlich nahm der BGH innerhalb seiner Urteilsbegründung die bereits zuvor angesprochene Abwägung zwischen dem „Interesse am Schutz des eigenen Geheimbereichs und dem Interesse des Staates an der Strafverfolgung"[462] vor.

---

458 Vgl. zur Wechselwirkungslehre, wonach die allgemeinen Gesetze stets im Lichte der hierdurch betroffenen Grundrechte auszulegen sind *BVerfGE* 7, 198 (209), welche im Rahmen der sog. „Lüth-Entscheidung" zur freien Meinungsäußerung entwickelt wurde.

459 *BGHSt* 19, 325 (329) = *BGH* NJW 1964, 1139 (1143).

460 *BGHSt* 19, 325 (331) = *BGH* NJW 1964, 1139 (1143).

461 *BGHSt* 19, 325 (331) = *BGH* NJW 1964, 1139 (1143).

462 *BGHSt* 19, 325 (332) = *BGH* NJW 1964, 1139 (1143).

Hierbei wies er auf die Gefahr hin, dass in dem Bestreben des Staates nach einer effektiven Strafverfolgung grundlegende Freiheitsrechte des Beschuldigten missachtet werden könnten, andererseits aber auch die Gefahr bestehe, dass die zu starke Gewichtung dieser Freiheitsrechte eine effektive Strafverfolgung beschränken oder gar lahmlegen könnte.[463] Hierzu führte der BGH unter Bezugnahme auf das Tonbandurteil[464] weiter aus, dass die Widerrechtlichkeit des Eingriffs in das allgemeine Persönlichkeitsrecht unter bestimmten Voraussetzungen entfallen könne. Dies komme insbesondere dann in Betracht, wenn die Verwertung derartiger Aufzeichnungen das einzige Mittel sei, eine andere Person strafprozessual zu entlasten. In diesen Fällen müsse demnach eine Abwägung dergestalt erfolgen, dass das Interesse an der Geheimhaltung seitens des Betroffenen dem öffentlichen und privaten Interesse an der Entlastung Unschuldiger gegenüberzustellen sei.[465] Damit machte der BGH deutlich, dass jedenfalls bei einem hinreichenden Tatverdacht besonders schwerwiegender Straftaten, der Schutz des privaten Lebensbereichs in der Regel zurücktreten müsse.

cc) Kritik

Die erste Tagebuchentscheidung des BGH rief angesichts ihrer Neuartigkeit innerhalb der juristischen Literatur eine rege Diskussion hervor. Die Anerkennung der Unverwertbarkeit von tagebuchartigen Aufzeichnungen, zumindest unter bestimmten Voraussetzungen, stellte den ersten Schritt der höchstrichterlichen Rechtsprechung in Richtung einer Würdigung selbstkommunikativer Phänomene als Ausprägung des Intimbereichs des allgemeinen Persönlichkeitsrechts dar.[466] Erstmals wurde in dieser Entscheidung festgestellt, dass Tagebücher der Geheim- bzw. Intimsphäre des Individuums angehören und in strafprozessualer Hinsicht schützenswert sind.[467]

---

463 *BGHSt* 19, 325 (332) = *BGH* NJW 1964, 1139 (1143) mit Zitat *Sax* 1959, S. 969.

464 *BGHZ* 27, 284 (286).

465 *BGHSt* 19, 325 (332) = *BGH* NJW 1964, 1139 (1143).

466 Wenn auch, wie *Dünnebier* in MDR 1964, 965 (966) richtig anführt, der BGH mit dieser Entscheidung nicht gänzlich Neuland betritt, zumal er zuvor ergangene Urteile zur Verwertbarkeit von Tonbandaufnahmen in seine Erwägungen einfließen lässt.

467 Ebenso *Heinitz*, JR 1964, 441 (442); *Schmidt*, Jura 1993, 591; ähnlich *Sax*, JZ 1965, 1 (2), der die Schwierigkeiten im Rahmen der Abwägung aber insbesondere auf die seiner Meinung nach problematischen Kriterien des BGH zurückführt, zumal eine Abwägung im Einzelfall noch vor Abschluss des Hauptverfahrens unmöglich sei und gewissermaßen „in der Schwebe“ bleiben müsse.

Viele Autoren innerhalb der juristischen Literatur konnten diesen Schritt hingegen nicht ohne weiteres hinnehmen.[468] Sie argumentierten hiergegen unter anderem mit der Unsicherheit für die Ermittlungsbehörden, die diese Entscheidung mit sich bringe, sowie mit praktischen Schwierigkeiten bei der Abwägung der entgegenstehenden Interessen als auch mit einer angeblichen Überbetonung der Rechte des Beschuldigten, der schließlich seinerseits die Würde eines Mitmenschen angetastet habe oder in dessen Intimsphäre eingedrungen sei.[469]

Die Tatsache, dass sich durch die Entscheidung des BGH zur Unverwertbarkeit tagebuchartiger Aufzeichnungen in bestimmten Fällen die Achtsamkeit der Strafverfolgungsbehörden bei der Ausübung ihrer Ermittlungsmaßnahmen erhöhen musste, ist nicht anzuzweifeln. Gleichwohl stellt dies keinesfalls ein Argument gegen die Entscheidung dar. Zwar mag die Disziplinierung der Strafverfolgungsorgane in der Bundesrepublik nicht von derart großer Notwendigkeit sein wie in anderen Ländern[470], jedoch ist nicht außer Acht zu lassen, dass auch hierzulande manche Ermittlungsbeamte – teilweise vermutlich auch aufgrund von Überforderung und Zeitdruck – hin und wieder die Anforderungen an ein rechtmäßiges staatliches Handeln übergehen. Insofern ist demnach eine gewisse Disziplinierung oder zumindest eine Sensibilisierung der Strafverfolgungsorgane dahingehend erforderlich, dass sie ihren Auftrag unter Beachtung der insbesondere auch für sie geltenden Verfahrensgrundsätze auszuüben haben. Es sollte hingegen auch eine geeignete Ausbildung der Ermittlungsbeamten gewährleistet werden, um ihnen das nötige Handwerkszeug für die Beurteilung der Rechtmäßigkeit ihrer Handlungen zu vermitteln.

Es kann indessen nicht hingenommen werden, dass Eingriffe in den verfassungsrechtlich geschützten Intimbereich des Individuums deshalb geduldet werden, weil es den Strafverfolgungsbehörden zu große Schwierigkeiten bereite, diesen ordnungsgemäß festzustellen oder zu beurteilen. Dieses Problem kann

---

468 Kritisch u. a. *Sax*, JZ 1965, 1; *Händel*, NJW 1964, 1139; *Nüse*, JR 1966, 281 (286); *Heinitz*, JR 1964, 441; *Spendel*, NJW 1966, 1102 (1107); siehe auch *Laber* 1995, S. 8.

469 Vgl. Anmerkung *Händel* zu *BGH* NJW 1964, 1139 (1144); z. T. zustimmend *Dünnebier*, MDR 1964, 965 (966 f.) sowie *Sax*, JZ 1965, 1 (3), der sogar der Auffassung ist, ein Beweis müsse stets auch verwertbar sein, wenn er auf zulässige Art und Weise gewonnen wurde, da anderenfalls die Systematik der Beweisverwertungsverbote unterlaufen werde. Damit stellte *Sax* die Existenz selbständiger Beweisverbote generell in Frage, was jedoch innerhalb der Literatur nicht ohne Widerspruch blieb, vgl. *Grünwald*, JZ 1966, 489 (496); *Arzt* 1970, S. 73; *Evers*, JZ 1965, 661 (664); siehe auch *Laber* 1995, S. 9 m. w. N.

470 Wie beispielsweise in den USA, vgl. hierzu die Ausführungen zur „fruit of the poisenous tree"-Droktrin bereits unter 3. Teil § 1 III 1. sowie bei *Amelung* 2011, S. 25 f.; *Schmid* 1993, S. 119.

darüber hinaus dadurch umgangen oder zumindest abgemildert werden, dass in Zweifelsfällen eine Person mit besonderer Sachkunde, unter Umständen auch ein Richter oder der Staatsanwalt, hinzugezogen wird.[471]

Darüber hinaus ist klarzustellen, dass es hier letztlich nicht (nur) um die Verletzung der Intimsphäre des Einzelnen innerhalb des *Ermittlungs*verfahrens, sondern vielmehr um die *Verwertung* dieses bereits – sei es auf rechtmäßige Weise oder nicht – erhobenen Beweismittels im Rahmen der *Beweiswürdigung* durch das Gericht geht.[472] Denn hierin ist ein weiterer Eingriff in das Recht des Einzelnen auf Achtung seiner Intimsphäre zu sehen. Die grundsätzliche Fähigkeit eines Richters, eine Abwägung der Strafverfolgungsinteressen und der Interessen des Individuums an der Achtung seiner Geheimsphäre im Einzelfall vorzunehmen, soll hier nicht angezweifelt werden, wenngleich sie sich in Grenzfällen durchaus schwierig gestalten kann.

An dieser Stelle ist aber anzumerken, dass die hier diskutierte Entscheidung des BGH streng genommen (noch) keinen gänzlich unantastbaren und uneingeschränkten Kernbereich des allgemeinen Persönlichkeitsrechts anerkennt, sondern diesen vielmehr nur bei einem durch Abwägung festgestellten Überwiegen des Individualinteresses gewährt. Demnach müsste das allgemeine Persönlichkeitsrecht wohl in der Regel überwiegen, wenn der Tatvorwurf gegen den Beschuldigten nicht von besonders hohem Gewicht ist. Andererseits müsste es im Einzelfall zurücktreten, wenn der Vorwurf eines sehr schwerwiegenden Delikts im Raum steht, wobei es stets auf das konkret vorgeworfene Tatunrecht ankommt.[473] Gerade diese Abwägung vereitelt aber die Anerkennung eines tatsächlich unantastbaren, also abwägungsresistenten, Kernbereichs des allgemeinen Persönlichkeitsrechts.[474]

Darüber hinaus ist auch der vom BGH aufgestellten Behauptung, das allgemeine Persönlichkeitsrecht schütze nur die Entfaltung, nicht hingegen den Verfall der Persönlichkeit, nicht zu folgen. Fraglich ist bereits, unter welchen Voraussetzungen von einem solchen „Verfall" gesprochen werden kann. Jedoch ist vor allem festzustellen,

---

471 A. a. *Dünnebier*, MDR 1964, 965 (967 f.), der meint, dass die Abwägung bereits vom Gesetzgeber vorgenommen werden könne, wobei er durchaus anerkennt, dass dies einige Schwierigkeiten bereiten kann.

472 So auch *Heinitz*, JR 1964, 441 (443).

473 Vgl. *BGH* NJW 1964, 1139 (1142); so auch *Sax*, JZ 1965, 1, welcher anmerkt, dass dieses konkret verwirklichte Tatunrecht erst mit einiger Sicherheit beurteilt werden kann, wenn das Ergebnis der Hauptverhandlung respektive der gegebenenfalls folgenden Verfahren höherer Instanzen feststeht.

474 Hierzu später unter 3. Teil § 2 I. 3. sowie 4.; a. A. *Heinitz*, JR 1964, 441 (444).

dass die Persönlichkeit des Menschen aus vielen unterschiedlichen Facetten besteht, zu denen auch „dunkle Seiten“ gehören können. Zwar mögen solche nicht wünschenswert sein, dennoch sind sie ebenso Bestandteil der Persönlichkeit des Individuums wie die positiven Aspekte des menschlichen Charakters. Dieser unterliegt dem Schutz des allgemeinen Persönlichkeitsrechts aus Art. 2 Abs. 1 i. V. m. Art. 1 Abs. 1 GG als Ganzes und nicht nur in Teilbereichen. Das aus der Würde des Menschen abgeleitete allgemeine Persönlichkeitsrecht darf sich nicht auf „gute Charaktereigenschaften“ beschränken. Schließlich kommt auch die Würde des Menschen einem jeden völlig unabhängig davon zugute, ob er „gut“ oder „schlecht“ ist, sondern vielmehr allein aufgrund seines bloßen Menschseins. Auch das allgemeine Persönlichkeitsrecht steht jedem Menschen zu, völlig unabhängig von dessen Gesinnung.[475]

Das innerhalb der Literatur vertretene Argument[476], die Rechte des Beschuldigten würden überbetont werden, welches auch gerne mit einem Hinweis auf den fehlenden Schutz der Würde des Opfers einher geht, wird allseits – insbesondere auch von juristischen Laien – gerne angeführt. Es ist nicht zu bestreiten, dass der Opferschutz, den das Straf(prozess)recht bietet, nach wie vor als unzureichend empfunden wird.[477] Und es entspricht auch häufig den Tatsachen, dass der Beschuldigte die ihm vorgeworfene Tat tatsächlich begangen hat.

Dennoch darf zweierlei nicht außer Acht gelassen werden: Zum einen der „rechtsstaatliche Fundamentalsatz“[478] des „in dubio pro reo“ und zum anderen das Selbstverständnis unseres *Rechts*staates, der die Würde des Menschen in Art. 1 Abs. 1 GG als oberstes Gebot seiner Verfassung anerkennt.

Das Argument, die Würde des Beschuldigten dürfe durch staatliche Organe verletzt werden, da diesem schließlich seinerseits die Verletzung der Würde des Opfers vorzuwerfen sei, ist mit rechtsstaatlichen Grundsätzen unter keinen Umständen zu vereinbaren.

Wie gesehen, ist der Beschuldigte vor dessen Verurteilung aufgrund des „in dubio pro reo“-Grundsatzes als unschuldig anzusehen, so dass schon bereits aus

---

475 Ähnlich kritisch *Sax*, JZ 1965, 1 (2); *Dünnebier*, MDR 1964, 965 (968); *Arzt* 1970, S. 105; siehe auch *Laber* 1995, S. 12 m. w. N.; diese Auffassung des BGH kann zumindest seit der sog. „Lebach-Entscheidung“ des BVerfG, *BVerfGE* 35, 202, als überholt angesehen werden.

476 Vgl. hierzu die Anmerkung von *Händel* zu *BGH* NJW 1964, 1139 (1144); z. T. zustimmend *Dünnebier*, MDR 1964, 965 (966 f.), sowie *Sax*, JZ 1965, 1 (3).

477 Vgl. hierzu *Kaspar* 2004, S. 10, der anmerkt, dass die gesetzgeberischen Maßnahmen auf dem Gebiet des Opferschutzes als unzureichend empfunden werden.

478 *Eisenberg* Teil 1 Kap. 1 IV. Rn. 116 ff.; *BGHSt* 10, 208.

diesem Grunde nicht mit einer Verletzung der Würde des Opfers durch diesen argumentiert werden kann, zumal diese im Ermittlungsverfahren oder im Zeitpunkt der Beweiswürdigung durch das Gericht noch nicht feststehen kann.[479]

Darüber hinaus – und das ist das weitaus gewichtigere Argument – würde ein Staat, der sich selbst als Rechtsstaat auffasst und die Würde des Menschen als höchsten Grundsatz definiert, jegliche Legitimation einbüßen, würde er einen Eingriff in diese bereits dann als gerechtfertigt erachten, wenn dem Beschuldigten seinerseits eine Würdeverletzung vorzuwerfen sei (die wie gesehen zu diesem Zeitpunkt noch nicht einmal feststeht). Der Staat darf sich hingegen gerade nicht „auf die Stufe des Verbrechens stellen"[480] und das Fehlverhalten von Straftätern als Rechtfertigung für eigenes Handeln heranziehen. Der zwar als äußerst wichtig aufzufassende, wenn auch nicht allem übergeordnete, Zweck der effektiven Strafverfolgung darf nicht jegliches Mittel heiligen.[481]

Richtigerweise folgert der BGH daher aus der zuvor ergangenen Tonbandrechtsprechung, dass, wenn schon das Recht des Einzelnen an dessen gesprochenem Wort unter bestimmten Umständen nicht verwertet werden dürfe, da es vom Schutzbereich des allgemeinen Persönlichkeitsrechts mitumfasst sei, dies dann erst recht gelten müsse, wenn der Verfasser seine Gefühle und Erlebnisse nicht entäußern, sondern vielmehr für sich behalten wollte.[482] Daran ändert auch nichts, dass im vorliegenden Fall die Verfasserin ihre Gedanken perpetuiert hat, indem sie diese willentlich dem Papier anvertraute.[483] Denn sie hatte den Willen, die tagebuchartigen Kalenderaufzeichnungen nur für sich selbst zu

479 So auch *Sax*, JZ 1965, 1 (2), der betont, dass „[...] das im Einzelfall verwirklichte Tatunrecht erst nach Abschluß der Hauptverhandlung, ja endgültig erst nach Beendigung der Rechtsmittelverfahren feststeht." Demnach müsse „[...] das endgültige Tatunrecht, das der Beschuldigte verwirklicht zu haben bisher nur verdächtig ist, notwendig eine unsichere Prognose bleiben; [...]".

480 Vgl. *BGHSt* 14, 358 (365); 31, 304 (308).

481 Ebenso *Heinitz*, JR 1964, 441 (443); *BGHSt* 14, 358 (365); 31, 304 (308).

482 Vgl. *BGH* NJW 1964, 1139 (1142); a. A. *Sax*, JZ 1965, 1 (4), der bemängelt, der BGH habe diese Annahme überhaupt nicht begründet, sondern sie vielmehr als selbstverständlich unterstellt; ähnlich *Händel*, NJW 1964, 1139 (1140); *Spendel*, NJW 1966, 1102 (1107); vgl. hierzu *Laber* 1995, S. 10 m. w. N.

483 Ähnlich *Dünnebier*, MDR 1964, 965 (966 f.), der der Auffassung ist, das Tagebuch bedürfe noch viel eher als die entäußerte Kundgebung des Schutzes des Grundgesetzes, zumal es wesentlich mehr ein „Stück der Persönlichkeit" des Tagebuchschreibers darstelle als letzteres.

behalten und ging mit ihnen auch nicht fahrlässig um.[484] Vielmehr entwendete der Graphiker V. sie gegen ihren Willen aus ihrer eigenen Wohnung. Nur durch eine Verkettung aus Sicht der Verfasserin unglücklicher Umstände gelangten sie zunächst in die Hände der Ehefrau des V. sowie später zur Staatsanwaltschaft, bis sie schließlich im Rahmen der Beweiswürdigung durch das Landgericht in Form der Augenscheinseinnahme in den Prozess zunächst gegen den Lehrer M. und später gegen sie selbst eingeführt und verwertet wurden.

Zu Recht wendet *Heinitz* jedoch ein, dass der Begriff des Tagebuches durch den BGH in der hier diskutierten Entscheidung nicht eindeutig bestimmt werde, zumal letzterer nur von „tagebuchartigen Aufzeichnungen" spreche.[485] Tatsächlich können Tagebücher in vielen unterschiedlichen Formen vorliegen.[486] Die Diskussion, welche Arten intimer Aufzeichnungen unter den Begriff des Tagebuches zu fassen sind, bzw. denselben Schutz verdienen, soll hingegen zu einem späteren Zeitpunkt wieder aufgegriffen werden.[487] Dabei wird insbesondere auch zu klären sein, wann – wie es der BGH in der hier gegenständlichen

---

484 A. A. *Dünnebier*, MDR 1964, 965 (967), der das Verhalten der Verfasserin als fahrlässig auffasst und der Meinung ist, sie habe die Wegnahme der Tagebücher durch ihren Geliebten zumindest hingenommen. Dem ist jedoch insbesondere aufgrund der Tatsache, dass die Verfasserin sogar durch anwaltliche Hilfe versucht hatte, ihre Tagebücher zurückzuerlangen, nicht zu folgen. Darüber hinaus befanden sich die tagebuchartigen Notizen in der Wohnung der Verfasserin, mithin in ihrem Herrschaftsbereich. Andere Personen, die einem bereits bekannt sind, in der eigenen Wohnung zu empfangen, kann aber nicht als fahrlässiges Verhalten gewertet werden. *Dünnebier* möchte darüber hinaus selbst bei einem Diebstahl der Tagebücher eine Verantwortung des Verfassers für das Abhandenkommen der intimen Notizen begründen.

485 Vgl. *Heinitz*, JR 1964, 441 (444).

486 Siehe oben unter 2. Teil § 1 II. c).

487 Siehe hierzu unter 3. Teil § 2 I. 3. sowie 4.; nachvollziehbar ist insoweit auch der Einwand von *Händel*, NJW 1964, 1139 (1140), und *Heinitz*, JR 1964, 441 (444), weder der Richter noch ein sonstiges Strafverfolgungsorgan könne die bereits gewonnenen Erkenntnisse aus den tagebuchartigen Aufzeichnungen ohne weiteres aus seinem Gedächtnis streichen; siehe auch *Laber* 1995, S. 11 m. w. N. Ähnlich auch *Lisken*, KJ 31 (1998), 106 (116), der treffend anmerkt: „Was erlauscht ist, bekommt man, wie die Praxis zeigt, nicht aus den Köpfen heraus, es sei denn, man würde die Wissenden für befangen halten und vom Verfahren ausschließen."

Entscheidung fordert[488] – die Äußerungen ihrem Inhalt nach nicht mehr als Ausfluss der Persönlichkeit des Verfassers aufzufassen sind.[489]

Die hier getroffene Entscheidung des BGH ist auch aus heutiger Sicht, obwohl sie noch eine Abwägung des Interesses an einer effektiven Strafverfolgung mit demjenigen des Beschuldigten an dessen Wahrung der Intimsphäre fordert, zu befürworten.[490] Sie stellt einen bedeutsamen – wenn auch inzwischen zum Teil überholten – Schritt in der Entwicklung eines unantastbaren Intimbereichs der Persönlichkeitsentfaltung dar. Darüber hinaus macht die Entscheidung bereits deutlich, dass es auf die Art und Weise, auf welche die Strafverfolgungsbehörden bzw. das Gericht in den Besitz der tagebuchartigen Aufzeichnungen gekommen sind, nicht ankommen kann.[491]

b) Die Entwicklung bis zur „Tonband-Entscheidung“

In den folgenden Jahren ergingen sowohl durch das Bundesverfassungsgericht als auch durch Gerichte niederer Ordnung sowie den Bayerischen Verfassungsgerichtshof weitere Entscheidungen zu tagebuchartigen Aufzeichnungen. Dabei entwickelte sich das allgemeine Persönlichkeitsrecht in der Rechtsprechung ständig weiter.

---

488 Vgl. *BGH* NJW 1964, 1139 (1142).

489 So *Dünnebier*, MDR 1964, 965 (968); *Händel*, NJW 1964, 1139 (1143), zitierte hierzu die berühmt gewordene Aussage des Senats aus *BGHSt* 19, 325, dass die „Entfaltung, nicht der Verfall der Persönlichkeit“ schützenswert sei. Sehr kritisch zur Unterscheidung von Privataufzeichnungen in schutzwürdig und nicht schutzwürdig hingegen *Sax*, JZ 1965, 1.

490 A. A. *Sax*, JZ 1965, 1 (6), der von einem „Irrweg“ des BGH spricht.

491 Ebenso *Heinitz*, JR 1964, 441 (444) m. w. N., der mit Hinweis auf weitere Autoren einwendet, dass neben Tagebuchaufzeichnungen auch vertrauliche Briefe vom Schutzumfang des allgemeinen Persönlichkeitsrechts umfasst sein müssten. Darüber hinaus stellt er unter Verweis auf *Hubmann*, JZ 1957, 522 (524), klar, dass ein „Geheimgespräch“ ebenfalls diesen Schutz verdiene und daher nicht belauscht werden dürfe. Schließlich folgert er sogar, dass „[…] man die Unzulässigkeit einer Verwertung im Strafprozeß unter bestimmten Voraussetzungen nicht auf tagebuchartige Aufzeichnungen beschränken [dürfe], sondern darüber hinaus auf jedes Eindringen in die Intimsphäre gegen den Willen des Betroffenen [wird] erstrecken mussen.“ Gänzlich anderer Auffassung hingegen *Sax*, JZ 1965, 1 (5 f.), der argumentiert, dass die prozessuale Verwertung irgendeines Beweismittels – auch einer intimen Tagebuchaufzeichnung – niemals für sich gesehen eine Verletzung des Rechts auf freie Persönlichkeitsentfaltung darstellen könne, zumal derartige Verletzungen von Mitmenschen ohnehin alltäglich und daher hinnehmbar seien. Vielmehr müsse es daher ausschließlich auf die Art und Weise der Gewinnung des Beweismittels ankommen.

aa) Der Tagebuch-Beschluss des Bundesverfassungsgerichts[492]

Nach der oben besprochenen Tagebuchentscheidung des BGH erging ebenfalls im Jahre 1964 durch das Bundesverfassungsgericht ein Beschluss in einem Eilverfahren zum Erlass einer Einstweiligen Anordnung, die tagebuchartige Aufzeichnungen eines Jugendlichen zum Gegenstand hatte.

Mit seinem Beschluss vom 14. Juli 1964 gab das Bundesverfassungsgericht dem Antrag des Beschwerdeführers gemäß § 32 BVerfGG statt, den gegen ihn verhängten Jugendarrest bis zur Entscheidung seiner zugleich eingelegten Verfassungsbeschwerde auszusetzen.

Der am 11. Juni 1944 geborene Beschwerdeführer war wegen uneidlicher Falschaussage in Tateinheit mit Begünstigung vom Landgericht Lüneburg mit Urteil vom 26. März 1964 zu drei Wochen Jugendarrest verurteilt worden. Das Landgericht Lüneburg schloss die Unrichtigkeit der Aussage des Beschwerdeführers in einem früheren Verfahren aus dem Inhalt der von ihm verfassten Tagebuchaufzeichnungen sowie einem nicht abgesandten Brief.[493]

Mit der gegen diese Entscheidung gerichteten Verfassungsbeschwerde rügte der Beschwerdeführer die Verletzung der Art. 1 Abs. 1 sowie Art. 2 Abs. 1 GG. Seiner Auffassung nach habe das gegen ihn ergangene Urteil seine Menschenwürde sowie sein Recht auf freie Entfaltung der Persönlichkeit verletzt, zumal die Verwertung seiner tagebuchartigen Aufzeichnungen sowie des nicht abgesandten Briefes einen unzulässigen Eingriff in seine Intimsphäre darstellten.[494]

Das Bundesverfassungsgericht stellte fest, dass die Frage, ob und inwieweit die Tagebuchaufzeichnungen und der nicht abgesandte Brief gegen den Beschwerdeführer hätten verwertet werden dürfen, in dem angefochtenen Urteil nicht behandelt worden war. Seiner Ansicht nach bedürfe diese Problematik aber, insbesondere „[…] mit Rücksicht auf den Schutz der Intimsphäre des Verfassers und der freien Entfaltung der Persönlichkeit […]“ einer eingehenden Prüfung.[495]

Die hier angesprochene Entscheidung des Bundesverfassungsgerichts, die von der juristischen Literatur nur am Rande wahrgenommen wurde[496], führte im

---

492 *BVerfGE* 18, 146.

493 Vgl. *BVerfGE* 18, 146.

494 Vgl. *BVerfGE* 18, 146 (147).

495 Vgl. *BVerfGE* 18, 146 (147).

496 Erst einige Jahre später sprach *Amelung*, NJW 1990, 753, von einer „Bestätigung“ der Rechtsprechung des BGH durch diesen Beschluss des BVerfG. *Tiedemann* 1991, S. 75 (innerhalb der Rechtsprechungsübersicht), folgerte aus dieser Entscheidung sogar die Verfassungswidrigkeit der Verwertung von Tagebuchaufzeichnungen, obwohl aufgrund der Rücknahme der Verfassungsbeschwerde durch den Beschwerdeführer

Hinblick auf das allgemeine Persönlichkeitsrecht sowie die Beurteilung der Verwertbarkeit von tagebuchartigen Aufzeichnungen zu keinen neuen Erkenntnissen. Dennoch machte sie deutlich, dass das Bundesverfassungsgericht – ebenso wie zuvor der BGH – es zumindest für erörterungswürdig hielt, ob und in welchem Umfang Tagebuchaufzeichnungen und private, nicht abgesandte Briefe in einem Strafverfahren gegen den Beschuldigten verwertet werden dürfen. Dabei stellte es ferner klar, dass eine solche „eingehende" Prüfung auch den Schutz der Intimsphäre des Verfassers zu berücksichtigen habe.

bb) Die Entscheidungen des OLG Celle und des OLG Frankfurt

Durch die in den Jahren 1965 und 1966 ergangenen Entscheidungen des OLG Celle[497] und des OLG Frankfurt[498], die die Verwertbarkeit von Tonbandaufnahmen zum Gegenstand hatten, wurde die Entscheidung des BGH zum Tagebuch-Urteil fortgeführt und teilweise auch ausdrücklich in Bezug genommen.

In der Entscheidung des OLG Celle ging es um ein Verfahren wegen Meineides und versuchter Anstiftung zu uneidlicher Falschaussage.

Der Angeklagte hatte im Rahmen eines Privatklageverfahrens, in welchem er selbst als Zeuge auszusagen hatte, die Glaubwürdigkeit einer anderen Zeugin angegriffen. Diese hatte ihrerseits zuvor von einem zwischen ihr und dem Angeklagten geführten Gespräch eine heimliche Tonbandaufnahme angefertigt, welche ihre Schilderungen bestätigte. Trotz des Hinweises auf die Existenz und den Inhalt dieses Tonbands, beeidigte der Angeklagte seine Aussage.[499]

Die Staatsanwaltschaft leitete sodann sowohl gegen den Angeklagten als auch die Zeugin ein Ermittlungsverfahren ein, wobei dasjenige gegen die Zeugin aufgrund des Inhalts der Tonbandaufnahme eingestellt wurde. Gegen den Angeklagten wurde hingegen unter anderem wegen versuchter Anstiftung zu uneidlicher Falschaussage Anklage erhoben. Trotz des Widerspruchs des Angeklagten gegen die Verwertung der Tonbandaufnahme, spielte die Strafrechtskammer diese im Rahmen der Berufungshauptverhandlung ab und begründete ihre Entscheidung unter anderem damit, dass „[…] die Tonbandaufnahme die Richtigkeit der Zeugenaussage über den Inhalt des Gesprächs […]" bestätige.[500]

---

keine Entscheidung in der Sache ergangen war, so *Rohlf* 1980, S. 72 Fn. 17; vgl. *Laber* 1995, S. 20 f.

497 *OLG Celle* NJW 1965, 1677.

498 *OLG Frankfurt* NJW 1967, 1047.

499 *OLG Celle* NJW 1965, 1677 (1678).

500 *OLG Celle* NJW 1965, 1677 (1678).

Das OLG Celle stimmte dieser Auffassung unter mehrfacher Bezugnahme auf die Tagebuchentscheidung des BGH[501] zu und gab der Revision des Angeklagten gegen die Entscheidung der Strafrechtskammer nicht statt.

Mit Hinweis auf die Rechtsprechung des BGH zu heimlichen Tonbandaufnahmen[502] stellte das OLG Celle klar, dass es die Auffassung teile, wonach „[…] derjenige, der ein Gespräch ohne Zustimmung des Gesprächspartners durch Anwendung eines Tonbandes festlegt, in der Regel das durch Art. 1 und Art. 2 GG gewährleistete allgemeine Persönlichkeitsrecht […]" verletze. Jedoch habe der BGH darüber hinaus betont, dass „[…] die Widerrechtlichkeit eines solchen Eingriffs […] in besonderen Ausnahmefällen (Notwehr, Verfolgung überwiegender berechtigter Interessen) entfallen könne […]".[503] Bei Tonbandaufnahmen sei nach der Rechtsprechung des BGH[504] von ähnlichen Erwägungen auszugehen wie bei tagebuchartigen Aufzeichnungen, so dass geschäftliche Aufzeichnungen oder solche, die nur einen Bezug zu objektiven Vorgängen haben und die Persönlichkeitsentfaltung des Betroffenen nicht tangieren, keinen Beweisverwertungsverboten unterfallen können.[505] In solchen Fällen müsse bei einer Abwägung der widerstreitenden Interessen der Grundsatz der Verhältnismäßigkeit Anwendung finden, welcher vorliegend aber nicht entscheidend sei. Zwar sei in dem hier zu entscheidenden Fall in den Persönlichkeitsbereich des Angeklagten eingegriffen worden, zumal das Gespräch nicht ausschließlich objektiven Charakter aufweise, jedoch habe die Zeugin durch die Aufnahme des Gesprächs nicht rechtswidrig gehandelt. Aufgrund des Angriffs gegen sie, habe ihr vielmehr ein Rechtfertigungsgrund zur Seite gestanden. Das aufgenommene Gespräch dürfe daher und wegen des damit verfolgten Zwecks der Entlastung der Zeugin, die wegen des auf ihr lastenden Verdachts selbst als Verletzte aufzufassen sei, ausnahmsweise verwertet werden.[506]

Ähnlich urteilte im Folgejahr auch das OLG Frankfurt[507]. Es hatte über die Revision eines Privatklägers zu entscheiden, der die Verwertung von heimlichen Tonbandaufnahmen, die beleidigende Aussagen zum Inhalt hatten, als Beweismittel begehrte.

---

501 *BGHSt* 19, 325.
502 *BGHSt* 14, 358; *BGHZ* 27, 284.
503 *OLG Celle* NJW 1965, 1677 (1678).
504 Vgl. *BGHSt* 19, 325 (331).
505 *OLG Celle* NJW 1965, 1677 (1678).
506 *OLG Celle* NJW 1965, 1677 (1679).
507 *OLG Frankfurt* NJW 1967, 1047.

Während das Amtsgericht den Angeklagten in erster Instanz wegen Beleidigung des Privatklägers verurteilt hatte, hob die Strafrechtskammer im Rahmen des Berufungsverfahrens dieses Urteil insoweit auf, als es die Verwertung der vom Privatkläger heimlich auf Tonband aufgenommenen Insultierungen zugelassen hatte.[508]

Das OLG Frankfurt hob auf die Revision des Privatklägers hin die Entscheidung des Berufungsgerichts auf und verwies das Verfahren zu erneuter Verhandlung an dieses zurück.

Im Rahmen seiner Urteilsgründe führte es – ähnlich wie das OLG Celle – unter Hinweis auf die Rechtsprechung des BGH[509] aus, dass bei einer heimlichen Tonbandaufnahme zwar in der Regel von einer Verletzung des allgemeinen Persönlichkeitsrechts auszugehen sei. Jedoch entfalle die Widerrechtlichkeit des Eingriffs ausnahmsweise, wenn dem heimlich Aufnehmenden seinerseits widerstreitende Interessen zur Seite stünden, die den Eingriff in die Persönlichkeitssphäre des Betroffenen überwiegen. Dies habe das Berufungsgericht allerdings nicht ausreichend gewürdigt.[510]

cc) Das Urteil des Bayerischen Verfassungsgerichtshofs

Die Entscheidung des Bayerischen Verfassungsgerichtshofs vom 10. Mai 1967[511] hatte Aufzeichnungen eines Angeklagten zum Gegenstand, die dieser während der Untersuchungshaft zum Zwecke seiner Verteidigung angefertigt hatte. Diese Aufzeichnungen waren dem Angeklagten weggenommen, in der Hauptverhandlung verlesen und sodann in den Urteilsgründen gegen ihn verwertet worden.

Dieses Vorgehen sah der Bayerische Verfassungsgerichtshof nicht als Verstoß gegen ein verfassungsmäßiges Recht des Angeklagten, insbesondere weder gegen Art. 100 noch gegen Art. 101 der Bayerischen Verfassung an. Zwar schütze Art. 100 BayVerf ebenso wie Art. 1 GG die Menschenwürde und demnach auch die Privatsphäre, so dass „die schrankenlose Durchleuchtung persönlicher Verhältnisse [...] mit der Menschenwürde unvereinbar [ist]", jedoch sei diese vorliegend nicht betroffen. Mit Verweis auf die Rechtsprechung des BGH im ersten Tagebuchfall[512] stellte der Gerichtshof klar, es handle sich lediglich um Tagebuchaufzeichnungen die „[...] Vorgänge äußerer Art betreffen [...]" und

508 *OLG Frankfurt* NJW 1967, 1047.

509 *BGHSt* 19, 326.

510 *OLG Frankfurt* NJW 1967, 1047 (1048).

511 *BayVerfGH* NJW 1968, 99.

512 *BGHSt* 19, 325.

daher „[...] keinen verfassungsmäßigen Schutz gegenüber der Bekanntgabe und Verwertung im Strafprozeß" genießen würden.[513]

Mit dieser Entscheidung folgte der Bayerische Verfassungsgerichtshof dem Urteil des BGH im ersten Tagebuchfall und machte deutlich, dass er ein Verwertungsverbot nur für sinnvoll erachte, wenn der Inhalt der Aufzeichnungen als Ausfluss der Persönlichkeit des Verfassers gewertet werden könne.

Leider fehlt dem Urteil insoweit jegliche Begründung, warum Aufzeichnungen, die der Verteidigung dienen sollen, per se als objektive Äußerungen zu werten sind bzw. ausschließlich Vorgänge äußerer Art betreffen sollen. Auch Aufzeichnungen zur Verteidigung können durchaus innere Vorgänge, insbesondere Überlegungen der Reue, der Tatmotivation und einer Abwägung Für und Wider ein abzulegendes Geständnis enthalten. Solche sind aber richtigerweise nicht als objektive Überlegungen, sondern vielmehr als intime Äußerungen aufzufassen. Fraglich ist auch, warum der Gerichtshof die Aufzeichnungen selbst als „Tagebuch"-Aufzeichnungen bezeichnet, diesen aber keinerlei intimen Charakter beimessen möchte. Eine Auseinandersetzung des Gerichtshofs mit der genauen Einordnung der Aufzeichnungen als persönlich oder objektiv wäre wünschenswert gewesen, zumal die diesbezüglich getroffene Aussage, welche sich in den Urteilsgründen auf einen Halbsatz beschränkt, etwas pauschal anmutet.

Darüber hinaus verkannte der Bayerische Verfassungsgerichtshof, dass die Wegnahme von Aufzeichnungen des Beschuldigten, die dessen Verteidigung zu dienen bestimmt sind – insbesondere, da sich dieser in Untersuchungshaft befand und daher in einer besonders schutzbedürftigen Lage – dessen Recht auf ein faires Verfahren gemäß Art. 20 Abs. 3 GG sowie Art. 6 Abs. 1 EMRK in unzulässiger Weise beschneidet.[514]

dd) Konkretisierung der „Kernbereichstheorie" durch das Bundesverfassungsgericht[515]

In seiner sogenannten „Mikrozensus-Entscheidung"[516] vom 16. Juli 1969, die die Durchführung einer Repräsentativbefragung zum Gegenstand hatte, konnte das Bundesverfassungsgericht den von ihm in der „Elfes-Entscheidung" entwickelten

513 *BayVerfGH* NJW 1968, 99 (102).

514 So bereits *BGHSt* 44, 46; hierauf Bezug nehmend u. a. *BGHSt* 45, 51; *BVerfG* NJW 2002, 1410.

515 *BVerfGE* 27, 1; 27, 344.

516 *BVerfGE* 27, 1.

Kernbereich der Persönlichkeitsentfaltung aufgreifen und umfassend konkretisieren.

Das Gericht betonte in dessen Beschluss wiederum die Wahrung der Menschenwürde als obersten Grundsatz der Werteordnung des Grundgesetzes. Der Staat habe keinerlei Befugnis, auch nicht durch Erlass eines Gesetzes, die Würde des Menschen zu verletzen „[...] oder sonst über die in Art. 2 Abs. 1 GG gezogenen Grenzen hinaus die Freiheit der Person in ihrem Wesensgehalt [...]" anzutasten. Denn das Grundgesetz gewähre „[...] dem einzelnen Bürger einen unantastbaren Bereich privater Lebensgestaltung, der der Einwirkung der öffentlichen Gewalt entzogen [...]" sei.[517]

Weiter führte das Bundesverfassungsgericht die berühmt gewordenen Worte aus: „Im Lichte dieses Menschenbildes kommt dem Menschen in der Gemeinschaft ein sozialer Wert- und Achtungsanspruch zu. Es widerspricht der menschlichen Würde, den Menschen zum bloßen Objekt im Staat zu machen (vgl. BVerfGE 5, 85 (204); BVerfGE 7, 198 (205)). Mit der Menschenwürde wäre es nicht zu vereinbaren, wenn der Staat das Recht für sich in Anspruch nehmen würde, den Menschen zwangsweise in seiner ganzen Persönlichkeit zu registrieren und zu katalogisieren, sei es auch in der Anonymität einer statistischen Erhebung [...]. Ein solches Eindringen in den Persönlichkeitsbereich durch eine umfassende Einsichtnahme in die persönlichen Verhältnisse seiner Bürger ist dem Staat auch deshalb versagt, weil dem einzelnen um der freien und selbstverantwortlichen Entfaltung seiner Persönlichkeit willen ein „Innenraum" verbleiben muss, in dem er „sich selbst besitzt" und „in den er sich zurückziehen kann, zu dem die Umwelt keinen Zutritt hat, in dem man in Ruhe gelassen wird und ein Recht auf Einsamkeit genießt" (Wintrich, Die Problematik der Grundrechte, 1957, 15 f.; vgl. auch Düring in Maunz-Düring, GG, 2. Aufl., Rdnr. 37 zu Art. 1)."[518]

In dem zu entscheidenden Fall betonte das Gericht aber, dass die zu bewertende statistische Befragung, insbesondere aufgrund ihrer Anonymität und ihrer Anknüpfung an das Verhalten des Einzelnen in der Außenwelt, nicht den Kernbereich der privaten Lebensgestaltung erfasse und daher zulässig sei.

---

517 Hiermit nahm das Gericht Bezug auf *BVerfGE* 6, 32 (41) und *BVerfGE* 6, 389 (433).

518 *BVerfGE* 27, 1 (6).

c) Das „Tonband-Urteil" des Bundesverfassungsgerichts

Das „Tonband-Urteil" des BVerfG vom 31. Januar 1973[519] kann durchaus als Meilenstein in der Entwicklung des allgemeinen Persönlichkeitsrechts angesehen werden. In dieser Entscheidung entwickelte das Bundesverfassungsgericht seine bekannte „Sphärentheorie", die den Schutzbereich des allgemeinen Persönlichkeitsrechts in drei Bereiche unterschiedlicher Schutzintensität einteilt: Die Sozial-, die Privat- und die Intimsphäre.

Dabei stellte es klar, dass das allgemeine Persönlichkeitsrecht auch solche Rechtspositionen schützt, die für die Entfaltung der Persönlichkeit erforderlich sind, wozu auch das Recht am gesprochenen Wort gehört. Daher dürfe in der Regel jeder selbst festlegen, ob sein gesprochenes Wort aufgenommen werden soll und ob bzw. unter welchen Umständen eine Tonbandaufnahme seiner Stimme abgespielt werden kann.[520]

aa) Zugrundeliegender Tatbestand

Das Bundesverfassungsgericht hatte in seinem „Tonband-Urteil" von 1973 im Wesentlichen über folgenden Sachverhalt zu entscheiden:

Der Beschwerdeführer wandte sich mit seiner Verfassungsbeschwerde gegen die Verwertung einer heimlich aufgenommenen privaten Tonbandaufnahme. Diese war im Rahmen eines Ermittlungsverfahrens, welches den Verdacht der Steuerhinterziehung, des Betrugs und der Urkundenfälschung gegen den Beschwerdeführer zum Gegenstand hatte, verwertet worden.

Dieser Verdacht ergab sich insbesondere aus den Schilderungen der Eheleute B., welche am 11. Mai 1970 mit dem Beschwerdeführer einen Kaufvertrag über ein Wohn- und Geschäftshaus in Osnabrück geschlossen hatten. Nach den Angaben der Eheleute B. sei mündlich ein Kaufpreis in Höhe von 495 000 DM vereinbart worden, während lediglich ein Betrag über 425 000 DM notariell beurkundet worden war. Hierdurch habe man Grunderwerbsteuer einsparen wollen. Als Ausgleich habe der Beschwerdeführer einen Betrag in Höhe von 70 000 DM als Schwarzgeld gezahlt. In der Folgezeit entstand unter anderem Uneinigkeit hinsichtlich des Zwecks der Zahlung der 70 000 DM, die als zinsloses Darlehen seitens der Beteiligten quittiert worden sei.[521]

519 *BVerfGE* 34, 238.

520 Vgl. *BVerfGE* 34, 238.

521 Die weiteren Einzelheiten der Streitigkeiten zwischen den Eheleuten B. und dem Beschwerdeführer sollen an dieser Stelle nicht näher ausgeführt werden.

Die bereits erwähnte Tonbandaufnahme, die ohne das Wissen des Gesprächspartners im August 1970 im Rahmen einer Unterredung zwischen den Eheleuten B. und dem Beschwerdeführer entstanden sein soll, wurde im Februar 1971 einem Polizeibeamten für Ermittlungszwecke zur Verfügung gestellt. Dieser hörte die Tonbandaufzeichnung ab und fertigte darüber eine Niederschrift. Das Amtsgericht Osnabrück ordnete die Verwertung des Tonbandes an, da es als Beweismittel für die Untersuchung von Bedeutung sein könne. Hiergegen wandte sich der Beschwerdeführer mittels einer Beschwerde zum Landgericht Osnabrück. Dieses führte zur Verwertbarkeit der Tonbandaufnahme aus, dass eine Verwertung heimlich hergestellter Aufnahmen zwar in der Regel nicht zulässig sei, da hierdurch in das allgemeine Persönlichkeitsrecht des Sprechenden eingegriffen werde. Jedoch könne die Heimlichkeit des Vorgehens gerechtfertigt und damit zugleich die Verwertung des Tonbandes zulässig sein, sofern „[...] das Interesse des Betroffenen am Schutz seiner Persönlichkeitssphäre mit überwiegenden privaten oder öffentlichen Interessen am Eindringen in diese Sphäre in Kollision gerate. Diese Interessen müßten im Hinblick auf die Bedeutung des verletzten Grundrechts überwiegen und der Eingriff sich daher in Form, Inhalt und Begleitumständen als das gebotene und notwendige Mittel zur Erreichung des durch ihn beabsichtigten Zwecks darstellen.“[522]

Mit der gegen diesen Beschluss gerichteten Verfassungsbeschwerde macht der Beschwerdeführer geltend, er sei in seinem Grundrecht aus Art. 2 Abs. 1 GG verletzt worden. Dieser „[...] gewähre ein Recht am eigenen Wort, gewissermaßen ein Grundrecht darauf „in Kladde“ sprechen zu dürfen, ohne später auf jedes Wort festgelegt zu werden. Im Gespräch komme die Eigenart der Persönlichkeit des Sprechenden zum Ausdruck, der ein Recht darauf habe, das Gespräch frei, unbefangen und ohne das Gefühl von Mißtrauen und Argwohn führen zu können. Der Gesetzgeber habe die heimliche Tonbandaufnahme in § 298 StGB [a. F.] unter Strafe gestellt. [...] Die Rechtswidrigkeit der Bandaufnahme ergebe sich aus dem allgemeinen Persönlichkeitsrecht, das aus Art. 2 Abs. 1 in Verbindung mit Art. 1 Abs. 1 GG herzuleiten sei. Werde eine Tonbandaufnahme rechtswidrig erstellt, sei auch deren Verwertung im staatlichen Verfahren illegal. Aber selbst wenn man die Unzulässigkeit der Verwertung nicht schon aus der Rechtswidrigkeit der Aufnahme folgern wolle, stehe im vorliegenden Fall einer Verwertung jedenfalls das unterschiedliche Gewicht der widerstreitenden Interessen entgegen.“[523]

522 *BVerfGE* 34, 238 (242).
523 *BVerfGE* 34, 238 (243 f.).

bb) Einschätzung des Bundesverfassungsgerichts

Das Bundesverfassungsgericht bestätigte die oben geschilderte Sichtweise des Beschwerdeführers und hielt die Verfassungsbeschwerde aufgrund der folgenden Erwägungen für begründet:

Zunächst verwies es darauf, dass es in ständiger Rechtsprechung einen aus dem Recht auf freie Entfaltung der Persönlichkeit gemäß Art. 2 Abs. 1 GG i. V. m. Art. 1 Abs. 1 GG abgeleiteten, umfassend geschützten, unantastbaren Bereich privater Lebensgestaltung des Bürgers anerkenne, der der Einwirkung der öffentlichen Gewalt entzogen sei.[524]

Bei der Würdigung „[…] von Inhalt und Reichweite des Grundrechts aus Art. 2 Abs. 1 GG […]" müsse die Würde des Menschen als unantastbar geachtet werden, welche darüber hinaus „[…] gegenüber aller staatlichen Gewalt Achtung und Schutz […]" beanspruche. Zudem dürfe das Recht aus Art. 2 Abs. 1 GG wegen Art. 19 Abs. 2 GG nicht in seinem Wesensgehalt angetastet werden.[525]

Erstmals sprach das Bundesverfassungsgericht im Rahmen dieser Entscheidung den berühmten Satz aus: „Selbst überwiegende Interessen der Allgemeinheit können einen Eingriff in den absolut geschützten Kernbereich privater Lebensgestaltung nicht rechtfertigen; eine Abwägung nach Maßgabe des Verhältnismäßigkeitsgrundsatzes findet nicht statt."[526]

Im Folgenden erläuterte das Bundesverfassungsgericht sodann, dass der Bereich des privaten Lebens hingegen nicht vollständig unter diesem absoluten Schutz stehe, sondern es vielmehr in der Regel hinzunehmen sei, wenn staatliche Maßnahmen getroffen würden, solange diese im überwiegenden Interesse der Allgemeinheit und unter strenger Wahrung des Verhältnismäßigkeitsgrundsatzes getroffen würden sowie „[…] nicht den unantastbaren Bereich privater Lebensgestaltung beeinträchtigen."[527]

Es führte weiter aus, unter welchen Voraussetzungen von einem „[…] schlechthin unantastbaren Bereich privater Lebensgestaltung[…]" auszugehen sei und wann nur der „gewöhnliche" Privatbereich eröffnet sei, der unter Umständen dem staatlichen Zugriff offen stehe. Hier stellte das Bundesverfassungsgericht

---

524 *BVerfGE* 34, 238 (245) mit Verweis u. a. auf *BVerfGE* 6, 32 (41); 27, 1 (6); 32, 373 (378 f.).

525 *BVerfGE* 34, 238 (245).

526 *BVerfGE* 34, 238 (245), hiermit erkannte das Bundesverfassungsgericht erstmals einen *unantastbaren* Intimbereich innerhalb des allgemeinen Persönlichkeitsrechts an.

527 *BVerfGE* 34, 238 (246).

aber klar, dass dies nicht ohne größere Schwierigkeiten abstrakt umschrieben werden könne und daher eine Einzelfallbetrachtung notwendig sei.[528]

Schließlich nahm das Gericht eine Einzelfallabwägung für den gegenständlichen Fall vor, wobei es die Tonbandaufnahme aufgrund ihres geschäftlichen Kontextes nicht dem Intimbereich, sondern dem Privatbereich zuordnete. Dabei wies es dem Recht auf freie Entfaltung der Persönlichkeit zwar einen hohen Rang zu, benannte aber auch die „[...] unabweisbaren Bedürfnisse einer wirksamen Strafverfolgung und Verbrechensbekämpfung, das öffentliche Interesse an einer möglichst vollständigen Wahrheitsermittlung im Strafprozeß [...], die wirksame Aufklärung gerade schwerer Straftaten als einen wesentlichen Auftrag eines rechtsstaatlichen Gemeinwesens [...] und [...] die Aufrechterhaltung einer funktionstüchtigen Rechtspflege [...]“ als ranghohe Rechtsgüter eines Rechtsstaates.[529]

Letztlich erkannte das Bundesverfassungsgericht in dem zu entscheidenden Fall an, dass sich der Eingriff in das allgemeine Persönlichkeitsrecht des Beschwerdeführers durch die Verwertung einer heimlichen Tonbandaufzeichnung nicht durch das Interesse an der Aufklärung der im Raum stehenden Straftatbestände rechtfertigen lasse.

cc) Diskurs

Mit seiner Entscheidung vom 31. Januar 1973 stellte das Bundesverfassungsgericht erstmals den bereits zuvor in einigen Entscheidungen statuierten und erwähnten[530] unantastbaren Bereich der privaten Lebensführung in einen Bezug zu den anderen Bereichen der menschlichen Existenz, die mit dem allgemeinen Persönlichkeitsrecht in Zusammenhang stehen. Die hierbei entwickelte Systematisierung wurde im Folgenden als „Dreistufentheorie“[531] sowie als „Sphärentheorie“[532] bezeichnet. Damit ordnete das Bundesverfassungsgericht dem Individuum drei verschiedene Formen des „Privatbereichs“ zu, die jeweils unterschiedlichen Schutz vor staatlichen Zugriffen genießen.

Als engsten, mithin innersten Schutzbereich benannte das Bundesverfassungsgericht den Kernbereich der privaten Lebensgestaltung, in den keinerlei

---

528 *BVerfGE* 34, 238 (248).

529 *BVerfGE* 34, 238 (248 f.) m. w. N.

530 *BVerfGE* 6, 32 (41); 27, 1 (6); 32, 373 (378 f.); vgl. *BVerfGE* 34, 238 (245); so auch *Laber* 1995, S. 25.

531 Vgl. beispielsweise *Gössel*, NJW 1981, 649 (655); *Otto*, FS Kleinknecht 1985, S. 319 (320); vgl. hierzu überdies bei *Laber* 1995, S. 25.

532 Vgl. *Laber* 1995, S. 25 m. w. N.

staatliche Zugriffe zulässig seien und bei welchem auch keine Abwägung stattfinde, da er unantastbar und jeglichem staatlichen Zugriff entzogen sei.[533]

Die zweite, „mittlere" Schutzsphäre sei sodann der „Privatbereich" des Einzelnen. Eingriffe in diesen müsse das Individuum unter Abwägung der Interessen der Allgemeinheit gegenüber seinen Privatbelangen hinnehmen.[534]

Die äußerste Sphäre schilderte das Bundesverfassungsgericht schließlich als einen Bereich, der aus dem Schutzbereich des Privatbereichs des allgemeinen Persönlichkeitsrechts gänzlich herausfalle, zumal die Persönlichkeit des Handelnden in einem derart starken Maße hinter dem objektiven Gehalt der Aussage zurücktrete, dass dieses seinen privaten Charakter einbüße.[535]

Trotz der Bemühungen des Bundesverfassungsgerichts, Kriterien für die Einordnung unterschiedlicher menschlicher Handlungsweisen in die drei Sphären der „Privatheit" zu entwickeln, blieben diese auch nach dieser Entscheidung weiterhin überwiegend unklar. Hier stellte der Senat in dem zugrundeliegenden Fall lediglich fest, dass das zwischen den Parteien geführte Gespräch einen geschäftlichen Charakter habe und daher nicht dem absolut geschützten Intimbereich zuzuordnen sei. Das Bundesverfassungsgericht benannte sodann vereinzelte Kriterien innerhalb der vorzunehmenden Abwägung, wie beispielsweise die Schwere des im Raum stehenden Delikts sowie das Interesse der Allgemeinheit an einer effektiven Verbrechensbekämpfung.[536] Demnach sei aber stets auf den konkreten Einzelfall abzustellen. Genaue Erläuterungen hinsichtlich der Einordnung verschiedener Verhaltensweisen zu den drei Geheimhaltungsstufen unterblieben jedoch.[537]

Dennoch ist diese Entscheidung des Bundesverfassungsgerichts durchaus zu befürworten. Sie ebnete den weiteren Weg für eine stetige Konkretisierung der dem Individuum zustehenden Intim-, Privat- und Öffentlichkeitssphäre und diente daher trotz der noch ungenauen Konturierung der einzelnen Sphären der Rechtssicherheit, insbesondere zur Beurteilung des Kernbereichs des allgemeinen Persönlichkeitsrechts durch untere Gerichte.[538] Damit entwickelte das

---

533 *BVerfGE* 34, 238 (245).

534 *BVerfGE* 34, 238 (246).

535 *BVerfGE* 34, 238 (247); so auch *Laber* 1995, S. 25.

536 *BVerfGE* 34, 238 (246); die Bedeutung dieses Urteils wird durch die Aussage von *Amelung*, NJW 1990, 1753 (1755), deutlich, es handle sich um „die wichtigste persönlichkeitsrechtliche Entscheidung des vergangenen Jahrzehnts [...]".

537 Ähnlich *Laber* 1995, S. 26; *Otto*, FS Kleinknecht 1985, S. 319 (320).

538 A. A. *Otto*, FS Kleinknecht 1985, S. 319 (323 ff.), welcher zwar ebenfalls die klaren Umrisse des Intimbereichs zu vermissen scheint, die Gewährleistung einer solchen

Bundesverfassungsgericht gewissermaßen ein „Grundgerüst" des allgemeinen Persönlichkeitsrechts, dessen „Substantiierung" sodann von den Gerichten in den Folgejahren vorgenommen werden konnte. Ob und in welcher Form dies der Fall war, sollen die anschließend erörterten Entscheidungen aufzeigen.

d) Das „Volkszählungs-Urteil" des Bundesverfassungsgerichts

Das sogenannte „Volkszählungs-Urteil" des Bundesverfassungsgerichts[539] vom 15. Dezember 1983 hatte das Gesetz über eine Volks-, Berufs-, Wohnungs- und Arbeitsstättenzählung (Volkszählungsgesetz 1983) vom 25. März 1982 zum Gegenstand, gegen das sich zahlreiche, letztlich zum Teil erfolgreiche Verfassungsbeschwerden betroffener Bürger wendeten. Das Volkszählungsgesetz regelte unter anderem die Durchführung der Erhebung sowie die Verwendung und Übermittlung der erhobenen Daten.

Das Bundesverfassungsgericht führte aus, dass angesichts der Veränderung des Bewusstseins der Allgemeinheit insbesondere nach dessen „Mikrozensus-Entscheidung"[540], die Beunruhigung und Angst innerhalb der Bevölkerung vor einer unkontrollierten Persönlichkeitserfassung nachvollziehbar sei. Die Entwicklung der automatisierten Datenverarbeitung nehme bereits solche Züge an, dass sie nur noch für Fachleute durchschaubar sei.[541]

aa) Das „Recht auf informationelle Selbstbestimmung"

In seinem Urteil zum Volkszählungsgesetz entwickelte das Bundesverfassungsgericht mit dem „Recht auf informationelle Selbstbestimmung" ein neues, aus

---

unantastbaren Intimsphäre in der Argumentationsstruktur des Bundesverfassungsgerichts hingegen gar nicht aufzufinden vermag. Zwar erkennt er eine „Mindestsphäre der persönlichen Entfaltung" an, die grundrechtlich zu schützen sei, jedoch sei eine solche „kein absolut geschützter Bereich". Es könne keinen absolut geschützten Bereich der Persönlichkeit geben, da die Rechte anderer stets die Entfaltung der Persönlichkeit beschränken. Daher sei die Problematik von Eingriffen in diesen Schutzbereich durch die Regeln der Rechtfertigung durch Notwehr gemäß § 32 StGB zu lösen; kritisch insoweit auch *Amelung*, NJW 1990, 1753 (1755), der das Menschenbild der Sphärentheorie als „übermäßig einfach" bezeichnet und für eine Erfassung der Persönlichkeit von psychischen und sozialen Grundbedürfnissen her plädiert; befürwortend hingegen *Schmidt*, Jura 1993, 591 (592), der von einer „dankenswerten Klarheit" spricht, mit der das Bundesverfassungsgericht die Problematik klargestellt habe.

539 *BVerfGE* 65, 1.

540 *BVerfGE* 27, 1.

541 *BVerfGE* 65, 1 (3 f.).

Art. 2 Abs. 1 i. V. m. Art. 1 Abs. 1 GG abgeleitetes Grundrecht, welches als besondere Ausprägung des allgemeinen Persönlichkeitsrechts aufzufassen ist.[542]

Hierzu führte das Gericht aus: „Im Mittelpunkt der grundgesetzlichen Ordnung stehen Wert und Würde der Person, die in freier Selbstbestimmung als Glied einer freien Gesellschaft wirkt. Ihrem Schutz dient [...] das in Art. 2 Abs. 1 i. V. m. Art. 1 Abs. 1 GG gewährleistete allgemeine Persönlichkeitsrecht, das gerade auch im Blick auf moderne Entwicklungen und die mit ihnen verbundenen neuen Gefährdungen der menschlichen Persönlichkeit Bedeutung gewinnen kann. [...] Es umfasst [...] auch die aus dem Gedanken der Selbstbestimmung folgende Befugnis des einzelnen, grundsätzlich selbst zu entscheiden, wann und innerhalb welcher Grenzen persönliche Lebenssachverhalte offenbart werden."[543]

Weiter betonte das Bundesverfassungsgericht, dass dieses Recht auf informationelle Selbstbestimmung, insbesondere aufgrund der modernen Möglichkeiten der Datenverarbeitung und Erhebung sowie der damit einhergehenden Gefahr der Erstellung eines Persönlichkeitsbildes, eines besonderen Schutzes bedürfe. Dennoch sei dieses nicht schrankenlos gewährleistet. Vielmehr müsse der Einzelne Einschränkungen dieses Rechts hinnehmen, sofern dies im überwiegenden Allgemeininteresse liege und verhältnismäßig sei.[544]

bb) Aufgabe der Sphärentheorie?

Das Bundesverfassungsgericht erwähnte die von ihm entwickelte Sphärentheorie des allgemeinen Persönlichkeitsrechts in seiner Entscheidung mit keinem Wort, so dass Teile der Literatur[545] annahmen, das Gericht habe diese nunmehr aufgegeben.

Das kann hingegen heute – insbesondere nachdem das Bundesverfassungsgericht seine Rechtsprechung zur Sphärentheorie stets weitergeführt hat[546] – nicht mehr angenommen werden. Vielmehr sah das Bundesverfassungsgericht wohl keinen Anlass, in seinem Volkszählungsurteil auf die Sphärentheorie Bezug zu

542 *BVerfGE* 65, 1 (41 ff.).

543 *BVerfGE* 65, 1 (41 f.).

544 *BVerfGE* 65, 1 (43 f.).

545 *Geis*, JZ 1991, 112 (113); *Amelung*, NJW 1990, 1753 (1755); *Benda*, DuD 1984, 84 (88); *Steinmüller*, DuD 1984, 91 (93); *Hufen*, JZ 1984, 1072 (1074); *Keller*, NJW 1989, 2292; vgl. hierzu *Laber* 1995, S. 29 m. w. N.; a. A. *Störmer*, Jura 1991, 17 (18).

546 So beispielsweise in *BVerfGE* 72, 155 (170); 75, 369 (380); 80, 367 (373 f.); 90, 255 (260); 109, 271 (313); 101, 361 (383).

nehmen, da es sich um einen anders gearteten Sachverhalt handelte.[547] Durch die Entwicklung des Rechts auf informationelle Selbstbestimmung schaffte das Gericht neben den drei Sphären des Intim-, Privat- und Öffentlichkeitsbereichs einen weiteren Schutzbereich und konkretisierte und stärkte zugleich die Öffentlichkeitsphäre.[548]

e) *Das zweite „Tagebuch-Urteil" des BGH*

Am 9. Juli 1987 erging sodann das zweite Urteil des BGH[549], in welchem sich dieser wieder eingehend mit tagebuchartigen Aufzeichnungen zu befassen hatte.

Diesem Urteil des Bundesgerichtshofs lag ein Aufsehen erregender Sachverhalt zugrunde: Der Angeklagte hatte nach den Feststellungen des erstinstanzlichen Gerichts eine unbekannte Frau mittels vier Schlägen auf den Hinterkopf – vermutlich unter Zuhilfenahme eines scharfen Beils – getötet, welche gerade auf dem Bauch liegend ein Sonnenbad nahm und sich keines Angriffs versah.

Das Landgericht Dortmund hatte diese Tat als heimtückischen Mord gewertet und den Angeklagten zu lebenslanger Freiheitsstrafe verurteilt. Dabei hatte es sich unter anderem auch auf Tagebuchaufzeichnungen des Angeklagten gestützt, in welchen sich dieser mit seinen Problemen mit Frauen auseinandersetzte. Im Rahmen der Revision machte der Angeklagte, der zuvor der Sicherstellung der in seinem Zimmer anlässlich einer Wohnungsdurchsuchung aufgefundenen Schriftstücke zugestimmt hatte, geltend, das Landgericht hätte seine Tagebuchaufzeichnungen nicht verwerten dürfen. Letzteres hatte die Aufzeichnungen zwar nicht verlesen, aber im Rahmen der Hauptverhandlung zwei Sachverständige als Zeugen befragt, welche sich mit dem Angeklagten über den Inhalt dieser Schriftstücke unterhalten hatten.[550]

aa) Erörterung der Entscheidungsgrundlagen

Der BGH hielt die tagebuchartigen Aufzeichnungen des Angeklagten hingegen für verwertbar. Zur Begründung führte er aus, der Angeklagte habe sein Recht aus Art. 2 Abs. 1 i. V. m. Art. 1 Abs. 1 GG auf Schutz solcher Privataufzeichnungen, die der Betroffene nur für sich selbst festhält, zunächst

547 Vgl. *Lorenz*, GA 1992, 254 (262); *Störmer*, Jura 1991, 17 (18); *Laber* 1995, S. 29 m. w. N.

548 So auch *Jahn* 2008, Gutachen C, S. 82 m. w. N.; darüber hinaus *Laber* 1995, S. 29 m. w. N.

549 *BGHSt* 34, 397.

550 *BGHSt* 34, 397 (398).

nicht bereits dadurch verwirkt, dass er sie in einem unverschlossenen Zimmer im Haus seiner Eltern aufbewahrt hatte. Der Angeklagte hatte den Inhalt der Aufzeichnungen zuvor niemandem mitgeteilt und hatte auch den Willen gehabt, diese geheim zu halten.

Auch die Auffassung des Landgerichts, die Aufzeichnungen des Angeklagten „[…] hätten zwar Intimcharakter und seien nicht für Dritte bestimmt gewesen, verdienten jedoch nicht, „in den Mantel des unantastbaren Persönlichkeitsschutzes gehüllt zu werden, weil der Angeklagte sich darin mit der Begehung von Straftaten an Frauen“ auseinandergesetzt habe […]“, gehe letztlich fehl.[551]

Zwar treffe es zu, dass „[…] Aufzeichnungen, die Straftäter über ihre Taten und Opfer fertigen, nicht den aus Art. 1 und 2 GG herzuleitenden Beweis- und Verwertungsverboten unterliegen (BGHSt 19, 325, 331)“, darum handle es sich aber bei den Tagebuchaufzeichnungen des Angeklagten nicht. Diese seien vielmehr höchstpersönlichen Inhalts, da sich der Angeklagte darin „[…] mit seinem „Problem, keinen Kontakt zu Frauen zu finden“ und seiner von ihm selbst so empfundenen – nach dem Inhalt der Aufzeichnungen aber bekämpften – „Spannung“, vor der Begehung schwerster Straftaten zu stehen, auseinandersetzt. Diese Notizen zeigen damit den Versuch, einer vom Angeklagten befürchteten Verstrickung in Straftaten zu entgehen.“[552]

Der Angeklagte habe auch nicht wirksam auf sein Persönlichkeitsrecht an den Tagebuchaufzeichnungen verzichtet, indem er sich mit deren Sicherstellung einverstanden erklärt hatte. Zum Zeitpunkt dieser Erklärung sei der rechtlich gänzlich unerfahrene Angeklagte noch nicht anwaltlich vertreten gewesen und sei davon ausgegangen, er könne die Verwertung der Tagebuchaufzeichnungen ohnehin nicht verhindern. Darüber hinaus könne nicht angenommen werden, dass dem Angeklagten die Bedeutung der in Frage stehenden Grundrechte sowie der abgegebenen Erklärung bekannt war.[553]

Der BGH führte sodann weiter aus, dass es aber auf das oben Gesagte nicht ankomme, da die Verwertung aus einem anderen Grund gerechtfertigt sei. Hier erläuterte der BGH schließlich unter Verweis auf *BVerfGE* 34, 238 (248), dass das Persönlichkeitsrecht nicht uneingeschränkt gelte, sondern vielmehr eine „[…] Abwägung zwischen […] den Persönlichkeitsrechten des Angeklagten einerseits und den Belangen der Strafrechtspflege andererseits […]“ vorzunehmen sei. Diese ergebe in dem hier erörterten Fall, dass die Tagebuchaufzeichnungen

551 *BGHSt* 34, 397 (399 f.).
552 *BGHSt* 34, 397 (400).
553 *BGHSt* 34, 397 (400).

verwertbar seien: „Die bei dem Angeklagten sichergestellten Unterlagen dienten der Aufklärung eines Mordes, also einer der schwersten Straftaten, die das Strafgesetzbuch kennt. Die Tagebuchaufzeichnungen waren zwar nicht das einzige Beweismittel; sie waren aber für die Entscheidung von nicht unerheblicher Bedeutung, weil sie einen Einblick in die innere Verfassung des Angeklagten vor der Tat gestatteten und geeignet waren, einerseits Tatmotive aufzuzeigen und andererseits auf entlastende Umstände hinzuweisen."[554]

bb) Kritik

Das hier zu diskutierende Urteil des BGH zeigt in einigen Punkten begrüßenswerte Erörterungen zum allgemeinen Persönlichkeitsrecht sowie zur Verwertbarkeit tagebuchartiger Aufzeichnungen.

So erkannte das Gericht zunächst wie selbstverständlich an, dass Tagebuchaufzeichnungen dem Schutz des allgemeinen Persönlichkeitsrechts aus Art. 2 Abs. 1 i. V. m. Art. 1 Abs. 1 GG unterliegen.

Es stellte sodann klar, dass es auf den Geheimhaltungswillen des Betroffenen an den Schriftstücken ankomme. Das Recht auf Schutz der Intimsphäre ist nach Auffassung des BGH demnach nicht bereits dadurch verwirkt, dass der Betroffene keine besonderen Vorkehrungen trifft, die eine Kenntnisnahme der Schriftstücke seitens Dritter gänzlich ausschließt.

Dieser Ansicht ist zuzustimmen, da die Schutzwürdigkeit der Intimsphäre nicht davon abhängen kann, dass sich der Betroffene durch alle denkbaren Vorkehrungen vor einer Einsichtnahme Dritter schützt. Fraglich wäre bereits, welche Vorkehrungen insoweit als ausreichend anzusehen wären und welche nicht. Darüber hinaus ist auch das Vertrauen des Individuums darauf, seine Mitmenschen – in diesem Fall die Eltern des Betroffenen, in dessen Haus er lebte – würden seine Intimsphäre achten und nicht unbefugt und heimlich in dessen persönlichen Gegenständen „herumschnüffeln", schützenswert.[555] Zwar kann bei besonders fahrlässigem Verhalten seitens des Betroffenen möglicherweise von einer Aufgabe dessen Geheimhaltungswillens ausgegangen werden. Ein solches kann jedoch nicht bereits darin gesehen werden, dass die Türe zu dem Zimmer im Elternhaus, in dem sich die Aufzeichnungen befanden, unverschlossen war.[556]

---

554 *BGHSt* 34, 397 (401).

555 So auch *Amelung*, NJW 1988, 1002 (1003) m. w. N., der feststellt, der Sachverhalt des vorliegenden Urteils habe gezeigt, dass „[…] der Tagebuchführer offenbar zu recht darauf [vertraute], daß die Familie seine Privatsphäre respektieren würde."

556 Zustimmend auch *Geppert*, JR 1988, 469 (472 f.).

Auch die Tatsache, dass sich der Inhalt der Schriftstücke mit Straftaten gegenüber Frauen befasst, lässt nach Auffassung des BGH den intimen Charakter derselben nicht entfallen. Der Betroffene habe schließlich einen inneren Diskurs geführt und den Versuch unternommen, sich selbst von der Begehung der geschilderten Straftaten abzuhalten. Diese sind darüber hinaus bereits Jahre vor der Tat entstanden.

Auch dieser Ansicht des BGH ist beizupflichten. Hier macht der Senat deutlich, dass der intime Charakter der Aufzeichnungen aus der Tatsache herrührt, dass sich der Betroffene in einem inneren Diskurs befunden hat. Genau dieser innere Gedankenaustausch des Betroffenen in Form der Selbstreflexion – selbst wenn er vorliegend perpetuiert wurde – charakterisiert den Inhalt der Aufzeichnungen als höchstpersönlich.[557] Allein die Bezugnahme auf schwere Straftaten, die zum Zeitpunkt des Niederschreibens noch nicht begangen worden waren und deren Begehung der Betroffene durch eben diese Selbstreflexion zu verhindern suchte, kann den Intimcharakter der Tagebuchaufzeichnungen nicht entfallen lassen.[558]

Die Feststellung des BGH, der Angeklagte habe der Verwertung der Tagebuchaufzeichnungen auch nicht wirksam zugestimmt, ist ebenfalls zu befürworten. Es ist bereits fraglich, ob der Angeklagte überhaupt auf sein allgemeines Persönlichkeitsrecht, dessen Bestandteil die Menschenwürde ist, wirksam verzichten kann.[559] Allerdings ist für einen wirksamen Verzicht auf eine Rechtsposition zumindest erforderlich, dass sich der Betroffene der Tragweite seiner Handlung bewusst ist.[560] Hierzu ist jedenfalls eine qualifizierte Belehrung des Betroffenen dahingehend zu fordern, dass ihm die Entscheidung frei stehe und eine Verwertung ohne seine Zustimmung nicht erfolgen könne.

Sehr kritisch ist hingegen die in dem streitgegenständlichen Fall vorgenommene Abwägung des BGH zu betrachten.[561] Eine solche hätte nach den zuvor getätigten Aussagen des Senats gar nicht erfolgen dürfen.

---

557 So auch *Geppert*, JR 1988, 469 (472).

558 Vgl. hierzu *Amelung*, NJW 1988, 1002 (1004), der die Auffassung zwar im Ergebnis teilt, die Unverwertbarkeit der Aufzeichnungen aber wegen einer Verletzung des Rechts der Gewissensfreiheit aus Art. 4 Abs. 1 GG herleitet.

559 Hierzu im Einzelnen unter 3. Teil § 3 II.

560 So auch *Plagemann*, NStZ 1987, 569 (570).

561 Kritisch auch *Geppert*, JR 1988, 469 (473 f.); *Plagemann*, NStZ 1987, 569 (570), der das Urteil zu Recht als „dogmatisch unbefriedigend“ bezeichnet; *Wolter*, StV 1990, 175 (177); *Gössel*, GA 1991, 483 (504); *Schmidt*, Jura 1993, 591 (592), der von einer

Der BGH hatte zunächst klargestellt, dass die Aufzeichnungen des Angeklagten höchstpersönlicher Natur waren und daher dessen Intimsphäre betroffen sei. Dennoch führte er eine Abwägung der Persönlichkeitsinteressen des Angeklagten mit dem Strafverfolgungsinteresse der Allgemeinheit durch. Der Kernbereich der Persönlichkeitsentfaltung ist jedoch nach Auffassung des Bundesverfassungsgerichts unantastbar und abwägungsresistent, einer Abwägung mithin nicht zugänglich. Ein Eingriff in diese Intimsphäre ist unter keinen Umständen – auch nicht zur Aufklärung schwerster Straftaten – zu rechtfertigen.[562] Der BGH hatte in seinen Entscheidungsgründen selbst ausdrücklich auf die Tonband-Entscheidung des Bundesverfassungsgerichts[563] verwiesen, in welchem dieses die Sphärentheorie entwickelt und die Unantastbarkeit der Intimsphäre des Einzelnen verdeutlicht hatte. Dennoch erwähnte der BGH diese mit keinem Wort, obwohl sie sich geradezu aufgedrängt hätte.[564] Vielmehr nahm er unabhängig davon eine Verortung der Tagebuchaufzeichnung in die Intimsphäre des Angeklagten vor, überging aber die Rechtsprechung des Bundesverfassungsgerichts und begründete in dogmatisch nicht nachvollziehbarer Weise die Verwertbarkeit der Tagebuchaufzeichnungen mit einem überwiegenden Interesse der Allgemeinheit an der Ahndung schwerster Straftaten.[565] Dass ein solches Vorgehen mit einer Unantastbarkeit und Abwägungsresistenz des Intimbereichs nichts mehr zu tun hat, liegt auf der Hand.

„Verfestigung der reinen ‚Abwägungslösung'" spricht, welche für einige untere Fachgerichte eine „Signalwirkung" gehabt habe; vgl. hierzu auch *Laber* 1995, S. 36 m. w. N.

562 *BVerfGE* 34, 238 (245), dieses wurde bereits oben unter 3. Teil § 2 I. 3. c) erörtert.

563 *BVerfGE* 34, 238.

564 So auch *Laber* 1995, S. 36; vgl. auch *Plagemann*, NStZ 1987, 569 (570), der allerdings folgert, es würde „[...] vom Ergebnis her befremden, wenn man Aufzeichnungen höchst privater Art selbst dann einem Beweisverbot unterstellen würde, wenn die Einführung in den Strafprozeß die einzige Erkenntnismöglichkeit zur Aufklärung eines Falles schwerster Kriminalität darstellen würde".

565 Vgl. hierzu *Lorenz*, GA 1992, 254 (256), der das Schweigen des BGH zur Kernbereichsproblematik in Anlehnung an *Dahs* 1989, S. 122 (126), als „grundrechtsdogmatisches Defizit" der Entscheidung wertet. Ebenfalls sehr kritisch *Geppert*, JR 1988, 469 (473 f.), der die Statthaftigkeit der vorgenommenen Güterabwägung generell in Frage stellt und das Tagebuch dem „[...] intensivste[n] Bereich menschlicher Intimität, in den der Staat selbst zwecks Ahndung schwerster Straftaten nicht eindringen sollte [...]" zuordnet.

cc) Abwägung des Persönlichkeitsrechts mit den Belangen der Strafrechtspflege – Kriterien

Die vom BGH vorgenommene Abwägung des Persönlichkeitsrechts des Angeklagten mit den Belangen der Strafrechtspflege kann jedoch insoweit positiv gewertet werden, als dieser hierdurch zumindest das ein oder andere nützliche Abwägungskriterium für die im Rahmen der *Privatsphäre*, also auf *zweiter* Stufe, vorzunehmende Abwägung entwickelt hat.

Zwar habe das allgemeine Persönlichkeitsrecht im Grundgesetz einen hohen Stellenwert, aber auch auf Seiten der Strafverfolgungsinteressen seien gewichtige Kriterien zu berücksichtigen. Hierzu zähle zunächst die Schwere der vorgeworfenen Straftat, die Einschätzung, ob die Tagebuchaufzeichnungen das einzige zur Verfügung stehende Beweismittel sind sowie welche Funktion diesen in dem konkreten Strafverfahren zukommt. Darüber hinaus komme „[…] einer funktionsfähigen Rechtspflege, ohne die der Gerechtigkeit nicht zum Durchbruch verholfen werden […]“[566] könne, eine besondere Bedeutung zu.

f) Das zweite „Tagebuch-Urteil“ des Bundesverfassungsgerichts

Das Bundesverfassungsgericht hatte in seinem zweiten „Tagebuch-Urteil“ die soeben geschilderte zweite Tagebuchentscheidung des BGH[567] vom 9. Juli 1987 zu überprüfen. Mit der sowohl gegen das erstinstanzliche Urteil des Landgerichts Dortmund vom 21. Oktober 1986 als auch gegen die oben genannte Entscheidung des BGH gerichteten Verfassungsbeschwerde machte der Beschwerdeführer wiederum geltend, die Verwertung seiner Tagebuchaufzeichnungen verstoße gegen Art. 2 Abs. 1 i. V. m. Art. 1 Abs. 1 GG und verletze seine Intimsphäre. Die tagebuchartigen Aufzeichnungen hätten nicht verwertet werden dürfen, da sie dem absolut geschützten Kernbereich der Privatsphäre angehörten.[568]

Die Gelegenheit, in dieser Entscheidung Klarheit hinsichtlich der Existenz und der Konturen des absolut geschützten Kernbereichs der privaten Lebensgestaltung zu schaffen, nahm das Bundesverfassungsgericht hingegen bedauerlicherweise nicht wahr. Vielmehr konnte sich der Senat mit vier gegen vier Stimmen nicht einigen, so dass mangels Erreichens einer Mehrheit die Verfassungsbeschwerde nach § 15 Abs. 3 S. 3 BVerfGG zurückzuweisen war.[569] Auch aus diesem Grund lässt das hier zu besprechende Urteil eine klare Linie hinsichtlich

566 *BGHSt* 34, 397 (401).

567 *BGHSt* 34, 397.

568 *BVerfGE* 80, 367 (372).

569 *BVerfGE* 80, 367 (376); so auch *Laber* 1995, S. 39 f. m. w. N.

des Beurteilungsmaßstabs und der Eingrenzungskriterien eines unantastbaren Kernbereichs privater Lebensgestaltung vermissen.

aa) Darstellung der Entscheidung

Das Bundesverfassungsgericht hatte sich in seiner Entscheidung vom 14. September 1989 eingehend mit der Frage zu beschäftigen, ob die tagebuchartigen Aufzeichnungen des Beschuldigten im Rahmen der Urteilsfindung verwertet werden durften.

Hinsichtlich der Einzelheiten des zugrundeliegenden Sachverhalts wird auf das oben geschilderte Urteil des BGH verwiesen, der denselben Fall zu entscheiden hatte.[570]

Mit Hinweis auf seine zuvor ergangene Rechtsprechung merkte das Bundesverfassungsgericht abermals an, dass es einen letzten unantastbaren Bereich privater Lebensgestaltung anerkenne, der jeglicher öffentlicher Gewalt entzogen sei. Bei dieser Gelegenheit wies es erneut darauf hin, dass „selbst schwerwiegende Interessen der Allgemeinheit [...] Eingriffe in diesen Bereich nicht rechtfertigen [können]; eine Abwägung nach Maßgabe des Verhältnismäßigkeitsgrundsatzes findet nicht statt."[571]

Allerdings relativierte der Senat diese Feststellung sogleich, indem er feststellte, dass aber bereits die Berührung mit der Persönlichkeitssphäre eines anderen Menschen jeder Handlung und Information eine soziale Bedeutung verleihe, wodurch sie rechtlicher Regelung zugänglich sei. Der Mensch bestehe allerdings notwendig in sozialen Bezügen. Daher müsse für die Feststellung, ob ein Sachverhalt dem unantastbaren Kernbereich oder dem bloßen Privatbereich zuzuordnen sei, auf die Intensität der sozialen Beziehung abgestellt werden.[572]

Das Bundesverfassungsgericht stellte sodann einige Kriterien auf, die zur Bestimmung des Kernbereichs privater Lebensgestaltung dienen sollten.

Zunächst benannte der Senat den Geheimhaltungswillen des Betroffenen. Dieser sei entscheidend, „denn dort, wo der Betroffene auf Geheimhaltung selbst keinen Wert legt, ist der Kernbereich schon wegen dieses Umstands in aller Regel nicht berührt." Allerdings könne es nicht allein auf den Geheimhaltungswillen des Betroffenen ankommen.[573]

570 Siehe bereits oben unter 3. Teil § 2 I. 3. e).
571 *BVerfGE* 80, 367 (373).
572 *BVerfGE* 80, 367 (374).
573 *BVerfGE* 80, 367 (374).

Als weiteres Kriterium bemerkte der Senat, dass darüber hinaus erheblich sei, ob der „[...] Inhalt höchstpersönlichen Charakters ist und welcher Art und Intensität er aus sich heraus die Sphäre anderer oder die Belange der Gemeinschaft berührt."[574]

Schließlich stellte das Bundesverfassungsgericht klar, dass die Verfassung es nicht gebiete „[...] Tagebücher oder ähnliche private Aufzeichnungen schlechthin von der Verwertung im Strafverfahren auszunehmen. Allein die Aufnahme in ein Tagebuch entzieht Informationen noch nicht dem staatlichen Zugriff. Vielmehr hängt die Verwertbarkeit von Charakter und Bedeutung des Inhalts ab. Enthalten solche Aufzeichnungen etwa Angaben über die Planung bevorstehender oder Berichte über begangene Straftaten, stehen sie also in einem unmittelbaren Bezug zu konkreten strafbaren Handlungen, so gehören sie dem unantastbaren Bereich privater Lebensgestaltung nicht an."[575] Hinsichtlich der praktischen Handhabung empfahl das Bundesverfassungsgericht sodann, die möglicherweise in den Kernbereich der privaten Lebensgestaltung fallenden Schriftstücke bereits im Vornhinein unter „größtmögliche[r] Zurückhaltung"[576] daraufhin durchzusehen, ob der Inhalt höchstpersönlicher Natur und damit verwertbar ist oder nicht.[577]

Anschließend betonte der Senat zum wiederholten Male, dass die Verwertung privater Aufzeichnungen, sofern diese nicht dem absolut geschützten Kernbereich angehören, „[...] der Rechtfertigung durch ein überwiegendes Interesse der Allgemeinheit"[578] bedürfe. Hierdurch wurde – wie bereits in den Entscheidungen zuvor[579] – das Bedürfnis der Allgemeinheit an einer wirksamen Strafverfolgung und Verbrechensbekämpfung sowie „[...] das öffentliche Interesse an einer möglichst vollständigen Wahrheitsermittlung im Strafverfahren betont und die wirksame Aufklärung gerade schwerster Straftaten als [...] wesentliche[r] Auftrag eines rechtsstaatlichen Gemeinwesens bezeichnet."[580] Auf der anderen Seite komme aber dem Recht auf freie Entfaltung der Persönlichkeit keine geringere Bedeutung zu, weshalb stets eine Abwägung zwischen den widerstreitenden Interessen notwendig sei. Hierbei müsse im Einzelfall geprüft werden, „[...] ob die Verwertung im Strafverfahren für die Ermittlung

574 *BVerfGE* 80, 367 (374).
575 *BVerfGE* 80, 367 (374).
576 *BVerfGE* 80, 367 (375).
577 *BVerfGE* 80, 367 (375).
578 *BVerfGE* 80, 367 (375).
579 So beispielsweise bereits in *BVerfGE* 6, 32; sodann u. a. in *BVerfGE* 18, 146; *BGHSt* 19, 325; 34, 397.
580 *BVerfGE* 80, 367 (375) mit Verweis auf *BVerfGE* 77, 65 (76) m. w. N.

der Straftat geeignet und erforderlich ist und ob der dadurch bedingte Eingriff in die Privatsphäre zum strafrechtlichen Aufklärungsziel nicht außer Verhältnis steht."[581]

Alsdann wies das Gericht darauf hin, dass aufgrund von Stimmengleichheit im Senat gemäß § 15 Abs. 3 S. 3 BVerfGG a. F.[582] nicht feststellbar gewesen sei, ob in der Verwertung der tagebuchartigen Aufzeichnungen des Beschwerdeführers ein Verstoß gegen das Grundgesetz zu sehen war.

Während vier der Senatsrichter die Auffassung vertraten, die Notizen des Betroffenen seien im Strafverfahren verwertbar, sahen die anderen vier Richter den Beschwerdeführer hierdurch in seinen Grundrechten aus Art. 2 Abs. 1 i. V. m. Art. 1 Abs. 1 GG als verletzt an und verneinten demnach die Verwertbarkeit.[583]

(1) Auffassung der die Verwertbarkeit befürwortenden Richter

Die die Verwertbarkeit befürwortende Riege stellte zunächst klar, dass die Ansicht des BGH, die Notizen könnten bei der Klärung der Schuldfrage und der Strafbemessung berücksichtigt werden, nicht zu beanstanden sei, da sie nicht dem Kernbereich der Persönlichkeitsentfaltung zuzurechnen seien. Dies ergebe sich zum einen daraus, dass „[...] der Beschwerdeführer seine Gedanken schriftlich niedergelegt hat. Er hat sie damit aus dem von ihm beherrschbaren Innenbereich entlassen und der Gefahr eines Zugriffs preisgegeben (vgl. Forsthoff, Der Persönlichkeitsschutz im Verwaltungsrecht, in: Festschrift zum 45. Deutschen Juristentag [1964], S. 41 [43])." Darüber hinaus wiesen die Aufzeichnungen auch inhaltlich über die Rechtssphäre des Verfassers hinaus, wodurch öffentliche Belange nachhaltig berührt würden. Zwar sei keine Befassung mit der Planung einer konkreten Straftat oder die Schilderung einer bereits begangenen Straftat feststellbar, jedoch sei „[...] mit dieser Straftat [...] der in den Niederschriften reflektierte Vorgang in einer Weise verknüpft, daß die Aufzeichnungen selbst nicht jeglichem staatlichen Zugriff entzogen sein können."[584]

Im Folgenden führten die vier die Verwertbarkeit bejahenden Richter in Bezug auf die konkrete Straftat des Beschwerdeführers aus, welche Erwägungen sie zu der Annahme bewogen hatten, die Aufzeichnungen nicht dem Kernbereich der Persönlichkeitsentfaltung zuzuordnen. Hierbei betonten sie zunächst den „Verdacht einer schweren Straftat [...], die nach den Feststellungen der angegriffenen

581 *BVerfGE* 80, 367 (376).

582 Heute § 15 Abs. 4 S. 3 BVerfGG, zuletzt geändert am 1.12.2009 (BGBl. I S. 3822).

583 *BVerfGE* 80, 367 (376).

584 *BVerfGE* 80, 367 (374).

Entscheidungen so geartet war, daß sie nicht isoliert begriffen, sondern erst vor dem Hintergrund der Persönlichkeitsstruktur des Täters verstanden werden konnte."[585]

Weiter führten sie aus, die Aufzeichnungen zeigten auch nach Auffassung der psychologischen Sachverständigen eine psychische Fehlentwicklung des Beschwerdeführers, „[...] derzufolge er seit längerer Zeit einen Drang zur Begehung von Gewalt gegen Frauen verspürte, ein Verlangen, das zusehends übermächtig wurde und schließlich im Zusammentreffen mit einer die Tat begünstigenden Situation diese auslöste."[586] Nach Auffassung der vier Richter rückten die Aufzeichnungen dadurch mit der dem Beschwerdeführer vorgeworfenen Straftat in einen engen Zusammenhang, zumal sie „[...] indem sie die wachsende Geneigtheit des Beschwerdeführers zu einer Gewalttat gegen eine Frau und seine Auseinandersetzung mit dieser seelischen Spannungslage wiedergeben, die Wurzeln der Tat selbst bloß[legen]."[587] Darüber hinaus hätten die in den Aufzeichnungen geschilderten Vorgänge selbst nach eigener Einschätzung des Verfassers bereits schon beinahe zu einer Gewalttat geführt und waren demnach „[...] ersichtlich mit erheblichen Gefahren für unbeteiligte Dritte verbunden [...]"[588]. Allein aus dem Blickwinkel dieser konkreten Gefahrensituationen für Dritte rechtfertige sich der staatliche Zugriff auf die Aufzeichnungen. Aber auch die sonstige inhaltliche Lokalisierung derselben verbiete ihre Zuordnung zum absolut geschützten Kernbereich privater Lebensgestaltung. Denn die Schriftstücke beschäftigen sich „[...] mit einem Sachverhalt, der nach den tatrichterlichen Feststellungen die Vorgeschichte der Straftat, ihre wesentlichen Ursachen und auch ihre Auslösung erklärt und damit erst den Schlüssel zum Verständnis des eigentlichen Tatgeschehens liefert. Bereits diese enge Verknüpfung zwischen dem Inhalt der Aufzeichnungen und dem Verdacht der außerordentlich schwerwiegenden strafbaren Handlung verbietet ihre Zuordnung zu dem absolut geschützten Bereich persönlicher Lebensgestaltung, die jedem staatlichen Zugriff entzogen ist."[589]

Schließlich habe die Heranziehung der Schriftstücke der Schwurgerichtskammer im Rahmen der Urteilsfindung wichtige Aufschlüsse über die Persönlichkeit des Beschwerdeführers vermittelt, diese seien auch für eine „[...] gerechte Bewertung der Tat unerläßlich [...]"[590] gewesen. Die Aufklärung aller Umstände

585 *BVerfGE* 80, 367 (377).
586 *BVerfGE* 80, 367 (377).
587 *BVerfGE* 80, 367 (377).
588 *BVerfGE* 80, 367 (377).
589 *BVerfGE* 80, 367 (377).
590 *BVerfGE* 80, 367 (378).

der Tat und damit auch der Persönlichkeit des Tatverdächtigen sowie dessen Vorleben und Verhalten nach der Tat, sei für das verfassungsrechtlich gebotene tat- und schuldangemessene Strafen unerlässlich. Daher stünden alle diese Umstände und die mit diesen zusammenhängenden Tatsachen, „[...] sobald bestimmte Verdachtsgründe ihre Verknüpfung mit einem strafbaren Verhalten greifbar nahelegen, in einer besonders engen Beziehung zum Tatgeschehen. Sie erhalten durch das Gebot einer rechtsstaatlichen, der Idee der Gerechtigkeit verpflichteten Rechtspflege verfassungsrechtliches Gewicht; der unantastbare Bereich privater Lebensgestaltung erfaßt solche Tatsachen nicht und entzieht sie mithin nicht der strafrechtlichen Ermittlung und Verwertung."[591]

Weiter merkten die vier Richter hier an, dass die umfassende Aufklärung einer Straftat im öffentlichen Interesse bestehe und die insoweit erheblichen Umstände daher nicht zur Disposition des Beschuldigten stehen dürften. Daher könne dieser auch nicht wirksam auf die Verwertung entlastender Erkenntnisse verzichten.[592]

Nach der Feststellung seitens der die Entscheidung tragenden Richter, die unantastbare Intimsphäre des Beschuldigten sei durch die Verwertung der Aufzeichnungen nicht tangiert, nahmen diese die bereits bekannte Form der Abwägung[593] zwischen den Interessen der Allgemeinheit an einer effektiven Strafverfolgung und des Beschuldigten am Schutze seines allgemeinen Persönlichkeitsrechts vor. Hier bezeichneten sie den Zugriff auf private Aufzeichnungen des Beschuldigten gar als „unbedenklich".[594] Schließlich setze „[...] der Schutz des Gemeinwesens, der durch die Straftat Verletzten und möglicher künftiger Opfer, aber auch der Anspruch des Täters auf ein gerechtes Urteil [...] dem Persönlichkeitsrecht Schranken."[595] Zudem sei – wie die Richter nach kurzer Aufzählung der hierbei herangezogenen Abwägungskriterien feststellten – auch der Verhältnismäßigkeitsgrundsatz im konkreten Fall nicht tangiert.[596]

(2) Ansicht der vier unterlegenen Senatsrichter

Entgegen der zuvor geschilderten Auffassung waren die vier unterlegenen Senatsrichter der Meinung, der Beschwerdeführer sei durch die von ihm angegriffenen

591 *BVerfGE* 80, 367 (378).
592 *BVerfGE* 80, 367 (378).
593 Siehe hierzu u. a. *BVerfGE* 6, 32; 18, 146; *BGHSt* 19, 325; 34, 397.
594 *BVerfGE* 80, 367 (379) mit Verweis auf die Entscheidung des Bundesverfassungsgerichts in *BVerfGE* 34, 238 (249 ff.), in welcher eine solche Wortwahl hingegen nicht aufzufinden ist.
595 *BVerfGE* 80, 367 (379).
596 *BVerfGE* 80, 367 (380).

Entscheidungen in seinem allgemeinen Persönlichkeitsrecht aus Art. 2 Abs. 1 i. V. m. Art. 1 Abs. 1 GG verletzt worden, da dessen tagebuchartige Aufzeichnungen dem absolut geschützten Kernbereich privater Lebensgestaltung unterfielen. „Sie mußten deshalb dem staatlichen Zugriff entzogen bleiben, soweit dieser über die – für ihre persönlichkeitsrechtliche Qualifizierung erforderliche – erste Sichtung hinausging."[597]

Zur Begründung führten die Richter zunächst aus, dass bereits die Form der Aufbewahrung der Schriftstücke durch den Verfasser auf dessen Willen zur Geheimhaltung derselben schließen lasse. Hiervon sei auch der BGH richtigerweise unbeschadet des späteren Einverständnisses des Betroffenen ausgegangen.[598]

Sodann erläuterten sie ausführlich, aus welchen Gründen sie von einem höchstpersönlichen Charakter der tagebuchartigen Aufzeichnungen des Beschwerdeführers ausgingen:

„Sie [die Aufzeichnungen] enthalten eine offene, von keiner Rücksichtnahme sich selbst gegenüber beeinflußte Wiedergabe bestimmter Gemütszustände sowie Reflexionen über die eigene Persönlichkeitsstruktur, die der Beschwerdeführer durch eine schonungslose Darstellung seiner Gefühlswelt besser ergründen wollte, um auf diese Weise über zentrale, ihn quälende Probleme mit sich ins Reine zu kommen. Diese Auseinandersetzung mit dem eigenen Ich, die nur so, wie geschehen, geführt wurde und geführt werden konnte, weil sie in der Einsamkeit des Selbstgesprächs, also geschützt vor fremden Augen und Ohren stattfand, und auch in diesem Bereich verbleiben sollte, verlor ihren höchstpersönlichen Charakter nicht deshalb, weil sie dem Papier anvertraut wurde. So gewiß es ist, dass die Gedanken frei sind – und deshalb frei bleiben müssen von staatlichem Zwang und Zugriff, wenn nicht der Mensch im Kernbereich seiner Persönlichkeit getroffen werden soll –, so gewiß muß gleicher Schutz für das schriftlich mit sich selbst geführte Gespräch gelten, bei dem das andere Ich durch die Niederschrift zum Sprechen gebracht und damit das Gegenüber besser verstanden wird."[599]

Zudem betonten die Richter in diesem Zusammenhang, dass die Aufzeichnungen bereits siebzehn bzw. acht Monate vor der Tat niedergeschrieben worden seien. Es sei nicht feststellbar, dass sie aus sich heraus die Sphäre Dritter oder der Allgemeinheit berühren, zumal lediglich eine Wiedergabe innerer Eindrücke und Empfindungen erfolgt sei. Hinweise auf die wesentlich später erfolgte

---

597 *BVerfGE* 80, 367 (381).
598 *BVerfGE* 80, 367 (381), siehe oben *BGHSt* 34, 397, unter 3. Teil § 2 I. 3. e).
599 *BVerfGE* 80, 367 (381).

Straftat seien ihnen hingegen nicht zu entnehmen.[600] Auch ein sozialer Bezug von hinreichendem Gewicht könne den Aufzeichnungen nicht allein deshalb zugeschrieben werden, weil diese erforderlich seien, um die Persönlichkeitsstruktur des Beschuldigten nachzuvollziehen.[601]

Denn in diesem Fall würde „an die Aufzeichnungen […] im nachhinein und von außen her eine Beziehung zu Allgemeinbelangen herangetragen, die ihnen ursprünglich, also aus sich heraus, nicht eigen war. Erhielte ein intimes Selbstgespräch, in dem der Betroffene sich mit einer ihn ängstigenden Disponiertheit für eine Straftat auseinandersetzt, dann, wenn sein Versuch, seine Triebe zu überwinden, später mißlingt, einen Bezug zu einer Straftat und wäre damit – bezogen auf das Strafverfahren – seine Zuordnung zum absolut geschützten Bereich privater Lebensgestaltung ausgeschlossen, so bedeutete dies eine von dem Betroffenen weder vorhersehbare noch steuerbare Verfügbarkeit über sein eigenes Ich."[602]

Weiter zweifelten die vier unterlegenen Richter an, dass die alleinige Möglichkeit, aus den zu verwertenden Aufzeichnungen Schlüsse auf die Persönlichkeit des Beschuldigten ziehen zu können, dafür ausreichen dürfe, diese intimen Schriftstücke dem absolut geschützten Kernbereich der Privatsphäre zu entziehen. Denn damit „[…] wäre die Unterscheidung zwischen Kernbereich und Abwägungsbereich für das Strafverfahren praktisch aufgehoben. Da grundsätzlich jede Erkenntnis über den psychischen Zustand eines Verdächtigen geeignet ist, zusätzliche Hinweise sowohl auf seine Schuldfähigkeit als auch darauf zu geben, ob er die Tat begangen haben könnte oder nicht, wäre allein der Verdacht geeignet, den absoluten Schutz des Kernbereichs der Privatsphäre zu beseitigen."[603]

Nach Auffassung der vier unterlegenen Richter müssen diese Überlegungen auch gelten, wenn lediglich eine Verwertung der Tagebuchaufzeichnungen zugunsten des Beschuldigten im Raum stehe. In diesem Zusammenhang verwiesen die Richter auf den „Nemo-tenetur"-Grundsatz, der es schließlich jedem Beschuldigten freistelle, sich zu den Tatvorwürfen zu äußern. Nichts anderes könne jedoch gelten, wenn gegen den Willen des Betroffenen in dessen intimste Persönlichkeitssphäre eingegriffen werde.[604]

600 *BVerfGE* 80, 367 (382).
601 *BVerfGE* 80, 367 (382).
602 *BVerfGE* 80, 367 (382).
603 *BVerfGE* 80, 367 (382).
604 *BVerfGE* 80, 367 (382 f.).

Schließlich betonten die Richter, ein Eingriff in die Intimsphäre könne auch nicht unter Hinweis auf das Schuldprinzip gerechtfertigt werden, da dieses erst dann zur Anwendung gelange, wenn die Schuld des Angeklagten bereits feststehe. „Der im Strafverfahren unzugängliche Kernbereich muß vielmehr aus sich heraus, vom Personhaften her, bestimmt werden; wirken auf seine Bestimmung angenommene Erfordernisse des Schuldprinzips ein, so instrumentalisiert das Schuldprinzip die Menschenwürde."[605]

bb) Auseinandersetzung mit der Entscheidung

Dieser Beschluss des Bundesverfassungsgerichts verdeutlichte – gerade durch die stark auseinander gehenden Meinungen innerhalb des Senats und die äußerst knappe Entscheidungssituation von vier zu vier Stimmen –, dass die Festlegung eines absolut geschützten Kernbereichs der Persönlichkeitsentfaltung praktisch große Schwierigkeiten mit sich bringt.[606] Leider gelang es dem Senat in dieser Entscheidung nicht, diese zu beseitigen oder gar geeignete Richtlinien zur Bestimmung der Intimsphäre für die fachgerichtliche Rechtsprechung zu etablieren.[607]

Dennoch ist es zu begrüßen, dass aufgrund der hier getroffenen Entscheidung eine rege Diskussion innerhalb der juristischen Literatur entfacht wurde. Diese ließ es sich nicht nehmen, tiefgreifende Kritik an der Entscheidung des

---

605 *BVerfGE* 80, 367 (383).

606 So auch *Wolter*, StV 1990, 175 (176), der u. a. mit Verweis auf *BVerfGE* 6, 40, feststellt, dass „die Uneinigkeit [...] an die Festen des liberalen Strafprozesses und an die Wertordnung im Grundrechtsabschnitt unserer Verfassung [rührt]." Ähnlich *Schmidt*, Jura 1993, 591 (593), der in der Stimmengleichheit der Entscheidung zugleich ein Argument für deren Zweifelhaftigkeit sieht, sowie *Störmer*, Jura 1991, 17, der ausführt: „Die Patt-Situation im Spruchkörper verdeutlicht [...] die Brisanz dieses Tagebuch-Beschlusses [...]". Vgl. auch *Berkemann*, JR 1990, 226 (227); *Küpper*, JZ 1990, 416 (420); *Denninger*, ZRP 2004, 101 (102); die Kernbereichsrechtsprechung unter der Bezeichnung als „Fehlentwicklung" generell ablehnend hingegen *Rogall*, FS Fezer 2008, S. 61, der zudem von einer „Überhöhung des Kernbereichs privater Lebensgestaltung" spricht.

607 Kritisch auch *Wolter*, StV 1990, 175 (176), der der Auffassung ist, der Beschluss des Bundesverfassungsgerichts habe die offenen Fragen zum Inhalt von Tagebuchaufzeichnungen „weiter verdunkelt"; *Kleb-Braun*, CR 1990, 344 (346) kritisiert das Nichtvorhandensein handhabbarer Abgrenzungskriterien gar mit den Worten: „Klargestellt ist jetzt nur, daß Tagebuchschreiben keine Privatangelegenheit mehr ist."

Bundesverfassungsgerichts – insbesondere an der Auffassung der sie tragenden Senatsrichter – zu üben.[608]

Auch aus heutiger Sicht ist die hier in Rede stehende Entscheidung nur schwer nachvollziehbar. Zwar kann der „gemeinsamen Basis"[609] der Senatsrichter insoweit gefolgt werden, als dass ein unantastbarer Kernbereich privater Lebensgestaltung anzuerkennen ist, der sich aus dem allgemeinen Persönlichkeitsrecht, mithin Art. 2 Abs. 1 i. V. m. Art. 1 Abs. 1 GG, ergibt. Jedoch war diese Feststellung zum Zeitpunkt der Entscheidung bereits derart etabliert, dass die Senatsrichter schwerlich zu einer anderen Auffassung hätten gelangen können.[610]

Auffällig ist hingegen, dass die Entscheidung direkt im darauf folgenden Absatz – ohne einen feststellbaren Zusammenhang mit dem zuvor Gesagten – darauf hinweist, dass aber jedem menschlichen Verhalten eine soziale Bedeutung zukomme, sobald es zu einer Berührung mit den Belangen anderer Menschen komme und dieses Verhalten daher rechtlich geregelt werden könne.[611] Hierin ist bereits eine Relativierung der Anerkennung eines unantastbaren Kernbereichs zu sehen, da schon mit dieser Aussage angedeutet wird, dass die „Unantastbarkeit" des Kernbereichs der persönlichen Lebensführung nur dort gewährleistet wird, wo dieser keine anderen Belange zu beeinträchtigen droht. Wie das Gericht hingegen richtig anmerkt, existiert der Mensch aber gerade in sozialen Bezügen.[612] Es ist bereits kaum vorstellbar, wie und wo ein Mensch leben könnte, dessen Verhalten keinerlei sozialen Bezug aufzuweisen vermag.[613] Jedoch ist auch schon der Begriff des „sozialen Bezugs" nur sehr schwer zu fassen und eine genaue Definition zu entwickeln oder eine Eingrenzung dahingehend festzulegen, wann ein

608 Vgl. hierzu *Geis*, JZ 1991, 112; *Amelung*, NJW 1990, 1753; *Lorenz*, GA 1992, 254; *Küpper*, JZ 1990, 416; *Kleb-Braun*, CR 1990, 344; *Berkemann*, JR 1990, 226; *Störmer*, NStZ 1990, 397; ders. in Jura 1991, 17; *Wolter*, StV 1990, 175; *Schmidt*, Jura 1993, 591; *Schroth*, JuS 1998, 969, (979); a. A. hingegen: *Rogall*, FS Fezer 2008, S. 61 ff.

609 Vgl. *Lorenz*, GA 1990, 254 (258).

610 Die Existenz sowie die Herleitung eines absolut geschützten Kernbereichs, der bereits in den 50er Jahren in der „Elfes-Entscheidung" seitens des Gerichts anerkannt wurde, konnte zum Zeitpunkt der Entscheidung des BVerfG vom 14. September 1989 nicht mehr ernsthaft angezweifelt werden, vgl. hierzu *Lorenz*, GA 1992, 254 (258); *Otto*, FS Kleinknecht 1985, S. 319 (327 f.); *Gössel*, NJW 1981, 649 (656); *Dalakouras*, 1988, S. 212 ff.

611 So auch *Störmer*, Jura 1991, 17 (20), der von einer „notwendige[n] Konsequenz [spricht], daß sozialbezogene Handlungen und Informationen grundsätzlich einer rechtlichen Inanspruchnahme zugänglich sein müssen."

612 Zustimmend *Wolter*, StV 1990, 175 (177).

613 Ähnlich *Kleb-Braun*, CR 1990, 344 (346).

solcher anzunehmen ist, ist nur unter großen Schwierigkeiten denkbar.[614] Dennoch ist dem Senat in diesem Punkt insoweit zuzustimmen, als die Freiheit der einzelnen Person zur Selbstverwirklichung nicht so weit reichen kann, dass sie die Freiheit eines anderen Menschen tangiert. Allerdings verkennt der Senat hier, dass dies streng genommen mit der Intimsphäre des Menschen bzw. dem Kernbereich der allgemeinen Persönlichkeitsentfaltung, wenn überhaupt, dann nur am Rande etwas zu tun hat. Denn innerhalb dieser innersten Persönlichkeitssphäre ist – zumindest im Hinblick auf das Schreiben eines Tagebuchs[615] – die Berührung mit der Sphäre einer anderen Person richtigerweise geradezu ausgeschlossen.[616]

Auch die vom Bundesverfassungsgericht aufgestellten Kriterien zur Bestimmung der unantastbaren Intimsphäre können nur zum Teil als geeignet eingestuft werden.

Zuzustimmen ist dem Senat zunächst insoweit, als er zur Beurteilung der Schutzwürdigkeit der persönlichen Aufzeichnungen auf den Geheimhaltungswillen des Betroffenen abstellen will.[617] Möchte der Betroffene die von ihm verfassten intimen Notizen preisgeben, so ist kein Grund ersichtlich, warum ihm dies verwehrt sein sollte. Voraussetzung hierbei muss aber eine qualifizierte Belehrung des Betroffenen dahingehend sein, dass er nicht zur Offenlegung und Herausgabe seiner Niederschriften verpflichtet ist und dass es ihm freistehe, diese geheim zu halten oder preiszugeben.

Dem Senat kann aber auch insoweit gefolgt werden, als es nicht ausschließlich auf den Willen des Betroffenen zur Geheimhaltung ankommen kann.[618] Denn zum einen ist ein solcher tatsächlich kaum feststellbar, wobei er bei intimen Aufzeichnungen in der Regel anzunehmen ist, wenn nicht der Betroffene

---

614 In diesem Zusammenhang warnt *Geis*, JZ 1991, 112 (115), vor einer zu engen Definition des Kernbereichs, die das Individuum auf sich selbst beschränkt. Dies würde zu einer Isolierung des menschlichen Wesens führen, welches auf Außenbezogenheit angelegt sei. Kritisch insoweit auch *Lorenz*, GA 1992, 254 (263).

615 Sowie andere, intimste Handlungen (z. B. das verbale Selbstgespräch), auf die im Folgenden noch einzugehen sein wird.

616 Hierzu näher schon unter 3. Teil § 2 I. 3. a).

617 Im Ergebnis zustimmend *Lorenz*, GA 1992, 254 (265), der allerdings darauf hinweist, dass es zur Bestimmung des Geheimhaltungswillens nicht darauf ankommen könne, dass der Verfasser alle denkbaren Schutzvorkehrungen zur Geheimhaltung trifft. Eine fahrlässige Preisgabe sei nicht möglich, da das Tagebuch „in statu nascendi“ geschützt werde.

618 So auch *Wolter*, StV 1990, 175 (177).

die Aufzeichnungen selbst willentlich veröffentlicht hat oder ihm hinsichtlich der Aufbewahrung gröbste Fahrlässigkeit vorzuwerfen ist. Eine solche kann jedoch weder dann angenommen werden, wenn die Niederschriften sich beispielsweise offen auf dem Schreibtisch des Betroffenen befinden, noch wenn sie ihm auf irgendeine Art und Weise abhanden gekommen sind. Schließlich darf jedermann darauf vertrauen, dass die Menschen in seinem nächsten Umfeld, wie beispielsweise die eigene Familie, die Privatsphäre des Betroffenen achten werden. Selbst wenn dieses Vertrauen nicht immer berechtigt sein mag, bleibt es dennoch schützenswert. Eine andere Auffassung wäre hingegen geeignet, gerade unter Familienangehörigen und Mitbewohnern tiefes Misstrauen zu schüren.[619]

Begrüßenswert ist auch das Kriterium des Senats, wonach die Aufzeichnungen nur dann dem Kernbereich der Persönlichkeit unterfallen, wenn sie höchstpersönlichen Charakters sind.[620] Es kann hingegen nicht darauf ankommen, in welcher Art und Intensität die Schriftstücke *aus sich heraus* die Sphäre Dritter oder der Allgemeinheit tangieren können.

Die Frage, wann einer schriftlichen Aufzeichnung ein höchstpersönlicher Charakter zukommt und wann nicht, ist nicht leicht zu beantworten. Allein durch die Überschrift „Tagebuch“ wird naturgemäß noch keine Höchstpersönlichkeit begründet.[621] Insoweit kommt es vielmehr darauf an, dass der Betroffene das Tagebuch gewissermaßen als „forum internum“ nutzt, also beispielsweise um seine Gedanken zu sortieren, sich über sich selbst und seine Umwelt klarzuwerden, zu reflektieren, persönliche Probleme zu bewältigen und seine Gefühle auszudrücken. Daher weist – wie auch der Senat richtig erkennt – die bloße Auflistung begangener Straftaten sowie die konkrete, objektive und technische Planung von künftigen Straftaten keinen höchstpersönlichen Charakter auf und

619 Ähnlich darüber hinaus *Wolter*, StV 1990, 175 (177), der allerdings annimmt, es könne keine Rolle spielen, ob der Verfasser seine Notizen durch Verstecken geheim hält. Dies müsse zumindest in der durch Art. 13 I, II GG geschützten Wohnung gelten. Vgl. zum Erfordernis des Geheimhaltungswillens ferner *Ellbogen*, NStZ 2001, 460 (463 f.).

620 Zutreffend hierzu *Ellbogen*, NStZ 2001, 460 (463).

621 Vgl. insoweit überdies *Störmer*, Jura 1991, 17 (21); ders. in NStZ 1990, 397 (398); so auch *Küpper*, JZ 1990, 416 (420); *Amelung*, NJW 1990, 1753 (1759); *Geppert*, JR 1988, 474, der von einem „institutionalisierten Schutz“ tagebuchartiger Aufzeichnungen spricht.

unterfällt demnach nicht dem absolut geschützten Kernbereich der privaten Lebensgestaltung.[622]

Inwiefern allerdings bloße Schriftstücke oder der Akt des Niederschreibens selbst *aus sich heraus* die Sphäre anderer Menschen tangieren sollen, bleibt ein Rätsel. Der Senat erläutert dies auch nicht weiter, sondern stellt lediglich in einem Halbsatz fest, dass es neben dem höchstpersönlichen Charakter auf dieses Kriterium ankomme. Steht aber der höchstpersönliche Charakter einer Aufzeichnung bereits fest, ist nicht vorstellbar, wie diese aus ihrer Eigenart als niedergeschriebene Schriftzeichen die Belange Dritter berühren soll. Denn selbst wenn dritte Personen in den Schriftstücken namentlich genannt werden und der Verfasser in seiner Phantasie, niedergelegt in einem Tagebuch oder sonstigen (möglicherweise auch elektronischen) „Schriftstück", Straftaten gegen sie begeht, bleibt es rein tatsächlich bei diesem beschriebenen Papier.[623] Die niedergeschriebenen Wünsche oder Sorgen des Verfassers werden hingegen nicht dadurch real, dass sie dem Papier anvertraut wurden. Dadurch eine Berührung mit der Sphäre einer anderen Person anzunehmen erscheint, zumal sie von dieser Niederschrift in der Regel keine Kenntnis haben wird, sehr konstruiert.[624] Etwas anderes muss natürlich dann gelten, wenn der Verfasser die Aufzeichnungen – insbesondere unter Namensnennung – veröffentlicht. In diesem Fall entfällt aber zum einen sowohl bereits der höchstpersönliche Charakter der Aufzeichnungen als auch der erforderliche Geheimhaltungswille des Betroffenen.

---

622 Die hier vertretene Auffassung richtet sich somit generell gegen das Abgrenzungskriterium des „Sozialbezugs". Andere Meinungen, wonach es beispielsweise auf die Unmittelbarkeit des Sozialbezuges ankomme, so bei *Störmer*, Jura 1991, 17 (23), lassen sich zwar hören, jedoch machen sie eine Beurteilung der Höchstpersönlichkeit der Aufzeichnungen unnötig kompliziert.

623 Vgl. dazu *Amelung*, NJW 1990, 1753 (1755), der von einem „Bezug […] freilich rein gedanklicher Art" spricht; ders. in NJW 1988, 1002 (1004), schon zur zweiten Tagebuchentscheidung des BGH, wo er treffend feststellt: „Soziale Folgen, die über den Papierverbrauch hinausgehen, haben sie [die Tagebucheintragungen] nicht."

624 Hiergegen wendet sich *Rogall*, FS Fezer 2008, S. 61 (74 f.), indem er behauptet „das ‚Höchstprivate' kann also nicht allein faktisch entwertet werden; es verliert seinen Charakter auch durch das öffentliche Interesse, das an seiner Kenntnisnahme besteht." Dieser Auffassung ist entschieden entgegenzutreten. Würde der Kernbereich allein dadurch verlassen werden, dass ein „öffentliches Interesse" an den enthaltenen Informationen besteht, wäre ein absolut geschützter Kernbereich privater Lebensgestaltung schlicht und ergreifend nicht existent. Zur weiteren Diskussion über die Herleitung einer Eingriffsrechtfertigung von ihrer Notwendigkeit her, vgl. unten unter 3. Teil § 2 I. 3. f) bb) (1).

Der in diesem Zusammenhang ausgesprochenen Empfehlung des Bundesverfassungsgerichts, die schriftlichen Aufzeichnungen bereits im Ermittlungsverfahren dahingehend durchzusehen, ob sie persönlichen Charakters sind oder nicht, ist – wenn auch nicht völlig bedenkenlos – zuzustimmen.[625]

Da es für die Feststellung, ob die Aufzeichnungen dem Kernbereich der privaten Lebensgestaltung unterfallen, gerade auf ihren Inhalt ankommt, steht faktisch keine andere Möglichkeit zur Verfügung, um diesen auf seinen höchstpersönlichen Charakter hin zu beurteilen.[626] Problematisch erscheint hierbei zwar, dass der ermittelnde Beamte bzw. – wünschenswerterweise – der Ermittlungsrichter[627] selbst bei „äußerst zurückhaltender" Durchsicht von dem Inhalt der Aufzeichnungen Kenntnis erlangt und, sofern diese als höchstpersönlich und demnach unverwertbar eingestuft werden, diesen in einem späteren Verfahren nur schwerlich aus seinem Gedächtnis löschen kann. Andererseits wird der Ermittlungsrichter wegen des umfassenden Charakters des Verwertungsverbots auch nicht als Zeuge vom Hörensagen im darauf folgenden Hauptverfahren vernommen werden können. Richtigerweise darf der Ermittlungsrichter, der von

---

625 Kritisch insoweit auch *Störmer*, Jura 1991, 17 (22), der hinsichtlich der Festlegung durch das Bundesverfassungsgericht, die Durchsicht müsse unter „größtmöglicher Zurückhaltung" erfolgen, von einem „[…] unverbindlichen Apell [spricht], der nicht zuletzt wegen seiner Unbestimmtheit zur Wirkungslosigkeit verurteilt ist." Dazu auch *Kleb-Braun*, CR 1990, 344 (345), die dieser Aussage lediglich einen „Feigenblattcharakter" zuschreibt; der Durchsicht ebenfalls nur unter Vorbehalten zustimmend *Amelung*, NJW 1990, 1753 (1759).

626 Befürwortend hierzu ferner *Wolter*, StV 1990, 175 (176); so auch *Störmer*, Jura 1991, 17 (21), der feststellt, dass zur Prüfung, ob Tagebuchaufzeichnungen ganz oder teilweise dem Kernbereich unterfallen, eine inhaltliche Prüfung und Durchsicht unumgänglich ist. Befürwortend *Küpper*, JZ 1990, 416 (420); *Ellbogen*, NStZ 2001, 460 (465); a. A. hingegen *Amelung*, NJW 1990, 1753 (1755), der die Kriterien der „Höchstpersönlichkeit" und der „sozialen Bedeutung" generell ablehnt, da sie keinerlei Konturen hätten und völlig offen bleibe, wie sie zu beurteilen seien. Insoweit spricht er von „[…] undeutlichen Sozialnormen, deren Grenzen nicht das Grundgesetz bestimmt, sondern – wie sich zeigt – die soziale und politische Biographie des Richters, der mit dem Kernbereichsdogma argumentiert."

627 Bedauerlicherweise wurde im Jahre 1974 der § 110 StPO a. F. abgeschafft, wonach die inhaltliche Durchsicht von Schriftstücken ausschließlich dem Ermittlungsrichter vorbehalten war. Die Wiedereinführung einer solchen Regelung wäre – insbesondere im Hinblick auf Beweismittel möglicherweise höchstpersönlichen Inhalts – begrüßenswert. Vgl. hierzu ferner *Störmer*, Jura 1991, 17 (21 f.); ders. in NStZ 1990, 397 (398); so auch *Küpper*, JZ 1990, 416 (420); *Amelung*, NJW 1990, 1753 (1759 f.); kritisch darüber hinaus *Lorenz*, GA 1992, 254 (277).

höchstpersönlichen Schriftstücken Kenntnis erlangt hat, diese auch nicht ohne weiteres an das Tatgericht weitergeben. Denn hierdurch würden die erkennenden Richter ohne Not vor die äußerst schwierige Aufgabe gestellt werden, den Inhalt der intimen Schriftstücke, den sie bereits kennen, innerhalb ihrer Urteilsfindung nicht zu berücksichtigen. Es bleiben hingegen noch ausreichend andere Möglichkeiten, die Entscheidung des Ermittlungsrichters bei Bedarf überprüfen zu lassen.[628]

Das Bundesverfassungsgericht hat in der hier gegenständlichen Entscheidung zum wiederholten Male betont, dass eine Abwägung zwischen dem Interesse des Betroffenen an der Geheimhaltung seiner persönlichen Aufzeichnungen und dem Interesse der Allgemeinheit an einer funktionsfähigen Strafrechtsverfolgung vorzunehmen sei, wenn die in Rede stehenden Aufzeichnungen nicht dem absolut geschützten Kernbereich unterfallen. Diese Auffassung ist an sich nicht zu beanstanden. Allerdings ist in diesem Zusammenhang darauf zu achten, dass die gebotene Abwägung erst auf *zweiter* Stufe vorgenommen werden kann, mithin erst dann, wenn feststeht, ob die Aufzeichnungen der Intimsphäre unterfallen oder nicht. Die Handhabung des Gerichts deutet hingegen vielmehr darauf hin, dass eine solche Abwägung bereits *zur Bestimmung* des Kernbereichs selbst vorgenommen wird oder zumindest insoweit ergebnisorientiert argumentiert wird.[629]

Innerhalb der Literatur wurde darüber hinaus zum Teil bemängelt, dass sich die hier diskutierte Entscheidung an keiner Stelle mit einer möglichen Verletzung des Art. 4 Abs. 1 GG auseinandergesetzt hatte[630], obwohl dem Bundesverfassungsgericht eine umfassende Prüfungsbefugnis zustehe, auch die Verletzung solcher Grundrechte zu untersuchen, die der Beschwerdeführer nicht gerügt hatte.[631] Teilweise wurde angenommen, dass vorliegend das Grundrecht der Gewissensfreiheit tangiert sei.[632] Insoweit geht die h. M. in der Literatur davon aus,

---

628 Denkbar ist hier allen voran die Beschwerde gemäß §§ 304 ff. StPO. Bei nichtrichterlichen Maßnahmen ist hingegen in der Regel § 98 Abs. 2 StPO (ggf. analog) anzuwenden. Zum Rechtsschutz gegen strafprozessuale Grundrechtseingriffe vgl. auch die umfassenden Ausführungen bei *Amelung* 2011, S. 65 ff.

629 So auch *Geis*, JZ 1991, 112 (116).

630 Vgl. *Amelung*, NJW 1990, 1753 (1754), der generell die „Tendenz" des Bundesverfassungsgerichts und des BGH bemängelt, sofort und ohne Erwägung spezieller Grundrechte, auf das allgemeine Persönlichkeitsrecht zurückzugreifen; *Störmer*, Jura 1991, 17 (22) m. w. N.; *Jahn* 2008, Gutachten C, S. 81 f.

631 Vgl. *Maunz* in Maunz/Dürig Art. 93 Rn. 68 mit Hinweis auf *BVerfGE* 24, 267.

632 *Amelung*, NJW 1990, 1753; a. A. *Lorenz*, GA 1992, 254 (273).

dass „[...] das Grundrecht der Gewissensfreiheit ein konstituierendes Element der Persönlichkeit schützt und damit gegenüber dem „unbenannten" Freiheitsrecht aus Art. 2 Abs. 1 i. V. m. Art. 1 Abs. 1 GG die spezielle Gewährleistung darstellt [...]".[633] Allerdings ist schon fraglich, ob das Führen eines Tagebuches von der Gewissensfreiheit des Art. 4 Abs. 1 GG umfasst ist. Denn dieser schützt nur die Gewissensentscheidung als solche bzw. das damit zusammenhängende Verhalten. Die Gewissensfreiheit muss insofern als Pendant zur Glaubensfreiheit aufgefasst werden, es geht mithin um den Schutz einer bestimmten Lebensanschauung.[634] Als solche „[...] ernste sittliche, d. h. an den Kategorien von ‚Gut' und ‚Böse' orientierte Entscheidung [...], die der einzelne in einer bestimmten Lage als für sich bindend und unbedingt verpflichtend innerlich erfährt, so daß er gegen sie nicht ohne ernste Gewissensnot handeln könnte [...]"[635], kann das Führen eines Tagebuchs hingegen nicht aufgefasst werden. Der Verfasser setzt sich in einem Tagebuch zwar regelmäßig mit seinem Gewissen auseinander, er trifft insoweit jedoch in der Regel keine Gewissens*entscheidung*, die nach Art. 4 Abs. 1 GG zu schützen wäre.[636]

Im Folgenden sollen nun die Argumente der beiden dissentierenden Lager des Senats einer eingehenden Betrachtung unterzogen werden.

(1) Kritik an der die Entscheidung tragenden Auffassung

Die Richter *Träger*, *Klein*, *Kruis* und *Kirchhof*, mithin genau die Hälfte der Senatsmitglieder, vertraten in der hier in Rede stehenden Entscheidung die Auffassung, die tagebuchartigen Aufzeichnungen des Beschwerdeführers seien der Verwertung im Strafverfahren zugänglich, da sie nicht dem absolut geschützten Kernbereich persönlicher Lebensgestaltung zuzuordnen seien.

Dies begründeten die Richter zunächst mit dem äußerst fragwürdigen Argument, durch die schriftliche Niederlegung seiner Gefühlswelt habe der Beschwerdeführer seine Gedanken aus seinem „[...] beherrschbaren Innenbereich

633 *Störmer*, Jura 1991, 17 (22) m. w. N.

634 *Herzog* in: Maunz-Dürig Art. 4 Rn. 63 ff.

635 *BVerfGE* 12, 45 (55).

636 Im Ergebnis ebenso *Störmer*, Jura 1991, 17 (22); *Lorenz*, GA 1992, 254 (273 f.), der Tagebuchaufzeichnungen aber dem „forum internum" des Art. 4 Abs. 1 GG zurechnet und ihnen (bereits) daraus absoluten Schutz vor staatlichem Zugriff zukommen lassen will; vgl. zu dieser Diskussion ausführlich *Amelung*, NJW 1990, 1753 (1758 f.) sowie unter 3. Teil § 2 II. 2. a).

entlassen und der Gefahr eines Zugriffs preisgegeben."[637] Bedenklich an dieser Auffassung ist zunächst, dass es vorliegend um die Frage der Einordnung von tagebuchartigen Aufzeichnungen in die Intimsphäre des Betroffenen geht. Da jedoch jegliche Form der intimen Aufzeichnungen, sei es handschriftlicher Art auf Papier oder auch solche in elektronischer Form, stets begriffsnotwendig eine Perpetuierung voraussetzen, würde diese Argumentation dazu führen, dass jede dieser Aufzeichnungen allein aufgrund des Aktes des Niederschreibens bereits nicht dem absolut geschützten Kernbereich privater Lebensgestaltung zugeordnet werden könnte.[638] Damit blieben nur noch verbal geäußerte Selbstgespräche und bloße innere Gedankengänge (gegebenenfalls) dem staatlichen Zugriff entzogen.[639]

Es kann zwar angenommen werden, dass aufgrund des Niederschreibens der Gedanken diese zunächst eine gewisse Reflexion erfahren haben und möglicherweise auch „vorsortiert" wurden. Dieser Auffassung ist auch darin zuzustimmen, dass sie eine nicht derart „innere Stufe" der Intimität aufweisen wie bloße Gedanken oder Selbstgespräche. Hieraus hingegen abzuleiten, dass bereits dadurch der Kernbereich der persönlichen Lebensgestaltung verlassen wird, erscheint allerdings

---

637 *BVerfGE* 80, 367 (376) mit Verweis auf *Forsthoff* 1964, S. 41 (43); hierin ist eine Abkehr von der „Homosexuellen-Entscheidung", *BVerfGE* 6, 389 (433), zu sehen, in der es noch darauf ankam, dass die Handlung Auswirkungen auf den Bereich eines anderen hat, während hier die bloße Entäußerung der Gedanken ausreichen soll; desgleichen *Amelung*, NJW 1990, 1753 (1755).

638 Ähnlich ferner *Laber* 1995, S. 41; desgleichen *Schmidt*, Jura 1993, 591 (592) mit Verweis auf *Küpper*, JZ 1990, 416 (420), der darauf hinweist, dass es schließlich um die Problematik der Verwertbarkeit *schriftlicher* Äußerungen gehe, demnach könne es zur Lösung des Problems nicht gerade auf die *Schriftlichkeit* der Aufzeichnungen ankommen. So auch *Lorenz*, GA 1992, 254 (268), der das Entäußerungskriterium mit dem Geheimhaltungswillen verknüpft: „Wenn die schriftliche Fixierung der Gedanken zur Folge hat, daß er [der Verfasser] hierdurch seinen mangelnden Geheimhaltungswillen offenbart, dann ist jenes Kriterium entweder kein taugliches Abgrenzungskriterium, weil tautologisch, oder aber Tagebücher genießen von vornherein keinen Grundrechtsschutz."

639 Übereinstimmend *Geis*, JZ 1991, 112 (115), der feststellt: „Wird nur noch das „Reich der nicht extrovertierten Gedanken" [in den absolut geschützten Kernbereich] einbezogen, so schützt der Wesensgehalt des Art. 1 Abs. 1 GG letztlich nur noch vor der Gehirnwäsche." So im Ergebnis auch *Störmer*, Jura 1991, 17 (23); treffend ferner *Jahn* 2008, Gutachten C, S. 84: „Nach seiner [des Senats] seltsamen Logik sind nur noch nichtschriftliche Gedanken der unantastbaren Intimsphäre zuzurechnen."

fragwürdig.[640] Der Kernbereich – soll er real existent bleiben und nicht zum bloßen Programmsatz degradiert werden – hat die Aufgabe, den Menschen in seiner Persönlichkeit und damit seine intimsten Handlungen zu schützten.[641] Das heimliche Niederschreiben der persönlichen Empfindungen zum Zwecke der Selbstreflexion in ein Tagebuch stellt aber gerade eine solche intimste Handlung dar. Es kann hingegen richtigerweise nicht bereits als Verlassen dieses Intimbereichs aufgefasst werden, zumal es – wie bereits oben ausgeführt – nicht aus sich selbst heraus dazu geeignet ist, die Rechtssphäre anderer Menschen oder der Allgemeinheit zu tangieren.

An der Argumentation der Senatsrichter erscheint darüber hinaus suspekt, dass sie ihre Auffassung mit einer einzelnen Fußnote belegen, mithin mit Verweis auf eine bereits 25 Jahre alte Fundstelle bei *Forsthoff*, die sich darüber hinaus auf das Verwaltungs- und nicht das Strafverfahren bezieht. Dieser vertrat allerdings bereits zum Zeitpunkt der hier diskutierten Entscheidung eine überholte Auffassung zu Beweisverwertungsverboten im Strafverfahren, wonach der Persönlichkeitsschutz aus Art. 2 Abs. 1 i. V. m. Art. 1 Abs. 1 GG an den Normen des Straf(prozess)rechts ende und das Strafverfahrensrecht nicht als angewandtes Verfassungsrecht aufzufassen sei.[642]

Als Hauptargument führten die Richter des Weiteren an, dass die Tagebuchaufzeichnungen jedenfalls aufgrund ihres Inhalts nicht jeglichem staatlichen Zugriff entzogen sein könnten, zumal sie über die Rechtssphäre des Verfassers hinausweisen und Belange der Allgemeinheit betreffen würden. Auch dieser Auffassung ist nicht zu folgen.[643] Fraglich ist schon, wie der bloße Inhalt einer heimlich

640 Kritisch ebenfalls *Geis*, JZ 1991, 112 (116), der das Argument des Bundesverfassungsgerichts ablehnt, allein die schriftliche Niederlegung würde bereits einen Außenbezug begründen, zumal sich der Autor bewusst des Risikos des Entdecktwerdens aussetze. Er spricht darüber hinaus von einem „offenbar unausrottbaren Zirkelschluß von der faktischen Möglichkeit auf die Befugnis: Weil das Tagebuch gefunden werden *kann*, *darf* es auch verwertet werden." Überdies widerspricht *Schmidt*, Jura 1993, 591 (592) dieser Auffassung entschieden; ebenso ferner *Küpper*, JZ 1990, 416 (420).

641 Vgl. hierzu *Jahn*, NStZ 2000, 383.

642 Vgl. insoweit die Ausführungen von *Laber* 1995, S. 41 f., 13 f.; desgleichen *Geis*, JZ 1991, 112 (116), der hierzu ausführt, *Forsthoff* bestreite generell die Bedeutung des Art. 1 GG für das allgemeine Persönlichkeitsrecht. Vgl. dazu bei *Forsthoff*, FS Schmitt 1959, S. 35 (41 ff.); kritisch ferner *Störmer*, Jura 1991, 17 (23) sowie *Lorenz*, GA 1992, 254 (268 f.), der folgerichtig feststellt, dass „die tautologische ‚Entäußerungsthese' der obsiegenden Gruppe [...] in den Gesamtzusammenhang einer überkommenen Strafprozeß- und Grundrechtsdogmatik eingebettet [ist]."

643 Ebenso *Wolter*, StV 1990, 175 (177), der in dieser Argumentation gar eine Aufhebung der Menschenwürde sieht.

angefertigten schriftlichen Aufzeichnung *über die Rechtssphäre des Verfassers hinausweisen* soll. Der Vorgang der heimlichen schriftlichen Perpetuierung – gleich welchen Inhalts – kann für sich gesehen niemals in den Rechtskreis einer anderen Person oder der Allgemeinheit eingreifen.[644] Würde man dies annehmen, dann müsste man auch in bloßen Gedanken oder in Selbst- und Beichtgesprächen[645], die sich im weitesten Sinne mit anderen Personen oder Allgemeinbelangen befassen, bereits eine Berührung mit der Rechtssphäre anderer Personen sehen. Dies ist hingegen nicht hinnehmbar und würde aller Voraussicht nach dazu führen, dass nur noch „gute, wohlgesonnene, reine und unschuldige Gedanken" von staatlichem Zugriff frei wären. Naturgemäß werden beinahe alle menschlichen Gedanken, ob sie nun im Inneren verbleiben, zu sich selbst verbal geäußert oder perpetuiert werden, sich in irgend einer Form mit der Umwelt des Individuums beschäftigen. Jegliche andere Annahme ist fernliegend. Allein die Tatsache, dass sich der Verfasser oder auch der bloß Denkende inhaltlich mit einer möglichen Straftat beschäftigt, vor deren Begehung er sich selbst gerade durch diese Selbstreflexion abzuhalten versucht, kann nicht dazu führen, dass sie nicht mehr der Intimsphäre des Betroffenen zuzurechnen wäre. Eine solche Annahme würde bedeuten, wie auch das bereits hier in einem Halbsatz angeführte Argument der Senatsrichter, es handle sich um eine schwere Straftat, andeutet, dass bereits *zur Bestimmung* des Kernbereichs des Persönlichkeitsrechts eine Abwägung vorgenommen würde oder jedenfalls vom gewollten Ergebnis her argumentiert würde.[646] Auf diese Weise wird, wie auch in

644 So auch *Amelung*, NJW 1988, 1002 (1005), wonach Niederschriften in einem Tagebuch, in welchem sich der Verfasser mit sich selbst auseinandersetze, lediglich eine „Projektion des forum internum auf das Papier" darstellten, wodurch allein kein Sozialbezug hergestellt werden könne. Vgl. hierzu den Hinweis hierauf von *Geis*, JZ 1991, 112 (116). Vergleichbar auch *Dalakouras*, S. 212 f.; bereits *Gössel*, NJW 1981, 651 (656) will Tagebücher mangels Sozialbezugs generell dem absolut geschützten Kernbereich der Persönlichkeitsentfaltung zuordnen; differenzierend hingegen *Störmer*, Jura 1991, 17 (21), der nur bloßes Denken dem forum internum zuordnen will, wobei es für die Zuordnung zur Intimsphäre wiederum im Einzelfall darauf ankomme, ob das zu verwertende Tagebuch einen Sozialbezug aufweise und wie dieser ausgestaltet sei.

645 Das Führen eines Tagebuches kann als „schriftliches Beichtgespräch" aufgefasst werden. *Amelung*, NJW 1988, 1002 (1005) m. w. N., weist insoweit darauf hin, dass unter anderem der anerkannte Soziologe *Hahn* (in: Kölner Zeitschrift für Soziologie und Sozialpsychologie, 34 (1982), 407 ff.) gezeigt hat, dass die Tagebuchführung ihren Ursprung in der Beichte hat.

646 Siehe hierzu *Geis*, JZ 1991, 112 (115), der bemängelt, dass der aus der Menschenwürde herzuleitende Inhalt des allgemeinen Persönlichkeitsrechts zu einem bloßen Abwägungsposten degradiert werde; so auch *Lorenz*, GA 1992, 254 (264 f.), der feststellt,

der Literatur mehrfach gesehen[647], den Tagebuchaufzeichnungen im Nachhinein, wenn es gerade zur Bejahung der Verwertbarkeit notwendig erscheint, eine Bedeutung beigemessen, die diesen selbst – aus sich heraus – nicht eigen war.

Auch die Behauptung der vier Senatsrichter, die Verwertung der Tagebuchaufzeichnungen sei zur Beurteilung der Tat und der Erfassung der Persönlichkeitsstruktur des Täters erforderlich gewesen, ist in diesem Zusammenhang äußerst fragwürdig.

Zum einen ist die Feststellung der psychischen Disposition des Beschuldigten auch auf andere Art und Weise – allen voran durch die Hinzuziehung eines psychologischen Sachverständigen – möglich, so dass die Verwertung der Aufzeichnungen hierfür nicht erforderlich wäre.

Darüber hinaus ist dieses Argument als Zirkelschluss zu werten: Die Erforderlichkeit der Verwertung der Tagebuchaufzeichnungen soll als Argument für ihre Verwertbarkeit dienen.[648] Wäre die Verwertung allerdings nicht erforderlich oder

---

„der Rückzug auf die abwägende Einzelfallbetrachtung ist in der Konzeption selbst angelegt. […] Zu einer Abwägungsresistenz des ‚harten Kerns' kann es aufgrund der Konzeption der Kernbereichstheorie hingegen überhaupt nicht kommen. Sie ist daher systemwidrig." Siehe hierzu darüber hinaus bei *Barrot* 2012, S. 55 f.

647 Vgl. insoweit beispielsweise *Wolter*, StV 1990, 175 (176); diesem zustimmend *Störmer*, NStZ 1990, 397 (398); *Amelung*, NJW 1990, 1753 (1755), der von einem „[…] nachträgliche[n] Interesse utilitärer und rechtsethischer Art [spricht], das die Gesellschaft wegen einer späteren Handlung des Aufzeichnenden an den Notizen nimmt."; vgl. dazu *Schmidt*, Jura 1993, 591 (592), der die „[…] Verfestigung des Rechtsstandpunktes, wonach die Prüfung einer Verletzung des Kernbereichs des Rechts auf private Lebensgestaltung einer Abwägung der widerstreitenden Interessen am Schutz der Privatsphäre einerseits und einer effektiven Strafverfolgung andererseits *vorzuschalten* ist […]" [Hervorhebung durch die Verfasserin] als begrüßenswert erachtet.

648 Kritisch hierzu *Geis*, JZ 1991, 112 (116), der feststellt, dass „der Sozialbezug […] nicht etwa aus einer Prüfung der Intensität hergeleitet, sondern damit begründet [wird], daß die Aufzeichnungen dem staatlichen Zugriff nicht entzogen werden dürfen. […] nunmehr heißt der zugrundeliegende Schluß: weil das Tagebuch verwertet werden können *muß*, *darf* es verwertet werden." Kritisch hierzu auch *Schmidt*, Jura 1993, 591 (592), der anmerkt, dass für die Beurteilung der Zugehörigkeit privater Aufzeichnungen zur Intimsphäre des Betroffenen „[…] allein der Inhalt der privaten Aufzeichnungen selbst, nicht dagegen die Nutzungsmöglichkeit und -bedürftigkeit im Strafverfahren maßgebend sein [kann]". Selbst das Bundesverfassungsgericht erkannte in seinem Beschluss vom 25. März 1992 nunmehr an, dass zur Bestimmung des Schutzbereichs eines Grundrechtes keine eingriffsorientierten Gesichtspunkte herangezogen werden dürfen, vgl. *BVerfGE* 85, 386. Ebenfalls ablehnend Küpper, JZ 1990, 416 (420); *Kleb-Braun*, CR 1990, 344 (345) stellt hierzu treffend fest, dass „damit […] der Schutz der

zumindest sachdienlich, würde sie durch das Gericht gar nicht in Betracht gezogen werden.[649] Damit wäre stets die Verwertbarkeit tagebuchartiger Aufzeichnungen im Strafverfahren möglich, wenn das befasste Tatgericht diese hinsichtlich der Tataufklärung oder aus sonstigen Gründen für sinnvoll erachten würde. Dann würde aber genau das passieren, was das Bundesverfassungsgericht bereits vor Jahrzehnten befürchtet und abgelehnt hat[650]: Der Zweck würde das Mittel heiligen und die Wahrheitsermittlung im Strafverfahren würde letztlich um jeden Preis erfolgen – hier unter Preisgabe des absolut geschützten Kernbereichs der Persönlichkeitsentfaltung und demnach zugleich unter Preisgabe der Menschenwürdegarantie, die diesem Kernbereich innewohnt.[651]

Bedenklich erscheint darüber hinaus auch, dass die Riege der vier Richter die „psychische Fehlentwicklung" des Beschwerdeführers und sein in den intimen Aufzeichnungen niedergelegtes Verlangen, Gewalttaten gegen Frauen zu begehen, als Argument *für* das Verlassen der Intimsphäre wertete.[652] Gerade diese psychischen Probleme waren hingegen der Anlass für die Perpetuierung der

---

Privatsphäre dem Primat ermittlungstaktischer Opportunität [unterliegt]." Ebenso *Lorenz*, GA 1992, 254 (269). Dieser Auffassung hingegen zustimmend *Rogall*, FS Fezer 2008, S. 61 (74 f.) m. w. N., der das öffentliche Interesse als Grenze der Privatheit bezeichnet; so bereits *Plagemann*, NStZ 1987, 569 (570), vgl. Fn. 557.

649 Vgl. insoweit *Störmer*, Jura 1991, 17 (23), der treffend feststellt, dass „[…] die Verwertungsfrage im Strafprozeß nur auftaucht, wenn die fraglichen Aufzeichnungen in irgendeiner Weise (insbes. als Beweismittel) Aufschluß über die aufzuklärende Tat geben können […]", demnach sei „[…] ein irgendwie gearteter ‚Bezug' zu einer Tat stets gegeben […]. Ansonsten wären die Aufzeichnungen für die Strafverfolgungsorgane (incl. des Gerichts) uninteressant, weil nutzlos."

650 Dies wurde erstmals obergerichtlich festgestellt durch *BGHSt* 14, 358 (365); darauf bezugnehmend *BGHSt* 31, 304 (309); dieser Leitsatz trifft auch in der Literatur überwiegend auf Zustimmung, vgl. *Otto*, FS Kleinknecht 1985, S. 319; *Küpper*, JZ 1990, 416 (419); *Wolter*, StV 1990, 175 (180); *Ellbogen*, NStZ 2001, 460 (463).

651 Ähnlich *Geis*, JZ 1991, 112 (115), mit Verweis auf *BVerfGE* 6, 32 (41), der von einer „genuinen Verknüpfung" des allgemeinen Persönlichkeitsrechts mit der Menschenwürde als oberstem Gut spricht. Vgl. *Störmer*, Jura 1991, 17 (20) m. w. N., der feststellt, dass „eine Beeinträchtigung des Kernbereichs privater Lebensgestaltung […] immer auch einen Eingriff in die Menschenwürdegarantie des Art. 1 Abs. 1 GG dar[stellt]." Kritisch in diesem Zusammenhang des Weiteren *Küpper*, JZ 1990, 416 (419), der darüber hinaus das Fairness-Prinzip anführt und mit Hinweis auf *Peters* 1966, S. 196, von einem „Verfolgungs- und Jagdeifer" spricht, dem die StPO hingegen nicht dienen solle.

652 Vgl. hierzu *Amelung*, NJW 1990, 1753 (1755), der von einer Paradoxie der Ausführungen spricht, „[…] wenn man dem Tagebuchführer gerade daraus einen Strick dreht, daß er Kräfte in sich mobilisierte, die ihn zur Rechtstreue anhielten."

Gedankenwelt des Beschwerdeführers, die dieser auf Anraten seines Psychologen angefertigt hatte. Selbst wenn diese Aufzeichnungen, wie der Senat an dieser Stelle ausführt „[…] die Wurzeln der Tat selbst bloß[legten]“, ändert dies nichts an ihrem höchstpersönlichen Charakter.[653] Die Tatsache, dass sich der Betroffene in einem tiefgreifenden seelischen Konflikt befunden hat, verdeutlicht umso stärker, dass die Aufzeichnungen intimer Natur waren und eine Selbstreflexion des Betroffenen zum Gegenstand hatten.[654] Dies als Argument *für* eine Verwertbarkeit derselben heranzuziehen, erscheint angesichts dessen geradezu paradox.

Auch die Behauptung einer besonderen Tatnähe aufgrund der konkreten Gefahr, in der sich dritte Personen angesichts der Schilderungen des Beschwerdeführers befunden haben sollen, wirkt sehr konstruiert.[655] Es mag zwar sein, dass sich der Betroffene – wie in seinen Notizen ausgeführt – bereits mehrfach in einer Situation befunden hat, die beinahe zur Begehung einer Straftat seinerseits geführt hätte. Nichts desto trotz ist diese „Gefahr“ zum Zeitpunkt des Niederschreibens der konkreten Tatsituation bereits seit geraumer Zeit gebannt gewesen.[656] Präventive Gesichtspunkte konnten aber insbesondere auch nicht mehr zum Zeitpunkt der Frage der Verwertbarkeit angeführt werden, der zumindest einige Monate nach dem Ende dieser Gefahrensituationen zu verorten ist.[657]

Auch die Möglichkeit, die Aufzeichnungen für eine Einschätzung der Rückfallgefahr des Betroffenen zu verwenden, kann nicht als Argument für deren Verwertbarkeit herangezogen werden. Denn diese ist erst dann zu beurteilen, wenn das Gericht ohne begründete Zweifel von der Schuld des Angeklagten überzeugt ist.[658]

---

653 In diesem Zusammenhang stellt *Störmer*, Jura 1991, 17 (23) treffend fest, dass „[…] die den Beschluß tragende Auffassung schon jeden Hinweis auf die Motive der Tat ausreichen läßt […]“, um einen Sozialbezug annehmen zu können.

654 So auch *Wolter*, StV 1990, 175 (177).

655 Nach Auffassung von *Wolter*, StV 1990, 175 (176), soll eine präventive Verwertung zumindest bei unmittelbarer, konkreter Lebensgefahr für dritte Personen zulässig sein; dieser Ansicht zustimmend *Schmidt*, Jura 1993, 591 (593); a. A. hingegen *Amelung*, NJW 1990, 1753 (1755), der hierzu ausführt: „Würde eine durch bloße Gedanken begründete Gefahr allein schon ausreichen, um staatliche Eingriffe in die Privatsphäre zu rechtfertigen, so böte dies die Rechtfertigung für eine Gedankenpolizei […].“ So auch *Barrot* 2012, S. 57 f., unter Hinweis auf *Amelung* a. a. O.

656 *Kleb-Braun*, CR 1990, 344 (347), stellt hierzu richtigerweise fest, dass „Strafverfolgung und soziale Gefahrenabwehr […] unreflektiert gleichgesetzt [werden].“

657 Zur Verwertung tagebuchartiger Aufzeichnungen zum Zwecke der Prävention schwerster Straftaten vgl. *Wolter*, StV 1990, 175 (179 f.), sowie unter 3. Teil § 3 IV.

658 So auch *Schmidt*, Jura 1993, 591 (592 f.).

Bezeichnend ist insbesondere das nun folgende Argument des Senats, dass gerade die „[...] enge Verknüpfung zwischen dem Inhalt der Aufzeichnungen und dem Verdacht einer außerordentlich schwerwiegenden strafbaren Handlung [...] ihre Zuordnung zu dem absolut geschützten Bereich persönlicher Lebensgestaltung [...]"[659] verbiete. Hier legen die Richter ihre wahre Motivation für die Nichtzuordnung der Tagebuchaufzeichnungen zur Intimsphäre des Verfassers bloß: Angesichts der Schwere der Tat sei eine Zuordnung zum Kernbereich der Persönlichkeitsentfaltung nicht vertretbar. Genau diese Gewichtung hat aber im Rahmen der *ersten* Stufe, innerhalb der Einordnung in den Schutzbereich der Intimsphäre, keinen Raum. Erst auf der *zweiten* Stufe, wenn der Kernbereich des allgemeinen Persönlichkeitsrechts als nicht tangiert festgestellt wurde, kann diese Gewichtung im Rahmen der Abwägung der widerstreitenden Interessen herangezogen werden.[660]

Auch die Annahme der vier Senatsrichter, die Aufzeichnungen enthielten Informationen, die für eine gerechte Bewertung der Tat unerlässlich seien und daher verwertet werden können müssten, erscheint sehr fragwürdig.[661] Dieser Auffassung nach sei das Gericht aufgrund des Gebots des tat- und schuldangemessenen Strafens, welches seine Grundlage in der Menschenwürdegarantie finde, zur umfassenden Aufklärung nicht nur der äußeren, sondern auch der „inneren" Tatumstände, verpflichtet. Hier verkennen die vier Senatsrichter, dass die Strafzumessung, für welche diese Informationen tatsächlich nützlich wären, erst stattfinden darf, wenn die Täterschaft des Beschuldigten zur Überzeugung des Gerichts feststeht.[662] Sie darf aber nicht ihrerseits zur Überzeugung des Gerichts beitragen, wenn die Aufzeichnungen nicht verwertbar sind.

---

659 *BVerfGE* 80, 367 (377).

660 Ebenso *Geis*, JZ 1991, 112 (115), der anmerkt, die Schutzbereichsbestimmung müsse – so schwierig sie auch zu treffen sei – stets am Anfang stehen und dürfe nicht durch einen generellen Abwägungsprozess ersetzt werden; ähnlich auch *Schmidt*, Jura 1993, 591 (592), der feststellt, dass eine Abwägung „[...] selbst nach den Prämissen des Bundesverfassungsgerichts erst zulässig [ist], wenn die Zugehörigkeit der Aufzeichnungen zum Kernbereich des genannten Grundrechts verneint worden ist." Das Gericht verlasse hingegen „[...] den Boden seiner selbst aufgestellten Grundsätze, wenn es indirekt doch wieder (überwiegende) Belange der Strafrechtspflege zum Maßstab der Beurteilung macht, ob bestimmte Aufzeichnungen dem absolut geschützten Bereich privater Lebensgestaltung zuzuordnen sind." Zustimmend *Küpper*, JZ 1990, 416 (420), wonach die Tatschwere kein geeignetes Indiz zur Bestimmung des Kernbereichs ist; ebenso *Kleb-Braun*, CR 1990, 344 (347).

661 Zustimmend *Amelung*, NJW 1990, 1753 (1755).

662 Vgl. hierzu *Amelung*, NJW 1990, 1753 (1758) m. w. N.; *Kleb-Braun*, CR 1990, 344 (347).

Darüber hinaus ist die Argumentation des Gerichts widersprüchlich, wenn es vermeintlich die Menschenwürde des Verfassers schützen will, indem es dessen intime Aufzeichnungen zu dessen Verurteilung heranzieht und hierdurch gerade seine Menschenwürde, die Bestandteil des allgemeinen Persönlichkeitsrechts ist, missachtet.[663] Auch an dieser Stelle lässt sich feststellen, dass die vier Senatsmitglieder nicht zur Klärung des Umfangs der Intimsphäre beitragen, sondern vielmehr nach allen denkbaren – zum Teil auch recht abwegigen – Argumenten suchen, um das von ihnen gewünschte Ergebnis zu begründen.[664] Mit grundrechtlicher Dogmatik hat dieses Vorgehen hingegen nicht mehr viel zu tun.

Die nunmehr auf zweiter Stufe vorgenommene Abwägung der Senatsrichter ist hingegen für sich gesehen nicht zu beanstanden.[665] Zu Recht ist die in Rede stehende Straftat als äußerst schwerwiegend zu werten und der Eingriff in die Privatsphäre des allgemeinen Persönlichkeitsrechts muss angesichts dessen im Rahmen der Abwägung der widerstreitenden Interessen zurückstehen.

Dennoch hätte der Senat diese Abwägung nach korrekter Einordnung der Aufzeichnungen in die Intimsphäre des Verfassers gar nicht vornehmen dürfen.[666]

Zusammenfassend ist festzustellen, dass die die Entscheidung tragende Auffassung mangels nachvollziehbarer Argumentation nicht zu überzeugen vermag. In rechtsdogmatischer Hinsicht weist sie zahlreiche Unzulänglichkeiten auf und übersieht, dass sie letztlich dem absolut geschützten Kernbereich der Persönlichkeitsentfaltung gänzlich eine Absage erteilt und hierdurch zugleich zur Freiheitsbeschneidung in einem äußerst grundrechtssensiblen Bereich beiträgt. Eine solche Meinung ist bedauerlicherweise dazu geeignet, einige tragende Prinzipien einer freiheitlichen Ordnung generell in Frage zu stellen.[667]

(2) Befürwortung der Einschätzung der unterlegenen Richter

Die Auffassung der vier unterlegenen Senatsrichter, die in der Verwertung der intimen Aufzeichnungen eine Verletzung des Beschwerdeführers in dessen allgemeinem Persönlichkeitsrecht sahen, ist im Gegensatz zu der oben erörterten Ansicht zu begrüßen.

---

663 Kritisch des Weiteren *Wolter*, StV 1990, 175 (177), der sogar von einer „[...] Wahrheitserforschung um den Preis der Menschenwürde" spricht.

664 Ähnlich insoweit *Geis*, JZ 1991, 112 (116 f.); *Kleb-Braun*, CR 1990, 344 (349).

665 Vgl. auch *Schmidt*, Jura 1993, 591 (594); a. A. aber *Lorenz*, GA 1992, 254 (270).

666 Ebenso *Störmer*, Jura 1991, 17 (23 f.); *Küpper*, JZ 1990, 416 (418), wonach „[...] in jedem Falle [...] die Abgrenzungs- *vor* der Abwägungsfrage zu klären [...]" ist.

667 Ähnlich kritisch *Kleb-Braun*, CR 1990, 344 (346).

Diese vier Richter ordneten die Tagebuchaufzeichnungen richtigerweise dem absolut geschützten Kernbereich der privaten Lebensgestaltung zu.[668]

Zunächst stellten sie klar, dass angesichts der Art und Weise der Aufbewahrung der Notizen keine Zweifel an einem Geheimhaltungswillen seitens des Betroffenen bestehen konnten.

Sodann erläuterten sie eingehend, warum die Aufzeichnungen aus ihrer Sicht einen höchstpersönlichen Charakter aufweisen. Hier stellten sie insbesondere darauf ab, dass sie eine Selbstreflexion des Verfassers zum Inhalt haben, in deren Rahmen dieser seine intimsten Gedanken und Gefühle zu Papier brachte. Diese „Auseinandersetzung mit dem eigenen Ich", die „in der Einsamkeit des Selbstgesprächs" geführt wurde, habe auch durch die Perpetuierung nicht an Höchstpersönlichkeit eingebüßt. Dieser Auffassung ist zu folgen.[669] Ihr gelingt es im Gegensatz zu der zuvor erörterten Sichtweise, die Eigenarten des Tagebuchs in seiner Form als „schriftliches Selbstgespräch", das keinen anderen Menschen aus sich selbst heraus zu tangieren vermag, richtig zu begreifen. Sie legt schlüssig dar, dass die Behauptung, die Aufzeichnungen hätten einen engen Bezug zu der verübten Straftat und damit einen gewichtigen Sozialbezug, nicht haltbar ist. Vielmehr werde ihnen diese Eigenschaft erst nachträglich verliehen, gerade um sie der Verwertung zugänglich zu machen.

Darüber hinaus stellten die unterlegenen Richter zutreffend fest, dass die Handhabung der die Entscheidung tragenden Richter im Rahmen der Bestimmung des Intimbereichs die „[...] Unterscheidung zwischen Kernbereich und Abwägungsbereich für das Strafverfahren praktisch [...]" abschafft.[670] Dies geschieht dadurch, dass der Kernbereich nicht aus sich selbst heraus, sondern vor dem Hintergrund des gewollten Ergebnisses her bestimmt wird. Durch die Hinzuziehung der Schwere des in Frage stehenden Delikts wird die Intimsphäre buchstäblich zur Abwägungs- und damit zur Privatsphäre degradiert. An dieser Stelle stellt sich daher die

---

668 Befürwortend *Wolter*, StV 1990, 175 (177); *Störmer*, Jura 1991, 17 (24).

669 Zustimmend auch *Küpper*, JZ 1990, 416 (420) m. w. N.; ähnlich *Amelung*, NJW 1990, 1753 (1759), der von einer „normativen Selbststabilisierung" spricht, insoweit aber die Gewissensfreiheit gem. Art. 4 Abs. 1 GG als betroffen ansieht. Des Weiteren *Lorenz*, GA 1992, 254 (271 f.); vgl. auch die Argumentation bei *Schroth*, JuS 1998, 969 (979), unter gleichzeitiger Befürwortung des Schutzes des Beichtgesprächs.

670 So auch *Amelung*, NJW 1990, 1753 (1756), der feststellt, dass nach der Auffassung der die Entscheidung tragenden Richter von einem Kernbereich nichts mehr übrig bleibt. „Denn der ‚unantastbare' Bezirk der Person erweist sich dann nicht als fester Kern, sondern als Gummiball, der sich bei hinreichendem gesellschaftlichen Außendruck einbeulen läßt, bis die Luft heraus ist."

Frage, wozu überhaupt eine Unterscheidung der verschiedenen Sphären zweckmäßig sein soll, wenn sie tatsächlich gar nicht existiert.

Zu guter Letzt hoben die unterlegenen Senatsrichter zu Recht hervor, dass das Schuldprinzip nicht zur Instrumentalisierung der Menschenwürde dienen dürfe. Dies sei aber der Fall, wenn das, was zur Einschätzung der Schuldfrage notwendig erscheint, um staatliche Eingriffe in den Kernbereich der privaten Lebensgestaltung zu legitimieren, gerade zu dessen Bestimmung herangezogen wird.[671] Mit dieser Argumentation dreht sich die Ansicht der vier die Entscheidung tragenden Richter geradezu im Kreis: Zur Beurteilung der Schuldfrage, da aufgrund der Würde des Menschen keine Strafe ohne Schuld verhängt werden dürfe, soll ein Eingriff in den Kernbereich der Persönlichkeit, der seinerseits (auch) die Menschenwürde schützt, legitimiert werden.[672] Eine solche Auffassung erscheint widersprüchlich und führt jedenfalls nicht zu einer geeigneten Annährung an die Bestimmung des Kernbereichs privater Lebensgestaltung.

Insgesamt zeigt die hier diskutierte Entscheidung einmal mehr, wie deutlich die Rechtsprechung und die Literatur hinsichtlich der Einordnung und Bewertung der Menschenwürdegarantie im deutschen Strafverfahren auseinander driften. Auch nach dem zweiten Tagebuch-Beschluss des Bundesverfassungsgerichts blieb mithin völlig unklar, wie der „absolut geschützte" Kernbereich der Persönlichkeitsentfaltung zu bestimmen ist. Ein Zustand, der angesichts der damit einhergehenden Rechtunsicherheit, weder hinnehmbar war noch ist.[673]

g) Der Tagebuch-Beschluss des BGH vom 30. März 1994[674]

Bereits im Jahre 1994 hatte der BGH wieder die Gelegenheit, zur Beschlagnahme und Auswertung von Tagebüchern in einem strafrechtlichen Ermittlungsverfahren Stellung zu nehmen.

aa) Sachverhalt und Entscheidungsgründe

Der Angeschuldigte war in dem hier gegenständlichen Verfahren dringend tatverdächtig, für das Ministerium für Staatssicherheit der ehemaligen DDR als

671 Vgl. hierzu *Geis*, JZ 1991, 112 (115) mit Hinweis auf *BVerfGE* 6, 32 (41), der feststellt, dass die Menschenwürde und der Rechtsstaat nicht gegeneinander aufrechenbar seien, da schließlich der Rechtsstaat nur um der Menschwürde Willen bestehe und nicht umgekehrt.

672 Zustimmend *Geis*, JZ 1991, 112 (114), der gar von einer „erstaunliche[n] Feststellung" des Bundesverfassungsgerichts spricht.

673 Ähnlicher Auffassung ist insoweit *Wolter*, StV 1990, 175.

674 *BGH* NJW 1994, 1970.

geheimdienstlicher Agent tätig gewesen zu sein. Im Rahmen des Ermittlungsverfahrens bei einer Durchsuchung in der Wohnung der Freundin des Beschuldigten wurden dessen Tagebücher aufgefunden. Gegen deren Sicherstellung und Durchsicht erhob der Angeschuldigte Widerspruch.[675]

Mit Beschluss vom 20. Dezember 1993 hatte der Ermittlungsrichter des BGH die Beschlagnahme der Tagebücher mit dem Argument bestätigt, dass diese für die weitere Untersuchung brauchbare Erkenntnisse liefern könnten und noch ausgewertet werden müssten. Der Verwertung der Aufzeichnungen stünden verfassungsrechtliche Erwägungen nicht entgegen, zumal sie Schilderungen von Handlungen enthielten, die mit der zu ahndenden Straftat in Zusammenhang stünden. Es handle sich insoweit „lediglich um eine Niederlegung von Fakten", darüber hinaus sei ihre Sichtung zur Feststellung des Tatgeschehens aus der Sicht des Angeschuldigten sachgerecht und erforderlich, insbesondere da der Beschuldigte von seinem Schweigerecht Gebrauch gemacht habe.[676]

Die gegen die Beschlagnahme der Tagebücher gerichtete Beschwerde des Beschuldigten hatte Erfolg, da der BGH das allgemeine Persönlichkeitsrecht des Angeschuldigten aus Art. 2 Abs. 1 i. V. m. Art. 1 Abs. 1 GG als tangiert ansah. Insoweit erkannte er in der Verwertung der Tagebücher einen „[…] unzulässigen Eingriff in den […] geschützten Bereich privater Lebensgestaltung.[677]

bb) Stellungnahme

Die hier getroffene Entscheidung des BGH ist zwar dem Ergebnis nach zu befürworten, äußerte sich aber bedauerlicherweise nicht zu einer Einordnung der Tagebücher des Betroffenen in dessen Intimsphäre.[678]

Durch eine fragwürdige „Zwar-Aber-Konstruktion" gelang es dem BGH, der Frage der Zuordnung der Aufzeichnungen zum absolut geschützten Kernbereich privater Lebensgestaltung auszuweichen. Damit vergab er allerdings die Chance, einen Beitrag zur näheren Bestimmung des seit der zweiten Tagebuchentscheidung des Bundesverfassungsgerichts umso unklareren Intimbereichs der Persönlichkeitsentfaltung zu leisten.[679]

Richtigerweise hätte der BGH zu der Einordnung der Tagebücher in die Schutzsphäre des Art. 2 Abs. 1 i. V. m. Art. 1 Abs. 1 GG durchaus Stellung beziehen

---

675 *BGH* NJW 1994, 1970.
676 *BGH* NJW 1994, 1970; siehe hierzu des Weiteren *Lorenz*, JR 1994, 430 (431).
677 *BGH* NJW 1994, 1970 (1971).
678 Vgl. auch *Lorenz*, JR 1994, 430 (432).
679 Dies ebenfalls bemängelnd *Lorenz*, JR 1994, 430 (432).

können, zumal diese richtigerweise bereits auf der ersten Stufe vor der Abwägung der widerstreitenden Interessen vorzunehmen ist.[680]

Allerdings setzte sich der Senat mit der Frage, ob die Tagebücher dem absolut geschützten Kernbereich zuzurechnen sind, nicht auseinander. Dies sei nicht erforderlich gewesen, da jedenfalls ihre Verwertung nicht aufgrund eines überwiegenden Allgemeininteresses an einer effektiven Strafverfolgung gerechtfertigt sei.[681]

Darüber hinaus wäre der Auffassung des Ermittlungsrichters, die aus dem Gebrauchmachen des Schweigerechts seitens des Angeschuldigten resultierende Beweisnot rechtfertige einen Zugriff auf dessen Tagebücher, entschieden entgegenzutreten gewesen. Es kann nicht richtig sein, dass dem Beschuldigten wegen der Berufung auf den ihm grundrechtlich zustehenden „Nemo-tenetur-Grundsatz" Nachteile in Form des Eingriffs in dessen Intimsphäre erwachsen sollen.[682] Den Eingriff in ein verfassungsrechtlich verbürgtes Recht dadurch zu legitimieren, dass berechtigterweise ein anderes Verfahrensgrundrecht geltend gemacht wurde, widerspricht rechtsstaatlichen Grundsätzen. Die Grundrechte der Verfassung sind nicht gegeneinander aufrechenbar. Sie existieren vielmehr kumulativ und sind von den Strafverfolgungsorganen generell und jederzeit zu achten.

Letztlich zeigt diese Entscheidung des BGH einmal mehr, dass eine Konkretisierung des Kernbereichs der Persönlichkeitsentfaltung dringend erforderlich war. Einen eigenen Beitrag leistet sie insoweit indessen nicht.

h) Der Beschluss des BGH zu Notiz- und Taschenkalendern

Am 13. Oktober 1999 hatte der BGH erneut die Aufgabe, eine Entscheidung zur Zulässigkeit der Beschlagnahme von Aufzeichnungen zu treffen, die möglicherweise höchstpersönlicher Natur waren. Insoweit ging es um die „Zulässigkeit der Beschlagnahme von Notiz- und Taschenkalendern in einem Ermittlungsverfahren wegen des Verdachts der Mitgliedschaft in einer terroristischen Vereinigung".[683]

aa) Tatbestand und tragende Erwägungen des Urteils

In dem hier zu besprechenden Fall ging es um die Zulässigkeit der Beschlagnahme eines Adressbuches und eines Taschenkalenders. Diese Gegenstände waren unter anderem bei einer Wohnungsdurchsuchung bei einer Beschuldigten aufgefunden worden, gegen die wegen des Verdachts auf Mitgliedschaft in einer

680 Vgl. hierzu bereits die Argumentation unter 3. Teil § 2 I. 3. f) bb).

681 *BGH* NJW 1994, 1970 (1971); so auch *Lorenz*, JR 1994, 430 (432).

682 Vgl. hierzu darüber hinaus *Lorenz*, JR 1994, 430 (431).

683 Vgl. den Leitsatz der Schriftleitung, *BGH*, NStZ 2000, 383 mit Anmerkungen *Jahn*.

Autonomen Gruppe Ermittlungen geführt wurden. Insoweit ging es um den Vorwurf, die Beschuldigte habe es sich gemeinsam mit weiteren Personen zur Aufgabe gemacht, sogenannte Castor-Transporte von abgebrannten Brennelementen in das Zwischenlager Gorleben durch diverse Aktionen zu verhindern.[684]

Die Beschwerde blieb erfolglos. Der BGH führte hinsichtlich der beschlagnahmten Notiz- und Taschenkalender aus, es handle sich nicht um Tagebücher i. S. d. Art. 2 Abs. 1 i. V. m. Art. 1 Abs. 1 GG, da diese keinen höchstpersönlichen Inhalt aufwiesen. Vielmehr enthielten sie überwiegend Eintragungen zu Ereignissen und Terminen. Zu möglichen persönlichen Aufzeichnungen sei darüber hinaus nichts vorgetragen worden. Letztlich überwiege jedoch jedenfalls das staatliche Interesse an der Verwertung gegenüber einem möglichen Eingriff in die Persönlichkeitsrechte der Beschuldigten. Zu dieser Abwägung führte der BGH recht knapp aus: „Es handelt sich hier um schwere Straftaten, an deren Aufklärung ein erhebliches Interesse der Allgemeinheit besteht. In den Notiz- und Taschenkalendern haben die Beschuldigten Ereignisse und Termine eingetragen, die möglicherweise einen unmittelbaren Bezug zu konkreten strafbaren Handlungen [haben] und deshalb für die Untersuchungen von erheblicher Bedeutung sind.“[685]

bb) Diskurs

Die hier getroffene Entscheidung des BGH ist im Ergebnis nicht zu beanstanden. Dennoch wäre eine tiefergehende Erörterung der Einordnung der Notiz- und Taschenkalender als Tagebücher bzw. in den Kernbereich der Persönlichkeitsentfaltung wünschenswert gewesen.

Zwar ist dem BGH insoweit Recht zu geben, als es zur Beurteilung der Aufzeichnungen auf den höchstpersönlichen Charakter derselben ankommt.[686] Dieser ist bei sachlichen Einträgen ohne Persönlichkeitsbezug wie den hier eingetragenen Terminen und Ereignissen in der Regel richtigerweise nicht betroffen.[687] Dennoch ist die Aussage des BGH, „soweit im übrigen Eintragungen persönlicher Art vorliegen könnten […], überwiegen die Belange einer funktionstüchtigen Strafrechtspflege gegenüber dem möglichen Eingriff in die aus Art. 1, 2 GG herzuleitenden Persönlichkeitsrechte der Beschwerdeführer“ als

684 *BGH*, NStZ 2000, 383, mit Anmerkungen *Jahn*.

685 *BGH*, NStZ 2000, 383, mit Anmerkungen *Jahn*.

686 Vgl. *Jahn*, NStZ 2000, 383 (384) m. w. N., der hierzu treffend ausführt: „Überzeugender ist es daher, alle *höchstpersönlichen* Aufzeichnungen, wenn sie inhaltlich unmittelbarer Ausdruck der „Auseinandersetzung mit dem eigenen Ich“ sind, ausnahmslos und ohne weitere Abwägung von der Beschlagnahme auszunehmen.“

687 Insoweit zustimmend *Jahn*, NStZ 2000, 383 (384).

etwas pauschal zu werten. Hier wäre es erforderlich gewesen, zunächst den Charakter der Aufzeichnungen im Einzelfall festzulegen, um sodann auf einer zweiten Stufe in die Abwägung der widerstreitenden Belange einzutreten. Während die Einschätzung der Kriterien im Rahmen der vorgenommenen Abwägung hier dahingestellt bleiben soll[688], ist jedenfalls die – zumindest zum Teil auf undifferenzierte Art und Weise erfolgte – Einordnung der Schriftstücke in die Privatsphäre der Betroffenen zu beanstanden.[689]

4. *Die „Lauschangriff-Entscheidungen"*

Auch in der Rechtsprechung zu Abhörmaßnahmen spielt das allgemeine Persönlichkeitsrecht seit Jahrzehnten eine bedeutende Rolle. Die Thematik des Belauschens hat auch heute noch große Relevanz und ist für die Frage des Schutzes von verbal geführten Selbstgesprächen naturgemäß von Belang.

Daher sollen im Folgenden die bedeutendsten, höchstrichterlichen Urteile im Zusammenhang mit „Lauschangriffen" unterschiedlicher Art dargestellt und eingehend untersucht werden. Vor allem dem Urteil des BGH zu einem Selbstgespräch in einem Krankenzimmer[690], der „Lauschangriff-Entscheidung" des Bundesverfassungsgerichts[691] sowie dem aktuellsten Urteil des BGH in Bezug auf Selbstgespräche – hier in einem Pkw[692] – soll besondere Aufmerksamkeit gewidmet werden.

a) Das Urteil des BGH zu „Raumgesprächs-Aufzeichnungen"

Das erste bedeutende Urteil[693] im Zusammenhang mit „Lauschangriffen" wurde im Jahre 1983 vom BGH zur Verwertbarkeit von Aufzeichnungen eines „Raumgesprächs" gefällt. Im Rahmen dieser Entscheidung erklärte der BGH den unantastbaren Kernbereich der privaten Lebensgestaltung für betroffen.

---

688 Vgl. hierzu die von *Jahn* in NStZ 2000, 383 (384 f.) geübte Kritik.

689 Kritisch auch *Jahn*, NStZ 2000, 383, der anmerkt, „[…] dass sich die oft gehörte Bekundung des Gerichts, nach der es im Strafprozess keine Wahrheitserforschung um jeden Preis geben darf, in der Praxis zu einem weitgehend unverbindlichen Programmsatz verflüchtigt."

690 *BGHSt* 50, 206.

691 *BVerfGE* 109, 279.

692 *BGHSt* 57, 71.

693 *BGHSt* 31, 296.

aa) Sachverhalt und Darstellung der tragenden Erwägungen

Gegenstand der Entscheidung war ein mittels einer am Telefon befindlichen Abhöranlage abgehörtes Raumgespräch zwischen Eheleuten in deren Einfamilienhaus. Gegen den Ehemann war wegen des Verdachts des gewerbsmäßigen Rauschgifthandels eine Anordnung zur Überwachung des Fernmeldeanschlusses gemäß § 100 a StPO ergangen. Das Gespräch wurde hingegen nur deshalb mitgehört, weil der Telefonhörer nicht richtig aufgelegt worden war.

Das Bundesverfassungsgericht machte zunächst deutlich, dass die Vorschrift des § 100 a StPO „[...] eine Durchbrechung des persönlichen Lebens- und Geheimbereichs lediglich im Rahmen des ‚Fernmeldeverkehrs'" erlaube, worunter jedoch nur die unmittelbar mit dem Telefonieren verbundenen Vorgänge zu verstehen seien.[694] Ein Raumgespräch, welches nach Beendigung des Telefonvorgangs und ohne die Inanspruchnahme einer Fernsprecheinrichtung im häuslichen Bereich stattgefunden habe, falle nicht unter den Anwendungsbereich des § 100 a StPO. Auch eine erweiterte Auslegung der Eingriffsnorm sei nicht möglich, da nicht nur in das Fernmeldegeheimnis nach Art. 10 GG eingegriffen werde, sondern darüber hinaus auch in das allgemeine Persönlichkeitsrecht aus Art. 2 Abs. 1 i. V. m. Art. 1 Abs. 1 GG.[695]

Unter Bezugnahme auf die Rechtsprechung des Bundesverfassungsgerichts[696] führte der BGH weiter aus, dass das heimliche Aufnehmen des nichtöffentlich gesprochenen Wortes sowie die Wiedergabe desselben Eingriffe in die Privatsphäre des Sprechenden darstellen. Nach Auffassung des BGH „[...] berührte die Aufzeichnung des ‚Raumgesprächs' den unantastbaren Bereich der privaten Lebensgestaltung, der unter dem absoluten Schutz des Grundrechts aus Art. 2 Abs. 1 i. V. m. Art. 1 Abs. 1 GG steht und auf den daher die öffentliche Gewalt nicht einwirken darf. In der Wertordnung des Grundgesetzes ist die Menschenwürde der oberste Wert. [...] Sie verdient gegenüber aller staatlichen Gewalt Achtung und Schutz. Ferner darf nach Art. 19 Abs. 2 GG das Grundrecht aus Art. 2 Abs. 1 GG nicht in seinem Wesensgehalt angetastet werden. Selbst überwiegende Interessen der Allgemeinheit können einen Eingriff in den geschützten Kernbereich privater Lebensgestaltung nicht rechtfertigen; deshalb scheidet bei ihm eine Abwägung nach Maßgabe des Verhältnismäßigkeitsgrundsatzes aus."[697]

---

694 *BGHSt* 31, 296 (297).
695 *BGHSt* 31, 296 (297).
696 *BVerfGE* 27, 355 (357).
697 *BGHSt* 31, 296 (298) unter Bezugnahme auf *BVerfGE* 34, 238 (245).

Der BGH ordnete sodann das zwischen den Eheleuten in deren ehelicher Wohnung geführte Gespräch dem unantastbaren Bereich privater Lebensführung zu. Es ließe sich nicht mit der Menschenwürde vereinbaren, wenn der Staat rechtmäßigerweise Gespräche zwischen engsten Familienangehörigen abhören könnte. „Die Möglichkeit, Empfindungen, Gefühle, Ansichten oder Eindrücke von Erlebnissen zum Ausdruck zu bringen, ohne der Angst ausgesetzt zu sein, daß staatliche Behörden die Unterhaltung überwachen, wäre dann unerträglich behindert. Auch für den sonstigen vertrauensvollen Gedankenaustausch zwischen den Ehepartnern würde dies zutreffen. Dies würde eine schwere Beeinträchtigung der menschlichen Würde bedeuten. Ferner würde man den Betroffenen durch eine solche Maßnahme aber auch weitgehend den „Innenraum" verweigern, der ihnen um der freien und der selbstverantwortlichen Entfaltung ihrer Persönlichkeit willen verbleiben sollte."[698]

bb) Bewertung

Mit dieser begrüßenswerten Entscheidung bestätigte der BGH zum einen die Existenz eines unantastbaren Kernbereichs privater Lebensgestaltung sowie die Notwendigkeit der Gewährleistung desselben und unternahm darüber hinaus einen erfolgreichen Versuch[699] diesen näher zu konkretisieren. Zwar blieb nach wie vor unklar, welche genauen Kriterien in der Regel an den Kernbereich der privaten Lebensgestaltung zu stellen waren. Jedoch erarbeitete der BGH in seinem Urteil zum abgehörten Raumgespräch zumindest eine Fallgruppe – diejenige der intimen Gespräche zwischen engsten Familienangehörigen[700] –, welche dem absolut geschützten Kernbereich unterfallen müsse.

b) Das „Pkw-Raumgespräch-Urteil" des BGH

Erst im Jahre 2003 hatte sich der 2. Strafsenat des BGH erneut eingehend mit der Verwertbarkeit eines – dieses Mal in einem Pkw aufgenommen – Raumgesprächs zu befassen.

---

698 *BGHSt* 31, 296 (298).

699 So auch *Sankol*, MMR 2007, 692 (707 f.); a. A. *Jahn,* Gutachten C, S. 82 m. w. N.; *Gössel*, JZ 1984, 361 (362); ebenfalls kritisch *Laber* 1995, S. 33, sowie *Amelung*, JR 1984, 256; kritisiert wurde insbesondere die nicht vom BGH vorgenommene Abgrenzung des absolut geschützten Kernbereichs zur bloßen Privatsphäre.

700 Wobei wiederum offen bleibt, welche Personen – neben Eheleuten – zu diesem Personenkreis gezählt werden können.

aa) Tatbestand und Entscheidungsgründe

Die Beschuldigten waren in erster Instanz vom Landgericht Köln unter anderem wegen Verabredung zu einem schweren Raub in Tateinheit mit einer schweren räuberischen Erpressung verurteilt worden. Die hiergegen gerichteten Revisionen der Angeklagten blieben erfolglos.

Nach den Feststellungen des Landgerichts hatten die Angeklagten vereinbart, an einem bestimmten Datum unter Verwendung von Waffen und anderen gefährlichen Werkzeugen ein Vereinslokal zu überfallen. Zur Tatausführung kam es hingegen nicht.[701]

Gegen einen der Angeklagten war zuvor wegen des Verdachts eines Verstoßes gegen das Betäubungsmittelgesetz eine Anordnung gemäß §§ 100 a Abs. 1 Nr. 4, 100 b Abs. 1 S. 1 StPO ergangen und sodann dessen Mobiltelefon abgehört worden.

Während des Abhörzeitraums gelang es den ermittelnden Beamten aufgrund eines Bedienungsfehlers des Abgehörten, ein im Pkw zwischen den Angeklagten stattgefundenes Gespräch mitzuhören und aufzuzeichnen. Die Abhörsituation hatte sich dadurch ergeben, dass der Abgehörte einen mutmaßlichen Vertrauensmann anrief, der das Gespräch hingegen nicht annahm. Stattdessen schaltete sich dessen Mobilbox ein. Da der Anrufende das Gespräch nicht ordnungsgemäß beendete, wurde die Verbindung bis zum automatischen Ende der Mailbox-Aufzeichnung nicht getrennt, so dass die Ermittlungsbeamten die darauf folgende Unterhaltung mithören und aufnehmen konnten. Die aus diesem abgehörten Gespräch der Angeklagten gewonnenen Indizien verwertete das Landgericht in seiner späteren Urteilsfindung zulasten derselben.[702]

Nach Auffassung des Landgerichts bestanden hinsichtlich der Verwertbarkeit des aufgezeichneten Gesprächs keine Bedenken. Zwar habe hier ein Zufallsfund vorgelegen, dieser sei aber – zumal es sich um eine Katalogtat nach § 100 a Abs. 5 StPO gehandelt habe – gemäß § 100 b Abs. 5 StPO verwertbar gewesen. Der von dem abgehörten Beschuldigten willentlich in Gang gesetzte Kommunikationsvorgang sei noch nicht beendet gewesen, daher unterfiele auch das mitgehörte Gespräch noch dem Begriff der Telekommunikation i. S. d. § 85 Abs. 1 S. 2 TKG. Es könne insoweit nicht darauf ankommen, aus welchen Gründen der Abgehörte die Beendigung des Telefonats unterlassen habe.[703]

Auch der BGH hatte im Gegensatz zur Auffassung der Revisionsführer, die mit Verweis auf *BGHSt* 31, 296 in der Aufzeichnung einen Eingriff in das

701 *BGH* NJW 2003, 2034.
702 *BGH* NJW 2003, 2034.
703 *BGH* NJW 2003, 2034.

allgemeine Persönlichkeitsrecht gemäß Art. 2 Abs. 1 i. V. m. Art. 1 Abs. 1 GG der Beschuldigten sahen, im Ergebnis keine Bedenken an der Verwertung des aufgenommenen Gesprächs.

Zunächst stellte der Senat klar, dass der noch in *BGHSt* 31, 296 anwendbare Begriff des „Fernmeldeverkehrs" nicht mit dem nunmehr einschlägigen Terminus der „Telekommunikation" gleichzustellen sei. Dieser umfasse „[...] grundsätzlich den gesamten Datenverkehr mittels Telekommunikationsanlagen" und sei inhaltsgleich mit der Legaldefinition des § 3 Nr. 16 TKG.[704]

Daraus ergebe sich allerdings nicht zwangsläufig, „[...] dass jeder technische Vorgang des Aussendens, Übermittelns oder Empfangens von analog oder digital codierten Daten dem Eingriffsbereich des § 100 a StPO [...]" zugeordnet werden könne.[705] Entscheidend sei insoweit, „[...] dass sich eine Person einer Telekommunikationsanlage bedient." Es komme allerdings nicht darauf an, „[...] dass sich der Vorgang im konkreten Fall mit aktuellem Wissen oder Willen der betroffenen Person vollzieht."[706] Allerdings liege „Telekommunikation i. S. v. § 100 a Abs. 1 StPO [...] jedenfalls dann vor, wenn der von einer Überwachungsanordnung Betroffene ein von ihm benutztes Mobiltelefon zum Aussenden von Nachrichten in Betrieb setzt oder wenn eine betriebsbereit gehaltene Telekommunikationsanlage Nachrichten Dritter empfängt." Nach Auffassung des BGH habe ein solcher Kommunikationsvorgang, zumindest während des Zeitraums der zwischen dem Mobiltelefon des Beschuldigten und der Mailbox andauernden Verbindung, bestanden.[707]

Es komme hingegen – zumindest für die Einordnung der Übertragung als Telekommunikationsvorgang – nicht auf den Inhalt der übermittelten Nachrichten an. In dem hier zu entscheidenden Fall habe es sich auch nicht – wie in *BGHSt* 31, 296 – um ein Gespräch zwischen Eheleuten in deren ehelichen Wohnung gehandelt, weshalb ein Eingriff in den unantastbaren Kernbereich privater Lebensgestaltung angenommen worden war. Anders als dieses war das Gespräch im hier zu entscheidenden Fall „[...] weder örtlich noch nach dem Kreis seiner Teilnehmer einem engen, als höchstpersönlich zu bezeichnenden Lebenskreis zuzuordnen [...]". Deshalb könne hier im Rahmen der Privatsphäre eine Abwägung zwischen den widerstreitenden Interessen der individuellen Belange der Beschuldigten an der Wahrung ihrer Rechte aus Art. 2 Abs. 1 i. V. m. Art. 1 Abs. 1 GG mit dem staatlichen Interesse an der Aufklärung und Verfolgung von

704 *BGH* NJW 2003, 2034.
705 *BGH* NJW 2003, 2034.
706 *BGH* NJW 2003, 2034 (2035).
707 *BGH* NJW 2003, 2034 (2035).

Straftaten vorgenommen werden. Diese falle letztlich zugunsten des staatlichen Interesses aus.[708]

bb) Erörterung der Urteilsgründe

Der hier getroffenen Entscheidung des BGH kann, wenn auch mit einigen Einschränkungen, im Ergebnis zugestimmt werden.[709]

An der Einschätzung des BGH hinsichtlich der Telekommunikationsverbindung zwischen dem Mobiltelefon des Anrufenden und der Mailbox des Vertrauensmannes bestehen keine Bedenken. Es kann hierfür nicht darauf ankommen, ob der Sprechende sich über den genauen Übermittlungsvorgang aller gesendeten oder empfangenen (Funk-)Daten im Rahmen der Telekommunikation im Klaren ist. Auch Hintergrundgespräche oder -geräusche werden während dieses Vorgangs in der Regel ohne das Wissen oder den Willen des Sprechenden mitübertragen, gehören jedoch ebenfalls zur Telekommunikation i. S. d. § 100 a StPO. Es erscheint mithin nicht sachgerecht, den Begriff der Telekommunikation weiter einzuengen.[710]

Es kann dem BGH auch insoweit zugestimmt werden, als dass es zumindest für die Einordnung des Gesprächs als Telekommunikationsvorgang nicht auf den Inhalt desselben ankommen kann. Leider versäumt es das Gericht aber an dieser Stelle, darauf hinzuweisen, dass dies allerdings nicht für die Einschätzung des Gesprächs dahingehend gelten kann, ob es dem absolut geschützten Kernbereich der Persönlichkeitsentfaltung zuzurechnen ist. Denn hierfür kommt es – neben der Entäußerungssituation und den gegebenenfalls beteiligten Gesprächspartnern – gerade auf den Inhalt der Äußerung an.[711] Denn nur so ist es möglich zu beurteilen, ob das Gespräch höchstpersönlicher Natur ist oder nicht. Natürlich ist es denkbar, dass es aufgrund der Äußerungssituation[712] oder des Verhältnisses zum Gesprächspartner[713] bereits von vornherein nicht auf den

---

708 *BGH* NJW 2003, 2034 (2035).

709 Sehr kritisch hingegen *Fezer*, NStZ 2003, 625; die Kritikpunkte der Literatur zusammenfassend: *Sankol*, MMR 2007, 692 (694 f.).

710 A. A. *Fezer*, NStZ 2003, 625, der u. a. die Anlehnung an den Begriff des „Fernmeldeverkehrs“ durch den BGH bemängelt; kritisch auch *Weßlau*, StV 2003, 483 (484).

711 Ebenso *Sankol*, MMR 2007, 692, der alle in Betracht kommenden Gesichtspunkte aufführt.

712 Beispielsweise, wenn der Äußernde alleine ist und gar nicht mit einer anderen Person kommuniziert, siehe hierzu eingehend unter 3. Teil § 2 I. 4. e) cc) (4) (a), (b).

713 Zum Beispiel bei Eheleuten oder sonstigen sehr engen Angehörigen, vgl. *BGHSt* 31, 296.

Inhalt des Gesprächs ankommt, da alleine dadurch schon eine Vermutung für die Höchstpersönlichkeit der Unterhaltung streitet. Dies war jedoch vorliegend nicht der Fall, zumal zwischen den an dem Gespräch beteiligten Personen kein besonderes Vertrauensverhältnis ersichtlich war.

Auch die durch den 2. Strafsenat vorgenommene Abwägung der widerstreitenden Interessen lässt noch Wünsche offen. So fällt sie insgesamt sehr knapp und vereinfacht aus.[714] Auch das „in die Waagschale" geworfene Argument, es handle sich um ein sehr schweres Delikt, wirkt ohne eine nähere Begründung und Bezugnahme auf den konkreten Fall annähernd apodiktisch. Schließlich ging es vorliegend „nur" um eine Verbrechensverabredung, das anvisierte Delikt wurde hingegen noch nicht einmal versucht.

Darüber hinaus ist an dieser Stelle wiederum anzumerken, dass es der BGH abermals versäumt hat, vor der Vornahme der Abwägung klarzustellen, dass es den Intimbereich nicht als tangiert ansah. Denn wie bereits ausgeführt[715], kann die Abwägung erst an zweiter Stelle, nach eindeutiger Bestimmung des Kernbereichs, erfolgen.[716]

Im Ergebnis ist die Entscheidung des BGH zwar nicht zu beanstanden, sie lässt aber wiederum einen sachgerechten Umgang mit der Festlegung und Bewertung eines unantastbaren Kernbereichs privater Lebensgestaltung vermissen.

c) Das Urteil des Bundesverfassungsgerichts zum „großen Lauschangriff"[717]

In seiner berühmten[718] Entscheidung vom 3. März 2004 hatte das Bundesverfassungsgericht die §§ 100 c Abs. 1 Nr. 3, 100 d, 100 e, 100 f und 101 StPO für teilweise verfassungswidrig erklärt. Zu Recht wird dieses Urteil „[…] den „großen", richtungsweisenden Entscheidungen des Gerichts zugeordnet."[719]

---

714 So auch *Fezer*, NStZ 2003, 625 (629).

715 Vgl. hierzu bereits oben z. B. unter 3. Teil § 2 I. 3. h) bb).

716 Dies wird von *Fezer*, NStZ 2003, 625 (629), hingegen bedauerlicherweise nicht gesehen. Auch *Sankol* geht auf diese Problematik mit keinem Wort ein und scheint den „Kernbereich der Persönlichkeitsentfaltung" als Abwägungskriterium aufzufassen, vgl. *Sankol*, MMR 2007, 692 (697 f.).

717 *BVerfGE* 109, 279.

718 Vgl. *Denninger*, ZRP 2004, 101, der das Urteil mit dem Prädikat „groß" auszeichnet und betont, dass „[…] es mit beispielhafter Konsequenz den auf den Menschenwürdeschutz gestützten Leitgedanken des „absolut geschützten Kernbereichs privater Lebensgestaltung" und damit ein tragendes Element des freiheitlichen Rechtsstaates in allen Phasen strafprozessualer Informationsverarbeitung zur Geltung bringt."

719 So *Roxin*, FS Böttcher 2007, S. 159 (160 f.) mit Verweis auf *Denninger*, ZRP 2004, 101; *Lepsius*, Jura 2005, 590.

Der in den soeben aufgeführten Vorschriften mit Gesetz vom 4. Mai 1998[720] geregelte sogenannte „große Lauschangriff" beinhaltet Regelungen zum Abhören und Aufzeichnen des innerhalb einer Wohnung nichtöffentlich gesprochenen Wortes. Aufgrund dieses Urteils des Bundesverfassungsgerichts, wurden die oben genannten Normen mit Gesetz vom 24. Juni 2005 (BGBl. I S. 1841) neu geregelt und u. a. mit einem stärkeren Richtervorbehalt, Vorkehrungen des nachträglichen Rechtsschutzes und besonderen Datenschutzregelungen ausgestattet.[721]

Das Bundesverfassungsgericht entschied in seinem Urteil zum Lauschangriff in Wohnungen, dass diesen betreffende gesetzliche Regelungen stets gewährleisten müssen, dass der Kernbereich der privaten Lebensgestaltung nicht tangiert werde.

Trotz seines Umfangs[722] soll das Urteil im Folgenden wegen seiner besonderen Relevanz für die genauere Bestimmung des Kernbereichs der privaten Lebensgestaltung umfassend dargestellt und diskutiert werden. Auch die Tatsache, dass sich die Richter wiederum nicht einig waren – wobei dieses Mal lediglich zwei Richterinnen eine andere Auffassung vertraten[723] – veranschaulicht die Problematik dieses Urteils.

aa) Überblick

Anlass des Urteils waren Verfassungsbeschwerden betroffener Bürger[724], die sich insbesondere gegen das aufgrund des zuvor geänderten Art. 13 Abs. 3 GG ergangene Gesetz zur Verbesserung der Bekämpfung der Organisierten Kriminalität vom 4. Mai 1998 (BGBl. I S. 845) gewandt hatten. Sie sahen sich durch diese neu

---

720 Gesetz zur Verbesserung der Bekämpfung der Organisierten Kriminalität vom 4. Mai 1998 (BGBl. I S. 845); dieses erging aufgrund der Grundgesetzänderung unter Einfügung des Art. 13 Abs. 3 GG vom 26. März 1998 (BGBl. I S. 610).

721 Vgl. *Hegmann* in: Graf § 100 c vor Rn. 1.

722 Das Urteil umfasst in der amtlichen Sammlung (*BVerfGE* 109, 279) immerhin 113 Seiten, wobei auch die abweichende Meinung der Richterinnen *Jaeger* und *Hohmann-Dennhardt* enthalten ist.

723 Die divergierende Auffassung der beiden Richterinnen *Jaeger* und *Hohmann-Dennhardt* bezog sich jedoch nur auf die Verfassungsmäßigkeit von Art. 13 Abs. 3 GG. Die Richterinnen waren insoweit der Meinung, dass dieser bereits nicht mit Art. 79 Abs. 3 GG vereinbar und daher nichtig sei. Im Übrigen stimmten die Richterinnen der Senatsmehrheit hingegen vollumfänglich zu, vgl. *BVerfGE* 109, 279 (382 ff.).

724 Genau genommen „[…] ein ehemaliger Vizepräsident des Bundestages, ein ehemaliger Bundesinnenminister und eine ehemalige Bundesministerin der Justiz […], die […] aus Protest gegen die Verabschiedung der nach ihrer Überzeugung verfassungswidrigen Gesetze ihr Amt aufgegeben hatte.", vgl. hierzu *Denninger*, ZRP 2004, 101.

eingeführten Vorschriften unter anderem in ihren Rechten aus Art. 1 Abs. 1, 2 Abs. 1 und 13 GG verletzt.[725]

Das Bundesverfassungsgericht sah die Verfassungsbeschwerden überwiegend als zulässig und teilweise als begründet an.

Zunächst stellte es fest, dass Art. 13 Abs. 3 GG, der eine Beschränkung des Grundrechts der Unverletzlichkeit der Wohnung aus Art. 13 Abs. 1 GG erlaube, verfassungsgemäß sei. „Dieses Grundrecht verbürgt dem Einzelnen einen elementaren Lebensraum und gewährleistet das Recht, in ihm in Ruhe gelassen zu werden (vgl. BVerfGE 32, 54 (75); 42, 212 (219); 51, 97 (110)). Art. 13 Abs. 1 GG schützt die räumliche Privatsphäre insbesondere in Gestalt eines Abwehrrechts (vgl. BVerfGE 7, 230 (238); 65, 1 (40)).“ Allerdings schaffe dieser Privatbereich im Ergebnis nur eine „[...] konstitutive Beschränkung des Grundrechts aus Art. 13 Abs. 1 GG“, daher sei die Regelung des Art. 13 Abs. 3 GG selbst im Ergebnis – zumindest bei verfassungskonformer Auslegung – nicht zu beanstanden.[726]

Art. 13 Abs. 3 GG sei zunächst mit der Menschenwürdegarantie aus Art. 1 Abs. 1 GG, welcher bereits durch Art. 13 Abs. 1 GG konkretisiert werde, vereinbar. „Die Unverletzlichkeit der Wohnung hat einen engen Bezug zur Menschenwürde und steht zugleich im nahen Zusammenhang mit dem verfassungsrechtlichen Gebot unbedingter Achtung einer Sphäre des Bürgers für eine ausschließlich private – eine „höchstpersönliche“ – Entfaltung.“[727] Zu dieser Entfaltung der Persönlichkeit im Kernbereich persönlicher Lebensführung sei auch die Freiheit zu zählen, „[...] innere Vorgänge wie Empfindungen und Gefühle sowie Überlegungen, Ansichten und Erlebnisse höchstpersönlicher Art zum Ausdruck zu bringen, und zwar ohne Angst, dass staatliche Stellen dies überwachen. Vom Schutz umfasst sind auch Gefühlsäußerungen, Äußerungen des unbewussten Erlebens sowie Ausdrucksformen der Sexualität.“[728]

Auch in dieser Entscheidung betonte das Bundesverfassungsgericht mit Verweis auf seine ältere Rechtsprechung hierzu, dass „dieser Schutz [...] nicht durch Abwägung mit den Strafverfolgungsinteressen nach Maßgabe des Verhältnismäßigkeitsgrundsatzes relativiert werden [...]“ dürfe.[729] Es werde wohl stets Formen besonders schwerwiegender Kriminalität und besondere Verdachtsituationen geben, „[...] die die Effektivität der Strafrechtspflege als Gemeinwohlinteresse manchem gewichtiger erscheinen lässt als die Wahrung der menschlichen

725 *BVerfGE* 109, 279 (290).
726 *BVerfGE* 109, 279 (309).
727 *BVerfGE* 109, 279 (313).
728 *BVerfGE* 109, 279 (313 f.).
729 *BVerfGE* 109, 279 (313 f.).

Würde des Beschuldigten. Eine solche Wertung ist dem Staat jedoch durch Art. 1 Abs. 1, Art. 79 Abs. 3 GG verwehrt."[730]

Nach Auffassung des Bundesverfassungsgerichts verstoße die akustische Wohnraumüberwachung zur Aufklärung von Straftaten aber dann gegen die Garantie der Menschenwürde, wenn der Schutz des Kernbereichs privater Lebensgestaltung nicht beachtet werde.[731]

An dieser Stelle benennt das Gericht sodann den Sozialbezug der in Frage stehenden Verhaltensweise als maßgebliches Kriterium für dessen höchstpersönlichen Charakter.[732]

Im Ergebnis sei Art. 13 Abs. 3 GG – trotz aller denkbaren Einwände, die das Gericht hierzu erörterte – so zu verstehen, „[…] dass seine gesetzliche Ausgestaltung die Erhebung von Informationen durch die akustische Überwachung von Wohnungen dort ausschließen muss, wo die Ermittlungsmaßnahme in den durch Art. 13 Abs. 1 in Verbindung mit Art. 1 Abs. 1 und Art. 2 Abs. 1 GG geschützten unantastbaren Bereich der privaten Lebensgestaltung vordringen würde."[733]

Demnach sei insoweit eine gesetzliche Ausgestaltung erforderlich, „[…] die unter Beachtung des Grundsatzes der Normenklarheit [sicherstellt], dass die Art und Weise der akustischen Wohnraumüberwachung nicht zu einer Verletzung der Menschenwürde führt. Die Überwachung muss in Situationen von vornherein unterbleiben, in denen Anhaltspunkte bestehen, dass die Menschenwürde durch die Maßnahme verletzt wird. Führt die akustische Wohnraumüberwachung im Übrigen unerwartet zur Erhebung von absolut geschützten Informationen, muss sie abgebrochen werden, und die Aufzeichnungen müssen gelöscht werden; jede Verwendung solcher im Rahmen der Strafverfolgung erhobener absolut geschützter Daten ist ausgeschlossen."[734] Dabei seien nicht nur dann, wenn der „Belauschte" alleine sei, Vorkehrungen zur Wahrung der Menschenwürde notwendig, sondern auch in Kommunikationssituationen. Dies deshalb, weil sich „der Mensch als Person, auch im Kernbereich seiner Persönlichkeit, notwendig […] in sozialen Bezügen […]" verwirkliche. Es könne daher nicht darauf ankommen, ob überhaupt ein sozialer Bezug vorzufinden sei, sondern in welcher Art und Intensität sich dieser präsentiere.[735]

---

730 *BVerfGE* 109, 279 (314).
731 *BVerfGE* 109, 279 (314).
732 *BVerfGE* 109, 279 (314 f.).
733 *BVerfGE* 109, 279 (318).
734 *BVerfGE* 109, 279 (318 f.).
735 *BVerfGE* 109, 279 (319).

An dieser Stelle führte das Gericht folgerichtig unter Bezugnahme auf seine frühere Rechtsprechung[736] aus, dass „[...] Gespräche, die Angaben über begangene Straftaten enthalten, [...] ihrem Inhalt nach nicht dem Kernbereich privater Lebensgestaltung [...]“[737] angehören. Jedoch könne daraus nicht zugleich geschlossen werden, „[...] dass bereits jede Verknüpfung zwischen dem Verdacht einer begangenen Straftat und den Äußerungen des Beschuldigten zur Bejahung des Sozialbezugs ausreicht. Aufzeichnungen oder Äußerungen im Zwiegespräch, die zum Beispiel ausschließlich innere Eindrücke und Gefühle wiedergeben und keine Hinweise auf konkrete Straftaten enthalten, gewinnen nicht schon dadurch einen Gemeinschaftsbezug, dass sie Ursachen oder Beweggründe eines strafbaren Verhaltens freizulegen vermögen. Ein hinreichender Sozialbezug besteht demgegenüber bei Äußerungen, die sich unmittelbar auf eine konkrete Straftat beziehen.“[738]

Weiter führte das Bundesverfassungsgericht aus, dass „ein Abhören des nichtöffentlich gesprochenen Wortes in Wohnungen [...] zur Vermeidung von Eingriffen in den Kernbereich privater Lebensgestaltung zu unterbleiben [habe], wenn sich jemand allein oder ausschließlich mit Personen in der Wohnung aufhält, zu denen er in einem besonderen, den Kernbereich betreffenden Vertrauensverhältnis steht – etwa mit Familienangehörigen oder sonstigen engsten Vertrauten – und es keine konkreten Anhaltspunkte gibt, dass die zu erwartenden Gespräche nach ihrem Inhalt einen unmittelbaren Bezug zu Straftaten aufweisen.“[739] Nach Auffassung des Gerichts gehöre zwar nicht jedes Gespräch unter engsten Vertrauten in einer Wohnung dem Kernbereich der Persönlichkeitsentfaltung an, jedoch spreche eine Vermutung dafür. Dies diene einer effektiven Gewährleistung des Schutzes der Menschenwürde.[740]

Hinsichtlich der Beurteilung der Höchstpersönlichkeit eines Gesprächs führte das Gericht sodann aus: „Für die Einordnung eines Sachverhalts ist der Inhalt des Gesprächs maßgeblich. Gewissheit über die Zuordnung zum Bereich des Höchstpersönlichen oder zum Sozialbereich ist regelmäßig erst mit der Erhebung der Information zu erlangen. Der Schutz des Kernbereichs privater Lebensgestaltung fordert, dass vor Maßnahmen akustischer Wohnraumüberwachung tatsächliche Anhaltspunkte gegeben sind, aus denen zumindest in typisierender Weise geschlossen werden kann, dass das Gespräch nicht den Bereich des

736 *BVerfGE* 80, 367 (374).
737 *BVerfGE* 109, 279 (319).
738 *BVerfGE* 109, 279 (319).
739 *BVerfGE* 109, 279 (319 f.).
740 *BVerfGE* 109, 279 (320).

Höchstpersönlichen betrifft. Die Ermittlungsmaßnahme muss dort unterbleiben, wo das Abhören des nichtöffentlich gesprochenen Wortes in Wohnungen mit Wahrscheinlichkeit zu einer Kernbereichsverletzung führen wird."[741]

Insoweit sei von den Strafverfolgungsbehörden vor Einleitung der Überwachungsmaßnahme innerhalb einer Prognoseentscheidung festzustellen, ob kernbereichsrelevante Gespräche zu erwarten sind. Hierzu sei in erster Linie die Art der zu überwachenden Räumlichkeit zu berücksichtigen. In privaten Wohnungen würden erwartungsgemäß häufiger höchstpersönliche Gespräche stattfinden als in Betriebs- und Geschäftsräumen, da diesen „[…] regelmäßig die Vertrautheit und Geborgenheit der Privatwohnung" fehle.[742] Sofern allerdings dennoch in einem Geschäftsraum ein höchstpersönliches Gespräch stattfinde, sei auch dieses absolut zu schützen, sobald es im Einzelfall erkennbar werde.[743]

Neben der Art der Räumlichkeit sei insbesondere zu berücksichtigen, wer sich in dieser aufhalte. „Ein gewichtiger Anhaltspunkt für die Menschenwürderelevanz des Gesprächsinhalts ist die Anwesenheit von Personen des höchstpersönlichen Vertrauens. Der Einzelne konstituiert seine Persönlichkeit in erster Linie im Wechselspiel mit anderen, also in der Kommunikation. Ehe und Familie haben insoweit für die Kommunikation im höchstpersönlichen Bereich, gerade auch im Intimbereich, eine besondere Bedeutung. So fußt eine in der ehelichen Vertrautheit besonders leicht mögliche thematisch unbegrenzte Kommunikation mit dem Ehepartner auf der Erwartung, dass der Vorgang nicht von Außenstehenden zur Kenntnis genommen werden kann."[744]

Auch in dieser Entscheidung spricht sich das Bundesverfassungsgericht für eine „erste Sichtung" zur Bewertung des Gesprächsinhalts aus. Aber auch hier sei „größtmögliche Zurückhaltung" geboten, welche durch „geeignete Maßnahmen sicherzustellen" sei.[745] Dieses Erfordernis konkretisiert der Senat folgendermaßen: „So kann es der Schutz des Art. 1 Abs. 1 GG erforderlich machen, bei dem Abhören einer Privatwohnung auf eine nur automatische Aufzeichnung der abgehörten Gespräche zu verzichten, um jederzeit die Ermittlungsmaßnahme unterbrechen zu können. Sollte im Rahmen einer Wohnraumüberwachung eine Situation eintreten, die dem unantastbaren Kernbereich privater Lebensgestaltung zuzurechnen ist, muss die Überwachung abgebrochen werden. Dennoch erfolgte Aufzeichnungen sind zu vernichten. Die Weitergabe und Verwertung der

741 *BVerfGE* 109, 279 (320).
742 *BVerfGE* 109, 279 (321).
743 *BVerfGE* 109, 279 (321).
744 *BVerfGE* 109, 279 (321 f.).
745 *BVerfGE* 109, 279 (323 f.); vgl. bereits *BVerfGE* 80, 367 (375 ff.).

gewonnenen Informationen sind untersagt. Art. 13 Abs. 3 GG ist dahingehend auszulegen, dass bei entsprechenden Aufzeichnungen Beweisverwertungsverbote bestehen müssen […]".[746]

Im Folgenden begründete das Gericht, warum die damals aktuellen Fassungen der §§ 100 c Abs. 1 Nr. 3, Abs. 2 und 3 StPO und 100 d Abs. 3 StPO den Anforderungen, „[…] die nach Art. 13 Abs. 1 und 3 GG sowie Art. 2 Abs. 1 i. V. m. Art. 1 Abs. 1 GG im Hinblick auf den Schutz des unantastbaren Bereichs privater Lebensgestaltung […] zu stellen sind, nicht hinreichend […]" genügten.[747]

Als Maßstab für die Prüfung der Verfassungsmäßigkeit der oben genannten Normen komme nach Auffassung des Bundesverfassungsgerichts zunächst Art. 13 Abs. 1 und 3 GG und daneben Art. 2 Abs. 1 i. V. m. Art. 1 Abs. 1 GG in Betracht, wobei es auch möglich sei, dass andere Grundrechte, wie Art. 6 Abs. 1 und 2 GG sowie Art. 4 Abs. 1 und 2 GG, tangiert würden. Hierzu führte der Senat aus: „Das aus Art. 2 Abs. 1 i. V. m. Art. 1 Abs. 1 GG folgende allgemeine Persönlichkeitsrecht kommt neben Art. 13 Abs. 1 GG allerdings nicht zur Anwendung, soweit Eingriffe in die räumliche Privatsphäre des Wohnungsinhabers zu überprüfen sind. Art. 13 Abs. 1 GG enthält eine spezielle Gewährleistung des Schutzes vor staatlicher akustischer Überwachung der räumlichen Privatsphäre, die die allgemeinere Vorschrift insoweit verdrängt (vgl. BVerfGE 100, 313 (358) zu Art. 10 GG). […] Mit dem Recht, in der Wohnung ungestört zu sein, und dem Recht am eigenen in der Wohnung gesprochenen Wort schützt Art. 13 Abs. 1 GG gerade den Teil der Privatsphäre, den sonst das allgemeine Persönlichkeitsrecht gewährleistet. […] Der Schutz des allgemeinen Persönlichkeitsrechts aus Art. 2 Abs. 1 in Verbindung mit Art. 1 Abs. 1 GG greift hingegen ein, soweit von der Wohnraumüberwachung Personen betroffen werden, die sich nicht auf Art. 13 Abs. 1 GG berufen können. Grundrechtsträger des Art. 13 Abs. 1 GG ist jeder Inhaber oder Bewohner eines Wohnraums, unabhängig davon, auf welchen Rechtsverhältnissen die Nutzung des Wohnraums beruht. […] Maßnahmen der Wohnraumüberwachung können aber nicht nur Wohnungsinhaber, sondern auch zufällig in einer Wohnung Anwesende erfassen. Diese Personen sind zwar nicht in ihrem Grundrecht aus Art. 13 Abs. 1 GG, wohl aber in ihrem allgemeinen Persönlichkeitsrecht betroffen."[748]

Ergänzend hierzu führte das Gericht sodann aus, dass die bereits genannten Grundrechte auch durch weitere Grundrechtsgarantien ergänzt werden könnten,

746 *BVerfGE* 109, 279 (324).
747 *BVerfGE* 109, 279 (325).
748 *BVerfGE* 109, 279 (325 f.).

wie beispielsweise bei Eheleuten durch Art. 6 GG oder bei einem Gespräch mit einem Geistlichen durch Art. 4 GG.[749]

Die Regelungen der §§ 100 c Abs. 1 Nr. 3, Abs. 2 und 3 StPO und 100 d Abs. 3 StPO genügten allerdings nicht den zuvor statuierten Anforderungen, die die verfassungskonforme Auslegung des Art. 13 Abs. 3 GG stelle. Es fehle insoweit insbesondere an hinreichenden Vorkehrungen, um vor Eingriffen in den absolut geschützten Kernbereich privater Lebensgestaltung zu schützen. Insoweit mangele es vor allem an einer ausreichenden gesetzlichen Konkretisierung der Überwachungs- und Erhebungsverbote des § 100 d Abs. 3 StPO sowie der Eingriffsermächtigung des § 100 c Abs. 1 Nr. 3, Abs. 2 und 3 StPO selbst.[750] Auf die Einzelheiten der insoweit getätigten Ausführungen des Bundesverfassungsgerichts[751] soll von dieser Seite hingegen nicht eingegangen werden. Letztlich bemängelte das Gericht jeweils nur die nicht hinreichende Berücksichtigung der zuvor für den Schutz des Kernbereichs der persönlichen Lebensentfaltung aufgestellten Richtlinien.

Des Weiteren führte das Gericht in der hier gegenständlichen Entscheidung aus, warum auch der Verhältnismäßigkeitsgrundsatz durch die hier in Rede stehenden Vorschriften nicht hinreichend gewahrt werde. Da letzterer jedoch nur im Rahmen einer Abwägung, außerhalb des Kernbereichs privater Lebensgestaltung Anwendung findet[752], soll die Auffassung des Senats hierzu an dieser Stelle nicht weiter erläutert werden.

Lediglich einige Erwägungen des Gerichts im Rahmen der Abwägung, welche der Senat innerhalb der Verhältnismäßigkeit i. e. S. – genau genommen innerhalb der Angemessenheitsprüfung – vornimmt, erscheinen hier erwähnenswert. So betont der Senat abermals, dass „die heimliche Überwachung des nichtöffentlich gesprochenen Wortes in Wohnungen [...] nicht nur den Einzelnen [betrifft], sondern [...] sich auch auf die Kommunikation der Gesellschaft insgesamt auswirken [kann]. Von der Möglichkeit zur akustischen Wohnraumüberwachung können Einschüchterungseffekte ausgehen, denen insbesondere auch der Unverdächtige ausgesetzt ist [...]. Allein die Befürchtung einer Überwachung kann aber schon zu einer Befangenheit in der Kommunikation führen. Art. 13 GG

749 *BVerfGE* 109, 279 (326 f.).

750 *BVerfGE* 109, 279 (327 f.).

751 *BVerfGE* 109, 279 (329 ff.).

752 So auch ausdrücklich der Senat: „Soweit die akustische Wohnraumüberwachung nicht den absolut geschützten Kernbereich privater Lebensgestaltung betrifft, setzt ihre Verfassungsmäßigkeit die Beachtung des Grundsatzes der Verhältnismäßigkeit voraus [...]", vgl. *BVerfGE* 109, 279 (335).

schützt den Einzelnen vor staatlichen Eingriffen in die räumliche Privatsphäre und gewährleistet damit in seinem objektivrechtlichen Gehalt die Vertraulichkeit der Kommunikation auch in ihrer gesamtgesellschaftlichen Bedeutung."[753]

bb) Auseinandersetzung

Die Entscheidung des Bundesverfassungsgerichts zum sogenannten „großen Lauschangriff" hat in der juristischen Literatur – zu Recht – eine große und überwiegend positive Resonanz erfahren.[754]

In ihr bejahte das Bundesverfassungsgericht zum ersten Mal ausdrücklich einen unzulässigen Eingriff in den Kernbereich privater Lebensgestaltung.[755]

Das Urteil setzte sich erstmals eingehend mit der genaueren Bestimmung und Einordnung des Kernbereichs der Persönlichkeitsentfaltung auseinander.[756] Dies erfolgte zwar überwiegend im Rahmen des Art. 13 GG, der als spezielleres Grundrecht das allgemeine Persönlichkeitsrecht aus Art. 2 Abs. 1 i. V. m. Art. 1 Abs. 1 GG innerhalb von Wohnungen verdrängt. Wie das Bundesverfassungsgericht jedoch betont hat, schützt der Art. 13 GG als Abwehrrecht des Wohnungsinhabers innerhalb einer Wohnung dessen allgemeines Persönlichkeitsrecht jedenfalls mit. Dort, wo nicht der Wohnungsinhaber selbst betroffen ist, sondern andere Personen, die sich nur vorübergehend in der Wohnung aufhalten (z. B. Gäste), ist das allgemeine Persönlichkeitsrecht hingegen direkt einschlägig.[757] Damit sind die in dieser Entscheidung mit Bezug auf Art. 13 GG entwickelten Grundsätze ohne weiteres auch auf den Kernbereich der persönlichen Lebensgestaltung anwendbar.[758]

---

753 *BVerfGE* 109, 279 (336 f.).

754 Dennoch gehört der sogenannte „große Lauschangriff" nach Auffassung von *Roxin*, FS Böttcher 2007, S. 159, „[…] zu den rechtspolitisch umstrittensten Themen des letzten Jahrzehnts."

755 Vgl. hierzu *Roxin*, FS Böttcher 2007, S. 159 (161), mit Verweis auf *Denninger*, ZRP 2004, 101; *Lindemann*, JR 2006, 191 (192); *Kutscha*, NJW 2005, 20.

756 Ebenso *Roxin*, FS Böttcher 2007, S. 159 (162); *Kutscha*, NJW 2005, 20 f.; *Lindemann*, JR 2006, 191 (192), der von einer „bislang ungekannte[n] Sorgfalt" bei der Kernbereichsbestimmung seitens des Bundesverfassungsgerichts spricht.

757 Siehe oben *BVerfGE* 109, 279 (325 f.).

758 Auf den Punkt bringt dies *Ruthig*, GA 2004, 598, der feststellt: „[…] Art. 13 GG schützt also Menschen, nicht Räume." Diese Feststellung bedeutet hingegen nicht, dass der Kernbereichsschutz eines „räumlichen Subtrats" bedarf und daher nur in Wohnungen gem. Art. 13 GG zu gewährleisten ist, insoweit zutreffend *Poscher*, JZ 2009, 269 (271) m. w. N.

Nicht zuzustimmen ist insoweit einer in der Literatur teilweise vertretenen Auffassung[759], wonach die Entscheidung des Bundesverfassungsgerichts für die Bejahung des Kernbereichsschutzes ein „dingliches Substrat“ fordere. Zwar formuliert das Gericht hierzu: „Auch die vertrauliche Kommunikation benötigt ein räumliches Substrat jedenfalls dort, wo die Rechtsordnung um der höchstpersönlichen Lebensgestaltung willen einen besonderen Schutz einräumt und die Bürger auf diesen Schutz vertrauen.“[760] Damit wollte der Senat hingegen lediglich betonen, dass *zumindest* in Wohnungen, denen schließlich das Grundgesetz einen besonderen Schutz zukommen lässt, für die vertrauliche Kommunikation ein räumliches Substrat *gewährleistet* werden muss. Dies bedeutet hingegen keinesfalls, dass die vertrauliche Kommunikation zur Rechtfertigung ihres Schutzes ein „räumliches Substrat“, beispielsweise eine Wohnung, *benötigen* würde. Die Tatsache, dass das Gespräch in einer Privatwohnung stattgefunden hat, stellt mithin *ein* Argument für die Zuordnung desselben zum Kernbereich der privaten Lebensgestaltung – und zugleich für die Nichtöffentlichkeit der Äußerungssituation[761] – dar.

Darüber hinaus macht der Senat in der hier ergangenen Entscheidung erstmals deutlich, dass die Entscheidung, ob der absolut geschützte Kernbereich der Persönlichkeitsentfaltung betroffen ist, *vor* der gegebenenfalls später vorzunehmenden Abwägung erfolgen muss.[762] Dies ist zur Klarstellung der bislang ergangenen, zum Teil recht uneinheitlichen Rechtsprechung des Senats zu begrüßen.

---

759 Vgl. *Poscher*, JZ 2009, 269 (271) m. w. N., der die Aussage des Bundesverfassungsgerichts zwar dahingehend interpretiert, die vertrauliche Kommunikation *benötige* ein räumliches Substrat. Dem kann hingegen nicht gefolgt werden. *Poscher* stellt aber an anderer Stelle selbst mit Verweis auf *Warntjen* 2007, S. 79 ff., fest, dass „[…] sich private Lebensgestaltung – besonders in ihren kommunikativen Bezügen – aber auch außerhalb von Wohnungen vollziehen [kann].“

760 *BVerfGE* 109, 279 (314); *Poscher*, JZ 2009, 269 (271), verkennt hingegen den Sinn dieser Aussage, indem er dieses Zitat des Gerichts folgendermaßen verkürzt: „Auch in der Entscheidung des *BVerfG* […] ist davon die Rede, dass ‚*die vertrauliche Kommunikation ein räumliches Substrat* … <*benötigt*> … [Hervorhebung durch die Verfasserin]‘.

761 Vgl. hierzu sogleich die Argumentation zu *BGHSt* 57, 71, unter 3. Teil § 2 I. 4. e).

762 Siehe oben *BVerfGE* 109, 279 (335); im Gegensatz dazu hatte die obergerichtliche Rechtsprechung, wie es auch *Denninger*, ZRP 2004, 101, anmerkt, stets lediglich eine Abwägung vorgenommen – auch bereits zur Bestimmung des Kernbereichs der Persönlichkeitsentfaltung, obwohl dieser als „abwägungsresistent“ bezeichnet wurde, vgl. z. B. *BVerfGE* 32, 373 (379); *BVerfGE* 34, 238 (245).

Die Anforderungen, die das Gericht an die Verfassungsmäßigkeit der Vorschriften zu Abhörmaßnahmen in Wohnungen stellt, sind umfassend zu befürworten. Sie dienen dazu, dem Kernbereich der Persönlichkeit den Schutz zukommen zu lassen, der ihm bereits in der „Elfes-Entscheidung" im Jahre 1957 – zumindest theoretisch – zuerkannt wurde. Bisher war der Kernbereich jedoch durch die tatsächliche Handhabung innerhalb der Rechtsprechung geradezu ausgehöhlt worden; rein praktisch bestand jedenfalls kein „absoluter" Kernbereichsschutz, da bereits zu dessen Bestimmung eine Abwägung der widerstreitenden Interessen vorgenommen wurde, die unter anderem auch die „Schwere" der in Rede stehenden Tat miteinbezog.[763] Nunmehr legte das Bundesverfassungsgericht endlich eindeutig fest, dass ein solcher *absolut geschützter* Kernbereich der Persönlichkeitsentfaltung mit Rücksicht auf den Schutz der Würde des Menschen zu gewährleisten ist.[764] Der Kernbereich, der dem Individuum einen Freiraum zugesteht, in dem es frei von staatlicher Überwachung seine innersten Gedanken, Gefühle und Erlebnisse zum Ausdruck bringen kann, darf nicht zu einem bloßen Programmsatz degradiert werden.[765] Diesem Erfordernis wird die Entscheidung des Bundesverfassungsgerichts zum „großen Lauschangriff" erstmals gerecht.

Zu Recht wird allerdings von Teilen der Literatur kritisiert[766], dass die vom Bundesverfassungsgericht geforderte Abgrenzung und Bestimmung des Kernbereichs, allen voran die hierzu vorzunehmende Prognoseentscheidung und Überwachung in Echtzeit, in der Strafverfolgungspraxis zu erheblichen Schwierigkeiten führen kann. Richtigerweise wird die Beurteilung – insbesondere bei fremdsprachlicher Kommunikation – praktisch nur schwer zu bewerkstelligen sein.[767] Das Erfordernis der Live-Überwachung bringt darüber hinaus auch personelle Probleme mit sich.[768] Dennoch können diese Anforderungen des

---

763 Vgl. etwa *BVerfGE* 32, 373 (379); 34, 238 (245); sowie *Denninger*, ZRP 2004, 101.

764 Leider relativiert das Gericht diese Feststellung dadurch, dass Gespräche über begangene Straftaten nicht dem Kernbereich der Persönlichkeitsentfaltung unterfallen sollen.

765 Vgl. insoweit die Ausführungen von *Jahn*, NStZ 2000, 383.

766 So etwa *Hegmann* in: Graf § 100 c StPO Rn. 26; *Löffelmann*, NJW 2005, 2033 (2034); *Meyer-Wieck*, NJW 2005, 2037 (2039); *Bär* in: Kleinknecht/Müller/Reitberger § 100 c Rn. 2. Zur ähnlichen Problematik im Rahmen von Abhörmaßnahmen nach § 100 a Abs. 4 StPO vgl. *Glaser/Gedeon*, GA 2007, 415 (430).

767 Vgl. *Hegmann* in: Graf § 100 c Rn. 26.

768 Ebenso *Roxin*, FS Böttcher 2007, S. 159 (S. 172); *Denninger*, ZRP 2004, 101 (103), der von einem „[…] beträchtlichen personellen und technischen Aufwand […]" spricht; ähnlich *Kutscha*, NJW 2005, 20 (22); *Haas*, NJW 2004, 3082 (3083) sieht den überwachenden Ermittlungsbeamten gar als „überfordert" an.

Gerichts im Ergebnis nicht beanstandet werden. Denn die Vermeidung dieser Probleme ist praktisch kaum möglich. Sie müssen daher im Interesse des größtmöglichen Schutzes der Menschenwürde hingenommen werden. Eine Aufgabe des Schutzes des Kernbereichs, der Ausdruck der Würde des Menschen ist, allein aufgrund von praktischen Erwägungen, wäre schlechterdings nicht hinnehmbar.[769] Sollten diese Schwierigkeiten tatsächlich derart gravierend sein, müsste die Abhörpraxis im Zweifel gänzlich eingestellt werden, um nicht den obersten Grundsatz unserer Verfassung preiszugeben.[770]

Auch das vom Bundesverfassungsgericht statuierte umfassende Verwertungsverbot[771], welches ferner eine Verwertung in anderen Ermittlungs- oder Strafverfahren sowie gegenüber anderen Beschuldigten verbietet, ist zu begrüßen. Denn nur auf diese Weise kann gewährleistet werden, dass es nicht auch noch zu einer Vertiefung des Eingriffs in den Kernbereich privater Lebensgestaltung kommt. Denn selbst dann, wenn – wie teilweise behauptet wird – Verwertungsverbote „[…] stets einen Eingriff in die richterliche Wahrheitsfindung darstellen [und] auf Ausnahmefälle beschränkt bleiben müssen“[772], darf nicht hingenommen werden, dass bei einer bereits festgestellten Verletzung des Kernbereichs der Persönlichkeitsentfaltung und damit der Würde des Betroffenen, aus Effektivitätsgesichtspunkten weitere derartige Eingriffe erfolgen. Dies ist mit den Grundsätzen und dem Selbstverständnis eines freiheitlichen Rechtsstaates nicht zu vereinbaren.[773]

---

769 Bedenklich ist hingegen die gänzlich andere Auffassung von *Rogall*, FS Fezer 2008, S. 61 (72), der von einer „üblich gewordenen Überhöhung von Menschenwürde und Persönlichkeitsrecht [spricht], die jedes Maß vermissen lässt.“

770 Demgegenüber sieht ein nicht zu vernachlässigender Teil der Literatur bereits darin einen Menschenwürdeverstoß, dass Privatwohnungen überhaupt abgehört werden. *Roxin*, FS Böttcher 2007, S. 159 (168) führt hierzu aus: „Denn wenn […] die angeordnete Wohnraumüberwachung unverzüglich zu unterbrechen ist, wenn Äußerungen aus dem Kernbereich erfasst werden, ist in diesem Augenblick der „Kernbereich“ bereits beeinträchtigt und die Menschenwürde des Betroffenen verletzt.“ Dies betonen u. a. auch *Denninger*, ZRP 2004, 101 (102); *Kutscha*, NJW 2005, 20 (22); *Lindemann*, JR 2006, 191 (198) sowie die Richterinnen *Jaeger* und *Hohmann-Dennhardt*, vgl. *BVerfGE* 109, 279 (382 ff.).

771 Vgl. hierzu etwa *Nack*, FS Nehm 2006, S. 310 (319 ff.).

772 So *Hegmann* in: Graf § 100 c Rn. 26 mit Verweis auf *BGH* NJW 2009, 3448; *Jähnke*, FS Odersky 1996, 427 (429).

773 Ähnlich auch die dissentierende Auffassung des hier diskutierten Urteils, der Richterinnen *Jaeger* und *Hohmann-Dennhardt*, die die akustische Wohnraumüberwachung generell ablehnen und hierzu ausführen: „Wenn aber selbst die persönliche

Dem hier diskutierten Urteil kann jedoch nicht in allen Punkten uneingeschränkt zugestimmt werden.

So kann der Auffassung des Senats, dass es für die Beurteilung der Höchstpersönlichkeit einer Handlung oder eines Gesprächs stets auf den Sozialbezug der- bzw. desselben ankommt, nicht gefolgt werden.[774] Richtigerweise unterfallen nur höchstpersönliche Verhaltensweisen dem absolut geschützten Kernbereich des allgemeinen Persönlichkeitsrechts. Allerdings erscheint das Kriterium des Sozialbezugs für dessen Beurteilung nicht geeignet.

Fraglich ist schon, was genau unter einem „Sozialbezug" zu verstehen ist. Während Teile der Literatur bereits dann einen solchen annehmen, wenn auch nur ein irgendwie gearteter Zusammenhang mit einer Straftat besteht[775], fordern andere einen Bezug zu einer „konkreten" Straftat[776]. Wann aber der Straftatbezug hinreichend konkret ist, ist nur schwer feststellbar. Das Merkmal des Sozialbezugs trägt daher zu einer Beurteilung des höchstpersönlichen Charakters einer Verhaltensweise im Ergebnis nichts bei. Insofern erscheint es vielmehr notwendig, die Höchstpersönlichkeit danach zu beurteilen, ob sich die Verhaltensweise des Individuums als Selbstreflexion, mithin als Ausdruck dessen Gefühls- und Erlebniswelt oder vielmehr als sachliche und objektive Beschäftigung mit einer Straftat darstellt. Letzteres muss beispielsweise bei einer Auflistung begangener Straftaten oder einer objektiven Planung derselben angenommen werden. Daher unterfallen derartige Verhaltensweisen in der Regel nicht dem Kernbereich der Persönlichkeitsentfaltung. Naturgemäß ist auch diese Unterscheidung nicht immer völlig ohne Schwierigkeiten festzustellen. In Grenzfällen wäre daher die Hinzuziehung eines psychologischen Gutachters anzuraten. Problematisch erscheint in diesem Zusammenhang auch, dass die meisten Gespräche sich nicht ausschließlich mit sachlichen oder

---

Intimsphäre, manifestiert in den eigenen vier Wänden, kein Tabu mehr ist, vor dem das Sicherheitsbedürfnis Halt zu machen hat, stellt sich auch verfassungsrechtlich die Frage, ob das Menschenbild, das eine solche Vorgehensweise erzeugt, noch einer freiheitlich-rechtsstaatlichen Demokratie entspricht.", *BVerfGE* 109, 279 (391); zustimmend *Kutscha*, NJW 2005, 20 (21).

774 Kritisch hierzu auch *Roxin*, FS Böttcher 2007, S. 159 (164 ff.).

775 So beispielsweise *Rogall*, FS Fezer 2008, S. 61 (69 ff.); auch die vier die Entscheidung tragenden Richter vertraten in *BVerfGE* 80, 376 diese Auffassung, siehe hierzu bereits oben unter 3. Teil § 2 I. 3. f).

776 Dies fordern im Ergebnis *Amelung*, NJW 1988, 1002 (1004), der den konkreten Zusammenhang mit einer Straftat jedenfalls bei Tagebüchern verneint; sowie *Gössel*, NJW 1981, 651 (656); auf die Intensität bzw. Unmittelbarkeit abstellend *Störmer*, Jura 1991, 17 (23); *Geis*, JZ 1991, 112 (116).

höchstpersönlichen Inhalten befassen, sondern in der Regel eine „[...] Gemengelage unterschiedlicher Inhalte [...]“[777] gegeben ist. Hierbei ist die genaue Differenzierung der einzelnen Inhalte erforderlich. Im Zweifel ist aber auch hier zur Gewährleistung des Schutzes der Menschenwürde von einem höchstpersönlichen Inhalt auszugehen.

Wie gesehen ist auch das Kriterium der „Selbstreflexion“ nicht immer ohne weiteres feststellbar, dennoch ist es nicht derart weit und unbestimmt wie dasjenige des „Sozialbezugs“, welches letztlich keinen sinnvollen Beitrag zur Abgrenzung des Bereichs des Höchstpersönlichen leisten kann.

Die Tatsache, dass der Senat aufgrund des angeblich bestehenden Sozialbezugs selbst Gespräche zwischen engsten Vertrauenspersonen dann aus dem absolut geschützten Kernbereich ausscheiden lassen will, wenn sie sich mit „begangenen Straftaten“ befassen, ist bedenklich.[778] Während der BGH bereits im Jahre 1983 in seiner „Raumgespräch-Entscheidung“[779] Gespräche von Ehegatten aufgrund ihres höchstpersönlichen Charakters ohne Einschränkung dem Kernbereich der Persönlichkeitsentfaltung zugeordnet hatte, relativierte das Bundesverfassungsgericht denselben nunmehr, ohne das oben genannte Urteil des BGH auch nur zu erwähnen.[780] Dies lässt – wie auch die dissentierenden Richterrinnen richtig erkennen[781] – ein „Klima der Überwachungsfurcht, das die private Lebensgestaltung erheblich beeinträchtigen kann“[782], befürchten.

Letztlich erscheint darüber hinaus der tatsächliche Nutzen sowie die Anwendung der „großen Lauschangriffe“ in der Strafverfolgungspraxis problematisch. Der hierzu von *Meyer-Wieck*[783] erschienene Beitrag zeigt deutlich, dass die ursprüngliche Intention des Gesetzgebers zwar die Bekämpfung der *Organisierten* Kriminalität war, die Wohnraumüberwachung jedoch nicht nur zu diesem

777 *BVerfGE* 109, 279 (330).

778 So ferner *Roxin*, FS Böttcher 2007, S. 159 (166); allerdings bereitet bereits die Bestimmung, wer genau als „engster Verwandter oder Vertrauter“ einzustufen ist, einige Schwierigkeiten, vgl. hierzu *Haas*, NJW 2004, 3082 (3083).

779 *BGHSt* 31, 296 (299).

780 Vgl. hierzu *Roxin*, FS Böttcher 2007, S. 159 (166).

781 *BVerfGE* 109, 279 (383 ff.).

782 *Roxin*, FS Böttcher 2007, S. 159 (168).

783 *Meyer-Wieck*, NJW 2005, 2037, hatte im Rahmen einer Studie am Max-Planck-Institut für ausländisches und internationales Strafrecht in Freiburg zu der Frage der „Rechtswirklichkeit und Effizienz der Überwachung der Telekommunikation nach den §§ 100 a, 100 b StPO und anderer verdeckter Ermittlungsmaßnahmen“ Stellung zu beziehen, wobei der Forschungsauftrag auch auf das Feld der akustischen Wohnraumüberwachung ausgedehnt worden war.

Zweck – insbesondere bei Rauschgiftdelikten –, sondern vor allem auch bei Tötungsdelikten angewendet wird. Bei letzteren gehe es dabei vor allem um „[...] soziale Nahfeldermittlungen, oftmals im familiären Umfeld des Opfers [...]".[784] Trotz ihrer unbestrittenen Deliktschwere sind Tötungsdelikte in der Regel keine Ausprägungen der Organisierten Kriminalität und unterscheiden sich gerade von den hierfür typischen Rauschmitteldelikten deutlich.[785] Dies veranschaulicht, dass die akustische Wohnraumüberwachung in der Strafverfolgungspraxis auch dazu eingesetzt wird, die Beweissituation zu verbessern, indem sie „[...] althergebrachte Grundsätze des Strafprozesses durch heimliche Informationserhebung [...]" umgeht.[786] Hierin zeigt sich auch, dass die Strafverfolgungsorgane in der Regel dazu tendieren, den Anwendungsbereich der akustischen Wohnraumüberwachung mit der Begründung der besonderen Tatschwere auszuweiten. Diese Entwicklung erscheint bedenklich, zumal sich der Kernbereichsschutz bei Ermittlungen im familiären Umfeld des Opfers als ungleich schwieriger darstellt als beispielsweise bei Abhörmaßnahmen in einer als Anlaufstelle für Drogengeschäfte eingeschätzten Wohnung.[787]

Darüber hinaus ist auch der praktische Nutzen der Überwachungsmaßnahmen als sehr gering einzuschätzen. So gelinge es insbesondere bei den Tötungsdelikten sehr selten, durch diese taugliche Erkenntnisse für den Tatnachweis zu erbringen. Dies sei bei den Betäubungsmitteldelikten wegen der „Notwendigkeit von Transaktionen", und einem „ wiederholten marktförmigen Verhalten", welches eine Kommunikation erfordere, naturgemäß anders.[788]

---

784 *Meyer-Wieck*, NJW 2005, 2037 (2038).

785 *Meyer-Wieck*, NJW 2005, 2037 (2038).

786 *Meyer-Wieck*, NJW 2005, 2037 (2038).

787 Ähnlich auch *Meyer-Wieck*, NJW 2005, 2037 (2038), der auf die Worte von *Dencker* 1998, S. 54, verweist: „Besonders schwer ist sicherlich jeder Mord. Er mag im Einzelfall auch schwer aufklärbar sein. [...] Es gibt jedoch keinen einzigen Grund dafür, Ermittlungsgrenzen in einem Mordverfahren nicht mehr zu akzeptieren, die man ein Jahrhundert lang für selbstverständlich gehalten hat." Zu bedenken ist insoweit darüber hinaus, dass gerade beim Abhören der Familie des Opfers eine große Wahrscheinlichkeit dafür besteht, dass es zu Äußerungen höchstpersönlichen Inhalts kommen wird. Bei Drogengeschäften wird sich die Kommunikation hingegen eher auf ökonomische Aspekte – wie den Kaufpreis und die Menge der zu veräußernden „Ware" – beziehen. Sonstige Formen der organisierten Kriminalität erfordern in der Regel ebenfalls eine irgendwie geartete Kommunikation über die begangenen oder geplanten Straftaten.

788 *Meyer-Wieck*, NJW 2005, 2037 (2038).

Letztlich habe die Maßnahme – auch wegen der damit einhergehenden technischen und personellen Schwierigkeiten – lediglich Einzelfallcharakter.[789]

Im Ergebnis ist das Urteil des Bundesverfassungsgerichts zum sogenannten „großen Lauschangriff" in vielen Punkten zu begrüßen. So wurde in der Folgezeit in der Literatur zu Recht angenommen, dass die Ausführungen des Senats insbesondere zum Kernbereich der persönlichen Lebensentfaltung auch auf andere Bereiche der StPO Anwendung finden müssen, in welchen Eingriffe in die Intimsphäre zu befürchten sind.[790]

cc) Auswirkungen: Gesetzesänderung vom 24. Juni 2005

Das Bundesverfassungsgericht hatte mit seiner Entscheidung vom 3. März 2004 im Ergebnis zwar die Verfassungsmäßigkeit des Art. 13 Abs. 3 GG nicht beanstandet, die einfachgesetzliche Ausgestaltung des „großen Lauschangriffs" hingegen teilweise für verfassungswidrig erklärt.[791] Es wies mithin den Gesetzgeber an, bis zum 30. Juni 2005 für die Herstellung eines verfassungsgemäßen Zustandes zu sorgen.

Nach umfangreichen rechtspolitischen und juristischen Debatten trat schließlich am 1. Juli 2005 das „Gesetz zur Umsetzung des Urteils des Bundesverfassungsgerichts vom 3. März 2004 (akustische Wohnraumüberwachung) in Kraft.[792] Durch dieses erfuhren die §§ 100 c, 100 d und 100 e StPO zur Umsetzung der Vorgaben des Bundesverfassungsgerichts einige Änderungen, auf die an dieser Stelle jedoch nicht im Detail eingegangen werden soll.[793]

---

789 *Meyer-Wieck*, NJW 2005, 2037 (2038). Auch *Bär* in: Kleinknecht/Müller/ Reitberger § 100 c Rn. 2 spricht von einem deutlichen Rückgang der Anzahl der Maßnahmeanordnungen seit Inkrafttreten der gesetzlichen Neuregelung.

790 So beispielsweise *Kutscha*, NJW 2005, 20 (22); *Bergemann*, GS Lisken 2004, S. 69 ff.; *Lindemann*, JR 2006, 191 (193) m. w. N.; a. A. hingegen *Löffelmann*, ZIS 2006, 87 (98). Dies wurde durch Einführung des § 100 a Abs. 4 StPO, welcher ein kombiniertes Beweisthema- und Beweisverwertungsverbot enthält, bestätigt, vgl. *Roxin/ Schünemann* 6. Kap. § 36 Rn. 5.

791 Siehe hierzu bereits oben unter 3. Teil § 2 I. 4. c) aa).

792 BGBl. I S. 1841; vgl. insoweit auch den umfangreichen Beitrag von *Löffelmann*, ZIS 2006, 87.

793 Für eine detaillierte Auflistung der gesetzlichen Änderungen vgl. den Beitrag von *Löffelmann*, ZIS 2006, 87 (88).

Hervorzuheben ist allerdings, dass die Gesetzesänderung bedauerlicherweise trotz der Betonung des Bundesverfassungsgerichts in seiner Entscheidung zur akustischen Wohnraumüberwachung, dass der Kernbereich absolut gelte und umfassend zu schützen sei, nicht klarstellte, dass Selbstgespräche mangels einer denkbaren negativen Kernbereichsprognose aus dem Anwendungsbereich der Maßnahme herausgenommen werden müssen. Denn es ist schwerlich prognostizierbar, dass der Einzelne, wenn er sich alleine wähnt, *keine* Gespräche höchstpersönlichen Inhalts führen wird.[794] Entgegen dieser denklogischen Schlussfolgerung erläutert der Gesetzgeber in BT-Drucks. 15/4533[795], dass es sich bei den abzuhörenden „[...] Äußerungen nicht zwingend um Gespräche mit anderen Personen handeln [müsse], vielmehr können auch Äußerungen monologischer Art, etwa in Form einer Rede oder von Spontanäußerungen [...] erfasst werden."[796]

Daher lässt die gesetzliche Umsetzung der Bundesverfassungsgerichtsrechtsprechung zwar noch Wünsche offen[797], die Gesetzesänderungen führten jedoch erstmals den Begriff des Kernbereichs der persönlichen Lebensgestaltung in die Strafprozessordnung ein und sind – trotz ihrer Unzulänglichkeiten – überwiegend zu begrüßen. Jedenfalls förderte die Diskussion um eine Umsetzung

794 Dies ergibt sich bereits daraus, dass das Selbstgespräch in der Regel der Selbstreflexion und Selbstkontrolle dient und meist in Stresssituationen und einem erregten Gemütszustand stattfindet, vgl. hierzu bereits oben unter 2. Teil § 1 II. 1. sowie 2. Wie in dieser Situation angenommen werden kann, dass keine Äußerungen erfolgen werden, die dem Kernbereich der Persönlichkeitsentfaltung unterfallen, erscheint äußerst fraglich. Hier müsste demnach wegen des Nichtvorliegens einer negativen Kernbereichsprognose bereits ein Erhebungsverbot angenommen werden. So im Ergebnis auch *Löffelmann*, ZIS 2006, 87 (92), der ebenfalls feststellt, dass Selbstäußerungen in der Regel dem Kernbereich zuzuordnen sind, sodann allerdings schlussfolgert, dass damit nicht angenommen werden könne, dass „[...] die Überwachung von Selbstgesprächen schlechthin unzulässig wäre." Leider äußert sich *Löffelmann* hingegen nicht – auch nicht in NJW 2005, 2033 (2034) – zu dem Widerspruch dieser Annahme mit der für die Anordnung erforderlichen negativen Kernbereichsprognose.

795 BT-Drucks. 15/4533, S. 12.

796 Diese Sichtweise wird später in der Entscheidung des BGH zu einem Selbstgespräch in einem Krankenzimmer – *BGHSt* 50, 206, siehe unten unter 3. Teil § 2 I. 4. d) – erfreulicherweise nicht geteilt. A. a. hingegen *Löffelmann*, ZIS 2006, 87 (88), der annimmt, diese Rechtsprechung stehe der in Fn. 785 erwähnten Gesetzesbegründung nicht entgegen.

797 Kritisch hierzu auch *Leipold*, NJW Spezial 2005, 135; ebenfalls Bedenken äußernd, insbesondere wegen des hohen technischen und personellen Aufwands, siehe bereits die Literaturnachweise in Fn. 759.

der verfassungsgerichtlichen Rechtsprechung in den Gesetzestext die Sensibilität für dieses Thema sowohl in der Öffentlichkeit als auch innerhalb der juristischen Lehre.

d) Die „Reha-Klinik"-Entscheidung des BGH[798]

Im Jahre 2005, mithin recht kurz nach der Entscheidung des Bundesverfassungsgerichts zum großen Lauschangriff und der Neuregelung der §§ 100 c ff. StPO, hatte der Bundesgerichtshof bereits die Gelegenheit, sich ausführlich zu der Thematik der Verwertbarkeit von Selbstgesprächen zu äußern.

In seiner Entscheidung zur Verwertbarkeit eines Selbstgesprächs, das ein abgehörter Beschuldigter in seinem Krankenzimmer geführt hatte[799], entschied der BGH, dass dieses wegen eines Eingriffs in den durch Art. 13 Abs. 1 GG und Art. 2 Abs. 1 i. V. m. Art. 1 Abs. 1 GG geschützten Kernbereich der privaten Lebensgestaltung nicht verwertbar sei.

aa) Zusammenfassung der Entscheidung

Der dieser Entscheidung zugrundeliegende Sachverhalt stellte sich wie folgt dar:

Der Beschuldigte war in erster Instanz vom Landgericht München I wegen Mordes in Tatmehrheit mit Besitz einer halbautomatischen Selbstladekurzwaffe zu lebenslanger Freiheitsstrafe verurteilt worden. Mit seiner gegen diese Entscheidung gerichteten Revision machte der Angeklagte unter anderem geltend, das während seines Klinikaufenthalts aufgezeichnete Selbstgespräch hätte nicht verwertet werden dürfen.[800]

Nach den Feststellungen des Landgerichts hatte der Beschuldigte am 8. Oktober 1998 den Landwirt, auf dessen landwirtschaftlichem Anwesen er für sich ohne dessen Erlaubnis eine „Ranch" eingerichtet hatte, nach einem Streit erschlagen, während dieser in seinem Wohnzimmer schlief.[801]

Die Ermittlungen verliefen zunächst ergebnislos und wurden eingestellt. Anlässlich der Bearbeitung eines Arbeitsunfalles, den der Angeklagte im Januar 2003 erlitten hatte, wurde in dessen Wohnhaus ein Schlagwerkzeug aufgefunden, das als Tatwaffe in Betracht kam. Daraufhin wurde gegen den Beschuldigten die akustische Wohnraumüberwachung angeordnet, die sich auf das Einzelzimmer des Angeklagten in einer Rehabilitationsklinik erstreckte. Im Zuge dieser

---

798 *BGHSt* 50, 206.
799 *BGHSt* 50, 206 (207).
800 *BGHSt* 50, 206 (207).
801 *BGHSt* 50, 206 (207 f.).

akustischen Überwachung wurde ein Selbstgespräch des Beschuldigten aufgezeichnet, welches er nach dem Anruf einer Arbeitskollegin, die ihm ihre Befragung durch die Kriminalpolizei geschildert hatte, in seinem Krankenzimmer ohne Beisein einer weiteren Person führte. Hierbei äußerte der Angeklagte unter anderem: „Sehr aggressiv, sehr aggressiv, sehr aggressiv! In Kopf hätt i eam schießen sollen, in Kopf hätt i eam schießen sollen, selber umgebracht [...] in Kopf hätt i eam schießen sollen."[802]

Hieraus folgerte das Landgericht im Rahmen seiner Urteilsfindung, der Angeklagte habe sich in seinem Selbstgespräch mit einer alternativen Tötungsmethode auseinandergesetzt und verwertete dieses gegen den Angeklagten.[803]

Der BGH gab der gegen diese Verwertung des Selbstgesprächs des Beschuldigten gerichteten Verfahrensrüge statt und stellte fest, dass das Landgericht dieses zu Unrecht als Beweismittel gegen den Angeklagten verwertet hatte.[804]

Hierzu führte er aus:

„Das hier geführte Selbstgespräch ist [...] dem durch Art. 13 Abs. 1 GG in Verbindung mit Art. 1 Abs. 1 GG und Art. 2 Abs. 1 GG geschützten unantastbaren Kernbereich privater Lebensgestaltung zuzurechnen (§ 100 c Abs. 4 StPO). Erkenntnisse über solche Äußerungen unterliegen einem „absoluten Verwertungsverbot" und dürfen auch im Hauptsacheverfahren nicht verwertet werden (BVerfGE 109, 279, 331). Selbst überwiegende Interessen der Allgemeinheit – hier die Aufklärung eines Mordes – können, so das Bundesverfassungsgericht, einen Eingriff in diesen absolut geschützten Kernbereich privater Lebensgestaltung nicht rechtfertigen (BVerfGE 109, 279, 313, 314). Das Selbstgespräch des Angeklagten in dem Krankenzimmer ist diesem – durch Art. 13 Abs. 1 GG in Verbindung mit Art. 1 Abs. 1 und Art. 2 Abs. 1 GG geschützten – Kernbereich zuzurechnen."[805]

Sodann führte der BGH aus, welche Kriterien ihn im konkreten Fall zu dieser Annahme bewogen haben:

Eingehend thematisierte der Senat die Tatsache, dass es sich bei der Äußerung des Beschuldigten um ein Selbstgespräch gehandelt habe, welches dem Kernbereich der persönlichen Lebensgestaltung zuzurechnen sei. „Schon wegen der Art des Raumes, in dem das Selbstgespräch geführt wurde, besteht eine Vermutung, dass der Kernbereich tangiert sein kann. Das vom Angeklagten genutzte Krankenzimmer in einer Rehabilitationsklinik unterfällt dem Schutzbereich des

802 *BGHSt* 50, 206 (208 f.).
803 *BGHSt* 50, 206 (209).
804 *BGHSt* 50, 206 (209 f.).
805 *BGHSt* 50, 206 (210).

Art. 13 Abs. 1 GG, weil ihm – wie einer Privatwohnung – typischerweise die Funktion als Rückzugsbereich der privaten Lebensgestaltung zukommt." Im Zuge dieser Feststellung erläuterte der BGH, warum auch das Krankenzimmer unter den Begriff der Wohnung nach Art. 13 Abs. 1 GG fallen müsse.[806]

Des Weiteren sprächen „auch Art und Umfang der Äußerung des Angeklagten [...] für den absolut geschützten Kernbereich. Allerdings enthielt das Selbstgespräch – nach der durchaus vertretbaren Ansicht des Landgerichts – Angaben über den Tatvorwurf. „Gespräche", die Angaben über eine konkret begangene Straftat enthalten (Sozialbezug), gehören ihrem Inhalt nach nicht zum unantastbaren Kernbereich privater Lebensgestaltung (BVerfGE 109, 279, 319). Auch nach § 100 c Abs. 4 Satz 3 StPO sind sie dem Kernbereich grundsätzlich nicht zuzurechnen."[807]

Dennoch sah der Senat in dem hiesigen Fall einen entscheidenden Unterschied: „Hier besteht jedoch die Besonderheit, dass der Angeklagte nicht mit anderen kommuniziert, sondern ein Selbstgespräch geführt hat. Das Bundesverfassungsgericht stellt in seinem Urteil vom 3. März 2004 bei der Frage eines derartigen Sozialbezuges primär auf die Kommunikation mit anderen Personen, das „Zwiegespräch", ab (BVerfGE 109, 279, 319, 321)."[808]

Im Folgenden führte der Senat unter Bezugnahme auf die Tagebuchentscheidung des Bundesverfassungsgerichts[809] aus, dass die die Entscheidung tragenden Senatsrichter gerade auf die schriftliche Niederlegung der Gedanken als Argument für die Verwertbarkeit des Tagebuchs des Beschuldigten abgestellt hatten. „Die vier anderen Richter waren hingegen der Ansicht, dass die tagebuchähnlichen Aufzeichnungen ausschließlich höchstpersönlichen Charakter – wie ein Selbstgespräch – hatten. Die Auseinandersetzung des Angeklagten mit dem eigenen Ich habe ihren höchstpersönlichen Charakter nicht deshalb verloren, weil sie dem Papier anvertraut worden sei."[810]

Demnach gehöre das Selbstgespräch „[...] selbst nach den Maßstäben der die Entscheidung des Zweiten Senats tragenden vier Richter grundsätzlich zum Kernbereich privater Lebensgestaltung. Unzweifelhaft will der Betroffene in einem Selbstgespräch einen Lebenssachverhalt geheim halten. [...] Das Gespräch mit sich selbst ist gekennzeichnet durch unwillkürlich auftretende Bewusstseinsinhalte und hat persönliche Erwartungen, Befürchtungen, Bewertungen, Selbstanweisungen

806 *BGHSt* 50, 206 (210 f.).
807 *BGHSt* 50, 206 (212).
808 *BGHSt* 50, 206 (212).
809 *BVerfGE* 80, 367; siehe hierzu unter 3. Teil § 2 I. 3. f).
810 *BGHSt* 50, 206 (213) unter Verweis auf *BVerfGE* 80, 367 (376).

sowie seelisch-körperliche Gefühle und Befindlichkeiten zum Inhalt (Wenninger [Hrsg.], Lexikon der Psychologie, Stichwort „Selbstkommunikation", Band 4, S. 133). Das Selbstgespräch hat somit ausschließlich höchstpersönlichen Charakter und berührt aus sich heraus nicht die Sphäre anderer oder der Gemeinschaft."[811]

Nach Auffassung des BGH sei daher ein „[...] Selbstgespräch der vorliegenden Art – weil es in keiner Form verdinglicht und der Gefahr des Zugriffs preisgegeben war – dem unantastbaren Kernbereich zuzurechnen [...]."[812]

Des Weiteren begründete der Senat die Zugehörigkeit des Selbstgesprächs zum Kernbereich der privaten Lebensgestaltung damit, dass sich dies auch aus der dem Urteil des Bundesverfassungsgerichts zum „großen Lauschangriff"[813] folgenden gesetzlichen Neufassung des § 100 c Abs. 4 S. 3 StPO ergebe: „Diese Bestimmung differenziert zwischen „Gesprächen" über begangene Straftaten und „Äußerungen", mittels derer Straftaten begangen werden. Daraus folgt im Gegenschluss, dass „Gespräch" nur solche Äußerungen – wenigstens im Zwiegespräch – meint, die dazu bestimmt sind, von anderen zur Kenntnis genommen zu werden. Die Gesetzesbegründung (BT-Drucks. 15/4533, S. 14) macht das deutlich: ‚Sofern man dabei den Gedanken des Sozialbezugs entsprechender Äußerungen zugrunde legt ..., werden in der Regel auch Äußerungen eines Beschuldigten, die dieser tätigt, wenn er sich alleine in der überwachten Wohnung aufhält, oder Äußerungen, die nicht dazu bestimmt sind, von anderen zur Kenntnis genommen zu werden, wie etwa unbewusst artikulierte Äußerungen, dem absolut geschützten Kernbereich unterfallen.'"[814]

Eine allgemeingültige Einschätzung zur Frage der Verwertbarkeit von Selbstgesprächen gab der Senat hingegen nicht ab: „Der Senat braucht hier nicht zu entscheiden, ob Selbstgespräche, die sich unmittelbar auf eine konkrete Straftat beziehen, schlechthin („absolut", vgl. BVerfGE 109, 279, 332) unverwertbar sind. So mag etwa eine Verwertung ausschließlich zum Zwecke der Gefahrenabwehr in Betracht kommen, wenn das Selbstgespräch eines Kindesentführers Aufschluss darüber ergibt, wo das Kind gefangen gehalten wird. Auch kann es Fallgestaltungen geben, in denen das Selbstgespräch eindeutig entlastenden Inhalt hat (vgl. BVerfGE 109, 279, 369 ff.), weshalb auch der Angeklagte ein Interesse an der Verwertung haben kann."[815]

---

811 *BGHSt* 50, 206 (213).

812 *BGHSt* 50, 206 (213).

813 *BVerfGE* 109, 279.

814 *BGHSt* 50, 206 (214).

815 *BGHSt* 50, 206 (214); hier nimmt der Senat offensichtlich Bezug auf den Fall *Gäfgen/Daschner*, s. bereits Fn. 344.

Im Folgenden führte der Bundesgerichtshof aus, ob und unter welchen Voraussetzungen der Angeklagte über die Verwertung des aufgezeichneten Selbstgesprächs disponieren kann.[816]

Schließlich erläuterte der Senat, warum es in dem vorliegenden Fall keines Widerspruchs hinsichtlich der Verwertung des Selbstgesprächs seitens der Verteidigung bedurft habe. So betonte er insoweit, auch aus der Ermittlungsakte habe sich nicht ergeben, dass relevante, verwertbare Informationen aufgefunden worden waren: „Die aufgezeichneten Selbstgespräche des Angeklagten zeigten innere Anspannung und Wut und hatten generell Gewalt gegen andere Personen zum Gegenstand. „Offensichtlich in Bezug zu den Ermittlungen" stünde zwar das Selbstgespräch des Angeklagten nach einem Telefonat mit einer Arbeitskollegin. Aber auch dieser Bewertung musste der Verteidiger nicht entnehmen, dass der Bezug zu den Ermittlungen auch als Belastungsindiz für die Täterschaft gewertet würde."[817]

Im Ergebnis beruhe daher die Verurteilung des Angeklagten durch das Landgericht auf der Verwertung der Selbstgesprächsaufzeichnung. Es sei hingegen dem neuen Tatrichter vorbehalten, ob der Angeklagte auch ohne die Verwertung desselben verurteilt werden könne.[818]

bb) Kritik

Die hier zu diskutierende Entscheidung veranschaulicht, dass sich die Rechtsprechung – zwar nur peu à peu, aber zumindest kontinuierlich – in Richtung einer tatsächlichen Gewährleistung eines *absolut* geschützten Kernbereichs privater Lebensgestaltung entwickelt hat.

Überzeugend knüpft der BGH in seiner „Reha-Klinik"-Entscheidung an die Rechtsprechung des Bundesverfassungsgerichts – vor allem an die kurz zuvor ergangene Entscheidung zum großen Lauschangriff – an und betont, dass Selbstgespräche wegen ihres höchstpersönlichen Charakters jeglichem staatlichen Zugriff entzogen sind. Diese Entscheidung des BGH kann als Meilenstein für die Entwicklung des allgemeinen Persönlichkeitsrechts – hierbei insbesondere des

---

816 *BGHSt* 50, 206 (215); diese Frage wird später unter 3. Teil § 3 II. eingehend behandelt. Daher werden die diesbezüglichen Ausführungen des BGH erst an dieser Stelle erläutert.

817 *BGHSt* 50, 206 (215).

818 *BGHSt* 50, 206 (216).

Intimbereichs desselben – angesehen werden und ist – trotz kleinerer Unzulänglichkeiten – umfassend zu begrüßen.[819]

Die Entscheidung des BGH zum „Selbstgespräch im Krankenzimmer" stellt das erste Urteil der obergerichtlichen Rechtsprechung dar, in der sich ein Gericht eingehend mit der Thematik der Verwertbarkeit und Rechtsnatur von verbal geäußerten Selbstgesprächen beschäftigte.[820] Das hierzu lautende Urteil fiel aus Sicht des BGH eindeutig aus[821]: Ein Selbstgespräch kann aufgrund der speziellen Äußerungssituation und der Ähnlichkeit, die es zu Gedanken hat, keinen Sozialbezug haben und unterfällt daher *per se* dem Kernbereich privater Lebensgestaltung.

Teilweise wurde dies in der Literatur nicht derart eindeutig wahrgenommen. Dies mag aus der missverständlichen Formulierung des Leitsatzes durch den BGH resultieren. Hiernach sei „ein in einem Krankenzimmer mittels akustischer Wohnraumüberwachung aufgezeichnetes Selbstgespräch des Angeklagten [...] zu dessen Lasten zu Beweiszwecken unverwertbar, *soweit* es dem durch Art. 13 I i. V. m. Art. 1 I und 2 I GG geschützten Kernbereich unterfällt. [Hervorhebung durch die Verfasserin]"[822]. Richtigerweise unterfallen Selbstgespräche grundsätzlich[823] dem Kernbereich der Persönlichkeitsentfaltung. Dies macht der BGH an anderer Stelle deutlich, indem er anmerkt, dass Gespräche über Straftaten zwar wegen ihres Sozialbezugs nicht dem absolut geschützten

819 So auch *Valerius*, JA 2006, 15 (16); zustimmend drüber hinaus *Ellbogen*, NStZ 2006, 179; *Lindemann/Reichling*, StV 2005, 650; *Lindemann*, JR 2006, 191; *Kolz*, NJW 2005, 3248; *Roxin*, FS Böttcher 2007, S. 159 (173), der das Urteil für „in der Sache zutreffend" erachtet. Gänzlich anderer Auffassung hingegen *Rogall*, FS Fezer 2008, 61 (66), der insoweit ausführt, die Ausführungen des BGH stünden „[...] im Buch der Vernunft nicht geschrieben und sind juristischen Laien nicht zu vermitteln. Sollte das Gesetz tatsächlich zu dem Ergebnis zwingen, das der BGH für richtig gehalten hat, muss etwas an dem Gesetz falsch sein." Ablehnend wohl auch *Löffelmann*, ZIS 2006, 92.

820 Darüber hinaus handelt es sich bei *BGHSt* 50, 206 um das erste Urteil zur akustischen Wohnraumüberwachung, welches nach der Entscheidung des Bundesverfassungsgerichts zum großen Lauschangriff ergangen ist, vgl. hierzu *Lindemann/Reichling*, StV 2005, 650 (651).

821 A. A. wohl *Lindemann/Reichling*, StV 2005, 650 (651), die davon sprechen, der Senat habe sich bezüglich dieser Frage in einem „Dilemma" befunden.

822 *BGHSt* 50, 206.

823 Lediglich in speziellen Äußerungssituationen mag es hiervon Ausnahmen geben, hierzu später unter 3. Teil § 2 I. 4. e) cc) (1) sowie (4) (b).

Kernbereich zuzuordnen seien, es sich bei einem Selbstgespräch aber gerade nicht um ein „Gespräch“ in diesem Sinne, also ein „Zwiegespräch“, handelt. Darüber hinaus zeige auch ein Vergleich mit der Tagebuchentscheidung des Bundesverfassungsgerichts, in der sogar die die Entscheidung tragenden Richter die Auffassung vertreten hatten, dass die „Höchstpersönlichkeit des schriftlichen Selbstgesprächs“ gerade wegen der Tatsache, dass es niedergeschrieben worden war, einen geringeren Schutz verdiene als das verbale Selbstgespräch. Der Senat betonte insoweit, dass selbst nach dieser Auffassung ein verbales Selbstgespräch grundsätzlich höchstpersönlichen Charakters sei.[824]

Besonders deutlich wird diese Einschätzung des Senats aber durch die Hervorhebung der Eigenheiten und Funktionen des Selbstgesprächs, die er zutreffend formuliert[825]: So charakterisiere dieses sich durch „[...] unwillkürlich auftretende Bewusstseinsinhalte [...] persönliche Erwartungen, Befürchtungen, Bewertungen, Selbstanweisungen sowie seelisch-körperliche Gefühle und Befindlichkeiten.“ Diese Erkenntnis teilen auch nahezu alle wissenschaftlichen Abhandlungen zu selbstkommunikativen Phänomenen in der Psychologie und Psychiatrie.[826] Auch in der juristischen Literatur wird überwiegend angenommen, dass Selbstgespräche in der Regel dem absolut geschützten Kernbereich der Persönlichkeitsentfaltung unterfallen müssen.[827]

---

824 Vgl. hierzu zusammenfassend *Jahn*, Jus 2006, 91 (92).

825 *BGHSt* 50, 206 (212 f.). Befürwortend auch *Ellbogen*, NStZ 2006, 179 (180), der zutreffend die „Selbstreflexionsfunktion“ des Selbstgesprächs thematisiert.

826 Vgl. hierzu bereits oben unter 2. Teil § 1 II. 1. Dies wird im Rahmen der „Pkw-Selbstgespräch-Entscheidung“ des BGH unter 3. Teil § 2 I. 4. e) wieder aufgegriffen.

827 Hierzu sehr treffend *Kolz*, NJW 2005, 3248 (3249): „Dass ein [...] Selbstgespräch unverwertbar ist, erscheint als wichtiger Schritt zu einem menschenwürdigen Dasein in einer freien Gesellschaft. In einem Selbstgespräch werden Gedanken häufig unbewusst laut artikuliert. Dabei treten Inhalte zu Tage, die der Betroffene anderen Menschen, selbst Vertrauten gegenüber gerade nicht äußern möchte. Für den Zuhörer ergibt sich dadurch die Möglichkeit, dem Belauschten sozusagen in den Kopf zu sehen und letztlich seine Gedanken zu kennen. Wenn es schon einen der Abwägung nicht zugänglichen Kernbereich gibt, was sollte ihm zugehören, wenn nicht das Selbstgespräch?“ Anderer Auffassung hingegen *Rogall*, FS Fezer 2008, 61 (67), der insoweit ausführt: „Dass hierzu („Lebensgestaltung“) auch Reflexionen über zur Tatverdeckung geeignete Tötungsmethoden gehören sollen, versteht sich nicht von selbst, denn diese Reflexionen müssen die Rechtsgemeinschaft interessieren; sie gehen nicht nur den Täter etwas an.“ Darüber hinaus bezeichnet *Rogall*, ebd., die Ausführungen des BGH als „schwulstige Beschreibung“, wobei er zumindest anmerkt, dass es ihm selbst insoweit an jeglicher Fachkenntnis mangelt.

In der hier vollzogenen Herleitung des Schutzes des Kernbereichs der persönlichen Lebensentfaltung durch den BGH ist hingegen keine Annahme dahingehend zu sehen, dass der Senat sich der Ansicht der vier die Tagebuchentscheidung tragenden Verfassungsrichter anschließen wollte. Der Senat verweist hier lediglich auf diese, seiner Meinung nach offenbar überholte Auffassung. Dabei betont er, dass selbst dann, wenn man diese Auffassung zugrunde legen *würde*, der Schutz jedenfalls des verbalen Selbstgesprächs zu gewährleisten wäre. Damit ist hingegen noch nicht gesagt, dass der Senat schriftliche Selbstgespräche und damit Tagebücher nicht dem Kernbereich der privaten Lebensführung zuordnen möchte.[828]

Der BGH führt in seiner Entscheidung zum Rehaklinik-Fall darüber hinaus aus, § 100 c Abs. 4 StPO sei nicht auf den hier vorliegenden Fall anwendbar, da das Bundesverfassungsgericht in seiner Entscheidung zum großen Lauschangriff mit „Gesprächen über begangene Straftaten" keine Selbstkommunikation gemeint habe. Während Teile der Literatur dies anders sehen[829], ist dieser Auffassung des BGH richtigerweise zuzustimmen. Sowohl der Wortlaut des § 100 c Abs. 4 StPO, der zwischen „Gesprächen" und „Äußerungen" unterscheidet, als auch die hierzu erfolgte Gesetzesbegründung[830] stützen diese Auffassung[831]. Insoweit hatte der Gesetzgeber formuliert: „Sofern man dabei [bei der Feststellung der Betroffenheit des Kernbereichs] den Gedanken des Sozialbezugs zugrunde legt […] werden in der Regel auch Äußerungen eines Beschuldigten, die dieser tätigt, wenn er sich alleine in der überwachten Wohnung aufhält, oder Äußerungen, die nicht dazu bestimmt sind, von anderen zur Kenntnis genommen zu werden, wie etwa unbewusst artikulierte Äußerungen, dem absolut geschützten Kernbereich unterfallen." Trotz der Formulierung „in der Regel", die darauf schließen lässt, dass der Gesetzgeber sich nicht „zu weit aus dem Fenster lehnen

828 A. A. insoweit *Lindemann/Reichling*, StV 2005, 650 (652), die zwar richtig feststellen, dass „.[…] ein wesensmäßiger Unterschied zwischen beiden Formen der Selbstkommunikation vielleicht weniger in der Frage der stofflichen Fixierung, sondern vielmehr in der Art und Weise ihres Zustandekommens liegt – schließlich nimmt der BGH […] selbst Bezug auf die psychologische Literatur, die den im Regelfalle *unbewußten* Charakter von Selbstgesprächen unterstreicht.", dem Senat jedoch sodann unterstellen, dieser würde diese beiden Sachverhalte differenzierend behandeln. Dies wiederum relativierend und mithin zutreffend *Lindemann*, JR 2006, 191 (195).

829 So *Kolz*, NJW 2005, 3248 (3249); diesem zustimmend *Roxin*, FS Böttcher 2007, S. 159 (167); ebenso *Rogall*, FS Fezer 2008, 61 (68).

830 Vgl. BT-Drs. 15/4533, S. 14.

831 Dies verneinend *Roxin*, FS Böttcher 2007, S. 159 (167).

wollte", gesteht er ein, dass jedenfalls grundsätzlich keine Aufzeichnung und Verwertung von Selbstäußerungen oder unbewusst artikulierten Äußerungen erfolgen darf.[832]

Insoweit ist auf die gegenläufige Auffassung von *Rogall* hinzuweisen, der hierzu ausführt: „Äußerungen, mittels derer Straftaten begangen werden, setzen keinesfalls voraus, dass sich eine weitere Person beim Täter befindet."[833] Daher sei keine Beschränkung der gesetzlichen Vorschriften des § 100 c Abs. 4 StPO auf Gespräche mit anderen Personen gegeben, es seien vielmehr auch Selbstgespräche erfasst. Es erscheint indes sehr fraglich, mittels welcher *Selbst*äußerungen nach Auffassung von *Rogall* eine Straftat begangen werden kann. Üblicherweise sind mit dieser Formulierung ehrverletzende Delikte, wie die Beleidigung gemäß § 185 StGB, gemeint. Welche im Alleinsein zu sich selbst getätigte Äußerung – was naturgemäß eine telefonische Äußerung gegenüber einer anderen Person ausnimmt – könnte jedoch eine strafbare Handlung darstellen? Insoweit wurde bereits ausgeführt, dass eine Beleidigung gemäß § 185 StGB sowie jegliche anderen ehrverletzenden Delikte bereits mangels einer tatbestandlichen „Entäußerungssituation", aber auch mangels eines dahingehend gerichteten Vorsatzes nicht in Form eines Selbstgesprächs begangen werden können.[834]

---

832 A. A. *Roxin*, FS Böttcher 2007, S. 159 (167), der die Frage aufwirft, ob von dieser „Regel" eine Ausnahme gemacht werden müsse, wenn durch die Selbstäußerung Straftaten offengelegt werden. Dies bleibe seiner Ansicht nach bei der Gesetzesbegründung offen.

833 *Rogall*, FS Fezer 2008, 61 (69 ff.), der dieses fragwürdige Argument als „Beweis" dafür wertet, dass dem Selbstgespräch ein Sozialbezug zukommen müsse. Darüber hinaus begründet er den angeblichen Sozialbezug des Selbstgesprächs an anderer Stelle mit der besonderen Schwere der in Frage stehenden Straftat, nimmt demnach die altbekannte und bereits mehrfach widerlegte Abwägung vor, die erst nach der Zuordnung des Kernbereichs erfolgen darf.

834 Vgl. hierzu bereits unter 2. Teil § 2 I. Erstaunlicherweise führt selbst *Rogall*, FS Fezer, 2008, 61 (69 f.) – insoweit vertretbar – aus, dass „grundsätzlich [...] auch eine einfache beleidigende Äußerung außerhalb des Kernbereichs" stehe, dies erfolgt allerdings kurz nach der Feststellung „es wäre jedenfalls gänzlich verfehlt, die negative Regelvermutung [der Kernbereichszugehörigkeit] nur bei „Gesprächen" über begangene Straftaten, bei Selbstgesprächen aber nur bei strafbaren Äußerungen [...] eingreifen zu lassen." Offensichtlich hat sich *Rogall* über die Frage, was ein Selbstgespräch ist, keine Gedanken gemacht und geht davon aus, dass die Beleidigung mittels eines solchen begangen werden kann. Dies wird auch dadurch deutlich, dass er von einer „vollständige[n] Ausblendung der straftatbestandlichen Äußerung als Element des Sozialbezuges" spricht, S. 72. Straftatbestandliche Selbstäußerungen sind hingegen – wie in bereits eingehend unter 2. Teil § 2 I. ausgeführt – nicht möglich.

Zwar benennt das Bundesverfassungsgericht – wie *Kolz* richtig erkennt[835] – in seiner Entscheidung zum großen Lauschangriff beide Äußerungsformen – Selbstäußerungen und Gespräche mit anderen Personen – in einem Satz[836], allein daraus lässt sich hingegen noch nicht schließen, dass er sie nicht unterscheiden wollte. Der insoweit geäußerte Satz des Senats besagt lediglich, dass wegen der hohen Kernbereichsrelevanz ein Abhören sowohl dann unterbleiben muss, wenn sich jemand alleine in einer Wohnung aufhält, als auch dann, wenn er sich mit Vertrauenspersonen dort aufhält und keine Anhaltspunkte für straftatbezogene Gespräche bestehen. Das Gericht bezieht sich mit dem zweiten Halbsatz damit ersichtlich auf den Fall, dass mehrere Personen in der Wohnung anwesend sind.[837] Es wäre zwar wünschenswert gewesen, wenn sich hier sowohl der Senat des Bundesverfassungsgerichts in der Entscheidung zum „großen Lauschangriff" als auch der BGH in der „Rehaklinik-Entscheidung" deutlicher ausgedrückt hätten.[838] Nichts desto trotz spricht einiges für eine differenzierende Betrachtungsweise beider Gerichte.

Im Ergebnis lässt sich jedenfalls festhalten, dass der BGH mit der hier getroffenen Entscheidung festgestellt hat, dass „Selbstgespräche, die in der Einsamkeit der eigenen Wohnung oder im Krankenzimmer geführt werden, [...] nicht einmal zur Mitteilung bestimmt sind. Sie sind deshalb Gedanken gleichzustellen: Man darf sie ebenso wenig abhören, wie man Gedanken abhören dürfte, gäbe es schon dazu fähige Maschinen. Dies gilt [...] unabhängig davon, ob das Selbstgespräch Straftaten zum Inhalt hat."[839] Die Entscheidung bezieht sich dabei richtigerweise nicht nur auf Selbstgespräche, die in einem Krankenzimmer oder in Wohnungen stattfinden[840], denn diese Örtlichkeiten wurden nur als weiteres Argument für

---

835 *Kolz*, NJW 2005, 3248 (3249); diesem zustimmend *Roxin*, FS Böttcher 2007, S. 159 (167).

836 Hierbei führt das Bundesverfassungsgericht aus: „Ein Abhören [...] hat [...] zu unterbleiben, wenn sich jemand allein oder ausschließlich mit Personen in der Wohnung aufhält, zu denen er in einem besonderen [...] Vertrauensverhältnis steht [...]", vgl. *BVerfGE* 109, 279 (319); siehe hierzu bereits oben unter 3. Teil § 2 I. 4. c).

837 A. A. *Roxin*, FS Böttcher 2007, S. 159 (167); ebenso *Kolz*, NJW 2005, 3248 (3249 f.), der hierzu ausführt: „Offensichtlich sind danach nicht nur dann „Gespräche" zu erwarten, wenn sich jemand mit Vertrauten in der Wohnung aufhält, sondern auch, wenn er allein ist." Dieser Schlussfolgerung kann hingegen nicht gefolgt werden.

838 Hinsichtlich der mangelnden Deutlichmachung durch den BGH in *BGHSt* 50, 206 siehe *Kolz*, NJW 2005, 3248 (3249 f.).

839 So sehr treffend *Roxin/Schünemann* 6. Kap. § 36 Rn. 48.

840 Vgl. hierzu bereits oben zu *BVerfGE* 109, 279, 3. Teil § 2 I. 4. c).

die Schutzwürdigkeit des geäußerten Selbstgesprächs angeführt.[841] Wie sogleich zu zeigen sein wird[842], wollte der BGH den Schutz des Selbstgesprächs hingegen nicht auf den Bereich der Wohnung oder eines Krankenzimmers sowie sonstiger Räumlichkeiten, die dem Rückzug des Individuums dienen, beschränken. Vielmehr will er einen umfassenden Schutz der Selbstkommunikation unabhängig von einem „räumlichen Substrat" gewährleisten.

e) Das „Pkw-Selbstgespräch-Urteil" des BGH

Wie bereits einleitend erwähnt, stellt die am 21. Dezember 2011 durch den BGH im sogenannten „Pkw-Selbstgespräch-Fall" ergangene Entscheidung[843] das derzeit aktuellste obergerichtliche Urteil dar, welches mit der Verwertbarkeit von Selbstgesprächen in Zusammenhang steht. Dieses bot den Anlass für die Aufarbeitung der Thematik der Verwertbarkeit von Selbstkommunikation in dieser Arbeit. Aufgrund der besonderen Bedeutung dieses bereits eingangs erwähnten Urteils für die Frage der Verwertbarkeit von Selbstgesprächen, sollen daher der Sachverhalt sowie die Entscheidungsgründe einer erneuten, genaueren Betrachtung unterzogen werden.

aa) Sachverhalt

In dem hier zu entscheidenden Fall stellte sich die Frage der Verwertbarkeit eines Selbstgesprächs als wesentlich dar. Der Beschuldigte hatte während einer Autofahrt, bei welcher er sich alleine im Fahrzeug befunden hatte, sich unbeobachtet fühlend Selbstäußerungen getätigt. Diese wurden wegen einer zuvor angeordneten akustischen Überwachung des Wageninneren gemäß § 100 f StPO mittels Wanzen abgehört und aufgezeichnet und sodann erstinstanzlich im Rahmen der Urteilsfindung durch das Landgericht Köln verwertet. Dieses verurteilte

---

841 Dies verdeutlicht auch der Wortlaut der Entscheidung: „*Schon* wegen der Art des Raumes, in dem das Selbstgespräch geführt wurde, besteht eine Vermutung, dass der Kernbereich tangiert sein kann. [Hervorhebung durch die Verfasserin]", vgl. *BGHSt* 50, 206 (210). Hierdurch stellte der Senat klar, dass die Art des Raumes zwar ein wichtiges Argument für die Zuordnung zum Kernbereich darstellen kann. Es soll jedoch keinesfalls eine Voraussetzung für die Gewährleistung des Kernbereichsschutzes konstituieren, sondern vielmehr eines von mehreren in Betracht kommenden Kriterien für dessen Bestimmung sein.

842 Siehe hierzu sogleich die Ausführungen zu *BGHSt* 57, 71, unter 3. Teil § 2 I. 4. e).

843 *BGHSt* 57, 71.

den Angeklagten sowie zwei Mitangeklagte, die Schwester des Abgehörten und deren Ehemann, wegen Mordes zu jeweils lebenslanger Freiheitsstrafe.[844]

Nach den Feststellungen des Landgerichts hatten die Angeklagten die Ehefrau des Beschuldigten Siegfried K., die dieser im Jahre 2001 auf den Philippinen geheiratet hatte, gemeinschaftlich ermordet.[845]

Die Schwester des Siegfried K., Irmgard, sowie deren Ehemann Wilfried, waren ungewollt kinderlos geblieben und hegten den Wunsch, das im Jahre 2002 geborene Kind des Siegfried K. und der später ermordeten Lotis K., alleine großzuziehen. Wegen Schwierigkeiten in der Ehe mit Siegfried K., die auch mit Spannungen mit den im gleichen Haus lebenden Eheleuten Irmgard und Wilfried K. zusammen hingen, zog Lotis K. im September 2005 mit dem gemeinsamen Kind aus der Ehewohnung aus. Zahlreiche Versuche seitens der Eheleute Irmgard und Wilfried K., das Kind zu sich zu holen, scheiterten. Dazu zählten versuchte Bestechungen der Lotis K. sowie in allen Instanzen gescheiterte Anträge der Eheleute Irmgard und Wilfried K. auf ein Umgangsrecht mit dem Kind. Lediglich dem Vater Siegfried K. wurde ein Umgangsrecht mit dem Kind zugesprochen. Dieser hegte jedoch die Befürchtung, Lotis K. würde nach der Scheidung den Wohnort wechseln, um ihm den Kontakt zu dem gemeinsamen Kind zu erschweren.[846]

Die Angeklagten beschlossen daher, die Lotis K. zu töten, um das Kind bei sich aufwachsen lassen zu können. Im Einvernehmen mit den anderen Angeklagten begab sich der Beschuldigte Siegfried K., nachdem er zuvor bereits das gemeinsame Kind zu sich geholt hatte, in die Wohnung der Lotis K. und tötete sie. Zur genaueren Tatausführung konnten keine Einzelheiten festgestellt werden, da keinerlei Spuren auffindbar waren und auch die Leiche der Getöteten nicht gefunden werden konnte.[847]

Während des Ermittlungsverfahrens führte die Staatsanwaltschaft unterschiedliche verdeckte Ermittlungsmaßnahmen durch, darunter nach Anordnung durch den Ermittlungsrichter eine akustische Überwachung des Pkw des Beschuldigten Siegfried K. gemäß § 100 f StPO i. V. m. §§ 100 b Abs. 1, 100 d Abs. 2 StPO. Im Rahmen dieser Überwachungsmaßnahme wurden Äußerungen des Beschuldigten aufgezeichnet, die dieser – während er sich alleine im Auto befand – zu sich selbst getätigt hatte. Hierbei sprach der Beschuldigte unter anderem aus: „[…] die Lotis ist schon lange tot, die wird auch nicht wieder […]

844 Vgl. *BGHSt* 57, 71 (71 ff.).
845 *BGHSt* 57, 71 (72 f.).
846 *BGHSt* 57, 71 (72).
847 *BGHSt* 57, 71 (72 f.).

kannste natürlich nicht sagen […]" sowie „Oho I kill her […] oh yes oh yes […] and this is my problem […]" und bei anderer Gelegenheit „[…] langweilig, der das Gehirn rausprügeln […] kann ich dir sagen, joh und weg damit […] werde auch keine mehr wegknallen […] nö, Irmgard, wir haben sie tot gemacht […]".[848]

Diese Aussagen wertete das Landgericht Köln als geständnisgleiches Indiz für die Tötung der Lotis K. Wegen der Äußerung „[…] wir haben sie tot gemacht" sei zudem Mittäterschaft anzunehmen. Nach Auffassung der Schwurgerichtskammer waren die Selbstgespräche des Siegfried K. verwertbar, da der Kernbereich der privaten Lebensgestaltung dadurch nicht tangiert werde. Dies schloss das Gericht vorwiegend aus der Annahme, das Selbstgespräch verliere wegen seines inhaltlichen Bezugs zu dem Tötungsdelikt den Charakter des Höchstpersönlichen.[849]

bb) Sichtweise des BGH

Der Bundesgerichtshof sah hingegen die unter anderem gegen die Verwertung der Selbstgespräche gerichteten Revisionen der Angeklagten als begründet an.[850]

Hierzu führte er unter Verweis auf seine bisherige Rechtsprechung im „Reha-Klinik-Fall"[851] sowie einige Literaturstellen[852] aus, dass ein nichtöffentlich geführtes Selbstgespräch von Verfassungs wegen einem selbständigen Beweisverwertungsverbot unterliege. Durch die heimliche Aufzeichnung von Selbstgesprächen sowie deren Verwertung im Rahmen der Hauptverhandlung werde der Schutzbereich des aus Art. 2 Abs. 1 i. V. m. Art. 1 Abs. 1 GG herzuleitenden Kernbereichs der Persönlichkeitsentfaltung berührt.

Sodann führte der Senat eingehend zur Einordnung des Selbstgesprächs in den Kernbereich aus: „Ob das nichtöffentlich gesprochene Wort zum absolut geschützten Kernbereich der Persönlichkeitsentfaltung gehört, ist durch Gesamtbewertung aller Umstände im Einzelfall festzustellen. Aus einer Kumulation von Umständen folgt hier, dass die Selbstgespräche des Angeklagten Siegfried K. dem Kernbereich zuzurechnen sind. Dazu zählen die *Eindimensionalität* der „Selbstkommunikation", die *Nichtöffentlichkeit der Äußerungssituation,* die mögliche *Unbewusstheit der Äußerungen* im Selbstgespräch, die *Identität der Äußerung mit*

848 *BGHSt* 57, 71 (73 f.).
849 *BGHSt* 57, 71 (74).
850 *BGHSt* 57, 71 (74 ff.).
851 *BGHSt* 50, 206 (210).
852 *Dalakouras* 1988, S. 264; *Gössel* in: LR Einl. L Rn. 88; *Jahn*, Gutachten C 2008, S. 84; *Roxin/Schünemann* 6. Kap. § 36 Rn. 48; *Wolter* in: SK-StPO § 100 f Rn. 35.

den inneren Gedanken beim Selbstgespräch und die *Flüchtigkeit des gesprochenen Wortes* [Hervorhebung durch die Verfasserin]."[853]

Weiter führte der BGH aus, dass der Grund der Gewährleistung eines absoluten Schutzes des Kernbereichs der Persönlichkeitsentfaltung darin liege, dass jedem Menschen ein letzter Rückzugsraum verbleiben müsse, in welchem sich dieser mit seinem eigenen Ich befassen könne, „[...] ohne Angst davor haben zu müssen, dass staatliche Stellen dies überwachen. [...] Die Gedanken sind grundsätzlich frei, weil Denken für Menschen eine Existenzbedingung darstellt. [...] Den Gedanken fehlt aus sich heraus die Gemeinschaftsbezogenheit, die jenseits des Kernbereichs der Persönlichkeitsentfaltung liegt. Gleiches gilt für die Gedankenäußerung im nicht öffentlich geführten Selbstgespräch. [...] Gedanken werden typischerweise in Form eines „inneren Sprechens" entwickelt (vgl. Tönnies, Selbstkommunikation, 1994, S. 16). Denken und Sprache, die dem Menschen als einzigem Lebewesen zur Verfügung steht, sind untrennbar miteinander verbunden. Die Gedankeninhalte des inneren Sprechens treten vor allem in Situationen, in denen der Sprechende sich unbeobachtet fühlt, durch Aussprechen hervor. Das möglicherweise unbewusste „laute Denken" beim nichtöffentlich geführten Selbstgespräch nimmt sodann an der Gedankenfreiheit teil."[854]

Der Senat stellte im Folgenden fest, dass für die Einordnung in den Kernbereich der Persönlichkeitsentfaltung auch die Nichtöffentlichkeit der Äußerungssituation Bedeutung habe. So habe der Beschuldigte sich zwar nicht in einer Wohnung gemäß Art. 13 GG zu sich selbst geäußert – wodurch eine Vermutung dahingehend angenommen werden könnte, dass der Kernbereich tangiert sei.[855] Es sei jedoch nicht anzunehmen, dass sich der Kernbereichsschutz im Hinblick auf Äußerungen „[...] ausschließlich auf den räumlichen Bereich von Wohnungen beschränke. Vielmehr kann auch das „Alleinsein mit sich selbst" in einem Pkw diesen Schutz begründen. Es bestand aus Sicht des Angeklagten Siegfried K. nicht die Gefahr, dass andere Personen den Inhalt seiner Äußerungen im Selbstgespräch erfassten. Der rechtlich geringere Schutz des Aufenthaltsorts im Auto gegenüber der Wohnung im Sinne von Art. 13 Abs. 1 GG „[...] wird hier deshalb im Einzelfall dadurch kompensiert, dass tatsächlich das Risiko einer Außenwirkung der spontanen

853 *BGHSt* 57, 71 (74 f.). Die hervorgehobenen Kriterien des BGH werden sogleich im Einzelnen näher erörtert, siehe hierzu unter 3. Teil § 2 I. 4. e) (4) (a) bis (e).

854 *BGHSt* 57, 71 (75).

855 Hierbei verweist der Senat auf seine Rechtsprechung im „Reha-Klinik-Fall", *BGHSt* 50, 206 (210), und merkt an, dass sich diese Vermutung bereits aus dem Zusammenhang von § 100 c Abs. 4 StPO und § 100 f StPO ergebe.

Äußerung nahezu ausgeschlossen war; das Selbstgespräch konnte nur durch eine heimliche staatliche Überwachungsmaßnahme erfasst werden. Die Nichtöffentlichkeit der Gesprächssituation war daher bei einer Gesamtbewertung der Umstände des Einzelfalls derjenigen in einer Wohnung gleichzusetzen."[856]

Nach dieser Einschätzung der Bedeutung der Nichtöffentlichkeit der Gesprächssituation, führte der Senat weiter eingehend zur Würdigung von Selbstgesprächen aus: „Auf den Inhalt der Gedankenäußerung und dessen mehr oder weniger großen Sozialbezug kommt es demgegenüber bei Selbstgesprächen nicht entscheidend an. Insoweit gilt etwas anderes als bei der Fixierung von Gedanken in einem Tagebuch oder bei der Erfassung des Gesprächs eines Beschuldigten mit Dritten."[857]

Sodann erläuterte der BGH, warum die Tagebuchentscheidung des Bundesverfassungsgerichts[858] nicht ohne Weiteres auf das Selbstgespräch angewendet werden könne. Hierzu stellte er fest, dass im Gegensatz zur Tagebuchentscheidung vorliegend dem „[...] Kriterium der Nichtöffentlichkeit des Ortes der Gedankenäußerung erhebliche Bedeutung" zukomme. Dies ergebe sich bereits daraus, dass in der Tagebuchentscheidung der Raum, in der die Notizen angefertigt wurden, keine Rolle spielte, zumal diese ohnehin freiwillig herausgegeben worden waren. Dort habe auch die Flüchtigkeit des gesprochenen Wortes keine Rolle gespielt; vielmehr habe der Betroffene seine Gedanken „[...] im Tagebuch fixiert und bei diesem Schreibvorgang unter Umständen auch noch repetiert [...]." Zudem hätten in der Tagebuchentscheidung auch präventive Gesichtspunkte eine Rolle gespielt, da die Tagebuchaufzeichnungen bereits vor der Tatbegehung erfolgt waren und „[...] bei rechtzeitiger Erfassung durch die Polizeibehörden theoretisch auch zur Verhinderung der Tat als Maßnahme der Gefahrenabwehr hätten genutzt werden können."[859]

Schließlich stellte der Senat klar, dass ein Selbstgespräch nicht mit einem Zwiegespräch gleichgesetzt werden könne. Insoweit führte er aus, das *Zwie*gespräch sei in der Regel nicht dem Kernbereich der Persönlichkeitsentfaltung zuzurechnen, „[...] wenn es mit seinem Inhalt einen Tatbezug und damit Sozialbezug aufweist [...]. Es [das Selbstgespräch] unterscheidet sich von einem solchen Gespräch schon dadurch, dass die Äußerungen nicht auf Verständlichkeit angelegt und

856 *BGHSt* 57, 71 (75 f.).
857 *BGHSt* 57, 71 (76).
858 *BVerfGE* 80, 367.
859 *BGHSt* 57, 71 (76 f.).

jedenfalls auch durch unwillkürlich auftretende Bewusstseinsinhalte gekennzeichnet sind […].“[860]

Der mithin in der Regel zu gewährleistende Kernbereichsschutz entfalle hingegen lediglich dann, „[…] wenn der Grundrechtsträger den Bereich der privaten Lebensgestaltung von sich aus öffnet, bestimmte Angelegenheiten der Öffentlichkeit zugänglich macht und damit die Sphäre anderer oder die Belange der Gemeinschaft berührt […]. Dies geschieht nicht ohne weiteres schon dadurch, dass er sich außerhalb des besonders geschützten Bereichs der Wohnung aufhält, sofern er einen anderen Rückzugsraum wählt, in dem er sich unbeobachtet fühlen kann. […] Nach außen gerichtete Äußerungen in einem Pkw, in dem die betreffende Person allein ist, können nicht Äußerungen in der Öffentlichkeit gleichgestellt werden.“[861]

Darüber hinaus bezog der BGH in der hier geschilderten Entscheidung auch zu der Reichweite eines anzunehmenden Verwertungsverbots eindeutig Stellung: „Das Beweisverbot entfaltet wegen seiner Absolutheit, die ein Beweiserhebungsverbot für die Hauptverhandlung bezüglich der im Vorverfahren erlangten Informationen einschließt […], seine Wirkung auch auf die nicht unmittelbar von der akustischen Überwachung im Vorverfahren betroffenen Mitangeklagten.“ Dies entspreche letztlich auch den Beweisverwertungsverboten aus den §§ 100 a Abs. 4 S. 2, 100 c Abs. 5 S. 3 StPO bei Eingriffen in den Kernbereich der Persönlichkeitsentfaltung, bei welchen jegliche Verwendung von kernbereichsrelevanten Informationen ausgeschlossen ist.[862]

cc) Auseinandersetzung mit der Entscheidung

In seiner Entscheidung zum sogenannten „Pkw-Selbstgespräch-Fall“ führte der BGH die Rechtsprechung des „Reha-Klinik-Urteils“[863] fort und stellte nunmehr einige offene Fragen klar, die mit den zuvor ergangenen Entscheidungen im Hinblick auf die Verwertbarkeit von Selbstgesprächen bislang im Unklaren geblieben waren. Damit schrieb er „[…] ein weiteres wichtiges Kapitel in der Geschichte des Privatsphärenschutzes.“[864]

Eingehend und überwiegend zutreffend beschäftigte sich der Senat mit den Besonderheiten des Selbstgesprächs und ordnete dieses unter Abgrenzung zu

860 *BGHSt* 57, 71 (77).
861 *BGHSt* 57, 71 (77 f.).
862 *BGHSt* 57, 71 (78).
863 *BGHSt* 50, 206.
864 So *Heintschel-Heinegg*, JA 2012, 395 (396); ähnlich *Zabel*, ZJS 2012, 563 (567), der von einer „[…] Innovation in der Kernbereichsdogmatik […]“ spricht.

Tagebüchern und Zwiegesprächen in den Schutzbereich des Kernbereichs der Persönlichkeitsentfaltung ein. Dabei wurden einige Kriterien verdeutlicht, die die Bestimmung der Reichweite der Intimsphäre in Bezug auf Selbstgespräche erleichtern.[865]

Der BGH leitete die Unverwertbarkeit von Selbstgesprächen wiederum unmittelbar aus der Verfassung, mithin dem allgemeinen Persönlichkeitsrecht aus Art. 2 Abs. 1 i. V. m. Art. 1 Abs. 1 GG ab. Dies war erforderlich, da § 100 f StPO selbst – im Gegensatz zu § 100 c StPO – kein Verwertungsverbot bei einem Eingriff in den Kernbereich privater Lebensgestaltung enthält. Daran lässt sich erkennen, dass die momentan existieren gesetzlichen Regelungen unzureichend sind.[866] Andererseits ist richtigerweise bei allen staatlichen Eingriffen – unabhängig von der jeweiligen Eingriffsart – stets ein Kernbereich privater Lebensgestaltung zu wahren.[867] Demnach wäre es auch denkbar, in keiner einfachgesetzlichen Vorschrift explizit ein dahingehendes Verwertungsverbot zu regeln, da ein solches stets aus dem übergeordneten Verfassungsrecht abzuleiten wäre. Die momentan bestehende Regelung, welche bei manchen Ermittlungsmaßnahmen ausdrücklich ein Verwertungsverbot bei einem Eingriff in den Kernbereich privater Lebensgestaltung regelt, bei anderen hingegen nicht, ist jedenfalls inkonsequent und stiftet Verwirrung. Das hier zu besprechende Urteil des BGH verdeutlicht jedenfalls, dass insoweit noch Handlungsbedarf besteht.[868]

Es bleibt zu hoffen, dass dieses Urteil für die weitere Entwicklung der selbstständigen Beweisverwertungsverbote sowohl in der Gesetzgebung als auch in Rechtsprechung und Lehre wegweisend sein wird.[869]

(1) Räumliche Begrenzung der Intimsphäre?

Zunächst machte der BGH in dieser Entscheidung deutlich, dass Gespräche – gleichgültig, ob es sich nun um Zwie- oder Selbstgespräche handelt – nicht nur innerhalb von Wohnungen vom Schutz des Kernbereichs der persönlichen Lebensentfaltung umfasst sind. Zwar kann das Führen von Selbstgesprächen in

865 Auch *Zabel*, ZJS 2012, 563 (564) befürwortet, dass sich vor allem die hier diskutierte Entscheidung des BGH „[...] um eine schärfere Konturierung des Kernbereichsschutzes und eine entsprechende Anwendung der Beweis(verbots)lehre bemüht." Befürwortend darüber hinaus *Habetha*, ZWH 2012, 163 (166).

866 Vgl. hierzu *Mitsch*, NJW 2012, 1486.

867 Insoweit zutreffend auch *Warg*, NStZ 2012, 237 (241).

868 Ebenso *Mitsch*, NJW 2012, 1486 (1487).

869 Vgl. zudem *Jahn/Geck*, JZ 2012, 561.

Wohnungen – bzw. diesen gleichzustellenden Räumlichkeiten[870] – eine Vermutung dahingehend begründen, dass es sich um eine höchstpersönliche Äußerung handelt.[871] Der Schutzbereich beschränkt sich jedoch nicht „[...] auf den räumlichen Bereich von Wohnungen." Die Nichtöffentlichkeit der Äußerungssituation, die innerhalb von Wohnungen naturgemäß einfacher zu bejahen sein wird als außerhalb derselben, dient aber als Kriterium für die Frage der Zuordnung des Selbstgesprächs zum Kernbereich der Persönlichkeitsentfaltung.[872]

Der BGH legte mit seinen Ausführungen dar, dass der Grundrechtsträger nicht nur innerhalb bestimmter Räumlichkeiten durch den Kernbereich der Persönlichkeitsentfaltung geschützt ist, sondern in der Regel überall.[873] Es kommt dabei allerdings auf die konkrete (Äußerungs-) Situation an, also darauf, ob sich das Individuum berechtigterweise mit sich alleine fühlen durfte. Demnach wird dies innerhalb einer großen Menschenmenge oder in überfüllten öffentlichen Verkehrsmitteln nicht der Fall sein, kann aber beispielsweise bei einem einsamen Strandspaziergang, beim zurückgezogenen Verweilen in einem Wald oder auch bei einer alleinigen Autofahrt zu bejahen sein.[874]

(2) Kein Erfordernis eines dinglichen Substrats

Darüber hinaus stellte der Senat klar, dass der „Flüchtigkeit des gesprochenen Wortes" bei der Beurteilung der Zugehörigkeit zum Intimbereich entscheidende Bedeutung zukommt und es demnach nicht darauf ankommt, ob die intimen Gedanken auf irgendeine Art und Weise perpetuiert wurden. Mithin wird nicht nur vollständig auf das Erfordernis eines dinglichen Substrats verzichtet[875] – wie beispielsweise auf die schriftliche Niederlegung in einem Tagebuch. Dieses wird vielmehr sogar als eine weniger schützenswerte Form der Äußerung angesehen. Dies macht der BGH durch die Formulierung deutlich, dass „[...] der Betroffene

---

870 Wie beispielsweise dem Hotelzimmer oder auch dem Krankenzimmer, vgl. *BGHSt* 50, 206.

871 Vgl. hierzu *Zabel*, ZJS 2012, 563 (566).

872 Siehe sogleich eingehend unter 3. Teil § 2 I. 4. e) (4) (b).

873 Ebenso *Jahn/Geck*, JZ 2012, 561 (565), die hierzu treffend formulieren: „Die strafprozessuale Intimsphäre ist einschränkungslos portabel. Sie folgt dem Grundrechtsträger grundsätzlich überall dorthin, wo er sich aufhält." Ähnlich *Habetha*, ZWH 2012, 163 (165), der feststellt, dass der Senat den Kernbereichsschutz „[...] auf Orte bzw. Situationen außerhalb einer Wohnung [erstreckt], in denen das „Risiko einer Außenwirkung" in vergleichbarer Weise ausgeschlossen ist."

874 Vgl. hierzu eingehend unter 4. e) cc) (4) (b).

875 Vgl. *Jahn/Geck*, JZ 2012, 561 (565).

seine Gedanken […] im Tagebuch fixiert […] und bei diesem Schreibvorgang unter Umständen auch repetiert […].“ Indem der Betroffene seine flüchtigen Gedanken demnach *bewusst* dem Papier anvertraut und dabei möglicherweise auch Überlegungen hinsichtlich der Art und Weise des Niederschreibens anstellt, verlieren diese gewissenmaßen ihre Vergänglichkeit und stellen in größerem Maße ein „Werk“ des Betroffenen dar als bloße verbal geäußerte, oft zusammenhangslose Selbstgespräche. Dies bedeutet hingegen nicht, dass perpetuierten Äußerungen kein Intimsphärenschutz zukommen soll. Vielmehr wird hierdurch verdeutlicht, dass verbalen Selbstgesprächen wegen der Flüchtigkeit der gesprochenen Worte im Vergleich zu Tagebuchaufzeichnungen ein *noch* größerer Schutz zuteil werden muss.

(3) Unabhängigkeit vom Inhalt der Äußerung

Der BGH führte zudem aus, dass es bei Selbstgesprächen „auf den Inhalt der Gedankenäußerung und dessen mehr oder weniger großen Sozialbezug […] nicht entscheidend […]“ ankommt. Während es bedauerlich ist, dass der Senat diese Aussage durch den Zusatz „nicht entscheidend“ relativiert hat, ist zumindest die Tendenz dieser Einschätzung begrüßenswert.[876]

Der BGH nimmt in der hier getroffenen Entscheidung an keiner Stelle die sonst übliche „Abwägung der widerstreitenden Interessen“ zwischen der Funktionstüchtigkeit der Strafrechtspflege und den Individualinteressen des Betroffenen vor, um den Schutzumfang des Kernbereichs der Persönlichkeitsentfaltung festzustellen.[877] Vielmehr beschränkt er sich richtigerweise auf den ersten Schritt, der noch vor der Abwägung vorzunehmen ist: Die Bestimmung der Reichweite des Kernbereichs der Persönlichkeitsentfaltung durch geeignete Kriterien. Mit der Aussage, es komme insoweit auf den Sozialbezug jedenfalls nicht entscheidend an, macht der Senat mithin deutlich, dass es sich dabei zumindest bei Selbstgesprächen nicht um ein taugliches Kriterium zur Bestimmung des Schutzbereichs der Intimsphäre handelt.[878]

---

876 Zustimmend *Habetha*, ZWH 2012, 163 (165).

877 Dies sehen auch *Jahn/Geck*, JZ 2012, 561 (563), die hierzu ausführen: „Nicht zufällig lesen wir in ihm [dem Urteil] über den Topos „funktionstüchtige Strafrechtspflege“: Nichts.“

878 Ebenso *Jahn/Geck*, JZ 2012, 561 (565), die insoweit erläutern: „Mit der Weichenstellung zugunsten eines formal bestückten Kriterienportfolios ist der Zuschlag zum Kernbereich damit schon so gut wie erfolgt. Denn unabhängig vom Inhalt des Geäußerten ist das, was artikuliert wird, aufgrund der formalen Selbstgesprächsituation nicht verwertbar.“

Darüber hinaus erscheint auch fraglich, unter welchen Voraussetzungen einer an sich selbst gerichteten Äußerung ein wie auch immer gearteter „Sozialbezug" zukommen könnte.[879] Wie bereits dargelegt[880], ist neben der Unbestimmtheit dieses Kriteriums auch bei Tagebuchentscheidungen ein Bezug zu Belangen der Allgemeinheit durch bloßes Niederschreiben von Gedankeninhalten „im stillen Kämmerlein" äußerst problematisch. Ebenso ist es nicht nachvollziehbar, wie eine im Alleinsein zu sich selbst getätigte Äußerung für sich gesehen die Öffentlichkeit tangieren kann. An dieser Stelle ist an die Ausführungen der unterlegenen Senatsrichter im Tagebuchfall[881] zu erinnern, die hierzu ausführten, den schriftlichen Äußerungen werde im Nachhinein eine Bedeutung beigemessen, die ihnen von vornherein bzw. aus sich selbst heraus nicht eigen war. Dies ist ebenso oder gar in noch stärkerem Maße bei nur verbalen Selbstäußerungen anzunehmen.

Die hierin zu sehende Abkehr des BGH vom Kriterium des „Sozialbezugs" ist sowohl aus Gesichtspunkten der Rechtssicherheit als auch der Rechtsstaatlichkeit begrüßenswert.[882] Das nicht fassbare Unterscheidungsmerkmal des „Sozialbezugs" vermochte keinen sinnvollen Beitrag zu einer Bestimmung des Kernbereichs zu leisten; im Gegenteil: Es stiftete Verwirrung und verleitete die Rechtsprechung dazu, bereits *zur Bestimmung* des Kernbereichs eine Abwägung insbesondere unter Hinzuziehung der Schwere des in Frage stehenden Delikts vorzunehmen, um eben die Intensität dieses „Sozialbezugs" festzustellen, die für die Frage der Verwertbarkeit entscheidend sein sollte. Wie bereits ausgeführt[883] darf zur Feststellung eines *absoluten, abwägungsresistenten* Kernbereichs – wie er von der obergerichtlichen Rechtsprechung in zahlreichen Entscheidungen statuiert wurde – nicht bereits eine Abwägung vorgenommen werden, die diesen Kernbereich von vornherein beschneidet. Denn was bleibt von der Abwägungsresistenz und dem absoluten Schutz des Kernbereichs der Persönlichkeitsentfaltung übrig, wenn ein Eingriff in diesen bereits durch die bloß angebliche

879 Vgl. hierzu *Jahn/Geck*, JZ 2012, 561 (565), die richtigerweise sogar ein „lupenreines Geständnis" wegen der fehlenden Relevanz des Sozialbezugs als unverwertbar einstufen.

880 Siehe insoweit unter 3. Teil § 2 I. 4. c) bb).

881 *BVerfGE* 80, 367.

882 Anderer Auffassung *Warg*, NStZ 2012, 537 (539): „Es ist […] fragwürdig, dem Charakter und den Rahmenbedingungen einer Äußerung […] einseitig den Vorrang gegenüber dem Inhalt einzuräumen – obwohl letzterer wie im vorliegenden Fall einen deutlichen Bezug zur angeklagten Tat erkennen lässt."

883 Siehe hierzu z. B. bereits unter 3. Teil § 2 I. 3. f) bb) (1).

Notwendigkeit eines solchen wegen eines im Raum stehenden schwerwiegenden Delikts gerechtfertigt werden kann?

Gänzlich anderer Auffassung ist insoweit *Warg*, der gar von einer „Überbetonung des höchstpersönlichen Charakters eines Selbstgesprächs“[884] spricht und bemängelt, dass hierdurch einem nichtöffentlichen Selbstgespräch generell ein möglicher Bezug zu Straftaten abgesprochen werde. Insoweit führt er aus: „Entscheidend ist, dass Inhalte kommuniziert werden, die auf Grund ihres konkreten Bezugs zu einer Straftat per se nicht mehr nur zur eigenen Intimsphäre des Betroffenen gehören, sondern *infolge der getätigten Rechtsgutverletzung* stets auch die Sphäre anderer berühren [Hervorhebung durch die Verfasserin].“ Durch diese Aussage entlarvt *Warg* jedoch sein Verständnis von der Gewährleistung von Beschuldigtenrechten und des Grundsatzes „In dubio pro reo“: Zum Zeitpunkt der Beurteilung der Zulässigkeit eines Eingriffs in das allgemeine Persönlichkeitsrecht des Betroffenen – ob dies nun bereits während des Ermittlungsverfahrens oder erst innerhalb der Beweiswürdigung durch das Gericht erfolgt – steht noch nicht fest, ob dem Beschuldigten eine Rechtsgutsverletzung anzulasten ist. Er gilt zu diesem Zeitpunkt vor dem Gesetz als *unschuldig*. Zur Bestimmung des Kernbereichs der privaten Lebensgestaltung also die *„getätigte* Rechtsgutverletzung“ heranzuziehen, ist mit rechtstaatlichen Grundsätzen nicht zu vereinbaren.

Darüber hinaus merkt *Warg* an, der BGH verenge „[…] ohne Not die Möglichkeiten einer Verwertung von höchstpersönlichen Äußerungen, die einen konkreten Bezug zu Straftaten erkennen lassen […].“ An dieser Aussage ist zweierlei bemerkenswert. Zunächst lässt sie die Zweckgerichtetheit der Auffassung *Wargs* erkennen, wonach – sofern dies möglich ist – die Verwertung von höchstpersönlichen Äußerungen nicht beschränkt werden darf. Damit vollzieht sich aber wiederum der altbekannte Effekt: Der Zweck der effektiven Strafverfolgung soll die Mittel hierzu heiligen. Zudem ist die Aussage bereits an sich widersprüchlich, wenn sie von der Verwertung *höchstpersönlicher* Äußerungen spricht. Denn die Feststellung des Schutzumfangs des Kernbereichs privater Lebensgestaltung soll gerade dazu dienen, das (Nicht-)Vorliegen der Höchstpersönlichkeit der Äußerung festzustellen. Ist eine Äußerung aber höchstpersönlich, darf sie gerade nicht verwertet werden, weil sie dem Kernbereich der persönlichen Lebensführung unterfällt.

Mit dieser Entscheidung zeigt der BGH nunmehr, dass er der Einhaltung rechtsstaatlicher Grundsätze große Wichtigkeit beimisst. Durch die bisherige Entscheidungspraxis wurde immer wieder der Schutz der Menschenwürde um der Effektivität der Strafverfolgung willen beschnitten. So wichtig dieses Ziel auch für

884 *Warg*, NStZ 2012, 237 (240).

einen Rechtsstaat ist, es darf nicht dazu missbraucht werden, die Mittel zu dessen Erreichung zu heiligen. Bestandteil des Menschenwürdeschutzes ist auch der Schutz des Einzelnen als soziales Wesen. Allein daraus, dass sich der Mensch – wie es in seiner Natur liegt – gedanklich, ob nun im Stillen, im Selbstgespräch oder in einem Tagebuch, mit seinem Verhalten anderen Menschen oder der Allgemeinheit gegenüber beschäftigt, kann nicht der Schluss gezogen werden, er verlasse diesen auch gemäß Art. 1 Abs. 1 GG zu schützenden Bereich seiner Intimsphäre.[885]

(4) Die einzelnen Kriterien der Einzelfallabwägung

Der BGH zieht im Rahmen seiner Entscheidung zur Bestimmung des Kernbereichs der Persönlichkeitsentfaltung bei Selbstgesprächen einige Kriterien heran, die im Folgenden einer genaueren Betrachtung unterzogen werden sollen.

(a) Eindimensionalität der Selbstkommunikation

Der BGH zog als ersten zu berücksichtigenden Umstand für die Bewertung des Selbstgesprächs dessen „Eindimensionalität" heran. Hiermit wollte er – wie die später hierzu folgenden Ausführungen deutlich machen – die Tatsache ansprechen, dass das Selbstgespräch ein auf das eigene Ich bezogenes Phänomen ist und mithin keinen kommunikativen Bezug innehat.[886] Wie bereits oben im Rahmen der psychologischen Betrachtung verdeutlicht[887], dient das Selbstgespräch insbesondere der Selbstreflexion und ist damit auf die Beschäftigung des Individuums mit seiner Selbst, seinen Gedanken, Gefühlen, Erwartungen und Erfahrungen beschränkt. Auch der BGH erkennt dies zutreffend, indem er von einem „letzten Rückzugsraum" des Menschen spricht, in dem sich dieser „mit dem eigenen Ich befassen" können muss.[888]

Der Selbstkommunikation des Individuums kommt für dessen charakterliche Weiterentwicklung, seine geistige Schulung und das Reflektieren von Verhaltensweisen lebenslang eine wichtige Bedeutung zu.[889] Dabei beschäftigt

885 Hierzu formulieren *Jahn/Geck*, JZ 2012, 561 (566) treffend: „Im demokratischen Rechtsstaat muss es jedermann möglich sein, Empfindungen, Gefühle, Ansichten und Erlebnisse frei von Misstrauen, Argwohn und Angst vor Überwachung beliebig mit sich selbst zu teilen – sei es (nur) gedanklich, sei es (auch) mündlich oder schriftlich."

886 So auch *Warg*, NStZ 2012, 237 (239).

887 Siehe hierzu insbesondere unter 2. Teil § 1 II. 1. e).

888 *BGHSt* 57, 71 (75).

889 Der Sinn und Zweck des Phänomens der Selbstkommunikation wurde bereits eingehend unter 2. Teil § 1 II. 1. e) untersucht.

sich der Einzelne zwar überwiegend auch mit Inhalten, die einen wie auch immer gearteten „sozialen Bezug“ aufweisen – wie beispielsweise sein Verhalten einer nahestehenden Person gegenüber oder im Rahmen einer inneren Abwägung im Hinblick auf die Zukunft mit dem eigenen Partner. Dies liegt aber – wie gesehen – gerade darin begründet, dass der Mensch ein zoon politicon[890] – ein Gemeinschaftswesen – ist, dessen Handeln und Denken sich weit überwiegend mit seiner Umwelt und dabei in der Regel mit zwischenmenschlichen Kontakten befassen. Allein hierin ist, wie auch der BGH feststellt, keine Gemeinschaftsbezogenheit der Gedanken zu sehen, die schließlich grundsätzlich frei sind und dies auch bleiben müssen, wenn nicht der Mensch zum bloßen Objekt degradiert werden soll. Schließlich unterscheidet gerade das Denken (und das Sprechen) den Menschen von allen anderen Lebewesen und stellt für diesen – so auch der BGH[891] – eine Existenzbedingung dar.

Die Eindimensionalität der Selbstkommunikation wird auch bei einem Vergleich mit der zwischenmenschlichen Kommunikation deutlich.[892] Auch der BGH erläuterte, dass das Selbstgespräch nicht mit einem Zwiegespräch gleichzusetzen sei, welches in der Regel nicht dem absolut geschützten Kernbereich zugeordnet werden könne, wenn es seinem Inhalt nach einen Tatbezug und damit Sozialbezug aufweise.[893] Damit stellte er klar, dass das Kriterium des Sozialbezugs – wenn überhaupt – nur bei zwischenmenschlicher Kommunikation herangezogen werden kann. Das Selbstgespräch unterscheide sich hingegen von diesem bereits „[…] dadurch, dass die Äußerungen nicht auf Verständlichkeit angelegt und jedenfalls auch durch willkürlich auftretende Bewusstseinsinhalte gekennzeichnet sind […]“.[894] Tatsächlich laufen Selbstgespräche bruchstückhaft und häufig an der Schwelle des Bewusstseins ab und unterscheiden sich insbesondere auch durch ihren „Telegrammstil“ deutlich von Zwiegesprächen.[895] Aber auch ihrem Informationsgehalt nach weisen Selbstgespräche im Vergleich zu zwischenmenschlicher Kommunikation deutliche Unterschiede auf: Während bei zwischenmenschlicher Kommunikation eine Aussage mitgeteilt werden soll, möglicherweise sogar ein Geheimnis anvertraut wird, der Sprechende mithin einen Mitteilungswillen hat, ist dies bei einem Selbstgespräch nicht der Fall. Hier

---

890 So bereits *Aristoteles* 1991, S. 14 ff.

891 Vgl. *BGHSt* 57, 71 (75).

892 Dies sieht auch *Habetha*, ZWH 2012, 163 (165).

893 *BGHSt* 57, 71 (77).

894 *BGHSt* 57, 71 (77).

895 Der Unterschied zwischen zwischenmenschlicher Kommunikation und Selbstgesprächen wurde bereits eingehend unter 2. Teil § 1 II. f) untersucht.

kommuniziert das Individuum lediglich mit sich selbst, Sender und Empfänger der Information bleiben ein und dieselbe Person, so dass es lediglich zu einer Umformulierung oder Vergegenwärtigung und Reflexion der Information kommt.

(b) Nichtöffentlichkeit der Äußerungssituation

Als weiteres Kriterium benannte der Senat die „Nichtöffentlichkeit der Äußerungssituation". Insoweit wurde bereits ausgeführt[896], dass der BGH die Intimsphäre nicht räumlich begrenzt, ihr Schutz also in der Regel überall zu gewährleisten ist.

Allerdings ist – wie der Senat zutreffend anmerkte – ein Schutz des Kernbereichs der Persönlichkeitsentfaltung nur dann angebracht, wenn sich das Individuum an einem Ort bzw. in einer Situation aufhält, an dem bzw. in der es sich berechtigterweise mit sich selbst alleine fühlen darf. Hierbei soll mithin insbesondere das Vertrauen des Betroffenen geschützt werden, nicht Zielobjekt staatlicher Überwachungsmaßnahmen zu sein.[897]

Fraglich ist, wann ein solcher Ort bzw. eine solche Situation anzunehmen ist.

Zur Feststellung derselben ist es erforderlich, die im jeweiligen Einzelfall vorliegenden Gegebenheiten zu betrachten. Während das stille Formulieren von Gedanken in der Regel überall ohne weiteres möglich ist, ist ein laut geäußertes Selbstgespräch nur dann schützenswert, wenn in der konkreten Situation nicht damit gerechnet werden muss, dass eine andere Person mithört. In der eigenen Wohnung bzw. dieser gleichgestellten Räumlichkeiten wie dem Hotel- oder Krankenzimmer, kann dies unproblematisch jedenfalls dann bejaht werden, wenn der Betroffene nicht mit der Anwesenheit einer weiteren Person rechnen muss. Dies kann aber auch in einem Großraumbüro der Fall sein, wenn der Einzelne – wie dies beispielsweise an einem Wochenende in der Regel der Fall ist – nicht davon ausgehen muss, dass eine weitere Person anwesend ist. Ebenso bei einem alleine unternommenen Spaziergang, bei welchem sich keine Personen in Hörweite aufhalten, ist von einer Situation auszugehen, bei der sich der Betroffene mit sich selbst alleine fühlen kann. Dies muss daher auch in dem vorliegenden Fall – bei einer alleinigen Autofahrt – gelten, zumal nicht damit zu rechnen ist, dass Personen außerhalb des Fahrzeugs – selbst wenn sie die Lippenbewegungen des Betroffenen erkennen könnten – dessen Selbstgespräch erfassen werden.

---

896 Siehe oben unter 3. Teil § 2 I. 4. e) cc) (1).

897 So auch *Warg*, NStZ 2012, 537 (539).

Andererseits kann eine Situation dann nicht als hinreichend „intim" eingestuft werden, wenn sich der Betroffene an einem Ort befindet, an dem sich mindestens eine weitere Person in Hörweite aufhält und der Betroffene dies erkannt hat oder zumindest hätte erkennen müssen. Damit sind überlaufene Straßen und Plätze, öffentliche Verkehrsmittel oder sonstige Ört- und Räumlichkeiten, an denen üblicherweise andere Menschen anzutreffen sind, nicht als „nichtöffentliche Äußerungssituationen" aufzufassen.

Etwas anderes muss hingegen dann gelten, wenn – wie im Rahmen der pathologischen Formen der Selbstkommunikation ausgeführt[898] – der Betroffene aufgrund einer geistigen Disposition nicht oder zumindest nicht ununterbrochen in der Lage ist, seine verbalen Selbstäußerungen zu kontrollieren bzw. desorientiert ist und nicht realisiert, wo er sich gerade befindet. Es kann schließlich nicht richtig sein, eine Person deswegen schlechter zu stellen, weil sie unter einer psychischen Erkrankung leidet, die es ihr unmöglich macht oder zumindest erheblich erschwert, ihre Äußerungen situativ anzupassen bzw. zu unterdrücken.

Darüber hinaus ist bei der Beurteilung der „Nichtöffentlichkeit der Äußerungssituation" nicht nur eine objektive Betrachtung vorzunehmen, sondern zudem auch eine subjektive Komponente zu beachten.[899] Der Betroffene muss den Willen haben, seine Äußerungen für sich zu behalten. Außerdem muss er – zumindest unterbewusst bzw. in Form eines „sachgedanklichen Mitbewusstseins" – davon ausgehen, dass keine andere Person mithören kann und wird.[900]

(c) Unbewusstheit der Äußerungen

Ein weiterer Umstand, den der BGH für die Zuordnung des Selbstgesprächs zum Kernbereich der Persönlichkeitsentfaltung nannte, war die Unbewusstheit, in der die Selbstäußerungen in der Regel erfolgen. Hierzu führte der Senat aus, dass Denken und Sprache in einem untrennbaren Zusammenhang stehen und vor allem in Situationen, in welchen der Betroffene sich unbeobachtet fühle, durch lautes Sprechen hervortreten. Es handle sich demnach möglicherweise um ein unbewusstes „lautes Denken", welches an der Gedankenfreiheit teilnehme.

Dieser Auffassung des BGH ist uneingeschränkt zuzustimmen. Zwar ist es möglich, dass sich das Individuum in einem bewussten lauten Selbstgespräch

---

898 Siehe hierzu unter 2. Teil § 1 II. 3.

899 A. A. *Fleischmann*, NJ 2012, 218, der das Abstellen auf die subjektive Vorstellung des Betroffenen als problematisch erachtet.

900 Einen Geheimhaltungswillen fordert mit Hinweis auf die Ausführungen des BGH hierzu darüber hinaus *Zabel*, ZJS 2012, 563 (566).

mit sich selbst auseinander setzt, beispielsweise um sich selbst zu beruhigen oder zu motivieren[901]. Der Großteil der geführten Selbstgespräche findet allerdings jedenfalls an der Schwelle des Bewusstseins statt[902], so dass zumindest die Möglichkeit besteht, dass sie im Einzelfall tatsächlich gänzlich unbewusst erfolgt. Es ist auch richtig, dass – wie das Experiment mit den gefilmten Probanden veranschaulicht hat[903] – Selbstgespräche aufgrund einer größeren Selbstkontrolle häufiger in unbeobachteten Situationen auftreten als in erkennbar beobachteten. Dies ist nicht zuletzt auch auf die Tabuisierung und Stigmatisierung des Selbstgesprächs in der Gesellschaft zurückzuführen.[904] Der Senat merkte allerdings nicht an, dass laute Selbstgespräche insbesondere in Stresssituationen auftreten, gerade um dem Sprechenden Erleichterung zu verschaffen.[905]

Auch ein Beschuldigter, dem ein Mord zur Last gelegt wird, befindet sich – sofern er seelisch nicht völlig abgestumpft ist – in der Regel in einer sehr belastenden Situation.

Mit dieser Einschätzung spannte der Senat schließlich den Bogen zur Gedankenfreiheit, die bei einer Verwertung von Selbstgesprächen betroffen sei.

(d) Identität mit Gedanken – bruchstückhafter Gedankenfluss

Als weiteres Kriterium für die Bestimmung des Kernbereichs privater Lebensgestaltung benannte der BGH die „[…] Identität der Äußerung mit den inneren Gedanken beim Selbstgespräch […]".[906] Demnach sind Selbstgespräche von der Gedankenfreiheit mitumfasst.

Mit dem Hinweis des BGH auf den sehr engen Zusammenhang von Denken und Sprache, die für den Menschen eine existentielle Bedeutung haben und ihm als einzigem Lebewesen zur Verfügung stehen, verdeutlichte der BGH, dass im Falle des Selbstgesprächs kaum mehr zwischen einem lediglich stillen Denken und laut auftretenden Gedankeninhalten unterschieden werden kann.[907]

---

901 Dieses Phänomen lässt sich – wie bereits oben unter 2. Teil § 1 II. 1. e) ausgeführt – insbesondere häufig bei Sportlern beobachten.

902 Das unbewusste Auftreten der Selbstkommunikation wurde schon unter 2. Teil § 1 II. 2. a) eingehend untersucht, so dass an dieser Stelle auf die dortigen Ausführungen verwiesen werden kann.

903 Siehe hierzu unter 2. Teil § 1 II. 2.

904 Dies wurde bereits ausführlich unter 2. Teil § 1 I. erörtert.

905 Vgl. hierzu die unter 2. Teil § 1 II. 1. a) und c) erfolgten umfangreichen Ausführungen.

906 *BGHSt* 57, 71 (75).

907 Kritisch insoweit *Fleischmann*, NJ 2012, 218, der die Gleichsetzung des laut geäußerten Selbstgesprächs mit einem innerlich ablaufenden Denkvorgang als problematisch

Es wurde bereits ausführlich begründet[908], dass Selbstkommunikation – ebenso wie Gedankeninhalte – eines Mediums bedürfen. Dies ist in der Regel die Sprache, wobei auch bildhafte Ausprägungen möglich sind.

Der sehr enge Zusammenhang zwischen Denken und Sprechen kommt auch in der umfassend dargestellten frühkindlichen Entwicklung des „Sprachdenkens" zum Ausdruck.[909] Insoweit wurde erläutert, dass Kleinkinder beim Spielen sehr häufig mit sich selbst sprechen und dabei ihre Gedanken laut äußern, da sie noch nicht in der Lage sind, zwischen „innerem und äußerem Denken" zu differenzieren. Im Laufe der kindlichen Entwicklung verlagert sich dieses „Sprachdenken" mehr und mehr nach innen.[910] Damit wird deutlich, dass die Unterscheidung zwischen Denken und Sprechen erst mit der geistigen Fortentwicklung des jungen Menschen möglich ist. Die naturgegebene Veranlagung zum sprachlichen Denken entwickelt sich damit erst mit dem Erlernen des Umgangs mit der Sprache. Dessen Verinnerlichung hängt hingegen wohl wiederum mit der gesellschaftlichen Tabuisierung von Selbstgesprächen zusammen sowie damit, dass das Individuum erlernt, manche Informationen für sich zu behalten.

Ebenfalls für die Identität oder die zumindest sehr enge Verwandtschaft von Selbstgesprächen und Gedanken spricht die Tatsache, dass letztere ebenso wie die Selbstkommunikation in der Regel bruchstückhaft und unter Umständen auch zusammenhangslos ablaufen.[911]

(e) Flüchtigkeit des gesprochenen Wortes

Als letztes Kriterium für die Zuordnung des Selbstgesprächs zum Kernbereich der Persönlichkeitsentfaltung benannte der Senat die „Flüchtigkeit des gesprochenen Wortes".

Hierzu führte er aus, dass dieses Abgrenzungskriterium gerade im Vergleich zu einem schriftlich fixierten Tagebuch Bedeutung erlangt, welchem aufgrund des Schreibvorgangs und einer gegebenenfalls hierbei erfolgten Repetition jedenfalls insoweit ein geringerer Schutz zukommen müsse als einem nur verbal geäußerten Selbstgespräch.[912] Gerade die Selbstkommunikation erfolgt – im

---

erachtet, da bei ersterem schließlich – wenn auch zu sich selbst – gesprochen werde. Damit werde eine Außenwirkung erzielt. Es sei darüber hinaus nicht auszuschließen, dass andere Personen diese Äußerungen wahrnehmen.

908 Siehe unter 2. Teil §1 I. 1.

909 Vgl. hierzu die Ausführungen unter 2. Teil § 1 II. 1. d).

910 Siehe hierzu unter 2. Teil § 1 II. 1. d).

911 Siehe hierzu bereits unter 2. Teil § 1 II. 1. f) sowie 2. b).

912 Vgl. insoweit schon unter 3. Teil § 2 I. 4. e) cc) (2).

Gegensatz zu schriftlich niedergelegten Aussagen – in der Regel ohne Überlegungen dahingehend, wie sie formuliert werden soll und was mitzuteilen ist.

Darüber hinaus erwägt das Individuum bei einem Selbstgespräch in wesentlich geringem Maße als bei einer Adressierung an eine andere Person die Folgen und die Aussagekraft seiner Äußerungen.[913] In der Regel wird diesem Aspekt beim Selbstgespräch – insbesondere auch wegen dessen meist unbewusster Entäußerung – gar keine Aufmerksamkeit geschenkt. Nach der Vorstellung der sprechenden Person soll die Aussage keinen Adressaten haben und gewissermaßen „in der Luft verpuffen". Wie gesehen[914] besitzen die meisten Selbstkommunizierenden noch nicht einmal ein aktuelles Bewusstsein dahingehend, dass sie gerade mit sich selbst kommunizieren bzw. erst recht nicht, welchen Inhalt ihre Aussagen haben. Schließlich dient der Vorgang der Selbstkommunikation gerade dazu, über sich selbst zu reflektieren sowie dazu, die „Gedanken zu sortieren".

Auch im Rahmen des § 201 StGB ist die „Flüchtigkeit des gesprochenen Wortes" in Form des nichtöffentlich geäußerten Wortes geschützt.[915] Insoweit sah es der Gesetzgeber mithin als notwendig an, den Einzelnen davor zu schützen, dass seine eigene Aussage ohne bzw. gegen seinen Willen perpetuiert wird. Auch im Zusammenhang mit Selbstgesprächen kommt dieser Zweckbestimmung eine entscheidende Bedeutung zu.[916]

Darüber hinaus erscheint es bedenklich, dass die private Aufnahme von Äußerungen zu Beweiszwecken gegen den Willen des Sprechenden eine strafbare Handlung darstellen soll, dieselbe Handlung seitens des Staates – insoweit sogar durch einen Eingriff in den höchstpersönlichen Lebensbereich des Betroffenen – hingegen möglich sein soll. Während es vertretbar ist, wegen des gegen einen bestimmten Beschuldigten vorliegenden Tatverdachts dessen Recht auf Vertraulichkeit und Unbefangenheit des nichtöffentlich gesprochenen Wortes zu beschneiden, sofern es sich um Aussagen innerhalb dessen allgemeiner Privat- bzw. Sozialsphäre handelt, ist eine Ausweitung dieser Beschneidung auf Äußerungen, die den Kernbereich der Persönlichkeit betreffen, nicht hinnehmbar.

913 Vgl. hierzu die Ausführungen zur Abgrenzung des Selbstgesprächs zur zwischenmenschlichen Kommunikation unter 2. Teil § 1 II. 1. f).

914 Siehe hierzu unter 2. Teil § 1 II. 1. a) sowie 2.

915 Vgl. insoweit bereits unter 2. Teil § 2 II.

916 Zum Schutz des Selbstgesprächs durch § 201 StGB vgl. oben unter 2. Teil § 2 II. 1.

5. *Fazit*

Der dem allgemeinen Persönlichkeitsrecht zugehörige Kernbereich der privaten Lebensgestaltung aus Art. 2 Abs. 1 i. V. m. Art. 1 Abs. 1 GG wurde wie gesehen innerhalb der letzten 50 Jahre stets weiterentwickelt und anhand einer Einzelfallrechtsprechung konkretisiert.

Entsprungen aus einem recht weiten und unbestimmten Kernbereichsbegriff, der dem „Elfes-Urteil" aus dem Jahre 1957 zugrunde lag, ist im Laufe der Jahrzehnte ein Schutzbereich entstanden, den die Gerichte – insoweit in Bezug auf die informationelle Selbstbestimmung des Einzelnen – stets gerade bei Tagebuch- und Abhör-Fällen zu berücksichtigen haben.

Während es bis zur Entscheidung zum sogenannten „großen Lauschangriff"[917] üblich war, die Intimsphäre trotz deren angeblichen „absolut zu gewährleistenden" Schutzes, anhand einer Abwägung, welche unter dem Deckmantel des „Sozialbezugs" der Äußerungen bzw. Tagebuchinhalte vorgenommen wurde, zu bestimmen, hat sich die neuere Rechtsprechung – wenn auch nicht immer eindeutig – jedenfalls Stück für Stück davon distanziert.

In der neuesten Entscheidung des BGH wird der „Sozialbezug" im Hinblick auf Selbstgespräche nunmehr für bedeutungslos erklärt und stattdessen andere Kriterien herangezogen, um den Schutzumfang des Kernbereichs der Persönlichkeitsentfaltung zu definieren. Diese Kriterien erlauben es den Gerichten nunmehr, den tatsächlichen Bedeutungsumfang von Selbstgesprächen für die Entfaltung der menschlichen Persönlichkeit zu würdigen. Auch wenn die Entwicklung des Schutzumfangs des Kernbereichs der Persönlichkeitsentfaltung noch lange nicht beendet ist, ist es insbesondere dem BGH in seiner „PKW-Selbstgespräch-Entscheidung" nunmehr weitgehend gelungen, diesen zumindest für die Problematik der Verwertbarkeit von Selbstgesprächen anhand einiger einleuchtender und greifbarer Merkmale genauer zu bestimmen. Damit leistete er sowohl einen Beitrag für die Rechtssicherheit als auch für die Wahrung der Freiheit des Menschen vor immer größerer Beeinträchtigung durch staatliche Überwachungsmaßnahmen.

II. Weitere mögliche Verwertungsverbote

Neben dem Verwertungsverbot aus einem Eingriff in den Kernbereich des allgemeinen Persönlichkeitsrechts gemäß Art. 2 Abs. 1 i. V. m. Art. 1 Abs. 1 GG wurden und werden innerhalb der juristischen Literatur weitere Verwertungsverbote

---

917 *BVerfGE* 109, 279.

diskutiert, die eine Unverwertbarkeit von Selbstgesprächen begründen können. Diese – sowie weitere möglicherweise im Zusammenhang mit Selbstkommunikation in Betracht kommende Verwertungsverbote – sollen im Folgenden erörtert werden, da sie im Rahmen eines „Wirkungsverbunds“ in der Regel – sofern von einer Idealkonkurrenz der Grundrechte auszugehen ist – nebeneinander anwendbar sind.[918] Idealkonkurrenz – mithin echte Grundrechtskonkurrenz – ist anzunehmen, wenn mehrere Grundrechte einen identischen Sachverhalt jeweils vollständig erfassen. In diesem Fall können alle einschlägigen Grundrechte kumulativ angewandt werden, wobei jedoch keine Kumulation des Grundrechtsschutzes erfolgt, sondern es vielmehr auf das Grundrecht mit dem höchsten Schutzniveau ankommt.[919]

Darüber hinaus soll die Betrachtung weiterer möglicher Grundrechte klären, ob gegebenenfalls – wie teilweise von der juristischen Literatur vorgeschlagen – eine im Vergleich zu Art. 2 Abs. 1 i. V. m. Art. 1 Abs. 1 GG „bessere“ Lösung für die Problematik der Verwertbarkeit von Selbstgesprächen denkbar ist.

1. Verwertungsverbot aus Art. 13 GG

Ein Verwertungsverbot von Selbstgesprächen – zumindest sofern diese innerhalb einer Wohnung stattgefunden haben – könnte sich auch aus dem grundgesetzlichen Schutz der Wohnung gemäß Art. 13 GG ergeben.

a) Der Schutz der Wohnung nach Art. 13 Abs. 1 GG

Nach Art. 13 Abs. 1 GG ist die Wohnung „unverletzlich“. Das Grundrecht der Wohnungsfreiheit stellt mithin ein „Abwehrrecht zum Schutz der räumlichen Privatsphäre“ dar.[920] Das Schutzgut des Art. 13 GG ist demnach eine räumliche Sphäre, die der Entfaltung der Persönlichkeit und der privaten Lebensgestaltung dient.[921]

Hieraus lässt sich ableiten, dass das allgemeine Persönlichkeitsrecht aus Art. 2 Abs. 1 i. V. m. Art. 1 Abs. 1 GG mit dem Grundrecht der Wohnungsfreiheit in einem engen Zusammenhang steht.[922] Auch das Bundesverfassungsgericht stellte bereits in seiner Entscheidung zum „großen Lauschangriff“[923] klar, dass Art. 13 GG

---

918 *Schwabe*, JA 1979, 191 (193).

919 *Kahl* 2000, S. 25.

920 So *Papier* in: Maunz/Dürig Art. 13 GG Rn. 1.

921 Vgl. *Papier* in: Maunz/Dürig Art. 13 GG Rn. 1.

922 Ebenso *Sankol*, MMR 2007, 692 (696) m. w. N.; *Papier* in: Maunz/Dürig Art. 13 GG Rn. 1.

923 *BVerfGE* 109, 279.

innerhalb von Wohnungen den Art. 2 Abs. 1 i. V. m. Art. 1 Abs. 1 GG gewissermaßen mitumfasst. Dies betrifft allerdings nur den Wohnungsinhaber selbst, Gäste oder sonstige Personen können sich hingegen direkt auf den Schutz des allgemeinen Persönlichkeitsrechts berufen.[924]

b) „Portabilität" der Intimsphäre

Einige Stimmen in der Literatur wollten wegen des engen Bezugs zur Wohnungsfreiheit aus der Entscheidung des Bundesverfassungsgerichts zum „großen Lauschangriff"[925] den Schluss ziehen, dass der Kernbereich der Persönlichkeitsentfaltung nur innerhalb von Wohnungen – bzw. diesen gleichzustellenden Räumlichkeiten – zu gewährleisten ist.[926]

Dieser Auffassung ist aber – wie bereits oben ausgeführt[927] – nicht zu folgen, da – wie auch der BGH in seiner Entscheidung zum „Reha-Klinik-Fall"[928] deutlich machte[929] – die Intimsphäre portabel ist und gerade nicht an der Wohnungstüre endet.[930] Vielmehr handelt es sich bei der Tatsache, dass eine Handlung – beispielsweise ein Selbstgespräch – innerhalb einer Wohnung stattgefunden hat, um *ein* Argument für die Zuordnung derselben zum Kernbereich der privaten Lebensgestaltung, zumal damit in der Regel auch die „Nichtöffentlichkeit der Äußerungssituation"[931] bejaht werden kann.[932]

Damit ist festzuhalten, dass es eines speziellen Verwertungsverbots der Selbstkommunikation aus Art. 13 Abs. 1 GG nicht bedarf. Zwar steht dieser mit dem Kernbereich der Persönlichkeitsentfaltung in einem engen Zusammenhang, zumal die Wohnung der präferierte Rückzugsbereich des Menschen ist, jedoch ist

---

924 So auch *Habetha*, ZWH 2012, 163 (165), der hierzu ausführt: „Art. 13 Abs. 1 GG ergänzt den Schutzumfang von Art. 1 Abs. 1 GG, indem er Menschen eine geschützte Sphäre zur privaten, höchstpersönlichen Entfaltung garantiert […]." Ebenso im Ergebnis *Denninger*, ZRP 2004, 101 (102 f.); *Kolz*, NJW 2005, 3248. Vgl. hierzu eingehend bereits oben unter 3. Teil § 2 II. 4. c).

925 *BVerfGE* 109, 279.

926 So beispielsweise *Warntjen* 2007, S. 79 ff.; *Gercke*, JR 2004, 347 (349); *Löffelmann*, NJW 2005, 2033 (2034 f.). A. A. aber *Habetha*, ZWH 2012, 163 (165); *Poscher*, JZ 2009, 269 (271).

927 Siehe hierzu insbesondere bereits unter 3. Teil § 2 II. 4. e) cc) (1).

928 *BGHSt* 50, 206.

929 Vgl. insoweit die Ausführungen unter 3. Teil § 2 II. 4. d). Ebenso *Habetha*, ZWH 2012, 163 (165).

930 *Hirsch*, GS Lisken 2004, S. 87 (97); so auch *Bergemann*, DuD 2007, 581 (583).

931 So der Wortlaut in *BGHSt* 57, 71 (75).

932 Vgl. hierzu die Ausführungen unter 3. Teil § 2 II. 4. e) cc) (4) (b).

insoweit der Schutz des Art. 2 Abs. 1 i. V. m. Art. 1 Abs. 1 GG bereits ausreichend, darüber hinaus aber auch umfangreicher. Art. 13 GG wird zwar gegenüber dem allgemeinen Persönlichkeitsrecht als lex specialis angesehen, dies gilt allerdings nur für spezifische Eingriffe in die *räumliche* Privatsphäre.[933] Während hieraus teilweise der Schluss gezogen wird, dass Art. 13 GG die vermeintlich allgemeinere Vorschrift des Art. 2 Abs. 1 i. V. m. Art. 1 Abs. 1 GG verdrängt[934], ist letztere richtigerweise insbesondere bei Eingriffen in den Kernbereich der privaten Lebensführung als Konkretisierung des durch Art. 13 GG gewährleisteten Schutzes aufzufassen. Denn wie gesehen ist die Intimsphäre uneingeschränkt portabel und gerade nicht auf den durch Art. 13 Abs. 1 GG geschützten Bereich beschränkt. Demnach stellt ein Eingriff in diese, auch wenn die intime Handlung innerhalb einer Wohnung stattfindet, gerade keinen *spezifischen* Eingriff in die *räumliche* Privatsphäre dar. Zwar geht beispielsweise mit einer Abhörmaßnahme innerhalb einer Wohnung in der Regel auch ein Eingriff in die *räumliche* Privatsphäre – insbesondere beim Anbringen von Mikrophonen oder ähnlichem – einher. Insoweit handelt es sich aber lediglich um eine Begleiterscheinung des Eingriffs in den Kernbereich der Persönlichkeitsentfaltung. Letztlich kommt es aber auf das genaue Verhältnis zwischen Art. 13 und Art. 2 Abs. 1 i. V. m. Art. 1 Abs. 1 GG bei der Frage der Verwertbarkeit von Selbstgesprächen nicht entscheidend an, da beide Grundrechte als betroffenen angesehen und innerhalb des Wirkungsverbunds herangezogen werden können.[935] Dennoch ist letzterer im Ergebnis bei Eingriffen in den Kernbereich der persönlichen Lebensführung vorzugswürdig, da er unabhängig vom genauen Ort des erfolgten Eingriffs überall Geltung beanspruchen kann. Insoweit kommt es jedoch zumindest im Falle von Selbstgesprächen auch auf die spezifische Äußerungssituation an[936]. Die Tatsache, dass das Selbstgespräch in einer durch Art. 13 GG geschützten Wohnung stattgefunden hat, spricht demnach für die Nichtöffentlichkeit der Äußerungssituation. Ein zusätzliches Verwertungsverbot aus Art. 13 GG anzunehmen oder das Verwertungsverbot aus Art. 2 Abs. 1 i. V. m. Art. 1 Abs. 1 GG bei Selbstgesprächen gewissermaßen zweizuteilen und nur für Eingriffe außerhalb von Wohnungen zuzulassen, würde lediglich Verwirrung stiften, die Einheitlichkeit der Beurteilung gefährden und wäre unter Umständen geeignet, den Schutzumfang des

---

933 *Papier* in: Maunz-Dürig Art. 13 Rn. 148 unter Verweis auf *BVerfGE* 100, 313 (358).

934 *Papier* in: Maunz-Dürig Art. 13 Rn. 148; so auch *BVerfGE* 109, 279, siehe hierzu bereits unter 3. Teil § 2 I. 4. c).

935 So im Ergebnis auch das BVerfG in *BVerfGE* 109, 279, sowie der BGH in der daran anknüpfenden Entscheidung *BGHSt* 50, 206.

936 Siehe insoweit bereits oben unter 3. Teil § 2 II. 4. e) cc) (4) (b).

allgemeinen Persönlichkeitsrechts in Frage zu stellen[937]. Demnach ist ein solches nicht zweckmäßig und daher abzulehnen.

2. *Verwertungsverbot aus Spezialgrundrechten?*

Im Zusammenhang mit Selbstkommunikation werden darüber hinaus auch Verwertungsverbote aus Spezialgrundrechten diskutiert. Hierbei kommt eine Unverwertbarkeit von Selbstgesprächen wegen eines Eingriffs in die Glaubens- und Gewissensfreiheit gemäß Art. 4 Abs. 1 und 2 GG, in die Meinungsfreiheit nach Art. 5 Abs. 1 S. 1 1. HS GG oder in den Schutz der Ehe und Familie aus Art. 6 Abs. 1 GG in Betracht.

a) Glaubens- und Gewissensfreiheit, Art. 4 Abs. 1 und 2 GG

Innerhalb der juristischen Literatur wird bereits seit Jahrzehnten die Zuordnung des Kernbereichs der Persönlichkeitsentfaltung – allen voran in Form des Tagebuchschreibens[938] – zur Gewissensfreiheit gemäß Art. 4 Abs. 1 GG diskutiert.[939]

Art. 4 GG beinhaltet die Freiheitsrechte der Glaubens-, Gewissens-, Bekenntnis- und Religionsfreiheit, die die freie religiöse, weltanschauliche und individuelle moralische Orientierung garantieren.[940] Sie schützen darüber hinaus die Persönlichkeit des Einzelnen und stellen eine spezielle Ausgestaltung der Menschenwürdegarantie aus Art. 1 Abs. 1 GG dar.[941]

Im Hinblick auf Selbstgespräche kommt – wegen der hier angenommenen Gleichstellung des Gebets mit einem Selbstgespräch[942] – sowohl ein Verwertungsverbot wegen einer Verletzung der Glaubens-, als auch der Gewissensfreiheit in Betracht.

Diese Grundrechte garantieren sowohl eine Glaubens-, als auch Gewissensbetätigung sowie die Freiheit des Denkens selbst.[943] Es liegt daher auf den ersten Blick tatsächlich nahe, das Selbstgespräch – ob es nun schriftlich niedergelegt

---

937 Dies ist beispielsweise durch die Annahme geschehen, der Kernbereich der Persönlichkeitsentfaltung sei wegen der Wohnungsbezogenheit des Urteils des BVerfG zum „großen Lauschangriff" nur innerhalb von Wohnungen zu gewährleisten.

938 Z. B. *Amelung*, NJW 1988, 1002 (1004).

939 *Amelung*, NJW 1988, 1002 (1004); ders. in NJW 1990, 1753 (1754); *Lorenz*, GA 1992, 254 (273 f.); ders. in JR 1994, 430 (432); *Ellbogen*, NStZ 2001, 460 (461).

940 So *Morlok* in: Dreier Art. 4 Rn. 41; *Herzog* in: Maunz/Dürig, Art. 4 Rn. 1 f.

941 Vgl. *Morlok* in: Dreier Art. 4 Rn. 41; *Herzog* in: Maunz/Dürig, Art. 4 Rn. 1 f.

942 Siehe hierzu die Ausführungen unter 2. Teil § 1 II. 4.

943 *Amelung*, NJW 1990, 1753, 1759; ders. NJW 1988, 1002 (1004 f.); *Herzog* in: Maunz/Dürig, Art. 4 Rn. 6.

oder verbal geäußert wird – diesem Bereich zuzuordnen. Auch die Tatsache, dass Selbstgespräche einen engen Bezug zu Gedanken haben – mit diesen unter Umständen gar als identisch aufgefasst werden können[944] – spricht für eine solche Zuordnung.

Amelung spricht bei der Auseinandersetzung des Einzelnen mit seinem Gewissen in Form der schriftlichen Niederlegung der Gedanken in einem Tagebuch von einer Gewissensbetätigung, da insoweit eine normative Selbstkontrolle ähnlich einer Beichte erfolge. Auch andere Stimmen in der Literatur schließen sich dem an.[945] Dieser Auffassung kann zum Teil zugestimmt werden, zumal sich das Tagebuch entwicklungsgeschichtlich als ein Ersatzinstrument der Beichte herausbildete.[946] Es erscheint darüber hinaus denkbar, eine schriftlich, innerlich oder verbal erfolgende Selbstreflexion, die gerade das entscheidende Kriterium für die Schutzwürdigkeit von Selbstkommunikation unterschiedlicher Art darstellt, als eine Betätigung des Gewissens zu begreifen.

Allerdings ist es zunächst erforderlich, den genauen Schutzumfang und die Begriffe der Gewissensentscheidung sowie der Gewissensbetätigung zu klären. Allein die Umschreibung des Begriffs des Gewissens bereitet bereits einige Schwierigkeiten, da dieses „[…] als solches nicht faßbar [ist]."[947] Einzig die Gewissensentscheidung, die als Maßstab für das Verhalten des Individuums dient, ist objektivierbar. Eine solche ist dann anzunehmen, wenn eine „[…] ernste, sittliche, d. h. an den Kategorien von ‚Gut' und ‚Böse' orientierte Entscheidung […], die der einzelne in einer bestimmten Lage als für sich bindend und unbedingt verpflichtend innerlich erfährt, so daß er gegen sie nicht ohne ernste Gewissensnot handeln könnte"[948] vorliegt. Demnach ist das Selbstgespräch – ob als niedergeschriebenes Tagebuch oder in Form der lauten Selbstäußerung – nur dann von Art. 4 Abs. 1 GG geschützt, wenn es gerade aufgrund einer Gewissensentscheidung erfolgte. Das Führen eines Selbstgespräch gleich welcher Art resultiert jedoch in der Regel nicht aus einer moralischen Gewissensentscheidung, sondern findet vielmehr häufig unbewusst statt und stellt gegebenenfalls eine Vorstufe derselben dar. Selbst wenn es Einzelfälle geben mag, in denen das

944 Siehe hierzu bereits eingehend unter 2. Teil § 1 II. 2.

945 *Ellbogen*, NStZ 2001, 460 (461 f.); *Lorenz*, JR 1994, 430 (432); ders. GA 1992, 255 (273 f.); richtigerweise sollte auch das Beichtgespräch generell wegen eines Eingriffs in die Menschenwürde bzw. den Kernbereich der privaten Lebensgestaltung sowie u. U. auch des Art. 4 GG unverwertbar sein, vgl. hierzu *Schroth*, JuS 1998, 969 (979).

946 Vgl. insoweit bereits oben unter 2. Teil § 1 II. 4.

947 So *Störmer*, Jura 1991, 17 (21).

948 *BVerfGE* 12, 45 (55); diese ebenfalls zitierend *Störmer*, Jura 1991, 17 (23).

Individuum tatsächlich einen sittlichen Drang verspürt, ein Selbstgespräch – beispielsweise in Form eines Gebets – zu führen, ist im Hinblick auf die Annahme eines Verwertungsverbots dasjenige aus Art. 2 Abs. 1 i. V. m. Art. 1 Abs. 1 GG zumindest vorzugswürdig.[949] Wie bereits erörtert[950], ist jedoch auch das Gebet als eine Form der Selbstkommunikation aufzufassen, so dass diesem zumindest derselbe Schutz zukommen muss wie allen übrigen Selbstgesprächen. Gleichzeitig stellt das Gebet aber – sofern es als religiöse Handlung aufgefasst wird – eine Betätigung des Gewissens dar. Demnach unterfällt dieses sowohl dem Schutzbereich des Art. 4 Abs. 1 GG als auch demjenigen des Art. 2 Abs. 1 i. V. m. Art. 1 Abs. 1 GG. In diesem Fall stehen die betroffenen Grundrechte folglich in Idealkonkurrenz, können also innerhalb des Wirkungsverbunds kumulativ herangezogen werden.[951]

Zwar ist der Meinung, Art. 4 Abs. 1 GG sei anwendbar, insoweit beizupflichten, als hierdurch im Hinblick auf das Tagebuchschreiben zum Teil eine sinnvolle Abgrenzung von schutzwürdigen zu nicht schutzwürdigen Niederschriften getroffen werden kann. Insoweit kann darauf abgestellt werden, ob die Aufzeichnungen ein „inneres Ringen mit dem eigenen Gewissen" – ähnlich einer Selbstreflexion – widergeben. Diese Abgrenzung kann jedoch nicht ohne weiteres auch bei verbalen Selbstgesprächen angewendet werden. Aufgrund ihrer bruchstückhaften Äußerungsform erscheint es weitaus problematischer, diese zutreffend als Betätigung des Gewissens einzustufen. Darüber hinaus muss berücksichtigt werden, dass die Frage der Einordnung, was als Gewissensbetätigung zu begreifen ist und was nicht, einige Schwierigkeiten bereitet und die Problematik in sich birgt, dass – wie der BGH in seiner ersten Tagebuchentscheidung gefordert hat[952] – nur gute und „schützenswerte" Äußerungen als unverwertbar eingestuft werden könnten. Würde man aber nur reine und unschuldige Gedanken schützen, hätte dies eine tiefgreifende Beschneidung der Gedankenfreiheit und des Kernbereichs der privaten Lebensgestaltung zur Folge.[953]

Es lässt sich mithin festhalten, dass tatsächlich einige gute Argumente für die Beurteilung der Verwertbarkeit von Selbstgesprächen anhand des Maßstabs des Art. 4 Abs. 1 GG sprechen. Letzterer erfordert aber eine klare Definition der Begrifflichkeiten der Gewissensentscheidung und -betätigung, die nur äußerst

---

949 Vgl. hierzu auch *Störmer*, Jura 1991, 17 (22 f.).

950 Siehe hierzu bereits unter 2. Teil § 1 II. 4.

951 Vgl. insoweit die einleitenden Ausführungen unter 3. Teil § 2 II.

952 Hier sprach der BGH aus: „Die Entfaltung, nicht der Verfall der Persönlichkeit wird durch die Grundrechte geschützt.", *BGHSt* 19, 325 (331).

953 Vgl. insoweit die Ausführungen unter 3. Teil § 2 I. 3. a) zu *BGHSt* 19, 325.

schwer – sofern überhaupt möglich – getroffen werden kann. Darüber hinaus ist das allgemeine Persönlichkeitsrecht – zumindest im Falle von Selbstgesprächen – deshalb vorzugswürdig, weil sich dieses auf alle möglichen Sachverhalte, Eingriffsbefugnisse und Äußerungssituationen anwenden lässt, ohne dass es insoweit auf einen sittlichen oder gar religiösen Einschlag ankommt. Das allgemeine Persönlichkeitsrecht ist mithin als umfassender anzusehen und dient darüber hinaus der einheitlichen Beurteilung der Zuordnung von Selbstkommunikation in den Kernbereich der Persönlichkeitsentfaltung. Dennoch spricht nichts dagegen, das Grundrecht der Glaubens- und Gewissensfreiheit – sofern dieses im konkreten Fall als tangiert aufzufassen ist – als weiteres verletztes Recht innerhalb eines Wirkungsverbunds der betroffenen Grundrechte zur Begründung der Unverwertbarkeit von Selbstgesprächen heranzuziehen.

b) Meinungsfreiheit, Art. 5 Abs. 1 S. 1 1. HS GG

Als weitere mögliche Grundlage eines Verwertungsverbots in Bezug auf laut geäußerte Selbstgespräche kommt das Grundrecht der Meinungsfreiheit aus Art. 5 Abs. 1 S. 1 1. HS GG in Betracht.

Die Meinungsfreiheit gewährleistet dem Einzelnen ein Recht auf freie Rede.[954] Insoweit könnte man daher annehmen, das Selbstgespräch sei als solche aufzufassen, sofern dieses – wenn auch im Alleinsein – laut geäußert wird.

Problematisch erscheint insoweit allerdings die Einordnung der Äußerungen im Rahmen eines Selbstgesprächs als Meinungen i. S. v. Art. 5 Abs. 1 S. 1 1. HS GG. Unter dem weiten Begriff der Meinungen sind Werturteile zu verstehen, die eine „[...] durch das Element der Stellungnahme und des Dafürhaltens geprägte Äußerung" darstellen.[955] Auch die von den Meinungen zu unterscheidenden Tatsachen, welche im Gegensatz zu Meinungen wahr oder unwahr sein können, sind vom Schutzumfang des Art. 5 Abs. 1 S. 1 1. HS GG umfasst.[956]

Während zwar angenommen werden kann, dass Selbstgespräche unter Umständen auch Meinungen oder Tatsachen enthalten, fehlt es aber jedenfalls an einer Meinungsäußerung bzw. *-verbreitung*. Als erstere ist „[...] die selbstbestimmte Kundgabe einer Meinung an die Außenwelt zu verstehen."[957] In untrennbarem Zusammenhang mit dieser steht die Verbreitung derselben. Durch

954 *Schemmer* in: Epping/Hillgruber Art. 5 Rn. 4.

955 *BVerfGE* 7, 198 (210); 90, 241 (247); *Scholz* in: Maunz/Dürig Art. 5 Rn. 47; *Schemmer* in: Epping/Hillgruber Art. 5 Rn. 4.

956 *Scholz* in: Maunz/Dürig Art. 5 Rn. 48; *Schemmer* in Epping/Hillgruber Art. 5 Rn. 5 ff.

957 *Scholz* in: Maunz/Dürig Art. 5 Rn. 80 m. w. N.

die Meinungsäußerung verlässt der Sprechende den von Art. 2 Abs. 1 i. V. m. Art. 1 Abs. 1 GG geschützten Kernbereich der Persönlichkeitsentfaltung, es kommt ihm mithin gerade darauf an, dass ein öffentlicher Kommunikationsprozess angeregt und Außenbezug geschaffen wird.[958]

Bei einem zu sich selbst geäußerten Selbstgespräch stellt sich die Lage naturgemäß gänzlich anders dar: Der mit sich selbst Kommunizierende hat – in der Regel[959] – nicht die Absicht, seine Äußerung anderen Personen kundzutun, er richtet sie vielmehr lediglich an sich selbst. Unter Umständen ist er sich noch nicht einmal darüber bewusst, dass er mit sich selbst spricht. Darüber hinaus besteht – wie gesehen[960] – der Sinn und Zweck der Selbstkommunikation in einer Selbstreflexion und -thematisierung. Die eventuelle Kundgabe eines Werturteils oder einer Tatsache stellt sich lediglich als eine Begleiterscheinung der Äußerung dar. Damit wird aber der Kernbereich der privaten Lebensgestaltung gemäß Art. 2 Abs. 1 i. V. m. Art. 1 Abs. 1 GG nicht verlassen, so dass eine Anwendung des Grundrechts der Meinungsfreiheit aus Art. 5 Abs. 1 S. 1 1. HS GG auf Selbstgespräche nicht in Betracht kommt.

c) Schutz der Ehe und Familie, Art. 6 Abs. 1 GG

Ebenfalls denkbar – wenn auch etwas fernliegend – erscheint ein Verwertungsverbot von Selbstgesprächen aus dem Grundrecht auf Schutz der Ehe und Familie gemäß Art. 6 Abs. 1 GG. Ein solches wurde insbesondere im Zusammenhang mit dem Urteil des Bundesverfassungsgerichts zum „großen Lauschangriff“[961] diskutiert. Dies ergab sich daraus, dass bei einem Abhören von Wohnungen die Gefahr besteht, dass Äußerungen zwischen Familienangehörigen und Eheleuten mitgehört werden, wodurch ein Eingriff in Art. 6 Abs. 1 GG möglich erscheint.

Abgesehen davon, dass Art. 6 Abs. 1 GG eine Institutionsgarantie der Ehe und Familie ausspricht, deren Verletzung durch Abhörmaßnahmen bereits fraglich ist, kommt jedenfalls eine Anwendung auf Selbstgespräche nicht in Betracht. Denn selbst wenn man das eigene Ich, mit dem kommuniziert wird, als engsten

---

958 *Scholz* in: Maunz/Dürig Art. 5 Rn. 80.

959 Zu den speziellen Äußerungssituationen vgl. unter 3. Teil § 2 I. 4. e) cc) (4) (b). Unter Umständen sind Situationen denkbar, in denen sich der Äußernde einen Gesprächspartner lediglich vorstellt, der tatsächlich nicht anwesend ist. Zwar entfällt hier der Wille, das Gesagte nur zu sich selbst zu äußern, es bleibt aber mangels Außenwirkung bei einem selbstkommunikativen Kontext.

960 Siehe hierzu unter 2. Teil § 1 II. 1. e).

961 Siehe hierzu unter 3. Teil § 2 I. 4. c).

Vertrauten auffassen würde, ließe sich darin keinerlei Kommunikation zwischen Eheleuten oder Familienangehörigen sehen.

Damit ist ein Verwertungsverbot von Selbstkommunikation aus Art. 6 Abs. 1 GG ohne Weiteres abzulehnen.

3. Verwertungsverbot aufgrund von Anordnungs-/Verfahrensfehlern

Ein weiteres Verwertungsverbot, das im Zusammenhang mit selbstkommunikativen Phänomenen denkbar wäre, ist ein solches, das sich aus einer fehlerhaften Anordnung oder sonstigen Verfahrensfehlern innerhalb des Ermittlungsverfahrens ergibt. Hier kommt insbesondere in Betracht, dass eine willkürliche Umgehung von Anordnungsvoraussetzungen oder sonstige schwerwiegende Verfahrensmängel zu einer Unverwertbarkeit der gewonnenen Beweismittel führen.[962] Bereits im Rahmen der bei der Selbstkommunikation in Betracht kommenden unterschiedlichen Ermittlungsmaßnahmen wurde skizziert, welche Verfahrensvorschriften einzuhalten sind und wann eine Missachtung derselben zu einer Unverwertbarkeit führen kann.[963]

a) Fehlende Anordnungskompetenz

Sofern eine Ermittlungsmaßnahme fehlerhaft – insbesondere von einer unzuständigen Stelle – angeordnet wurde, kann dies unter Umständen die Unverwertbarkeit des gewonnenen Beweismittels zur Folge haben. Das ist beispielsweise dann denkbar, wenn die gesetzlichen Anordnungsbefugnisse bewusst überschritten werden. Dies kommt einem willkürlichen Handeln der Strafverfolgungsbehörden gleich.[964] Auch wenn die erforderliche richterliche oder staatsanwaltschaftliche Anordnung gänzlich fehlt, ist in der Regel ein Verwertungsverbot anzunehmen. Gleiches gilt, wenn die Anordnung zwar durch die Staatsanwaltschaft erfolgt ist, die erforderliche Voraussetzung des Vorliegens einer Gefahr im Verzug aber nicht

962 Ein Verwertungsverbot zur Folge hatte beispielsweise eine gänzliche Umgehung des § 100 c StPO, *BGHSt* 34, 39, eine willkürliche Anordnung ohne Beachtung der gesetzlich vorgesehenen Kompetenzen, *BGHSt* 42, 372, sowie eine Anordnung der Maßnahme, ohne dass eine Katalogstraftat vorlag; vgl. *Meyer-Goßner* § 100 c Rn. 25; s. a. *Hegmann* in: Graf § 100 c Rn. 38 f.; *Schroth*, JuS 1998, 969, 974 ff.

963 Vgl. hierzu die Ausführungen unter 2. Teil § 3 II.

964 So beispielsweise in *BGHSt* 34, 39; vgl. *Meyer-Goßner* § 100 c Rn. 25; *Hegmann* in: Graf § 100 c Rn. 38 f.

gegeben war. Wenn diese bewusst unter Umgehung des Richtervorbehalts erfolgt ist, ist ebenfalls von einem Verwertungsverbot auszugehen.[965]

b) Nichteinhaltung von sonstigen Verfahrensvorschriften

Auch die Nichteinhaltung von anderen Verfahrensvorschriften kann, sofern es sich um einen willkürlichen oder besonders schwerwiegenden Verstoß handelt, dazu führen, dass das Beweismittel nicht verwertbar ist. Wie auch im Rahmen der Anordnungskompetenz sind die Anforderungen an den Verfahrensverstoß aber ziemlich hoch, so dass nur in Einzelfällen ein Beweisverwertungsverbot in Betracht kommen wird. Dies kann z. B. im Rahmen von § 100 a StPO dann der Fall sein, wenn bereits von Anfang an kein Tatverdacht bzw. kein auf eine Katalogtat gerichteter Verdacht vorlag.[966]

Letztlich lässt sich feststellen, dass zwar auch aufgrund von Anordnungs- oder Verfahrensmängeln ein die Selbstkommunikation betreffendes Beweismittel im Einzelfall nicht verwertet werden kann, die Kriterien hierfür jedoch sehr uneinheitlich und schwer fassbar sind. Dies ist darauf zurückzuführen, dass diese anhand einer Einzelfall-Rechtsprechung entwickelt wurden. Es handelt sich darüber hinaus um Faktoren, die die Eigenart des Selbstgesprächs völlig außer Acht lassen und vielmehr auf zahlreiche unterschiedliche Beweismittel angewendet werden können. Da aber ein Selbstgespräch bereits aufgrund seiner besonderen Eigenschaften in den intimsten Bereich menschlichen Handelns fällt, muss diesem bereits aus sich selbst heraus – ohne einen Rückgriff auf mögliche Verfahrensfehler – ein spezifischer Schutz zuteil werden. Dem wird aber nur die Zuordnung zum Kernbereich der privaten Lebensgestaltung und ein daraus resultierendes Verwertungsverbot gerecht. Eines Rückgriffs auf ein Verwertungsverbot aus Anordnungs- und Verfahrensfehlern bedarf es demnach nicht. Dennoch bleibt es dem etwaig Betroffenen freilich unbenommen, sich im Falle des Vorliegens eines Verfahrensmangels zusätzlich darauf zu berufen.

965 *BVerfGE* 103, 142 (151 f.); vgl. *Graf* in: Graf § 100 a Rn. 82 f.; *Meyer-Goßner* § 100 a Rn. 35.

966 *BGHSt* 31, 304 (309); 32, 68 (70); vgl. *Meyer-Goßner* § 100 a Rn. 35; *Graf* in: Graf § 100 a Rn. 84 f.

4. *Kollision mit dem Grundsatz der Selbstbelastungsfreiheit („Nemo tenetur se ipsum accusare")*

Schließlich kommt als mögliches Verwertungsverbot im Zusammenhang mit Selbstgesprächen ein solches aus einer Verletzung des Nemo-tenetur-Grundsatzes in Betracht.[967]

Der Grundsatz der Selbstbelastungsfreiheit („Nemo tenetur se ipsum accusare") besagt, dass niemand dazu gezwungen werden darf, an seiner eigenen Überführung mitzuwirken bzw. gegen sich selbst auszusagen. Damit geht ein Recht des Beschuldigten auf nicht wahrheitsgemäße Aussagen – mithin ein „Recht zur Lüge" – einher. Der Nemo-tenetur-Grundsatz hat als übergeordneter Verfahrensgrundsatz seine Grundlage in Art. 1 Abs. 1, 20 Abs. 3 GG und Art. 6 Abs. 3 EMRK und findet in der StPO für den Beschuldigten in § 136 und für den Zeugen in § 55 Ausdruck.[968]

Es ist allerdings zu berücksichtigen, dass der Grundsatz der Selbstbelastungsfreiheit nicht vor freiwillig getätigten Aussagen schützt, sondern nur vor solchen, die unter dem Zwang des Aussagenmüssens getätigt wurden. Der Beschuldigte ist vor jeder Vernehmung dahingehend zu belehren, dass er nicht zur Sache aussagen muss, vgl. § 136 Abs. 1 S. 2 StPO. Bei der heimlichen Aufzeichnung eines Selbstgesprächs handelt es sich allerdings nicht um eine Vernehmungssituation i. d. S., da dem Beschuldigten keine Person in amtlicher Eigenschaft gegenübertritt. Gerade vor dem dadurch empfundenen Zwang, vor einer Amtsperson aussagen zu müssen, will § 136 StPO schützen.[969] Ein Selbstgespräch erfolgt aber vielmehr „freiwillig" und aus eigenem Antrieb, ein irgendwie gearteter, von staatlicher Seite ausgehender Zwang des Beschuldigten, gegen sich selbst aussagen zu müssen, ist hingegen nicht ersichtlich.

Daher kann der Nemo-tenetur-Grundsatz zumindest bei einer Aufzeichnung und Verwertung von Selbstgesprächen nicht als tangiert aufgefasst werden. Diese werden in der Regel im Alleinsein und – wenn auch häufig unbewusst – zu sich selbst artikuliert. Eine mit einer Vernehmungssituation vergleichbare

---

967 Dies erkennt auch *Küpper*, JZ 1990, 416 (421), der an anderer Stelle – JZ 1990, 416 (417) – auch eine Verletzung des Fair-trial-Grundsatzes in Betracht zieht, zumal er Beweisverbote generell als Ausprägung desselben begreift. Auch *Lorenz* bemängelt in JR 1994, 430 (431 f.) in kritischer Betrachtung des Beschlusses des BGH zu Stasi-Tagebüchern – NJW 1994, 1970, vgl. oben unter 3. Teil § 2 I. g) – die Verletzung des Nemo-tenetur-Grundsatzes und spricht gar von einer „[...] völlige[n] Umkehrung des Sinngehalts des nemo-tenetur-Prinzips [...]".

968 Vgl. *Meyer-Goßner* Einl. Rn. 29 a; zur Verwertungsproblematik bei § 136 a StPO unter Berücksichtigung des Polygraphen, s. *Schroth*, JuS 1998, 969 (970 f.).

969 Vgl. *Meyer-Goßner*, StPO § 136 Rn. 3, 7 f.

Zwangslage ist hingegen mangels einer gegenüberstehenden Amtsperson nicht anzunehmen.

Andererseits könnte man in Einzelfällen, sofern der Beschuldigte aus psychischen Gründen einen zwingenden Drang empfindet, sich zu sich selbst zu äußern, eine solche Zwangslage annehmen. Dann könnte man eine Verletzung der Selbstbelastungsfreiheit bereits darin sehen, dass der Beschuldigte faktisch durch die „Täuschung" der heimlichen Aufzeichnung seitens der Strafverfolgungsbehörden zu seiner eigenen Überführung beitragen würde. In diesem Fall müsste man das Nemo-tenetur-Prinzip aber bei allen staatlichen Ermittlungsmaßnahmen als tangiert ansehen, bei welchen der Täter ohne das Bewusstsein, dass die von ihm vorgenommene Handlung gegen ihn verwendet werden kann, tätig wird – beispielsweise bei abgehörten Gesprächen mit Komplizen, bei der Aussage gegenüber einem Zeugen, der tatsächlich ein V-Mann ist, sowie bei durch eine Observation gewonnenen Informationen. Auch hier trägt der Beschuldigte unbewusst zu seiner eigenen Überführung bei, indem er seitens der Strafverfolgungsbehörden über die Tatsache der „Überwachung" der Handlung getäuscht wird. Eine solche Interpretation des Nemo-tenetur-Prinzips würde allerdings zu weit reichen und die Möglichkeiten der Strafverfolgungsorgane drastisch und in unverhältnismäßiger Weise einschränken. Handlungen, die der Beschuldigte außerhalb des Kernbereichs der Persönlichkeitsentfaltung tätigt, können nicht bereits deshalb dem staatlichen Zugriff entzogen sein, weil sie ohne die vorherige Kenntnis des Beschuldigten gegen ihn verwendet werden können. Daher muss der Grundsatz der Selbstbelastungsfreiheit auf Situationen beschränkt bleiben, bei welchen der Beschuldigte einen von staatlicher Seite – in der Regel von einer verhörenden Amtsperson – ausgehenden Zwang empfindet, gegen sich selbst aussagen oder in sonstiger Weise an seiner eigenen Überführung mitwirken zu müssen. Dies ist hingegen bei Selbstgesprächen nicht gegeben, so dass zur Begründung der Unverwertbarkeit derselben nicht auf den Nemo-tenetur-Grundsatz zurückgegriffen werden kann.

III. Notwendigkeit einheitlicher Kriterien des selbstständigen Verwertungsverbots bei Selbstgesprächen

Wie gesehen kommen neben dem Verwertungsverbot von Selbstgesprächen, das sich aus dem Kernbereich der Persönlichkeitsentfaltung – Art. 2 Abs. 1 i. V. m. Art. 1 Abs. 1 GG – ergibt, keine weiteren zweckmäßigen Verwertungsverbote in Betracht. Diese können allenfalls innerhalb des Wirkungsverbunds der tangierten

Grundrechte zur Begründung der Unverwertbarkeit des gewonnenen Beweismittels herangezogen werden.

Aber auch das Verwertungsverbot aus Art. 2 Abs. 1 i. V. m. Art. 1 Abs. 1 GG birgt – wie bereits ausgeführt – die Schwierigkeit, dass die insoweit insbesondere im Zusammenhang mit Selbstkommunikation entwickelten Kriterien sehr uneinheitlich sind und dessen Schutzumfang nicht geklärt ist.

1. Erforderlichkeit eines selbständigen Verwertungsverbots bei Selbstgesprächen

Wie gesehen[970] stellt das Führen eines Selbstgesprächs eine Handlung dar, die für den Menschen eine existentielle Bedeutung hat. Sie dient der Selbstreflexion sowie der Selbstfindung und ist bei nahezu allen Menschen hin und wieder anzutreffen.[971] Darüber hinaus existieren auch pathologische Formen von Selbstgesprächen, die das Individuum nicht zu kontrollieren vermag.[972] Aber auch die Selbstkommunikation von gesunden Menschen erfolgt in der Regel zumindest an der Schwelle des Bewusstseins und ist auch aus diesem Grund den innerlich ablaufenden Gedanken sehr ähnlich.[973] Die besondere Schutzwürdigkeit des Selbstgesprächs als eine Ausprägung des Kernbereichs der Persönlichkeitsentfaltung wurde damit eingehend begründet.

Um hingegen dem Selbstgespräch tatsächlich denjenigen Schutz zukommen zu lassen, den es aufgrund seiner besonderen Bedeutung für den Menschen „verdient", sind Instrumentarien erforderlich, die diesen in hinreichender Art und Weise gewährleisten.

Zwar existieren inzwischen mit den §§ 100 a Abs. 4 S. 2, 100 c Abs. 5 S. 3 StPO einfachgesetzliche Regelungen, die den Kernbereich der privaten Lebensgestaltung bei Abhörmaßnahmen unterschiedlicher Art zu schützen vermögen. Diese betreffen hingegen – so sehr sie auch zu befürworten sind – bedauerlicher Weise nicht alle denkbaren Formen der Gewinnung von Selbstgesprächen als Beweismittel. Damit ist jedenfalls der einfachgesetzliche Schutz von Selbstgesprächen als unzureichend aufzufassen, da trotz der Einschränkungen im Rahmen der Abhörmaßnahmen einfachgesetzliche Regelungen bei anderen Ermittlungsmaßnahmen,

970 Vgl. hierzu die Ausführungen unter 2. Teil § 1 I.

971 Dies wurde eingehend unter 2. Teil § 1 II. 1. e) erörtert.

972 Siehe bereits oben unter 2. Teil § 1 II. 1. c) und 3.

973 Vgl. insoweit unter 2. Teil § 1 II. 2.

die Selbstgespräche betreffen, gänzlich fehlen.[974] Insoweit kommen – wie bereits ausgeführt[975] – beispielsweise die Beschlagnahme von selbstgefertigten Tonbandaufnahmen des Beschuldigten über seine Selbstgespräche oder die Zeugenaussage eines V-Manns oder einer sonstigen Person, die zufällig vom Inhalt des Selbstgesprächs Kenntnis erlangt hat, in Betracht.

An dieser Stelle ist hingegen zu beachten, dass trotz der mangelhaften einfachgesetzlichen Regelung mit dem aus Art. 2 Abs. 1 i. V. m. Art. 1 Abs. 1 GG herzuleitenden Kernbereich der Persönlichkeitsentfaltung eine verfassungsrechtliche Regelung besteht, die allen Ermittlungsmaßnahmen der StPO (sowie sonstigen staatlichen Handlungen) übergeordnet ist. Allein aufgrund dieser Regelung, die ein Verwertungsverbot für staatliche Maßnahmen enthält, die in den Kernbereich der privaten Lebensgestaltung eingreifen, muss der Schutz von Selbstgesprächen, zumal sie diesem Kernbereich aufgrund ihrer höchstpersönlichen Eigenschaften unterfallen, gewährleistet sein. Daher wäre eine (weitere) einfachgesetzliche Regelung an sich nicht notwendig. Die bereits existierenden Regelungen der §§ 100 a Abs. 4 S. 2, 100 c Abs. 5 S. 3 StPO sind mithin streng genommen lediglich deklaratorischer Natur, wobei ihnen nichtsdestotrotz zumindest eine klarstellende Bedeutung beigemessen werden kann.

Allerdings ist bereits ausgeführt worden[976], dass der genaue Umfang des Kernbereichs der Persönlichkeitsentfaltung – insbesondere im Hinblick auf Selbstgespräche – sowie dessen Kriterien sehr umstritten und noch nicht hinreichend geklärt sind. Gerade diese Tatsache scheint es den Strafverfolgungsbehörden zu erschweren, ihre den Kernbereich der privaten Lebensgestaltung betreffenden Tätigkeiten richtig einzuschätzen.[977] Auch die Gerichte werden hierdurch vor die Schwierigkeit gestellt, solche Sachverhalte einheitlich und mit einer gewissen Rechtssicherheit zu beurteilen.

Demnach wäre trotz des bereits existierenden Schutzes des Selbstgesprächs durch Art. 2 Abs. 1 i. V. m. Art .1 Abs. 1 GG sowie die Regelungen der §§ 100 a

---

974 Dies wurde bereits unter 3. Teil § 2 I. 4. e) cc) erwähnt und knapp erörtert. Vgl. insoweit auch die Ausführungen von *Mitsch*, NJW 2012, 1486, der ebenfalls die Unvollständigkeit der gesetzlichen Regelung des Kernbereichsschutzes bemängelt und deren Vereinheitlichung fordert; des Weiteren bei *Zöller*, StraFo 2008, 15 (21 f.).

975 Vgl. zu den unterschiedlichen in Betracht kommenden Formen von Selbstgesprächen und deren Gewinnung als Beweismittel die Ausführungen unter 2. Teil § 3 I.

976 Siehe hierzu insbesondere unter 3. Teil § 2 I. 1.

977 Insoweit kommen zahlreiche unterschiedliche Maßnahmen in Betracht, die den Kernbereich der persönlichen Lebensentfaltung tangieren können, vgl. eingehend bei *Warntjen*, S. 132 ff., 208.

Abs. 4 S. 2, 100 c Abs. 5 S. 3 StPO eine einfachgesetzliche Regelung zweckmäßig, die den Schutzumfang desselben präzisiert, die einzelnen zu berücksichtigenden Kriterien benennt sowie ein ausdrückliches, absolutes Verwertungsverbot für Selbstgespräche gleich welcher Form statuiert.

Insoweit ist jedoch darauf hinzuweisen, dass auch eine gesetzliche Regelung denkbar – gegebenenfalls sogar zweckmäßiger – wäre, die sich nicht auf die spezifische Form des Selbstgesprächs als Ausprägung des Kernbereichs der Persönlichkeitsentfaltung beschränkt. Demzufolge wäre es vielmehr sachdienlich, den Schutz des Kernbereichs des allgemeinen Persönlichkeitsrechts in den „allgemeinen Vorschriften" (vorzugsweise innerhalb des 8. Abschnitts) der StPO – ähnlich der Regelung des § 62 StGB zur Wahrung des Rechtsprinzips der Verhältnismäßigkeit – gewissermaßen „vor die Klammer" zu ziehen und hierbei den Schutzumfang aller in Betracht kommenden Handlungen, die diesem unterfallen, sowie die hierbei zu berücksichtigenden Kriterien zu präzisieren, idealerweise zu definieren.[978] Eine solche Aufgabe überschreitet allerdings den Umfang dieser Arbeit um ein Vielfaches und soll der übrigen Literatur oder Rechtsprechung überlassen bleiben.

Im Hinblick auf eine denkbare einfachgesetzliche Regelung eines Verwertungsverbots von Selbstgesprächen soll jedoch – nach der sogleich erfolgenden Festlegung der in Betracht zu ziehenden Kriterien – ein Vorschlag für einen Gesetzesentwurf präsentiert werden.

2. *Schutzumfang und Kriterien*

Ein Verwertungsverbot von Selbstgesprächen erfordert zunächst einmal eine Definition dessen, was als Selbstgespräch aufzufassen ist. Sodann können zur Bestimmung des Schutzumfangs einige Kriterien herangezogen werden, die bereits von der Rechtsprechung – allen voran durch den BGH in seiner „Pkw-Selbstgespräch-Entscheidung" – entwickelt wurden.[979]

Ein Selbstgespräch ist nach der bereits zu Beginn dieser Arbeit entwickelten Definition als ein „[…] überwiegend innerlich bzw. in Gedanken, oft an der

978 Dies fordert ebenfalls ausdrücklich *Zöller*, StraFo 2008, 15 (22); auch *Kutscha*, LKV 2008, 481 (486) merkt an, dass neben der Verletzung des Kernbereichs der persönlichen Lebensgestaltung bei „Lauschangriffen" ein solcher auch bei anderen verdeckten Überwachungsmaßnahmen in Betracht kommt und demnach ein Verdikt gegen jegliche derartige Maßnahmen erforderlich ist; a. A. hingegen *Wolter*, GA 2007, 183 (191), der es für zweckmäßiger erachtet, den Schutzumfang des Kernbereichs der privaten Lebensgestaltung jeweils anhand der konkreten Eingriffsbefugnis zu regeln.

979 Vgl. insoweit die Ausführungen unter 3. Teil § 2 I. 4. e).

Schwelle des Bewusstseins ablaufende[r] Vorgang [zu verstehen], welcher insbesondere in Stresssituationen auch laut geäußert wird."[980] Mangels der (bisher existierenden) Möglichkeit, innerlich ablaufende Gedankengänge inhaltlich zu erfassen[981], muss diese Definition für den hiesigen Zweck auf laut geäußerte Formen der Selbstkommunikation beschränkt bleiben. Allerdings ist insoweit auch der von der höchstgerichtlichen Rechtsprechung geforderte Wille des Betroffenen zur Geheimhaltung[982] zu verlangen, da anderenfalls – wie z. B. bei zu veröffentlichen Monologen – das Selbstgespräch nicht als intime Handlung einzustufen und mithin nicht schutzwürdig ist.

Laut geäußerte Selbstgespräche können hingegen nicht in jeder Situation als schützenswert betrachtet werden. Insoweit kommt es – wie auch vom BGH eingehend erörtert[983] – auf die Nichtöffentlichkeit der Äußerungssituation an. Denn nur, wenn der Sprechende sich berechtigterweise alleine wähnen durfte, kann ein Selbstgespräch als schützenswert aufgefasst werden. Kriterien für die Nichtöffentlichkeit der Äußerungssituation sind zum einen der Ort, an dem die Äußerung stattfindet. So ist ein einsamer Ort, an dem sich sonst niemand aufhält oder an welchem ein übliches Mithören durch andere Menschen fernliegend erscheint, wie beispielsweise die eigene Wohnung und das Auto, in der bzw. dem sich der Sprechende alleine befindet oder ein freies Feld, auf dem keine weitere Person erkennbar ist, in der Regel als nichtöffentlich und damit als schützenswert aufzufassen. Ein weiteres Kriterium ist die Lautstärke des geführten Gesprächs in der konkreten Äußerungssituation, die allerdings nur dann eine Rolle spielen kann, wenn jedenfalls andere Personen mithören könnten, beispielsweise bei einer Äußerung auf dem eigenen Balkon oder im eigenen Garten, im eigenen

---

980 Siehe hierzu bereits oben unter 2. Teil § 1 II. 1. a).

981 Es bleibt abzuwarten, wie sich die Hirnforschung in den folgenden Jahrzehnten entwickeln wird. Einige Forscher arbeiten jedoch bereits eingehend an der Möglichkeit, Gedanken in Form von Hirnaktivitäten deuten zu können, vgl. *Schleim/Walter*, Nervenheilkunde 2007, 505 ff. m. w. N. Die Fähigkeit des Menschen, mittels spezieller technischer Apparaturen Gedanken lesen zu können, ist demnach keinesfalls abwegig, sondern vielmehr in nicht allzu ferner Zukunft zu erwarten. Die Frage der möglichen Verwertung derartiger Informationen wird aller Wahrscheinlichkeit nach alsbald diskutiert werden müssen. Es bleibt zu hoffen, dass es gelingen wird, einen vernünftigen Ausgleich zwischen dem Informations-/Strafverfolgungsinteresse der Allgemeinheit und dem Geheimhaltungsinteresse des Einzelnen zu finden. Auch *Zimmermann*, GA 2013, 162 (171) bezeichnet den Einsatz eines Gedankenscanners als „[…] gar nicht so zukunftsfern[…]".

982 Siehe hierzu bereits unter 3. Teil § 2 I. 3. e) bb).

983 Vgl. insoweit die Ausführungen unter 3. Teil § 2 I. 4. e) cc) (4) (b).

Zimmer bei Anwesenheit weiterer Personen in der Wohnung sowie einem einsamen Waldspaziergang, bei dem jedenfalls keine andere Person in Hörweite zu sein scheint.[984]

Eine Besonderheit muss aber in jenen Fällen gelten, in denen die äußernde Person aufgrund einer pathologischen Disposition nicht die Fähigkeit besitzt, die Nichtöffentlichkeit der Situation, in der sie sich befindet, richtig einzuordnen. Wie bereits erwähnt[985], darf dies einem Menschen nicht zum Vorwurf gemacht werden. Naturgemäß wird es sich für das ermittelnde Strafverfolgungsorgan als sehr schwierig erweisen, in der konkreten Situation ohne weiteres festzustellen, ob die äußernde Person aufgrund einer pathologischen Disposition handelt oder nicht. Daher kann insoweit nur gefordert werden, dass die Beweiserhebung lediglich bei offensichtlich verwirrten Personen unterbleiben muss. In Grenzfällen wird wohl das Gericht zu einem späteren Zeitpunkt über die Verwertbarkeit des als Beweismittel gewonnenen Selbstgesprächs entscheiden müssen, gegebenenfalls unter Hinzuziehung eines psychologischen Sachverständigen.[986]

Weitere Kriterien zur Beurteilung der Schutzwürdigkeit des Selbstgesprächs sind hingegen an dieser Stelle nicht heranzuziehen. Da das Selbstgespräch aufgrund seiner besonderen Bedeutung als intimste Handlung des Menschen, die ohnehin eindimensional und unter Umständen unbewusst abläuft sowie als mit inneren Gedanken identisch aufgefasst werden kann, ist es per se schützenswert. Dies wurde auch mit der obergerichtlichen Rechtsprechung bereits eingehend begründet.[987] Es kommt mithin richtigerweise – im Gegensatz zu schriftlich niedergelegter Selbstkommunikation – gerade nicht auf den Inhalt des Entäußerten an. Auch im Zusammenhang mit Tagebüchern wurde angezweifelt, dass das Kriterium des Sozialbezugs ein taugliches Abgrenzungskriterium für die Schutzwürdigkeit desselben darstellen kann.[988] Es ist hingegen nicht zu leugnen, dass es bei einem Tagebuch auch auf den Inhalt der Niederschriften ankommen muss, da dieses nicht per se aufgrund der bloßen Bezeichnung als solches schützenswert ist. Zur Beurteilung, ob die Niederschriften eine Selbstreflexion oder eine bloße Auflistung von Straftaten enthalten, ist deren Durchsicht nicht

---

984 Siehe eingehend zur Nichtöffentlichkeit der Äußerungssituation bereits unter 3. Teil § 2 I. 4. e) cc) (4) (b).

985 Dies wurde bereits unter 3. Teil § 2 I. 4. e) cc) (4) (b) erörtert.

986 Zu den pathologischen Formen der Selbstkommunikation vgl. oben unter 2. Teil § 1 II. 3.

987 Vgl. insoweit die Ausführungen unter 3. Teil § 2 I. 2., 3. und 4.

988 Siehe im Einzelnen unter 3. Teil § 2 I. 3. f) bb).

vermeidbar.[989] Zwar kann die Verschriftlichung als solche allein nicht die Verwertbarkeit der Aufzeichnungen begründen. Sie ermöglicht aber zumindest die Feststellung – idealerweise durch den Ermittlungsrichter[990] –, ob es sich um Aufzeichnungen handelt, die der Intimsphäre des Betroffenen entstammen. Eine solche Beurteilung erscheint bei einem bruchstückhaften, oft in Form eines Dialekts oder umgangssprachlich geäußerten Selbstgespräch weitaus schwieriger.

Wegen der fehlenden Perpetuierung des Gedankenflusses beim Selbstgespräch, setzt dieses im Vergleich zum Tagebuch schon eine Stufe früher an. Denn bereits zur Niederschrift ist eine gewisse Reflexion dessen, was geschrieben werden soll, erforderlich. Diese fehlt beim Selbstgespräch aber gerade, da dieses selbst die erste Reflexion darstellt.

Darüber hinaus kommt bei Selbstgesprächen die Flüchtigkeit des gesprochenen Wortes hinzu, das für sich selbst gesehen – wie z. B. in § 201 a StGB umgesetzt – bereits einen besonderen Schutz beansprucht.[991] Aus diesem Grund ist der Schutzumfang des Selbstgesprächs als noch umfangreicher aufzufassen, als beim ohnehin bereits schützenswerten, höchstpersönlichen Tagebuch.

3. *Vorschlag für eine Gesetzesfassung des Verwertungsverbots von Selbstgesprächen*

Wie gesehen[992] erscheint eine einfachgesetzliche Verankerung des absoluten Verwertungsverbots von Selbstgesprächen wegen der uneinheitlichen Rechtslage und der mannigfaltigen Interpretation des Kernbereichs der Persönlichkeitsentfaltung aus Art. 2 Abs. 1 i. V. m. Art. 1 Abs. 1 GG sowohl von der Rechtsprechung als auch seitens der Literatur als sachdienlich. Auf die Zweckmäßigkeit einer Regelung, die nicht nur Selbstgespräche, sondern auch alle anderen Ausprägungen von Handlungen, die dem Kernbereich der privaten Lebensführung unterfallen, umfasst, wurde bereits hingewiesen.[993]

Dennoch soll an dieser Stelle ein Gesetzesvorschlag erarbeitet werden, der ausschließlich dem Schutz von Selbstgesprächen dienen soll. Gegebenenfalls kann dieser zu einem späteren Zeitpunkt in ein übergeordnetes, einheitliches Verwertungsverbot für jegliche die Intimsphäre betreffende Handlungen überführt werden.

989 Dies wurde bereits eingehend unter 3. Teil § 2 I. 3. f) bb) begründet.
990 Vgl. hierzu auch unter 3. Teil § 2 I. 3. f) bb).
991 Siehe insoweit unter 2. Teil § 2 II.
992 Dies wurde bereits einleitend unter 3. Teil § 2 III. erörtert.
993 Vgl. hierzu die Ausführungen unter 3. Teil § 2 III. 1.

In einem ersten Absatz soll das Verwertungsverbot ausdrücklich statuiert und normiert werden. Der zweite Absatz dient der Legaldefinition, was unter einem Selbstgespräch im Sinne dieser Norm zu verstehen ist. Schließlich werden in einem dritten Absatz Ausnahme- bzw. Grenzfälle behandelt.

§ X StPO

(1) Selbstgespräche, die eine Person im Rahmen einer nichtöffentlichen Situation äußert, dürfen nicht verwertet werden. Maßnahmen, die die Gewinnung von Selbstgesprächen als Beweismittel zum Ziel haben oder mit hinreichender Wahrscheinlichkeit erwarten lassen, sind unzulässig.
(2) Unter Selbstgesprächen sind laute, häufig bruchstückhafte Äußerungen zu verstehen, die der Betroffene in der Absicht, diese für sich zu behalten, zu sich selbst tätigt. Die Nichtöffentlichkeit der Äußerungssituation ist nach den Umständen des Einzelfalls zu beurteilen, wobei der Ort sowie die Wahrnehmbarkeit der Äußerung durch andere Personen einzubeziehen sind.
(3) Im Falle einer offensichtlichen pathologischen Disposition des Äußernden kommt es auf die Art der Äußerungssituation nicht an; die Erhebung des Selbstgesprächs hat zu unterbleiben. Im Zweifel entscheidet das Gericht unter Zuhilfenahme eines psychologischen Sachverständigen.

§3 Einzelne Fragen der Verwertbarkeit von Selbstgesprächen

Nachdem die grundlegende Problematik der Herleitung und der Kriterien des Verwertungsverbots von Selbstgesprächen aus Art. 2 Abs. 1 i. V. m. Art. 1 Abs. 1 GG geklärt ist, sollen nunmehr einzelne, insbesondere innerhalb der juristischen Literatur aufgeworfene Fragen behandelt werden, die im Zusammenhang mit der Verwertbarkeit von Selbstkommunikation immer wieder diskutiert werden.

I. Reichweite des Verwertungsverbots aus Art. 2 Abs. 1 i. V. m. Art. 1 Abs. 1 GG

Fraglich ist zunächst, wie weit das aus Art. 2 Abs. 1 i. V. m. Art. 1 Abs. 1 GG hergeleitete Verwertungsverbot von Selbstgesprächen reicht.

Insoweit lässt sich zunächst feststellen, dass nach der neuesten Rechtsprechung des BGH im „Pkw-Selbstgespräch-Fall“[994] ein umfassendes Verwertungsverbot von Selbstgesprächen anzunehmen ist. Darüber hinaus ergibt sich aus dem Wortlaut sowohl des § 100 a Abs. 4 S. 2 als auch des § 100 c Abs. 5 S. 3 StPO ein absolutes Verwertungsverbot, welches – wie bereits erwähnt[995] – richtigerweise auch im Falle des § 100 f StPO gilt.

Wie im Rahmen der Erforderlichkeit eines einheitlichen Verwertungsverbots erläutert[996], ist trotz der uneinheitlichen gesetzlichen Regelungen und höchstrichterlichen Rechtsprechung von einem einheitlichen, übergeordneten Verwertungsverbot auszugehen, das sich unmittelbar aus der Verfassung, mithin Art. 2 Abs. 1 i. V. m. Art. 1 Abs. 1 GG, ergibt. Die Ausführungen zur Reichweite dieses Verwertungsverbots sollen demnach für alle Ermittlungsmaßnahmen gelten, die die Selbstkommunikation betreffen.

Daher ist aus der Aussage des BGH, das Verwertungsverbot von Selbstgesprächen gelte umfassend, sowie aus dem Wortlaut der den Kernbereich der Persönlichkeit schützenden Vorschriften der §§ 100 c Abs. 5 und 100 a Abs. 4 StPO zu folgern, dass das aus Art. 2 Abs. 1 i. V. m. Art. 1 Abs. 1 GG herzuleitende, übergeordnete Verwertungsverbot gemeinhin absolut gelten muss.

---

994 *BGHSt* 57, 71 (78), siehe hierzu bereits eingehend oben unter 3. Teil § 2 I. 4. e); ein umfassendes Verwertungsverbot bei Selbstgesprächen erkannte aber auch schon der BGH in *BGHSt* 50, 206, an, vgl. unter 3. Teil § 2 I. 4. d).

995 Vgl. hierzu die Ausführungen unter 2. Teil § 3 II. 2.

996 Siehe hierzu unter 3. Teil § 2 III. 1.

1. *Verwertbarkeit bei anderen Beteiligten des Strafverfahrens*

In unmittelbarem Zusammenhang mit der Frage der Reichweite des Verwertungsverbots von Selbstgesprächen aus Art. 2 Abs. 1 i. V. m. Art. 1 Abs. 1 GG und der Annahme, dass dieses umfassend gilt, steht die Problematik der Verwertbarkeit eines Selbstgesprächs zulasten von anderen Beteiligten des Strafverfahrens.

Gilt ein Verwertungsverbot umfassend, so ist damit zumindest auch gemeint, dass dieses nicht gegen andere Beteiligte desselben Strafverfahrens verwertet werden kann.[997] Dies hat auch der BGH in seinem „Pkw-Selbstgespräch-Fall"[998] eindeutig klargestellt, indem er feststellte, dass das abgehörte Selbstgespräch ebenfalls nicht gegen die Mitangeklagten verwertet werden dürfe, obwohl diese nicht unmittelbar von der Abhörmaßnahme betroffen waren. Dies ergebe sich schon aus der Absolutheit des Verwertungsverbots, welches sich auf das gesamte Verfahren erstrecke. Dies gehe darüber hinaus konform mit den Regelungen der §§ 100 a Abs. 4 S. 2, 100 c Abs. 5 S. 3 StPO.

Diese Schlussfolgerung des BGH ist als folgerichtig zu werten, zumal es nicht angemessen erscheint, ein durch einen Eingriff in den Kernbereich der privaten Lebensgestaltung gewonnenes Beweismittel gegenüber einem Dritten zu verwerten.[999] Denn hierdurch würde sich der Eingriff in den Privatbereich des Betroffenen, dem an sich bereits eine Verletzung dessen Menschenwürde innewohnt, noch weiter vertiefen. Darüber hinaus kann aufgrund des Selbstverständnisses eines freiheitlich-demokratischen Rechtsstaates, der die Menschenwürde als obersten Grundsatz anerkennt, ein solches Vorgehen nicht gebilligt werden.

2. *Fern- und Fortwirkung des Verwertungsverbots*

Auch die Frage der Fern- und Fortwirkung von Verwertungsverboten betrifft zugleich deren Reichweite. Wie bereits oben erläutert[1000], wird sowohl die Fern- als auch die Fortwirkung von Beweisverwertungsverboten in der Regel abgelehnt,

997 So die h. M. innerhalb der Beweisverbotslehre, vgl. z. B. *Jahn*, Gutachten C, S. 114 f.

998 *BGHSt* 57, 71 (78).

999 So auch *Habetha*, ZWH 2012, 163 (166); a. A. hingegen *Jahn/Geck*, die insoweit anmerken, dass die Schlussfolgerung des BGH, der Gesetzgeber habe wegen der Regelungen in den §§ 100 a Abs. 4 S. 2, 100 c Abs. 5 S. 3 StPO den Willen kundgetan, dass Verwertungsverbote, die aus einem Eingriff in den Kernbereich der privaten Lebensgestaltung resultieren, umfassend gelten sollen, nicht folgerichtig sei.

1000 Siehe oben unter 3. Teil §1 III.

wobei diese Problematik innerhalb der juristischen Literatur sehr umstritten ist.[1001]

Letztlich kommt es aber immer auf das jeweilige Verwertungsverbot sowie den zugrundeliegenden Einzelfall an.

Im Hinblick auf die Fernwirkung eines aus Art. 2 Abs. 1 i. V. m. Art. 1 Abs. 1 GG hergeleiteten Verwertungsverbots, das auf einer Verletzung des Kernbereichs der privaten Lebensgestaltung beruht, nahm das Bundesverfassungsgericht mit Verweis auf seine Rechtsprechung in *BVerfGE* 44, 353 (383 f.) folgendermaßen Stellung: „Daten aus Handlungen, die den unantastbaren Bereich privater Lebensgestaltung betreffen, unterliegen von Verfassungs wegen einem absoluten Verwertungsverbot und dürfen weder im Hauptsacheverfahren verwertet werden, noch Anknüpfungspunkt weiterer Ermittlungen sein […].“[1002]

Dieser Auffassung ist zuzustimmen, zumal insoweit wiederum das bereits oben erwähnte Selbstverständnis unseres Rechtsstaats zum Tragen kommen muss. Selbst in sehr engen Grenzen, wenn besonders schwerwiegende Straftaten im Raum stehen, ist aufgrund des Stellenwerts des Schutzes der Menschenwürde von einer Vertiefung des Grundrechtseingriffs durch eine Verwertung als sogenannter „Spurenansatz“ abzusehen.[1003]

Hinsichtlich einer Fortwirkung des Beweisverwertungsverbots aus Art. 2 Abs. 1 i. V. m. Art. 1 Abs. 1 GG erscheint es hingegen sachgerecht, ebenso wie bei anderen Verwertungsverboten zu verfahren, mithin eine qualifizierte Belehrung des Beschuldigten zu fordern.[1004]

1001 *Rogall*, ZStW 91 (1979), 38; auf diesen verweisend *Küpper*, JZ 1990, 416 (423); so auch *Jahn*, Gutachten C, S. 91 f. m. w. N.; eingehend bei *Amelung* 2011, S. 32 ff. m. w. N.

1002 *BVerfGE* 109, 279 (332); *Roxin* spricht diesem Urteil des Bundesverfassungsgerichts unter anderem wegen der Neuerungen im Bereich der Fernwirkung von Beweisverwertungsverboten eine besondere Bedeutung zu, vgl. FS Böttcher 2007, S. 159 (163 f.).

1003 So auch *Habetha*, ZWH 2012, 163 (166); *Mitsch*, NJW 2012, 1486 (1488); *Wolter* in: SK-StPO § 100 c Rn. 71; zustimmend darüber hinaus *Zimmermann*, GA 2013, 162 (165); a. A. – hier in Bezug auf die Verwertbarkeit von Zufallsfunden im Rahmen der Fernsprechüberwachung, die den Verdacht einer Katalogstraftat begründen – *Küpper*, JZ 1990, 416 (422) m. w. N.

1004 Vgl. hierzu die Ausführungen unter 3. Teil § 1 III. 2., sowie bei *Jahn*, Gutachten C, S. 90 f.

II. Dispositionsbefugnis des Betroffenen über das Verwertungsverbot aus Art. 2 Abs. 1 i. V. m. Art. 1 Abs. 1 GG

Eine ebenfalls sehr häufig innerhalb der juristischen Literatur[1005] aufgeworfene Frage betrifft die Dispositionsbefugnis des Beschuldigten über das Verwertungsverbot von Selbstgesprächen aus dem allgemeinen Persönlichkeitsrecht. Es gilt mithin zu klären, ob der Betroffene über das Verwertungsverbot verfügen, also beispielsweise trotz dessen Vorliegens in die Verwertung der in Rede stehenden Selbstäußerung wirksam einwilligen kann.

Die Rechtsprechung[1006] und die überwiegende Meinung in der Literatur[1007] vertreten die Auffassung, dass – bei Einhaltung der hierzu erarbeiteten hohen Erfordernisse – ein Verzicht des Betroffenen auf das Verwertungsverbot aus einem Eingriff in dessen Kernbereich der privaten Lebensführung prinzipiell möglich ist. Die Kriterien für die Beurteilung, ob die Einwilligung des Betroffenen in die Verwertung wirksam ist, sind insbesondere dessen rechtliche Erfahrung, eine gegebenenfalls erfolgte rechtliche Beratung sowie der Umstand, ob der Beschuldigte der Auffassung war, die Verwertung ohnehin nicht verhindern zu können.[1008]

Der insoweit teilweise vertretene Einwand[1009], der Betroffene könne auf den Schutz seiner Menschenwürde nicht wirksam verzichten, greift nicht durch.[1010] Denn der Kernbereich der Persönlichkeit, der bei einer Verwertung von Selbstgesprächen betroffen ist und dessen Bestandteil auch Art. 1 Abs. 1 GG ist, ist bei einer Einwilligung des Beschuldigten schon nicht als tangiert aufzufassen.

1005 Siehe insoweit die Erörterungen zu dieser Frage bei *Amelung* 2011, 56 ff. m. w. N.

1006 So bereits *BGHSt* 19, 325 (331 ff.); 34, 97; thematisiert auch in *BGHSt* 50, 206 (215).

1007 *Plagemann*, NStZ 1987, 569; *Nack*, FS Nehm 2006, S. 310 (323 f.); *Ellbogen*, NStZ 2006, 179 (180 f.); *Geppert*, JR 1988, 469 (472); *Warg*, NStZ 2012, 237 (241 f.); *Jahn/Geck*, JZ 2012, 561 (566); *Zabel*, ZJS 2012, 563 (567); *Meyer-Goßner* Einl. Rn. 55a m. w. N.; *Amelung* 2011, S. 34 f. m. w. N.; a. A. *Mitsch*, NJW 2012, 1486 (1487 f.).

1008 Vgl. *BGHSt* 34, 97; ebenfalls aufgeführt bei *Plagemann*, NStZ 1987, 569 (571); vgl. auch *Ellbogen*, NStZ 2001, 460 (464); eingehend *Jahn*, Gutachten C, S. 112 f. m. w. N., der zudem die problematische Frage aufwirft, wie die Disposition des Betroffenen über das Verwertungsverbot gegenüber anderen Beteiligten des Strafverfahrens wirkt. Richtigerweise wird die Verwertung zulasten eines Mitbeschuldigten verneint werden müssen, da „in einem rechtsstaatlichen Strafverfahren […] niemand gegen seinen Willen aufgrund der „Überkreuzverwertung" rechtsfehlerhaft zustandegekommener Beweismittel verurteilt werden [darf]."

1009 So z. B. *Küpper*, JZ 1990, 416 (418).

1010 So auch *Nack*, FS Nehm 2006, S. 310 (323).

Möchte der Betroffene – sei es, um ihn begünstigende Tatsachen der Verwertbarkeit zuzuführen, sei es aus anderen Gründen – auf den Schutz seiner Intimsphäre verzichten und die Geheiminformationen freiwillig und im Wissen um die Bedeutung derselben preisgeben, öffnet er damit den Kernbereich der privaten Lebensgestaltung für die Öffentlichkeit.[1011] Ebenso wenig wie freiwillig veröffentlichte intime Bekenntnisse – beispielsweise in einer Biographie oder einem Interview – des Betroffenen in dessen Intimsphäre eingreifen, trifft dies auf andere aus eigenem Antrieb preisgegebene Informationen zu. Die Menschenwürde wird in solchen Fällen mangels eines Geheimhaltungswillens des Betroffenen überhaupt nicht berührt, so dass ein Verzicht auf diese – welcher naturgemäß tatsächlich nicht möglich wäre, da die Würde dem Menschen diesem bereits allein aufgrund des Menschsein innewohnt – bereits nicht in Frage stehen kann.

III. Verwertung zugunsten des Beschuldigten

Teilweise wurde in der Vergangenheit vertreten – allen voran von der obsiegenden Richtergruppe des zweiten Tagebuchurteils des Bundesverfassungsgerichts[1012] –, dass eine Verwertung von intimen Aufzeichnungen auch gegen den Willen des Betroffenen dann möglich sein müsse, wenn dies zugunsten des Beschuldigten erfolge. Wie jedoch bereits oben ausgeführt[1013] verkehrt diese Auffassung den Sinn und Zweck der Menschenwürde in sein Gegenteil, wenn sie einen Eingriff in diese zum vermeintlich „Besten" des Beschuldigten für zulässig erachtet.[1014]

Aber auch, wenn lediglich den Beschuldigten entlastende Informationen verwertet werden sollen, darf dies jedenfalls nicht gegen den Willen des Betroffenen geschehen.[1015] Es mag zwar äußerst problematisch erscheinen, dass der Richter „sehenden Auges" auch entlastende Beweise außer Acht lassen muss. Es muss

---

1011 Ebenso *Warg*, NStZ 2012, 237 (241), der eine Öffnung des Kernbereichs jedoch bereits dann annimmt, wenn der Grundrechtsträger die kernbereichsrelevanten Informationen „[...] auf andere Weise aus dem von ihm beherrschbaren Innenbereich entlässt und der Gefahr eines Zugriffs preisgibt." Eine solche Auffassung ist jedoch als zu weitreichend anzusehen, da sie auch fahrlässig preisgegebene Informationen umfasst und darüber hinaus keinerlei Kriterien benennt.

1012 *BVerfGE* 80, 367; siehe hierzu bereits oben unter 3. Teil § 2 I. 3. f) aa) (1).

1013 Vgl. insoweit die Ausführungen unter 3. Teil § 2 I. 3. f) bb) (1).

1014 Ähnlich *Amelung*, NJW 1990, 1753 (1758).

1015 A. A. *Amelung*, NJW 1990, 1753 (1758).

jedoch im Herrschaftsbereich des Beschuldigten verbleiben, ob dieser kernbereichsrelevante Informationen preisgeben möchte oder nicht.[1016]

Zunächst einmal wird es wohl kaum vorkommen, dass ein Beschuldigter, der sich über die Tragweite seiner Entscheidung im Klaren ist, freiwillig auf die Verwertung ihn entlastender Beweise verzichtet. Wenn er dies aber dennoch tut, mag er hierfür seine Gründe haben – beispielsweise Scham vor der Preisgabe der intimen Informationen. Die Entscheidung eines mündigen Betroffenen, kernbereichsrelevante Informationen für sich zu behalten, ist zu respektieren. Darüber hinaus würde ein solches Vorgehen seitens des Gerichts einer „Rosinentheorie" gleichkommen, deren Anwendung jedoch auch in diesen Fällen nicht sachgerecht erscheint.[1017]

IV. Verwertbarkeit aus präventiven Gründen?

Diese Arbeit beschäftigt sich zwar lediglich mit der Frage der Verwertbarkeit von Selbstkommunikation im Strafprozess, mithin mit deren Nutzung zu repressiven Zwecken. Inwiefern aber auch eine präventive Verwendung derselben unter engen Voraussetzungen möglich ist, soll hier zumindest kurz umrissen werden, da diese Thematik innerhalb der juristischen Literatur – insbesondere im Anschluss an die Entscheidung des BGH im „Reha-Klinik-Fall"[1018] – rege diskutiert wurde.

In der soeben genannten Entscheidung hatte der BGH angedeutet, dass ein Selbstgespräch in besonders schwerwiegenden Fällen – beispielsweise zur

1016 Eine eingehende, allgemeine Diskussion zur Verwertbarkeit gewonnener Beweismittel zugunsten des Angeklagten findet sich bei *Amelung* 2011, S. 50 ff. m. w. N.

1017 So auch *Mitsch*, NJW 2012, 1486 (1488); vgl. zur „Rosinentheorie" bei *BGHZ* 65, 309. Diese wird auch in *BGHSt* 50, 206 (215) angesprochen: „Werden – um dem Angeklagten den möglichen Entlastungsbeweis zu erhalten – die Überwachung nicht abgebrochen oder die Aufzeichnungen nicht sogleich gelöscht, dann führt dies zwangsläufig zur Frage der Disponibilität zugunsten des Angeklagten mit der weiteren Frage, ob der Angeklagte nur eine selektive Verwertung („Rosinentheorie") verlangen kann." Zur Frage der Dispositionsbefugnis des Beschuldigten über Informationen, die den Kernbereich der privaten Lebensgestaltung betreffen, vgl. bereits unter 3. Teil § 3 II.

1018 *BGHSt* 50, 206.

Auffindung eines entführten Kindes[1019] – unter Umständen aus präventiven Gründen verwertet werden könne.[1020]

Die vom BGH verfolgte Zielrichtung, die Bevölkerung vor drohenden Gefahren zu schützen und Straftaten zu verhindern, ist freilich nachvollziehbar und stößt bei der Allgemeinheit regelmäßig auf breite Zustimmung. Dennoch darf ein freiheitlich-liberaler *Rechts*staat, der sich der Achtung der Würde des Menschen als obersten Wert seiner Rechtsordnung verpflichtet hat, auch im Rahmen der Prävention von Straftaten nicht auf Mittel zurückgreifen, die die Menschenwürde verletzen. So nobel das Ziel der Verhinderung von Straftaten auch sein mag, so verheerend erscheint ein staatliches Verhalten, dass zur Erreichung dieses Ziels Mittel einsetzt, die in den Kernbereich der Persönlichkeit des Einzelnen und damit in dessen Würde eingreifen. Insoweit kann nichts anderes gelten als bei der Verfolgung von Straftaten. Die repressive und die präventive Verwertung von kernbereichsrelevanten Informationen kann im Hinblick auf den Schutz der Würde des Menschen nicht unterschiedlich behandelt werden. Denn unabhängig von der Zielrichtung staatlichen Handelns muss dieses stets rechtsstaatlichen Grundsätzen entsprechen und die Würde des Menschen wahren.[1021]

Richtigerweise ist demnach selbst zur Prävention schwerster Straftaten eine Verletzung des allgemeinen Persönlichkeitsrechts – insbesondere aufgrund des damit einhergehenden Eingriffs in die Menschenwürde des Betroffenen – nicht hinnehmbar.

V. Geeignetheit des Selbstgesprächs als Beweismittel

Nur selten wurde innerhalb der juristischen Literatur bislang die Problematik der Geeignetheit des Selbstgesprächs als Beweismittel gesehen. Dennoch ist es sowohl nach der Rechtsprechung für die Verwertung eines Beweismittels als auch gemäß dem Gesetzeswortlaut für die weit überwiegende Anzahl der Ermittlungsmaßnahmen erforderlich, dass die aufgefundenen Informationen oder Fundstücke zum

---

1019 *BGHSt* 50, 206 (214); wie bereits in Fn. 808 erwähnt, nimmt der BGH hier Bezug auf den bekannten Fall *Gäfgen/Daschner*.

1020 Vgl. *Lindemann*, JR 2006, 191 (195 f.); *Jahn*, JuS 2006, 91 (92); *Schmidt*, Jura 1993, 591 (594).

1021 So auch *Roxin*, FS Böttcher 2006, 159 (162); *Ellbogen*, NStZ 2006, 179 (180 f.), der anmerkt, es dürfe „[…] auch keine Gefahrenabwehr um jeden Preis" geben. Dieser warnt darüber hinaus vor den „[…] unabsehbaren Konsequenzen, wie die Diskussion um die Zulässigkeit einer Rettungsfolter zeigt."; *Kutscha*, NJW 2005, 20 (21 f.); im Ergebnis zustimmend *Jahn*, JuS 2006, 91 (92); a. A. *Haas*, NJW 2004, 3082 (3084).

Beweis geeignet sind. Anderenfalls erscheint bereits deren Erhebung wenig sinnvoll. Aber auch im Rahmen der Verwertung – innerhalb der Beweiswürdigung durch den Richter – ist zu klären, ob das Beweismittel hinsichtlich der zu klärenden Fragen oder Tatumstände sachdienlich ist.

Dies ist bei verbalen Selbstgesprächen bereits deshalb problematisch, da diese meist sehr leise, oft in Form eines Dialekts bzw. umgangssprachlich und darüber hinaus in der Regel bruchstückhaft geäußert werden.[1022] Meistens ist es sehr schwierig, die Aussagen des Betroffenen überhaupt akustisch wahrzunehmen sowie diesen auch noch die zutreffende Bedeutung beizumessen. Häufig verwendet der Äußernde phonetische Laute, die für sich selbst betrachtet kaum einen Sinn ergeben.[1023] Erst aus dem Zusammenhang können unter Umständen Rückschlüsse auf den Aussagegehalt des Selbstgesprächs gezogen werden.

Aufgrund dieser Besonderheiten würde Selbstgesprächen, selbst wenn man deren Verwertbarkeit bejahen würde, grundsätzlich nur ein geringer Beweiswert – meist sogar nur eine Indizwirkung[1024] – zukommen.

1022 Siehe hierzu bereits oben unter 2. Teil § 1 II. 1. f). Beispielhaft können hier die Äußerungen des jeweiligen Beschuldigten im „Reha-Klinik-Fall" – *BGHSt* 50, 206 – sowie im „Pkw-Selbstgespräch-Fall" – *BGHSt* 57, 71 – angeführt werden.

1023 Zur phonetischen und semantischen Seite der Sprache vgl. die Ausführungen unter 2. Teil § 1 I. 1.

1024 So beispielsweise in *BGHSt* 57, 71.

4. Teil Zusammenfassung und Ausblick

Am Ende dieser Arbeit sollen schließlich die gefundenen Ergebnisse kurz zusammengefasst sowie die Bedeutung der Unverwertbarkeit von Selbstgesprächen in der gerichtlichen Praxis erörtert werden.

Zudem wird in einem Ausblick die weitere Entwicklung der Rechtsprechung hinsichtlich dieser Thematik prognostiziert.

§1 Die praktische Bedeutung der Unverwertbarkeit

Die eingehende Aufarbeitung der Problematik der Verwertbarkeit von Selbstkommunikation im deutschen Strafprozess hat gezeigt, dass Selbstgespräche einem umfassenden Verwertungsverbot unterliegen müssen.

Dieses Verwertungsverbot ist – zumindest solange keine konkretere, einfachgesetzliche Vorschrift existiert[1025] – aus dem Kernbereich der persönlichen Lebensführung, der Bestandteil des allgemeinen Persönlichkeitsrechts gemäß Art. 2 Abs. 1 i. V. m. Art. 1 Abs. 1 GG ist, herzuleiten. Wie gesehen[1026] kommt eine Herleitung des Verwertungsverbots aus anderen Grundrechten oder sonstigen Vorschriften nicht in Betracht, da diese nicht geeignet sind, einen ebenso umfassenden und weitgehend einheitlichen Schutz zu gewähren wie dasjenige, das aus einem Eingriff in die Intimsphäre des Einzelnen resultiert.

Die Arbeit hat darüber hinaus verdeutlicht[1027], dass und aus welchen Gründen das Selbstgespräch als eine der intimsten menschlichen Handlungen zu werten ist und daher dem Schutz des Kernbereichs der privaten Lebensgestaltung unterfallen muss, um nicht einen Eingriff in den obersten Wert unserer Verfassung aus Art. 1 Abs. 1 GG, mithin die Garantie der Menschenwürde, hinzunehmen.

Gegen dieses Ergebnis wird von zahlreichen Stimmen innerhalb der juristischen Literatur und auch von der nichtjuristischen Öffentlichkeit gerne angeführt, dass es nicht hinnehmbar sein könne, dass ein Straftäter „nur" deshalb, weil das gewonnene Beweismittel aus einem Eingriff in dessen Intimsphäre resultiert, nicht der Tat überführt werden kann. Diese Sorge ist hingegen unbegründet, zumal die Entscheidungspraxis zeigt, dass – soweit ersichtlich – jedenfalls

1025 Zu einer möglichen einfachgesetzlichen Ausgestaltung siehe bereits oben unter 3. Teil § 2 III. 3.

1026 Vgl. hierzu eingehend unter 3. Teil § 2 II.

1027 Siehe insoweit insbesondere die Ausführungen im 2. Teil.

bislang noch kein Beschuldigter deshalb freigesprochen wurde, weil beispielsweise das abgehörte Selbstgespräch nicht verwertet werden konnte.[1028] Zunächst einmal kann dem Selbstgespräch – wie gesehen – in der Regel ohnehin nur ein recht geringer Beweiswert zugesprochen werden; meist konnte es im Rahmen der Beweiswürdigung nach Auffassung des jeweiligen Gerichts nur Indizwirkung entfalten.[1029] Darüber hinaus liegen dem Gericht in der Regel weitere Beweise oder Indizien vor, die für eine Verurteilung des Beschuldigten ausreichen.[1030] Ein Rückgriff auf ein Beweismittel, das aus einem Eingriff in den Kernbereich der privaten Lebensgestaltung herrührt, ist demnach in der Regel nicht nur grundrechtswidrig, sondern auch unnötig. Es ist also grundsätzlich noch nicht einmal erforderlich, dass sich das Gericht auf die Stufe des Verbrechers begibt, um diesen seiner Tat zu überführen. Sollte dennoch einmal ein Fall zur Entscheidung anstehen, bei welchem es tatsächlich auf das Beweismittel des abgehörten Selbstgesprächs zur Verurteilung ankommt, erscheint es jedoch sehr fraglich, ob das Gericht sein Urteil tatsächlich auf eine derart „wackelige" Grundlage stellen sollte. Denn wie gesehen[1031] sind Aufnahmen von Selbstgesprächen nur bedingt zur Verwertung als Beweismittel geeignet, da sie häufig zusammenhangslos, bruchstückhaft und umgangssprachlich bzw. in Form eines Dialekts geäußert werden. Es erscheint darüber hinaus denkbar, dass mit dem zu sich selbst Sprechenden auch nur dessen Phantasie durchgegangen ist und die Äußerungen keinerlei Wahrheitsgehalt besitzen. In einem solchen Fall mutet es aber sehr bedenklich an, ob das Gericht tatsächlich „ohne begründete Zweifel" ein Urteil gegen den Beschuldigten fällen kann.

Es lässt sich folglich feststellen, dass die Verwertung von Selbstgesprächen nicht nur wegen des damit einhergehenden Eingriffs in den absolut geschützten Kernbereich der Persönlichkeitsentfaltung – und damit zugleich in die Würde des Menschen gemäß Art. 1 Abs. 1 GG – zu unterbleiben hat, sondern auch in

---

1028 Vgl. hierzu die umfangreichen Ausführungen von *Jahn*, StraFo 2011, 117 (119), der insoweit unter anderem das Urteil des BGH im „Reha-Klinik-Fall", *BGHSt* 50, 206, heranzieht und feststellt, dass auch nach Zurückweisung des Verfahrens der weiterhin schweigende Angeklagte vom erstinstanzlichen Gericht aufgrund einer Gesamtschau der belastenden Indizien wiederum zu lebenslanger Freiheitsstrafe verurteilt wurde.

1029 So z. B. in *BGHSt* 57, 71.

1030 Die Entscheidungspraxis, die auf eine unzureichende Würdigung von Beweisverwertungsverboten schließen lässt, kritisiert *Jahn*, StraFo 2011, 117 (121 ff.), allerdings umfassend.

1031 Siehe hierzu unter 3. Teil § 3 V.

der gerichtlichen Praxis in der Regel keinerlei Mehrwert bringen kann. Auf der anderen Seite sichert aber die Gewährleistung eines Kernbereichs der Persönlichkeitsentfaltung, der Selbstgespräche uneingeschränkt einbezieht, einen tatsächlich existierenden Freiraum für den Menschen, in dem dieser geschützt vor staatlicher Überwachung – zumindest mit sich selbst – kommunizieren kann. In einem freiheitlich-demokratischen Rechtsstaat sollte ein solcher Rückzugsraum für intimste Handlungen des Individuums als selbstverständlich garantiert werden.

§2 Tendenz der Entwicklung der Rechtsprechung

Im Rahmen der Problematik des Verwertungsverbots aufgrund eines Eingriffs in das allgemeine Persönlichkeitsrecht wurde bereits eingehend erläutert wie sich die obergerichtliche Rechtsprechung zum Kernbereichsschutz in den letzten Jahrzehnten entwickelt hat.

Anhand dieses Prozesses lässt sich deutlich erkennen, dass die Rechtsprechung – trotz kleinerer „Rückschläge" – tendenziell einen immer konkreteren und – wenn man so will – realeren Kernbereichsschutz im Bereich der Selbstkommunikation gewährleistet. So ist es der Rechtsprechung im Laufe der Jahrzehnte gelungen, den Schutzbereich der Intimsphäre für die Problematik der Selbstgespräche immer näher auszugestalten und nunmehr einige sachdienliche Kriterien für dessen Beurteilung zu entwickeln. Nach der neuesten Entscheidung des BGH zu dem Selbstgespräch in einem PKW kann nunmehr endgültig davon ausgegangen werden, dass die Verwertung von Selbstgesprächen grundsätzlich unzulässig ist.

Diese Entwicklung der Rechtsprechung ist nicht nur begrüßenswert, sie ist angesichts der Herausforderungen, die die zunehmende Automatisierung, Digitalisierung und Vernetzung der Menschheit (insbesondere im Internet) sowie die immer smarteren Technologien der Datenverarbeitung und -gewinnung mit sich bringen, dringend erforderlich.[1032] Diese Neuerungen stellen das Recht – nicht nur im Bereich des Datenschutzes – vor beträchtliche Herausforderungen. So macht es das digitale Zeitalter erforderlich, bereits existierende Gesetze – beispielsweise zum Schutz der informationellen Selbstbestimmung – zu überarbeiten bzw. neue zu schaffen. Aber auch im Bereich des Strafprozessrechts muss diese Entwicklung sowohl bei der Gesetzgebung als auch der Anwendung der bereits existierenden Normen durch die Rechtsprechung berücksichtigt werden.

1032 Zu den Herausforderungen, die das digitale Zeitalter mit sich bringt, vgl. auch *Heckmann*, NJW 2012, 2631; *Tinnefeld*, NJW 2007, 625 (626 f.).

Die StPO ist (in ihrer ursprünglichen Fassung) nunmehr über 130 Jahre alt. Zum Zeitpunkt ihres Entstehens konnte noch niemand die Möglichkeiten der modernen Datenverarbeitungs- und -gewinnungstechnologien vorhersehen. Selbst heute ist die Entwicklung derselben noch längst nicht abgeschlossen. Die neuen technischen Möglichkeiten bringen freilich einige nützliche Vorteile zur Gewährleistung einer effektiven Strafverfolgung mit sich. Es darf auch nicht außer Acht gelassen werden, dass natürlich auch Straftäter sich ihrerseits diese Vorteile zu eigen machen. Dennoch gilt es, einen vernünftigen Ausgleich zwischen einer effektiven Strafverfolgung sowie Bekämpfung der Kriminalität und der Wahrung der Freiheit als auch der persönlichen Lebenssphäre des Einzelnen zu gewährleisten. Denn wenn der Staat selbst vor der intimsten Sphäre des Menschen keinen Halt macht, ist die Entwicklung hin zu einem „gläsernen Menschen" bereits heute vorhersehbar und kaum mehr aufzuhalten.

So begrüßenswert die bisherige Entwicklung insbesondere der jüngeren Rechtsprechung in Bezug auf Verwertungsverbote von Selbstgesprächen ist, so groß ist auch der Bedarf an einer weitergehenden Ausgestaltung und Konkretisierung des Kernbereichs der privaten Lebensgestaltung – gerade im Hinblick auf sonstige mögliche Eingriffe in diesen. Denn neben den Selbstgesprächen unterfallen auch zahlreiche andere menschliche Verhaltensweisen der aus Art. 2 Abs. 1 i. V. m. Art. 1 Abs. 1 GG herzuleitenden Intimsphäre und sind absolut zu schützen. Die genaue Konkretisierung derselben sowie die Ausgestaltung ihres Schutzes ist eine Aufgabe, mit der sich die juristische Wissenschaft sowie die Rechtsprechung und Gesetzgebung in Zukunft eingehend befassen werden müssen, um der Gefahr zu entgehen, den Menschen als bloßes Objekt der Strafverfolgung zu begreifen und dessen Freiheit vor übermächtiger staatlicher Überwachung trotz der immer weiter fortschreitenden Technologisierung und Digitalisierung unserer Gesellschaft zu gewährleisten.

Literaturverzeichnis

Amelung, Knut: Prinzipien strafprozessualer Beweisverwertungsverbote, 1. Auflage, Duncker und Humblot, Berlin 2011.

Amelung, Knut: Der Grundrechtsschutz der Gewissenserforschung und strafprozessuale Behandlung von Tagebüchern, NJW 1988, 1002.

Amelung, Knut: Die zweite Tagebuchentscheidung des BVerfG, NJW 1990, 1753.

Aristoteles: Politik, Band 9 der Werke in deutscher Übersetzung, begründet von Ernst Grumach, herausgegeben von *Flashar*, Hellmut, übersetzt und erläutert von *Schütrumpf*, Eckat, Akademie Verlag, Berlin ab 1991.

Arzt, Gunther: Der strafrechtliche Schutz der Intimsphäre, Verlag Mohr, 1. Auflage, Tübingen 1970.

Asmussen, Hans: Selbstgespräch und Gebet, 1. Auflage, Lutherisches Verlagshaus, Berlin 1963.

Augustinus, Aurelius: Soliloquia / Selbstgespräche – von der Unsterblichkeit der Seele, lateinisch/deutsch, übersetzt von *Müller*, Hanspeter, München 1986.

Aurel, Marc: Selbstgespräche, übersetzt und erläutert von *Cleß*, C., Krais und Hoffmann Verlag, Stuttgart 1866.

Aurel, Marc: Wege zu sich selbst, griechisch/deutsch, herausgegeben und übersetzt von *Nickel*, R., Tusculum Verlag, Düsseldorf, Zürich 1988.

Bär, Wolfgang: Anmerkung zum Beschluss des BGH vom 31.3.2009, Az.: 1 StR 76/09 – Beschlagnahme von E-Mails beim Provider, NStZ 2009, 398.

Barrot, Johannes: Der Kernbereich privater Lebensgestaltung: Zugleich ein Beitrag zum dogmatischen Verständnis des Art. 2 Abs. 1 GG i. V. m. Art. 1 Abs. 1 GG, Dissertation, 1. Auflage, Nomos Verlag, Baden-Baden 2012.

Beck, Aaron T.: Cognitive therapy and the emotional disorders, International Universities Press, New York 1976.

Beck'scher Online Kommentar: StGB, herausgegeben von *von Heintschel-Heinegg*, Bernd, Edition 29, Stand 01. Dezember 2015, Verlag C. H. Beck, München 2015 (zitiert als: *Bearbeiter* in: BeckOK StGB).

von Beling, Ernst: Die Beweisverbote als Grenzen der Wahrheitserforschung im Strafprozess, in: Strafrechtliche Abhandlungen, Heft 46, Breslau 1903.

Benda, Ernst: Privatsphäre und „Persönlichkeitsprofil", in: Menschenwürde und freiheitliche Rechtsordnung, Festschrift für Willi Geiger zum 65. Geburtstag, herausgegeben von *Leibholz,* Gerhard u. a., Tübingen 1974, S. 23.

Bergemann, Nils: Die Telekommunikationsüberwachung nach der Entscheidung des Bundesverfassungsgerichts zum „großen Lauschangriff“, in: *Roggan*, Fredrik (Hrsg): Gedächtnisschrift für Hans Lisken: Lauschen im Rechtsstaat – Zu den Konsequenzen des Urteils des Bundesverfassungsgerichts zum großen Lauschangriff, Berliner Wissenschafts-Verlag, Berlin 2004, S. 69.

Bergemann, Nils: Verdeckte Ermittlung á la StPO: Ein unzureichender Regelungsversuch, DuD 2007, 581.

Beulke, Werner: Strafprozessrecht, 12. Auflage, C. F. Müller Verlag, Heidelberg, München, Landsberg 2012.

Bise, Veronika: Problemlösen im Dialog mit sich selbst, Dissertation, Tectum Verlag, Marburg 2008.

Black, D.: Social Control of the Self, Virginia Review of Sociology, S. 39–49, 1992.

Blinkert, Baldo: Wahrnehmungspsychologie – Sinne, Informationsverarbeitung, soziale Einflüsse, in: *Stalmann*, Reinhart (Hrsg.): Kindlers Handbuch Psychologie, München 1982.

Böllner, Gerhard: Soziale und psychologische Merkmale psychiatrischer Patienten und Auswirkungen stationärer psychiatrischer Behandlung, Dissertation, Universität Hamburg 1987.

Bondy, Brigitta: Was ist Schizophrenie? Ursachen, Verlauf, Behandlung, 4. Auflage, München 2008.

Brinkmann, Hennig: Mittelalterliche Hermeneutik, Max Niemeyer Verlag, Tübingen 1980.

Burton, Damon / Gillham, Andy / Glenn, Susan: Motivational Styles: Examining the Impact of Personality on the Self-Talk Pattern of Adolescent Female Soccer Players, in: Journal of Applied Sport Psychology, 23, S. 413–428, 2011.

Butzer, Günter: Soliloquium – Theorie und Geschichte des Selbstgesprächs in der europäischen Literatur, Wilhelm Fink Verlag, München 2008.

Calvete, Esther / Estévez, Ana / Lòpez de Arroyabe, Elena / Ruiz, Pilar: The Schema Questionnaire – Short Form – Structure and Relationship with Automatic Thoughts and Symptoms of Affective Disorders, in: European Journal of Psychological Assessment 2005, 21 (2), S. 90–99.

Cardona, G. R.: Dizionario di linguistica, Armando Editore, Rom 1988.

Chomsky, Noam: Sprache und Geist, Suhrkamp Verlag, Frankfurt a. M. 1970.

Clark, R. S.: An Experimental Study of Silent Thinking, in: Archive Of Psychology, 1922, No. 48, IV, S. 96.

Dahs, Hans: Verwertungsverbote bei unzulässiger Beschlagnahme von Tagebuchaufzeichnungen, Verteidigungsunterlagen sowie bei unzulässiger Gesprächsaufzeichnung, in: II. Strafverteidiger-Frühjahrssymposium der Arbeitsgemeinschaft Strafrecht des DAV am 27./28. Mai 1988 in Karlsruhe, abgedruckt in: Wahrheitsfindung und ihre Schranken, 1989, S. 122 ff.

Dalakouras, Theoharis: Beweisverbote bezüglich der Achtung der Intimsphäre: Unter besonderer Berücksichtigung der Grundrechtsproblematik sowie des griechischen Rechts, Dissertation, Duncker und Humblot Verlag, Berlin 1988.

Dammann, Illmer: Der Kernbereich der privaten Lebensgestaltung: Zum Menschwürde- und Wesensgehaltsschutz im Bereich Freiheitsgrundrechte, Dissertation, Duncker und Humblot Verlag, Berlin 2011.

Dencker, Friedrich: Verwertungsverbote im Strafprozeß – Ein Beitrag zur Lehre von den Beweisverboten, Carl Heymanns Verlag, Köln 1977.

Dencker, Friedrich: Organisierte Kriminalität und Strafprozess, in: Deutsche Sektion der Internationalen Juristen-Kommission, Organisierte Kriminalität und Verfassungsstaat, C. F. Müller Verlag, 1. Auflage, Heidelberg 1998, S. 54.

Denninger, Erhard: Verfassungsrechtliche Grenzen des Lauschens – Der „große Lauschangriff" auf dem Prüfstand der Verfassung, ZRP 2004, 101.

Deplazes, Adrian: Denken als inneres Sprechen, LOGOS Interdisziplinär, Jg. 18, Ausgabe 4, 2010, S. 286.

Derlega, V. J. et al.: Self Disclosure, Sage Press, Newbury Park 1993.

Dichtl, Charlotte / Egger, Josef W.: „Selbstkommunikation" in der Stressverarbeitung bei Patienten mit Magen- und Zwölffingerdarmgeschwür, S. 8 ff., in: *Sonneck*, Gernot: Psychologie in der Medizin, 7. Jahrgang 1996, Nr. 4.

Die Zeit (Hrsg.): Literaturlexikon – Autoren und Begriffe in sechs Bänden, Band 6, Verlag J. B. Metzler, Stuttgart, Weimar 2008.

Dieckow, Katrin: Gespräche zwischen Mensch und Gott, Studien zur Sprache bei Kierkegaard, Vandenkoeck und Ruprecht Verlag, Göttingen 2009.

Diekstra, René F. W. / Dassen, Will F. M.: Rational-emotive Therapie: Eine Einführung in die rational-emotive Therapie, Swets und Zeitlinger Verlag, Lisse 1982.

Dörner, Dietrich: Sprache und Denken, in: *Funke*, Joachim (Hrsg.): Denken und Problemlösen, Enzyklopädie der Psychologie, Themenbereich C: Theorie und Forschung, Serie II: Kognition, Bd. 8, Göttingen 2006.

Dreier, Horst (Hrsg.): Grundgesetz – Kommentar, Band 1: Präambel, Artikel 1–19, Mohr Siebeck Verlag, 3. Auflage, Tübingen 2013 (zitiert als: *Bearbeiter* in: Dreier).

Duncan, R. / Cheyne, J. A.: Private speech in young adults: Task difficulty, self-regulation, and psychological predication, Cognitive Development, 16, S. 889–906, 2001.

Duncan, Robert / Tarulli, Donato: On the Persistence of Private Speech: Empirical and Theoretical Considerations, in: *Winsler*, Adam / *Fernyhough*, Charles / *Montero*, Ignacio: Private Speech, Executive Functioning, and the Development of Verbal Self-Regulation, Cambridge University Press, New York 2009.

Dünnebier, Hans: Die Tagebuchentscheidung des BGH, MDR 1964, 965.

Eckert, J. / Biermann-Ratjen, E.-M. / Papenhausen, R. / Talmon-Gros, S. / Tönnies, S. / Seifert, R. / Spehr, W.: Zur Diagnose von Borderline-Störungen: Überprüfung der Gütekriterien des „Diagnostischen Interviews für Borderline-Störungen" (DIB), Zeitschrift für Psychotherapie, Psychosomatik und medizinische Psychologie, 41, 1987, 320–327.

Eigler, G. (Hrsg.): Platon – Theaitetos, Der Sophist, Der Staatsmann, in: Werke, Bd. VI, 2. Auflage, Darmstadt 1990.

Eisenberg, Ulrich: Beweisrecht der StPO – Spezialkommentar, 9. Auflage, C. H. Beck Verlag, München 2015.

Ellbogen, Klaus: Die Fluchttagebücher Frank Schmökel und ihre Verwertbarkeit im Strafprozess, NStZ 2001, 460.

Ellbogen, Klaus: Verwertungsverbot bei Selbstgesprächen, NStZ 2006, 179.

Ellis, A.: Die rational-emotive Therapie – Das innere Selbstgespräch bei seelischen Problemen und seine Veränderung, Pfeiffer Verlag, München 1977.

Engeli, M.: Das handlungsbegleitende laute Selbstgespräch, Dissertation, Bern 1982.

Epping, Volker / Hillgruber, Christian: Grundgesetz – Kommentar, 2. Auflage, C. H. Beck Verlag, München 2013 (zitiert als: *Bearbeiter* in: Epping/Hillgruber).

Erler, Michael: Platon, Verlag C. H. Beck, München 2006.

Evers, Hans-Ulrich: Verletzung des Postgeheimnisses (Art. 10 GG) und Beweisverwertungsverbots im Strafprozeß: Zugleich Besprechung des Beschlusses des LG Stuttgart v. 29. 9. 1964 – IV QS 117/64, JZ 1965, S. 661.

von Fallersleben, August Heinrich Hoffmann / Richter, Ernst Friedrich: Schlesische Volkslieder mit Melodien: Aus dem Munde des Volkes gesammelt, von Breitkopf und Härtel Verlag, Leipzig 1842.

Fernyhough, Charles: Dialogic Thinking, in: *Winsler*, Adam / *Fernyhough*, Charles / *Montero*, Ignacio: Private Speech, Executive Functioning, and the Development of Verbal Self-Regulation, Cambridge University Press, New York 2009.

Fezer, Gerhard: Überwachung der Telekommunikation und Verwertung eines „Raumgesprächs", NStZ 2003, 625.

Fiehler, Reinhard: Formen des Sprechens mit sich selbst, in: *Brünner*, Gisela / *Graefen*, Gabriele (Hrsg.): Texte und Diskurse – Methoden und Forschungsergebnisse der Funktionalen Pragmatik, S. 179, Westdeutscher Verlag, Opladen 1994.

Fischer, Thomas: Strafgesetzbuch und Nebengesetze, 63. Auflage, C. H. Beck Verlag, München 2016.

Fleischer, Jürgen: Denken und Sprechen – Eine Untersuchung über das Wesen von Denken und von Sprechen und über das Verhältnis von Denken und Sprechen unter dem Gesichtspunkt des Erkennens, Selbstverlag, Oldenburg 2008.

Fleischmann, Klaus: Verwertbarkeit eines aufgezeichneten Selbstgesprächs eines Beschuldigten im Strafverfahren, NJ 2012, 218.

Forsthoff, Ernst: Der Persönlichkeitsschutz im Verwaltungsrecht, in: Festschrift für den 45. Deutschen Juristentag, herausgegeben von der Juristischen Studiengesellschaft, Karlsruhe 1964, S. 41.

Frank, Peter H.: Die Verwertbarkeit rechtswidriger Tonbandaufnahmen Privater: Überlegungen zu einem einheitlichen Schutz des Rechts am gesprochenen Wort im Straf- und Strafverfahrensrecht, Nomos Verlag, 1996.

Frank, Renate: Kognitionen und selbstsicheres Verhalten – Eine handlungspsychologische Untersuchung zum Einfluss von positiver und negativer Selbstkommunikation, Dissertation, Gießen 1986.

Fry, Prem S.: Assessment of Private Speech of Older Adults in Relation to Depression, in: *Diaz*, Rafael M. / *Berk*, Laura E. (Hrsg.): Private Speech – From Social Interaction to Self-Regulation, Hillsdale 1992.

Gebhardt, Margarete: Psychogenese der Schizophrenie, Verlag Ulmer Manuskripte, 1. Auflage, Ulm/Blaubeuren 2005.

Geis, Ivo: Anmerkung zu BVerfGE 109, 279, CR 2007, S. 501.

Geis, Max-Emmanuel: Der Kernbereich des Persönlichkeitsrechts, JZ 1991, S. 112.

Geppert, Klaus: Zur Frage der Verwertbarkeit von tagebuchartigen Aufzeichnungen des Angeklagten in Fällen schwerster Kriminalität, JR 1988, S. 469.

Gercke, Björn / Julius, Karl-Peter / Temming, Dieter / Zöller, Mark u. a. (Hrsg.): Strafprozessordnung, 5. Auflage, C. F. Müller Verlag, Heidelberg, München, Hamburg u. a. 2012.

Gercke, Marco: Anmerkung zu BGH, Urteil vom 14. März 2003 – 2 StR 341/02, JR 2004, S. 347.

Glaser, Michael / Gedeon, Bertolt: Dissonante Harmonie: Zu einem zukünftigen „System“ strafprozessualer verdeckter Ermittlungsmaßnahmen, GA 2007, 414.

Goffmann, Erving: Response cries, in: Language 54, S. 787–815 (1978).

Gössel, Karl Heinz: Kritische Bemerkungen zum gegenwärtigen Stand der Lehre von den Beweisverboten im Strafverfahren, NJW 1981, 649.

Gössel, Karl Heinz / Dölling, Dieter: Strafrecht Besonderer Teil 1 – Straftaten gegen Persönlichkeits- und Gemeinschaftswerte, 2. Auflage, C. F. Müller Verlag, Heidelberg 2004.

Gostomzyk, Tobias: Von juristischen Sekundär-Qualitäten – Neue Arbeitsmarktperspektiven für Juristen, JuS 2001, 829.

Goudena, Paul Pierre: Private Speech: An Analysis of its Social and Self-Regulatory Functions, Dissertation, Universität Utrecht 1983.

Graf, Jürgen Peter (Hrsg.): Strafprozessordnung: Mit Gerichtsverfassungsgesetz und Nebengesetzen – Kommentar, C. H. Beck Verlag, 2. Auflage, München 2012 (zitiert als: *Bearbeiter* in: Graf).

Grumet, Gerald W.: On Speaking to Oneself, in: Psychiatry 48, S. 180–195, 1985.

Grünwald, Gerald: Beweisverbote und Verwertungsverbote im Strafverfahren, JZ 1966, S. 489.

Haas, Günter: Der „Große Lauschangriff“ – klein geschrieben, NJW 2004, 3082.

Habetha, Jörg: Unverwertbarkeit von polizeilich abgehörten Selbstgesprächen, ZWH 2012, 163.

Haffke, Bernhard: Schweigepflicht, Verfahrensrevision und Beweisverbot, GA 1973, 65.

Hahn, Alois: Zur Soziologie der Beichte und anderer Formen institutionalisierter Bekenntnisse: Selbstthematisierung und Zivilisationsprozeß, in: Kölner Zeitschrift für Soziologie und Sozialpsychologie, 34, 1982, S. 407–434.

Händel, Konrad: Tagebuchaufzeichnungen als unzulässiges Beweismittel, NJW 1964, 1139.

Harris, Kenneth: Verwertungsverbot für mittelbar erlangte Beweismittel: Die Fernwirkungsdoktrin in der Rechtsprechung im deutschen und amerikanischen Recht, StV 1991, 313.

Hatzigeorgiadis, Antonis / Zourbanos, Nikos / Galanis, Evangelos / Theodorakis, Yannis: Self-Talk and Sports Performance: A Meta-Analysis, in: Perspectives on Psychological Science 6, S. 348–356, 2011.

Hatzigeorgiadis, Antonis / Zourbanos, Nikos / Goltsios, Christos / Theodorakis, Yannis: Investigating the Functions of Self-Talk: The Effects of Motivational Self-Talk on Self-Efficacy and Performance in Young Tennis Players, S. 458, in: The Sport Psychologist, Volume 22, Number 4, December 2008.

Hauenstein, Hans Ulrich: Auf den Spuren des Gebets, Methoden und Ergebnisse der empirischen Gebetsforschung, Asanger Verlag, Heidelberg 2002.

Hautzinger, M. / Stark, W. / Treiber, R.: Kognitive Verhaltenstherapie bei Depressionen, Psychologie-Verlag-Union, München 1989.

Hautzinger, M.: Übersetzung des „Automatic Thoughts Questionaire", Kongreßbericht Berlin 1980, Im Manuskript.

Hautzinger, Martin (Hrsg.): Kognitive Verhaltenstherapie bei psychischen Störungen, 3. Auflage, München, Weinheim 2000.

Heckmann, Dirk: Persönlichkeitsschutz im Internet – Anonymität der IT-Nutzung und permanente Datenverknüpfung als Herausforderungen für Ehrschutz und Profilschutz, NJW 2012, 2631.

Hegel, Georg Wilhelm Friedrich: Enzyklopädie der philosophischen Wissenschaften im Grundrisse, 1830, Dritter Teil, Werke 10: Die Philosophie des Geistes, mit den mündlichen Zusätzen, Frankfurt a. M. 2003.

Heinitz, Ernst: Die Verwertung von Tagebüchern als Beweismittel im Strafprozess, JR 1964, S. 441.

Heinrich, Bernd / Reinbacher, Tobias: Examinatorium Strafprozessrecht, 1. Auflage, Nomos Verlag, Baden-Baden 2014.

von Heintschel-Heinegg, Bernd: Selbstgespräche sind kein Beweis, JA 2012, 395.

von Heintschel-Heinegg, Bernd / Stöckel, Heinz (Hrsg.): *Kleinknecht*, Th. / *Müller*, H. / *Reitberger*, L. – KMR – StPO: Kommentar zur Strafprozessordnung, Loseblattwerke, Band 2, Stand: Dezember 2013, 71. Aktualisierungslieferung, Carl Heymanns Verlag, Köln 2013 (zitiert als: *Bearbeiter* in: Kleinknecht/Müller/Reitberger).

Helle, Jürgen: Der Telefonzeuge im Zivilprozeß, JR 2000, 353.

Herkner, Werner / Pesta, Thekla / Maritsch, Friedrich / Massoth, Peter: Die Beziehungen zwischen Attributionen und Selbstverbalisierungen und die Wirkungen eines Attributionstrainings bei Leistungsstörungen, in: *Herkner*, W.: Attribution, Psychologie der Kausalität, Bern 1980.

Hirsch, Burkhard: Bemerkungen zum Referentenentwurf eines Gesetzes zur Umsetzung des Urteils des Bundesverfassungsgerichts v. 30. März 2004 (akustische Wohnraumüberwachung), in: *Roggan*, Fredrik (Hrsg): Gedächtnisschrift für Hans Lisken: Lauschen im Rechtsstaat – Zu den Konsequenzen des Urteils des Bundesverfassungsgerichts zum großen Lauschangriff, Ergebnisse einer Tagung, Berliner Wissenschafts-Verlag, Berlin 2004, S. 87.

Hoffmann, Ralph E.: Verbal hallucination and language production processes in schizoprenia, in: The Behavioral and Brain Sciences, 9 (1986), S. 503.

Hollon, S. D. / Kendall, P. C.: Cognitive self-statements in depression: Development of an Automatic Thoughts Questionaire, Cognitive Therapy and Research, 4, 1980, S. 383–395.

Huber, Konrad / Vonach, Andreas (Hrsg.): Ordination – mehr als eine Beauftragung? Reihe Synagoge und Kirchen, Band 3, LIT Verlag, Münster, Hamburg, Wien, Berlin u. a. 2010.

Hubmann, Heinrich: Der zivilrechtliche Schutz der Persönlichkeit gegen Indiskretion, JZ 1957, 522.

Huck, Lorenz / Wrege, Johannes: Die Auseinandersetzung zwischen Jean Piaget und Lew Wygotski. Aktuelle Relevanz einer historischen Debatte, in: *Holzkamp*, Klaus (Hrsg.): Forum Klinische Psychologie 45, S. 147, Hamburg 2002.

Hufen, Friedhelm: Das Volkszählungsurteil des Bundesverfassungsgerichts und das Grundrecht auf informationelle Selbstbestimmung – eine juristische Antwort auf „1984"?, JZ 1984, 1072.

von Humboldt, Wilhelm: Schriften zur Sprachphilosophie, Werke, Band III, Darmstadt 1963.

Jahn, Matthias: Strafverfolgung um jeden Preis? Die Verwertbarkeit rechtwidrig erlangter Beweismittel, StraFo 2011, 117.

Jahn, Matthias: Unverwertbarkeit eines im Krankenzimmer abgehörten Selbstgesprächs des Angeklagten, JuS 2006, 91.

Jahn, Matthias: Beweiserhebungs- und Beweisverwertungsverbote im Spannungsfeld zwischen den Garantien des Rechtsstaates und der effektiven Bekämpfung von Kriminalität und Terrorismus: Gutachten C für den 67. Deutschen Juristentag, C. H. Beck München 2008, in: Reihe Verhandlungen des Siebenundsechzigsten Deutschen Juristentages, Band 1: Gutachten, Erfurt 2008.

Jahn, Matthias: Beschlagnahme von Notiz- und Taschenkalendern, NStZ 2000, 383.

Jahn, Matthias / Geck, Elena: Tagebuchfall revisited – Der Bundesgerichtshof, die Gedankenfreiheit und ein Selbstgespräch im Auto, JZ 2012, 561.

Jähnke, Burkhard: Verwertungsverbote und Richtervorbehalt beim Einsatz Verdeckter Ermittler, in: Festschrift für Walter Odersky zum 65. Geburtstag am 17. Juli 1996, S. 427, herausgegeben von *Böttcher*, Reinhard / *Hueck*, Götz / *Jähnke*, Burkhard, de Gruyter Verlag, Berlin, New York 1996.

Jaspers, Karl: Philosophische Logik. Erster Band. Von der Wahrheit, Piper und Co. Verlag, München 1947.

Jaynes, Julian: Hearing voices and the bicameral mind, in: Behavioral and Brain Sciences, 9 (1986), S. 526.

Jemmer, Patrick: Intrapersonal Communication: The Hidden Language, in: European Journal of Clinical Hypnosis, 2009, volume 9, issue 1, S. 37 ff. (zitiert als: *Jemmer* 2009 a).

Jemmer, Patrick: Self-Talk: The Spells of Psychochaotic Sorcery, in: European Journal of Clinical Hypnosis, 2009, volume 9, issue 1, S. 51 ff. (zitiert als: *Jemmer* 2009 b).

Jensen, A.: Verbal mediation and educational potential, Psychology in the Schools, 1966, 3, S. 99–109.

John-Steiner, Vera: Private Speech Among Adults, in: *Diaz*, Rafael M. / *Berk*, Laura E.: Private Speech - From Social Interaction to Self-Regulation, Hillsdale, New Jersey 1992.

Johnson, John R.: Intrapersonal Spoken Language: An Attribute of Extrapersonal Competency, in: *Vocate*, Donna R. (Hrsg.): Intrapersonal Communication: Different Voices, different Minds, S. 169 ff., Hillsdale, New Jersey 1994.

Jones, Simon R.: The Neuropsychology of Covert and Overt Speech: Implications for the Study of Private Speech in Children and Adults, in: *Winsler*, Adam / *Fernyhough*, Charles / *Montero*, Ignacio (Hrsg.): Private Speech, Executive Functioning, and the Development of Verbal Self-Regulation, Cambridge University Press, New York 2009.

Kahl, Wolfgang: Die Schutzfunktion von Art. 2 Abs. 1 GG, Mohr Siebeck Verlag, 1. Auflage, Tübingen 2000.

Kainz, Friedrich: Psychologie der Sprache, Band 2: Vergleichend-genetische Sprachpsychologie, Ferdinand Enke Verlag, Stuttgart 1969.

Kaspar, Johannes: Wiedergutmachung und Mediation im Strafrecht - Rechtliche Grundlagen und Ergebnisse eines Modellprojekts zur anwaltlichen Schlichtung, Dissertation, LIT Verlag, Universität München 2004.

Karlsruher Kommentar zur Strafprozessordnung mit GVG, EGGVG und EMRK, herausgegeben von *Hannich*, Rolf, 7. Auflage, Verlag C. H. Beck, München 2013 (zitiert als: *Bearbeiter* in: KK).

Kattanek, Wolfgang: Die Verletzung des Rechtes am gesprochenen Wort durch das Mithören anderer Personen, Dissertation, LIT Verlag, Universität Hamburg 2000.

Kaufmann, Beat: Über den inneren Dialog: Zur existenziellen Bedeutung der Selbst-Kommunikation, Peter Lang Verlag, 1. Auflage, Bern 1993.

Keller, Rainer: Die Genomanalyse im Strafverfahren, NJW 1989, 2289.

Kierkegaard, Sören: Gesammelte Werke, 36 Abteilungen in 26 Bänden und Registerband, herausgegeben und übersetzt von *Hirsch*, E. / *Gerdes*, H. / *Junghans*, H. M., 5. Band, Düsseldorf/Köln 1980.

Kindhäuser, Urs / Neumann, Ulfrid / Paeffgen, Hans-Ullrich (Hrsg.): Strafgesetzbuch (StGB) – Kommentar, Band 2: §§ 80–231, 4. Auflage, Nomos Verlag, Baden-Baden 2013 (zitiert als: *Bearbeiter* in: Kindhäuser/Neumann/Paeffgen).

Kircher, Tilo: Zur Genese psychopathologischer Symptome – Neuronale Korrelate von Sprach- und Denkprozessen bei Gesunden und Patienten mit Schizophrenie, Habilitation, Darmstadt 2003.

Kleb-Braun, Gabriele: Tagebuchaufzeichnungen als Beweismittel. Demokratie – Grenzkonflikt zwischen Meinung, Macht und Recht, CR 1990, 344.

Klein, Josef: „Denken" und „Sprechen" nach Aspekten der theoretischen Semiotik unter besonderer Berücksichtigung der Phänomenologie Edmund Husserls, Dissertation, Universität Stuttgart 1983.

Kohlberg, L. / Yaeger, J. / Hjertholm, E.: Private Speech: Four Studies and a Review of Theories, in: Child Development 39, S. 691–736, 1968.

Kolz, Alexander: Das Selbstgespräch im Krankenzimmer und der „Große Lauschangriff", NJW 2005, 3248.

Krekeler, Wilhelm: Der befangene Richter, NJW 1981, 1633.

Kronbeck, Karl: Verbale Reflexivität und Selbstverhältnis: Ein Vergleich von Alkoholikern, Bulimikerinnen, Depressiven und Patienten mit einer Störung aus dem schizophrenen Formenkreis, Dissertation, Rederer Verlag, Reihe Theorie und Forschung / Psychologie, Universität Regensburg 2002.

Kühne, Hans-Heiner: Strafprozessrecht – Eine systematische Darstellung des deutschen und europäischen Strafverfahrensrechts, Verlag C. F. Müller, 9. Auflage, Heidelberg, München u. a. 2015.

Küpper, Georg: Tagebücher, Tonbänder, Telefonate – Zur Lehre von den selbständigen Beweisverwertungsverboten im Strafverfahren –, JZ 1990, 416.

Kutscha, Martin: Verfassungsrechtlicher Schutz des Kernbereichs privater Lebensgestaltung – nichts Neues aus Karlsruhe? NJW 2005, 20.

Laber, Birgit: Die Verwertbarkeit von Tagebuchaufzeichnungen im Strafverfahren, Dissertation, Frankfurt a. M., Berlin 1995.

Lackner, Karl / Kühl, Kristian: Strafgesetzbuch – Kommentar, 28. Auflage, C. H. Beck Verlag, München 2014.

Lantolf, J. P. / Genung, P. B.: „I'd rather switch than fight": An activity-theoretic study of power, success, and failure in a foreign language, in: *Kramsch*, C.

(Hrsg.): Language acquisition and language socialization: Ecological perspectives, S. 175–196, Continuum Press, London 2002.

Leipziger Kommentar zum Strafgesetzbuch: *Laufhütte*, Heinrich Wilhelm / *Rissing-van Saan*, Ruth / *Tiedemann*, Klaus u. a. (Hrsg.), Band 6, 12. Auflage, De Gruyter Verlag, Berlin u. a. 2009 (zitiert als: *Bearbeiter* in: LK).

Lauth, Gerhard: Erfassung von Kognitionsverläufen in Problemlösungstherapien, Zeitschrift für klinische Psychologie, 13, S. 18–38, 1984.

Leibniz, Gottfried Wilhelm: Neue Abhandlungen über den menschlichen Verstand II, Philosophische Schriften Band 3.2, herausgegeben und übersetzt von *von Engelhardt*, Wolf / *Holz*, Hans Heinz, 1. Auflage, Frankfurt am Main 1996.

Leipold, Klaus: Der „große Lauschangriff", NJW-Spezial 2005, 135.

Lepsius, Oliver: Der große Lauschangriff vor dem Bundesverfassungsgericht (Teil II), in: Jura 2005, 586.

Lindemann, Michael: Der Schutz des „Kernbereichs privater Lebensgestaltung" im Strafverfahren - zu BVerfGE 109, 279 und BGH in diesem Heft S. 214 –, JR 2006, 191.

Lindemann, Michael / Reichling, Tilman: Art. 13 Abs. 1 GG; StPO § 100 c, § 100 d - (Abhören eines Selbstgesprächs), StV 2005, 650.

Lisken, Hans: Anhörung zum „Großen Lauschangriff". Eine Dokumentation der Stellungnahmen einiger Sachverständiger im Rechtsausschuss des Deutschen Bundestages am 21. November 1997, KJ 31 (1998), S. 106–120.

Locke, John: Essay über den menschlichen Verstand, Band 6 der Reihe „Klassiker Auslegen", herausgegeben von *Thiel*, Udo, Akademie Verlag, Berlin 1997.

Löffelmann, Markus: Anmerkung zum Urteil des BGH v. 14.8.2009–3 StR 552/08 (Verwertbarkeit von Ergebnissen aus einer präventiv-polizeilichen akustischen Wohnraumüberwachung), JR 2010, 443.

Löffelmann, Markus: Die Neuregelung der akustischen Wohnraumüberwachung, NJW 2005, 2033.

Löffelmann, Markus: Das Gesetz zur Umsetzung des Urteils des Bundesverfassungsgerichts vom 3. März 2004 (akustische Wohnraumüberwachung), ZIS 2006, 93.

Lorenz, Frank Lucien: Absoluter Schutz versus absolute Relativität. Die Verwertung von Tagebüchern zur Urteilsfindung im Strafprozeß, GA 1992, 254.

Lorenz, Frank Lucien: Art. 2 Abs. 1, Art. 1 Abs. 1 GG, § 94 StPO - Zur Beschlagnahme von Tagebüchern, JR 1994, 430.

Lotman, J. M.: Zwei Kommunikationsmodelle im System der Kultur, in: *Eimermacher*, K. (Hrsg.): Semiotica Sovietica, Bd. 2, Sowjetische Arbeiten der

Moskauer und Tartuer Schule zu sekundären modellbildenden Zeichensystemen (1962–1973), S. 909 ff., Aachen 1986.

Löwe, Ewald / Rosenberg, Werner: Die Strafprozessordnung und das Gerichtsverfassungsgesetz: StPO, herausgegeben von *Erb*, Volker, 26. Auflage, Verlag C. H. Beck, München 2006–2011 (zitiert: *Bearbeiter* in: LR).

Lückert, Heinz-Rolf / Lückert, Inge: Einführung in die Kognitive Verhaltenstherapie: Allgemeine Grundlagen. Die Modelle von Beck, Ellis, Lazarus, Lückert, Mahoney und Meichenbaum, Reinhard Verlag, München 1994.

Ludwig, Otto: Funktionen geschriebener Sprache und ihr Zusammenhang mit Funktionen der gesprochenen und inneren Sprache, in: Zeitschrift für germanistische Linguistik 8, S. 74–92, 1980.

Luria, A. R.: The role of inner speech in the regulation of normal and abnormal behaviour, Oxford 1961.

Mahony, Michael J. / Avener, Marshall: Psychology of the Elite Athlete: An Exploratory Study, in: Cognitive Therapy and Research, Vol. 1, No. 2 (1977), 135–141.

Maunz, Theodor / Dürig, Günter: Grundgesetz – Kommentar, Loseblattsammlung, Stand September 2015, Verlag C. H. Beck, München 2015 (zitiert als: *Bearbeiter* in: Maunz/Dürig).

Mead, George Herbert: Geist, Identität und Gesellschaft aus der Sicht des Sozialbehaviorismus, Chicago 1934, herausgegeben von *Morris*, Charles W., deutsche Übersetzung von *Pacher*, Ulf, Suhrkamp Verlag, Frankfurt a. M. 1968.

Mead, George Herbert: The Social Self, in: The Journal of Philosophy, 10, S. 374–380, 1913.

Medina, José A. Sánchez / Rubio, David Alarcón / De la Mata Benítez, Manuel L.: Private Speech beyond Childhood: Testing the Developmental Hypothesis, in: *Winsler*, Adam / *Fernyhough*, Charles / *Montero*, Ignacio: Private Speech, Executive Functioning, and the Development of Verbal Self-Regulation, Cambridge University Press, New York 2009.

Meichenbaum, Donald W.: Kognitive Verhaltensmodifikation, Urban und Schwarzenberg Verlag, München 1979.

Meyer-Goßner, Lutz: Strafprozessordnung – Gerichtsverfassungsgesetz, Nebengesetze und ergänzende Bestimmungen, 58. Auflage, C. H. Beck Verlag, München 2015.

Meyer-Wieck, Hannes: Der große Lauschangriff – Anmerkungen aus empirischer Sicht, NJW 2005, 2037.

Miller, Gerald R.: Interpersonal Communication: A conceptual perspective, S. 93 ff. in: *Thayer*, Lee (Hrsg.): Explorations in communication, Volume 2, Number 1, Gordon and Breach Press, New York 1975.

Mitsch, Wolfgang: Strafprozessual unantastbare „Kommunikation mit sich selbst“, NJW 2012, 1486.

Modell, Arnold H.: The theoretical implications of hallucinatory experiences in schizophrenia, in: Journal of the American Psychoanalytic Association, 6 (1958), S. 442 ff.

Morris, Charles William: Signs, Language, and Behavior, 2. Auflage, University of Illinois Press, New York 1947.

Münchener Kommentar zum Strafgesetzbuch, herausgegeben von *Joecks*, Wolfgang / *Miebach*, Klaus, Band 4: §§ 185–262, 2. Auflage, Verlag C. H. Beck, München 2012 (zitiert als: *Bearbeiter* in: MK).

Nack, Armin: Akustische Wohnraumüberwachung und Verwertungsverbot in: *Griesbaum*, Rainer et al. (Hrsg.), Strafrecht und Justizgewährung: Festschrift für Kay Nehm zum 65. Geburtstag, S. 310, Berliner Wissenschafts-Verlag, Berlin 2006.

Neumann, W. / Pfand-Neumann, P. / Seelbach, H. (Hrsg.): Integrative psychologische Schmerztherapie, Pabst Science Publishers, Lengerich 2000.

Nickl-Jockschat, Thomas: Schizophrenie – Wurzeln des Wahns, in: Gehirn und Geist, 4, 2010, S. 52.

Nienkamp, Jean: Internal Rhetorics – Toward a History and Theory of Self-Persuasion, Southern Illinois University Press 2001.

Nüse, Karl-Heinz: Zu den Beweisverboten im Strafprozess, JR 1966, S. 281.

Oliver, Emily J. / Markland, David / Hardy, James: Interpretation of self-talk and post-lecture affective states of higher education students: A self-determination theory perspective, in: British Journal of Educational Psychology, 2010, 80, S. 307–323.

Otto, Harro: Die strafprozessuale Verwertbarkeit von Beweismitteln, die durch Eingriff in Rechte anderer von Privaten erlangt wurden, in: Strafverfahren im Rechtsstaat, Festschrift für Theodor Kleinknecht zum 75. Geburtstag am 18. August 1985, S. 319, herausgegeben von *Gössel*, Karl Heinz / *Kauffmann*, Hans, C. H. Beck Verlag, München 1985.

Paul, Jean: Selbsterlebensbeschreibung, in: ders., Sämtliche Werke, herausgegeben von *Miller*, N., Abt. I, Bd. 6, München 1963, 1037–1103.

Pawlik, Kurt (Hrsg.): Handbuch Psychologie – Wissenschaft, Anwendung, Berufsfelder, Heidelberg 2006.

Peters, Karl: Beweisverbote im deutschen Strafverfahren, Gutachten für den 46. Deutschen Juristentag, in: Verhandlungen des sechsundvierzigsten Deutschen Juristentags Essen 1966, Bd. I (Gutachten), Teil 3 A: Beweisverbote im Strafprozeß, S. 91, München/Berlin 1966.

Pfeiffer, Gerd: Strafprozessordnung – Kommentar, 5. Auflage, C.H. Beck Verlag, München 2005.

Piaget, Jean: Sprechen und Denken des Kindes, Pädagogischer Verlag Schwann, Düsseldorf 1983.

Pinter, Rudolf: Inner Speech During Silent Reading, in: Psychological Review 1913, 20, S. 129 -153.

Plagemann, Dirk: Verwertung tagebuchartiger Aufzeichnungen, NStZ 1987, 569.

Poeck, Klaus / Hacke, Werner: Neurologie, 12. Auflage, Springer Verlag, Berlin, Heidelberg 2006.

Poscher, Ralf: Menschenwürde und Kernbereichsschutz – Von den Gefahren der Verräumlichung des Grundrechtsdenkens, JZ 2009, 269.

Rabbow, Paul: Seelenführung. Methodik der Exerzitien in der Antike, Kösel Verlag, München 1954.

Radtke, Henning / Hohmann, Olaf (Hrsg.): Strafprozessordnung: StPO – Kommentar, 1. Auflage, Verlag Franz Vahlen, München 2011 (zitiert als: *Bearbeiter* in: Radtke/Hohmann).

Ramsberger, Gail: The Human Brain: Understanding the Physical Bases of Intrapersonal Communication, S. 57, in: *Vocate*, Donna R. (Hrsg.): Intrapersonal Communication: Different Voices, different Minds, S. 3 ff., Hillsdale, New Jersey 1994.

Reed, H. B.: The Existence and Function of Inner Speech in Thought Processes, in: Journal for Experimental Psychology 1916, 1, S. 365–392.

Rehbein, Jochen: Komplexes Handeln – Elemente zur Handlungstheorie der Sprache, J. B. Metzler Verlag, Stuttgart 1977.

Reichert, Hermann: Lüge und Selbstgespräch. Zwei Kommunikationsmodelle, Edition Praesens Verlag, Wien 1999.

Reichl, Corinna / Schneider, Johann F. / Spinath, Frank M.: Relation of self-talk frequency to loneliness, need to belong, and health in German adults, in: Personality and Individual Differences, 54 (2013), S. 241–245.

Reinbacher, Tobias: Grundlagen der Grenzen des Strafens. Anmerkungen zum Symposium Junger Strafrechtlerinnen und Strafrechtler vom 15. bis 17. November 2013 in Frankfurt am Main („Grundlagen und Grenzen des Strafens"), RW 2013, S. 468–478.

Reiners, Dorothee: Schizophrenie und visuelle Wortverarbeitung – eine Studie im Magnetencephalogramm (MEG), Diplomarbeit, Universität Konstanz 2005.

Renzikowski, Joachim: Forensische Psychiatrie und Strafrechtswissenschaft, NJW 1990, 2905.

Revesz, S. G.: Thought and Language: Archivum Linguistikum, D. 2, fasc. 2, S. 124–129, 1950.

Ricillo, Samuel C.: Phylogenesis: Understanding the Biological Origins of Intrapersonal Communication, in: *Vocate*, Donna R. (Hrsg.): Intrapersonal Communication: Different Voices, different Minds, S. 3 ff., Hillsdale, New Jersey 1994.

Rogall, Klaus: Kernbereichsmystik im Strafverfahren, in: Festschrift für Gerhard Fezer zum 70. Geburtstag am 29. Oktober 2008, De Gruyter Verlag, Berlin 2008, S. 61 ff.

Rogall, Klaus: Hypothetische Ermitttlungsverläufe im Strafprozeß. Ein Beitrag zur Lehre der Beweiserhebungs- und Beweisverwertungsverbote, NStZ 1988, 385.

Rohlf, Dietwalt: Der grundrechtliche Schutz der Privatsphäre: Zugleich ein Beitrag zur Dogmatik des Art. 2 Abs. 1 GG, Duncker und Humblot Verlag, Berlin 1980 (zugleich Dissertation, Universität Trier 1979).

Roxin, Claus / Schünemann, Bernd: Strafverfahrensrecht, 28. Auflage, C. H. Beck Verlag, München 2014.

Roxin, Claus: Großer Lauschangriff und Kernbereich privater Lebensgestaltung, in: Recht gestalten – dem Recht dienen: Festschrift für Reinhard Böttcher zum 70. Geburtstag am 29. Juli 2007, S. 159, Walter de Gruyter Verlag, Berlin 2007.

Rudolphi, Hans-Joachim / Horn, Eckard u. a. (Hrsg.): Systematischer Kommentar zum Strafgesetzbuch – SK-StGB, Loseblattsammlung, Stand: Dezember 2014, Carl Heymanns Verlag, Köln 2012 (zitiert als: *Bearbeiter* in SK-StGB).

Rudolphi, Hans-Joachim / Wolter, Jürgen (Hrsg.): Systematischer Kommentar zur Strafprozessordnung mit GVG und EMRK – SK-StPO, Band 2: §§ 94–136a, 4. Auflage, Carl Heymanns Verlag, Köln 2010 (zitiert als: *Bearbeiter* in: SK-StPO).

Rüping, Hinrich / Jerouschek, Günter: Grundriss der Strafrechtsgeschichte, 6. Auflage, C. H. Beck Verlag, München 2011.

Ruthig, Josef: Verfassungsrechtliche Grenzen der Datenerhebung aus Wohnungen, GA 2004, S. 587.

Sacks, Harvey / Schegloff, Emanuel / Jefferson, Gail: A simplest systematics for the organization of turn-taking for conversation, in: Language 50, S. 696–735.

Sankol, Barry: Das sog. „Raumgespräch" und seine Verwertbarkeit im Strafverfahren, MMR 2007, 692.

Sax, Walter: Über die Zulässigkeit der prozessualen Verwertung privater Tagebuchaufzeichnungen als Beweismittel, JZ 1965, 1.

Sax, Walter: Grundsätze der Strafrechtspflege, in: Die Grundrechte, Handbuch der Theorie und Praxis der Grundrechte, *Bettermann*, Karl August / *Nipperdey*, Hans Carl / *Scheuner*, Ulrich (Hrsg.), Bd. 3, 2. Teilbd.: Rechtspflege und Grundrechtsschutz, Berlin 1959.

Schelp, Theo / Kemmler, Lilly: Emotion und Psychotherapie, Ein kognitiver Beitrag zur Interpretation psychotherapeutischer Schulen, Bern 1988.

Schleim, S. / Walter, H.: Gedankenlesen mit dem Hirnscanner? in: Nervenheilkunde 2007, S. 505 ff.

Schlösser, Rainer: Die romanischen Sprachen, 2. Auflage, C. H. Beck Verlag, München 2005.

Schmid, Niklaus: Strafverfahren und Strafrecht in den Vereinigten Staaten – Eine Einführung, 2. Auflage, Heidelberg 1993.

Schmidt, Georg: Die strafprozessuale Verwertbarkeit von Tagebuchaufzeichnungen, Jura 1993, 591.

Schroth, Ulrich: Beweisverwertungsverbote im Strafverfahren – Überblick, Strukturen und Thesen zu einem umstrittenen Thema, JuS 1998, 969.

Schönke, Adolf / Schröder, Horst u. a.: Strafgesetzbuch – StGB – Kommentar, 29. Auflage, C. H. Beck Verlag, München 2014 (zitiert als: *Bearbeiter* in: Schönke/Schröder).

Schorno, Christian: Autokommunikation – Selbstanrede als Abweichungs- bzw. Parallelphänomen der Kommunikation, 1. Auflage, Max Niemayer Verlag, Tübingen 2004.

Schwabe, Jürgen: Grundrechtskonkurrenzen, JA 1979, 191.

Schwäbisch, L. / Siems, M.: Anleitung zum sozialen Lernen für Paare, Gruppen und Erzieher, Rowohlt Verlag, Reinbek 1975.

Schwartz, Dieter: Gefühle erkennen und positiv beeinflussen, Landsberg am Lech 1983, Moderne Verlags-Gesellschaft.

Schwartz, Dieter: Gefühle im Gespräch – Wie Emotionen unsere Kommunikation beeinflussen, Moderne Verlags-Gesell-schaft, München 2008.

Schweikle, Günther / Schweikle, Irmgard (Hrsg.): Metzler Literatur Lexikon – Begriffe und Definitionen, 2. Auflage, Stuttgart 1990.

Scobel, W. A.: Kann sprechen helfen? Ein psychologisch-philosophischer Beitrag zur Bedeutung der Sprache in der klientenzentrierten Psychotherapie, Beltz Verlag, Weinheim 1983.

Scubar, Ilja: Kultur und Semantik, 1. Auflage, Wiesbaden 2009.

Siegrist, Michael: Selbstaufmerksamkeit, innere Gespräche und Wohlbefinden – Theoretische Überlegungen sowie Labor- und Feldexperimente zur Überprüfung ausgewählter Fragestellungen, Dissertation, Universität Zürich 1996.

Simon, A.: Kritische Lebensereignisse und Selbstkommunikation bei Patienten mit psychosomatischen Störungen, unveröffentlichte Diplomarbeit, Universität Mainz 1984.

Singelnstein, Tobias: Strafprozessuale Verwendungsregelungen zwischen Zweckbindungsgrundsatz und Verwertungsverboten. Voraussetzungen der Verwertung von Zufallsfunden und sonstiger zweckentfremdender Nutzung personenbezogener Daten im Strafverfahren seit dem 1. Januar 2008, ZStW 120 (2008), 854.

Sokolov, Aleksandr Nikolaevich: Inner Speech and Thought, Plenum Press, New York, London 1972.

Soskin, W. F. / John, V.: The study of spontaneous talk, in: *Barker*, G. (Hrsg.): The stream of behavior: Explorations of its structure and content, S. 228–281, MIT Press, New York 1963.

Spendel, Günter: Beweisverbote im Strafprozeß, NJW 1966, 1102.

Steinmüller, Wilhelm: Das Volkszählungsurteil des Bundesverfassungsgerichts, DuD 1984, 91.

Stevens, John O.: Die Kunst der Wahrnehmung – Übungen der Gestalttherapie, Kaiser Verlag, München 1975.

Störmer, Rainer: Zur Verwertbarkeit tagebuchartiger Aufzeichnungen – Der unantastbare Bereich privater Lebensgestaltung in der Rechtsprechung des BVerfG, Jura 1991, 17.

Tausch, Reinhard / Tausch, Anne-Marie: Intrapersonelle Kommunikationsprozesse, Zusammenhang mit Psychoneurotizismus, in: *Eckensberger*, Lutz H. / *Eckensberger*, Uta S. (Hrsg.): Bericht über den 28. Kongreß der Deutschen Gesellschaft für Psychologie, Bd. 4, Klinische Psychologie, S. 154–161, Hogrefe Verlag, Göttingen 1974.

Theodorakis, Yannis / Hatzigeorgiadis, Antonis / Chroni, Stiliani: Self-Talk: It Works, but How? Development and Preliminary Validation of the Functions of Self-Talk Questionnaire, in: Measurement in Physical Education and Exercise Science, 12, S. 10 - 30, 2008.

Thier, R.: Selbstkommunikation: Formale Aspekte sowie Zusammenhang mit FPI-Skalen, unveröffentlichte Diplomarbeit, Universität Hamburg 1974.

Thorson, Agnes M.: The Relation of Tongue Movements to Internal Speech, in: Journal of Experimental Psychology, 1925, Vol. VIII, No. 1, S. 1–32.

Tiedemann, Klaus: Verfassungsrecht und Strafrecht: Vortrag 8. März 1990, C. F. Müller Verlag, Heidelberg 1991.

Tinnefeld, Marie-Theres: Sapere aude! Über Informationsfreiheit, Privatheit und Raster, NJW 2007, 625.

Tönnies, Sven / Böttcher, Steffen / Schildt, Axel: Autosuggestion und kognitives Training bei psychischen Störungen, in: Experimentelle und klinische Hypnose 15 (2), 1999, S. 105–125.

Tönnies, Sven / Tausch, Reinhard: Inventar zur Selbstkommunikation für Erwachsene (ISE), Zeitschrift für Klinische Psychologie, 10, 51–63, 1981.

Tonnies, Sven: „Inventar zu Selbstkommunikation für Erwachsene" (ISE), Beltz Verlag, Weinheim 1982.

Tönnies, Sven: Selbstkommunikation, Roland Asanger Verlag, 1. Auflage, Heidelberg 1994.

Valerius, Brian: Grenzen des Großen Lauschangriffs – Art. 13 I GG, § 100 c StPO: Verwertbarkeit eines aufgezeichneten Selbstgesprächs des Beschuldigten, JA 2006, 15.

Vassilaki, Irini: Die Überwachung des Fernmeldeverkehrs nach der Neufassung der §§ 100 a, 100 b StPO, JR 2000, 447.

Velthaus, Gerhard: Die „innere Sprache" – eine nachgeholte pädagogische Interpretation, die Förderung des Kindes, eine Frage hirnbiologischer Befunde?, Pädagogische Rundschau 2006, S. 529.

Vickers, Geoffrey: Levels of Human Communication, S. 10, in: *Thayer*, Lee (Hrsg.): Explorations in Communication I, Volume 1, Number 1 (1974).

Vocate, Donna R.: Self-Talk and Inner Speech: Understanding the Uniquely Human Aspects of Intrapersonal Communication, in: *Vocate*, Donna R. (Hrsg.): Intrapersonal Communication: Different Voices, different Minds, S. 3 ff., Hillsdale, New Jersey 1994.

Vygotskij, Lev (auch: *Wygotski*, Lew)**:** Denken und Sprechen, Fischer Verlag, Frankfurt a. M. 1991.

Warg, Gunter: Anmerkung zum Kernbereich privater Lebensgestaltung – Zugleich Besprechung von BGH, Urteil vom 22. 12. 2011 (2 StR 509/10), NStZ 2012, 277 –, NStZ 2012, 237.

Warntjen, Maximilian: Heimliche Zwangsmaßnahmen und der Kernbereich privater Lebensgestaltung: Eine Konzeption im Anschluss an das Urteil des Bundesverfassungsgerichts zur akustischen Wohnraumüberwachung, BVerfGE 109, 279, Nomos Verlag, Baden Baden, Zürich 2007.

Weßlau, Edda: StPO §§ 100 a, 100 b Abs. 1, Abs. 5, 100 c Abs. 1 Nr. 2, Abs. 2, 100 d Abs. 1 – Verwertung von Raumgesprächen bei TÜ, StV 2003, 483.

Whorf, Benjamin Lee: Sprache, Denken, Wirklichkeit. Beiträge zur Metalinguistik und Sprachphilosophie, Rohwohlt Verlag, Hamburg 1984.

Winsler, Adam: Still Talking to Ourselves after All These Years: A Review of Current Research on Private Speech, in: *Winsler*, Adam / *Fernyhough*, Charles / *Montero*, Ignacio: Private Speech, Executive Functioning, and the Development of Verbal Self-Regulation, Cambridge University Press, New York 2009.

Wolter, Jürgen: Repressive und präventive Verwertung tagebuchartiger Aufzeichnungen - zugleich Besprechung der Tagebuch-Entscheidung des BVerfG, StV 1990, 175.

Wolter, Jürgen: Alternativen zum Regierungs-Entwurf 2007 zur Neuregelung der Ermittlungsmaßnahmen, GA 2007, 183.

Wormer, Elke: Der strafrechtliche Schutz der Privatsphäre vor Missbräuchen mit Tonaufnahme- und Abhörgeräten - Eine Abhandlung zu § 201 StGB, Dissertation, Universität Mannheim 1977.

Wyczoikowski, A.: Theoretical and Experimental Studies in the Mechanism of Speech, in: Psychological Review 1913, 20, S. 448–458.

Zabel, Benno: Entscheidungsanmerkung zu BGHSt 57, 71: Kernbereichsschutz und Verwertungsdogmatik, ZJS 2012, 563.

Zimmermann, Till: Das Selbstgespräch und der Kernbereich privater Lebensgestaltung - Zugleich Besprechung von BGH, Urteile vom 10.8.2005 und 22.12.2011, GA 2013, 162.

Zivin, Gail (Hrsg.): The Development of Self-Regulation Through Private Speech, Wiley and Sons Press, New York 1979.

Zöller, Mark: Heimlichkeit als System, StraFo 2008, 15.

www.ingramcontent.com/pod-product-compliance
Ingram Content Group UK Ltd.
Pitfield, Milton Keynes, MK11 3LW, UK
UKHW021911290926
8980IPUK00015B/1193

9 783631 670736